세계과학소설사

세계과학소설사

1판 1쇄 인쇄 ‖ 2008년 9월 30일
1판 1쇄 발행 ‖ 2008년 10월 10일

지은이 ‖ 고장원
펴낸이 ‖ 서채윤
펴낸곳 ‖ 채륜
표지디자인 ‖ 디자인창

등   록 ‖ 2007년 6월 25일 제7-830호
주   소 ‖ 서울특별시 동대문구 장안동 153-22
전   화 ‖ 02-6080-8778
팩   스 ‖ 02-6080-0707
이메일 ‖ chaeryunbook@naver.com

ⓒ 고장원, 2008
ⓒ 채륜, 2008, printed in Korea
저자와 출판사의 허락 없이 책의 전부 또는 일부 내용을 사용할 수 없습니다.

ISBN 978-89-960140-3-4 93800

채륜은 여러분의 원고를 기다립니다. '좋은 글이 이름난 책을 만듭니다.' 책으로 엮기를 희망하시는 글이 있으시면 개요와 연락처 등을 담아 Chaeryunbook@naver.com으로 보내 주십시오.

세계과학소설사

World Science Fiction History

고장원 지음

채륜
출판 채륜

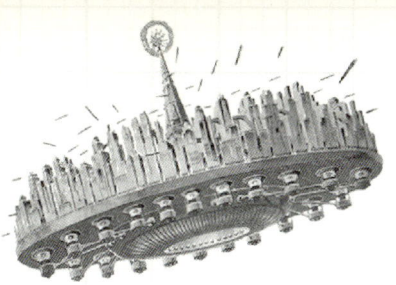

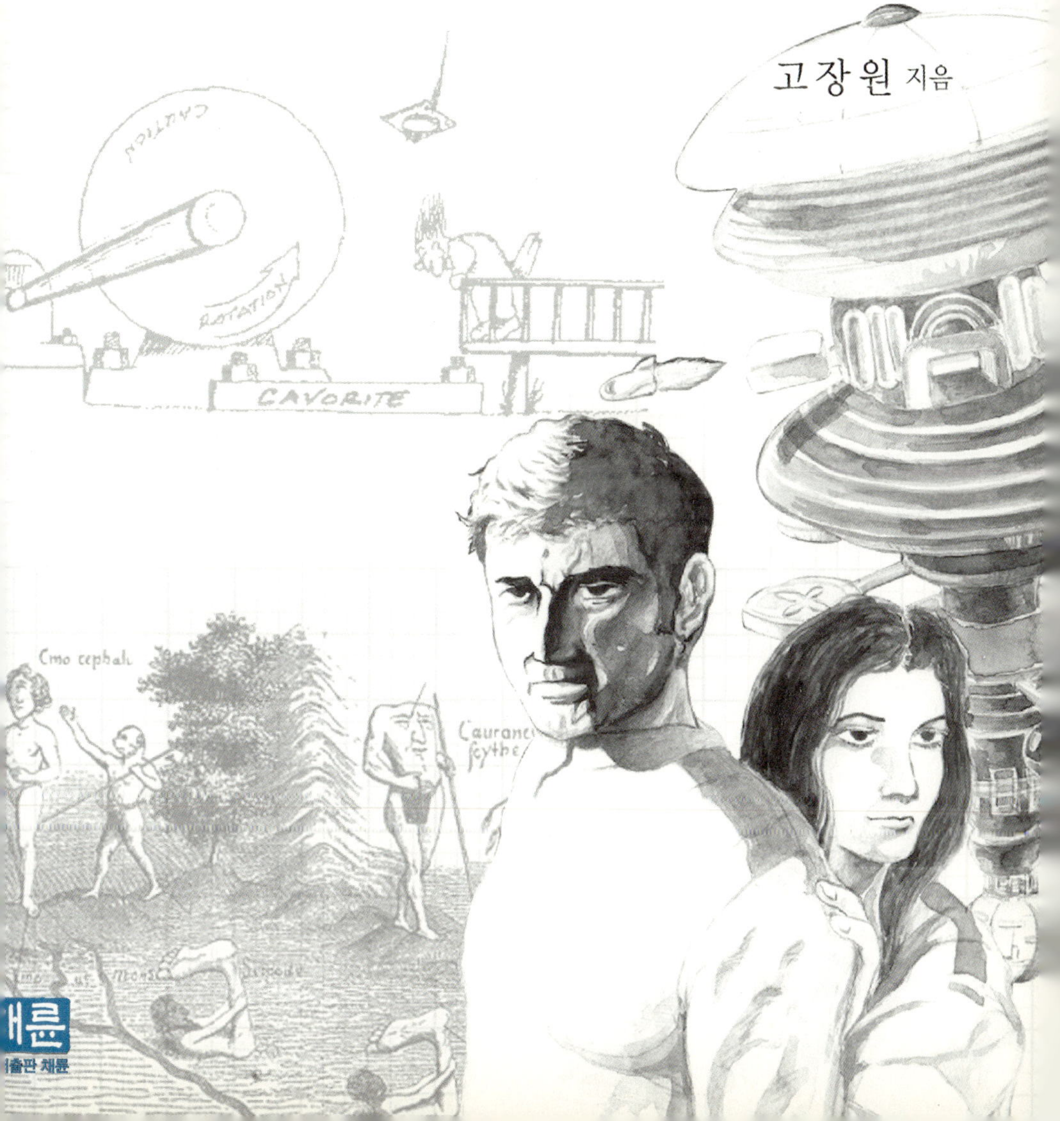

일러두기

1. 제목 표기 구분
「 」: 잡지나 신문에 실린 글, 논문
『 』: 잡지명, 신문명
〈 〉: 시, 소설, 에세이, 영화, 애니메이션, 게임 등 창작 작품의 제목
2. 문장 속에서 동음의 한자, 뜻을 같이하는 영어, 유사연관성이 있는 단어나 문장, 제목, 이름 등을 위첨자로 표시하여 독자의 편의와 디자인적 미를 살렸다. 또한 이름의 경우 생존연도에 한하여 함께 위첨자를 사용하였다.
3. 원래 각주의 역할로 쓰였으나 문장의 이해를 돕기 위한 것, 또는 부연설명으로 쓰임을 하고 있는 것들을 아랫첨자로 표기하여 독자로 하여금 빠른 이해를 돕도록 구성하였다.

프롤로그

옛말에 안고수비眼高手卑라는 4자성어가 있다. 눈은 높은 데 비해 막상 재주는 보잘것없다는 뜻이다. 〈세계과학소설사〉를 쓰는 내내 필자는 이 한자성어의 압박에서 자유롭지 못했다. 애초 기획은 소박하게 출발했다. 미국의 과학소설 작가이자 온라인 사이트 Sci-Fi 아리조나의 운영자인 마이클 맥컬럼Michael McCollum에 따르면, 오늘날 전 세계 영어권 과학소설 시장은 수백만 부 규모에 달한다. 아울러 이처럼 방대한 영어권 과학소설 시장의 메카는 뭐니 뭐니 해도 미국이다. 이는 과학소설 애호가라면 국적을 불문하고 현실적으로 세계 과학소설의 주요 무대라 할 미국 과학소설의 상황에 관심을 갖지 않을 수 없다는 의미다. 특히 우리나라의 경우 지난 수십 년간 번역 소개된 해외 과학소설의 대다수가 미국 작가들의 작품이었음을 감안한다면 이러한 관심은 자연스런 현상이다. 따라서 과학소설 열혈독자 가운데 한 사람이라 자부하는 필자 역시 미국 과학소설의 역사, 특히 그 중에서도 이른바 빅 3Big Three를 배출해냈고 존 우드 캠벨 2세John Wood Campbell Jr.라는 걸출한 편집자가 과학소설의 수준을 일정 궤도로까지 진입시켰던 소위 'SF의 황금시대', 즉 펄프 과학소설 잡지시대에 주목하는 것으로 이 기획에 발을 디뎠다.

하지만 어느 분야나 파고들다 보면 한이 없는지라 어느새 필자는 과학소설 역사의 거대한 흐름에 휩쓸려 무척 혼란스러운 지경에 빠졌다. 과학소설이 미국 펄프잡지 산업에 힘입어 지금과 같은 대중적인 장르 문학으로 성장하기 이전에 이미 유럽의 일부 지식인들 손에 문명비판과 새로운 사회 비전 제시를 위해 적절하게 활용된 바 있음을 일찍부터 알고 있었지만, 과학소설의 역사를 연구하는 과정에서 필자는 과학소설의 역사가 1818년 출간된 메리 쉘리의 〈프랑켄슈타인: 또는 현대의 프로메테우스Frankenstein, or, The Modern Prometheus〉를 넘어서 고대 동서양으로 거슬러 올라가는 이른바 선구적인 또는 원형적인 과학소설Proto-SF의 뿌리로까지 면면히 이어지고 있음을 깨달았다. 심지어 미국에서조차 과학소설의 역사는 펄프잡지시대보다 약 140여 년 이상 앞선다. 이에 필자는 연구범위를 넓혀 단지 20세기 초엽의 미국 과학소설을 둘러보는 데 그치지 않고 그리스 로마와 중국 그리고 우리나라의 고대사에서 신화와 채 분리되지 않던 과학소설의 원형을 찾아보고자 했으며, 또한 15세기부터 20세기 초엽까지 유럽에서의 과학소설의 흐름과 19세기 전반부터 등장한 미국 과학소설의 정황을 추가하였다.

 글을 마감하고 나니 두 가지가 가장 아쉽다. 하나는 〈세계과학소설사〉가 1950년대 이후 현재까지의 미국 과학소설계 사정을 다루지 못하였다는 것이고 다른 하나는 이 책이 국내 과학소설의 역사를 체계적으로 다루지 못하였다는 점이다. 이에 대해서는 필자나 다른 연구자들의 추가적인 성과가 조만간 다시 이어지길 바란다. 그렇지만 적어도 이 책은 과학소설의 황금기라 일컬어지는 20세기 전반부터 1950년대까지의 미국 과학소설계 정황에 대한 상세한 소개는 물론이거니와 고대로부터 오늘날까지 이어지는 과학소설의 원형을 재발견하고자 애쓴 국내 최초의 시도라는 점에서 의의가 있다고 본다. 우리나라의 과학소설 역사와 관련해서는 〈세계과학소설사〉가 비록 통사 형식의 구성을 이루지는 못했지만 최소한 현재의 국내 과학소설 출판업계 현황을 찬찬히 둘러본

글과 국내 창작과학소설의 나아갈 바를 고민한 글을 통해 이해에 도움을 주리라 판단되며, 북한 과학소설에 관한 글 두 가지는 남북 분단으로 이질화된 문화 속에 살고 있는 남녘땅의 독자들에게 같은 반도에 살더라도 과학소설이란 문학 장르를 얼마나 다르게 받아들일 수 있는가를 보여주는 힌트가 될 것이다.

이러한 시도는 솔직히 국내 최초인 데다 필자의 재능이 일천한 까닭에 그리 만족스럽지는 않다. 하지만 최근 들어 과학소설 출간 횟수가 매년 갈수록 늘어나고 이를 자양분으로 한 영화와 드라마, 애니메이션, 만화 그리고 컴퓨터 게임 등 다양한 SF 파생 콘텐츠들이 대중의 이목을 끌고 있는 현실에서 과학소설 애독자들과 멀티미디어 기반의 SF 콘텐츠를 즐기는 이들에게 모든 SF 형식의 원류라 할 과학소설의 개괄적인 역사를 제공하는 것은 이 장르에 대한 친근한 이해를 높여주는 데 적지 않은 기여를 할 수 있으리라 본다. 끝으로 특정 장르문학의 입문 교양서에 속하는 이 책을 흔쾌히 출간하기로 결심해주신 채륜출판 서채윤 대표님께 감사드리는 바이다.

2008년 9월
글쓴이

차 례

프롤로그 ... 6

SF의 매력, 왜 우리는 SF에 빠져드는가? ... 13
: SF보다 더 SF 같은 현실

SF의 여러 가지 이름 ... 21
: 과학소설 명칭의 작명을 통해 본 과학소설 개념의 변천사

과학소설의 여러 가지 이름 ... 22
  1) 과학적 로망스 ... 23
  2) 의사과학 이야기 ... 28
  3) 초과학소설 ... 34
  4) 사이언티픽션 ... 37
  5) 과학소설 ... 39
  6) 사변소설 ... 41
  7) 사이파이 ... 45

과학소설의 족보를 다룬 국내의 다양한 문헌들 ... 49
  과학소설의 족보를 다룬 국내의 다양한 문헌들 ... 51

선구적인 과학소설의 역사 ... 63
전 세계 과학소설의 족보는 어디까지 거슬러 올라갈 수 있을까? ... 63
1. 고대(古代): 신화와 과학이 분리되지 않던 시대 ... 73
2. 15세기부터 본격적으로 태동한 유럽의 유토피아 문학 ... 111
3. 유희문학으로서의 선구적 과학소설 ... 121
4. 근대 유럽 과학자들이 손수 집필한 과학소설 ... 123
5. 17~18세기의 유럽 과학소설 ... 129
6. 19세기, 최초의 현대적 과학소설이 등장하나! ... 135
7. 20세기로 넘어가는 전환기의 과학소설 ... 161

세계과학소설사

미국의 초창기 과학소설 179
: 과학소설의 본 고장, 미국의 19세기부터 1950년대까지의 과학소설 역사
  1. 작가 개인의 비전에서 상업적 대중문학 시장으로!:
     미국의 과학소설 시장의 형성이 갖는 의미 179
  2. 과학소설 전문잡지 탄생 이전의 미국 과학소설의 역사 182
  3. 과학소설 전문잡지 탄생 이후의 미국 과학소설의 역사 221

남한의 과학소설 출판산업, 한계와 희망을 이야기하다! 279
  1. 무엇이 문제인가? 279
  2. 남한의 과학소설 출판현황 281
  3. 남한의 과학소설 출판산업이 기대에 미치지 못하는 이유 296
  4. 우리나라 과학소설 출판산업의 활성화 방안 308

남한의 과학기술창작문예 공모전, 3년간의 결실을 돌아보다! 321
  1. 과학기술창작문예 공모전의 의의 321
  2. 과학기술창작문예 공모전이 3년간 이룬 성과 324
  3. 과학기술창작문예 공모전에서 수상하는 길? 328

북한 과학소설의 이해 1 335
: 프로파겐다 문학의 현실과 그 한계
  1. 북한의 과학소설 현황, 어디까지 접근할 수 있나? 335
  2. 북한의 과학소설 역사의 시기별 구분 338
  3. 북한 과학소설의 존재 이유 두 가지 344
  4. 북한 과학소설의 특징 347
  5. 맺음말: 득보다 실이 많은 프로파겐다 문학의 한계 353

북한 과학소설의 이해 2 .... *357*
: 실제 작품 독해를 통한 구체적인 이해
  1. 소련의 달착륙선이 미국보다 먼저 달에 도착한다?:
     〈혹성 간 비행선 달 1호〉 *357*
  2. 실생활에 써먹지 못하는 과학은 과학이 아니다?:
     단편집 〈번개잡이 비행선〉 *360*
  3. 북한 과학소설의 1990년대 경향: 단편집 〈지구 밖으로〉 *367*

세계과학소설사 연표 *379*
참고문헌 *387*
찾아보기 *392*

세계과학소설사

SF의 매력, 왜 우리는 SF에 빠져드는가?

SF의 매력, 왜 우리는 SF에 빠져드는가?

SF보다 더 SF 같은 현실

1998년 11월 25일 미국의 게이랙시언들[the Gaylaxians]이 당시 개봉을 앞두고 있던 〈스타트랙[Star Trek]〉 극장판 시리즈 '봉기[Insurrection]'편의 관람 보이코트를 벌인 적이 있다.[1] 여기서 '게이랙시언'이란 SF를 즐기는 게이와 레즈비언을 지칭하며, 은하[Galaxy]에 빗대 만들어진 조어[造語]다.[2] 미국의 동성애자들은 왜 이런 일을 벌였을까? 그들 자신이 누구보다도 열렬한 SF 마니아라면 말이다.

그들이 내세운 명분은 명쾌했다. 〈스타트랙〉은 1960년대 TV 시리즈를 거쳐 1970년대 후반부터는 꾸준히 극장판 시리즈로 제작되어 오늘에 이르고 있다. 그 대중적 인기로 인해 이 영화를 추종하는 오따꾸 그룹인 일명 '트레키'들이 미 전역에 생겨났고 1999년에는 할리우드가

** 이 글은 2003년 12월 8일 GE Medical System Korea에서 펴낸 사외보 『Human+』에 처음 실린 것으로 일부 수성보완을 거쳐 여기 다시 수록한다.

[1] Wendy Pearson, "Alien Cryptographies: The View from Queer", *Science Fiction Studies*, Volume 26, March 1999.

[2] 이들에 대해 더 자세한 정보를 알고 싶다면 다음 주소를 참고하기 바란다. http://www.gaytrek.com/history.html

〈갤럭시 퀘스트Galaxy Quest〉라는 패러디 영화까지 만들어내기에 이르렀다. 그러나 미국의 동성애자들이 〈스타트랙〉에 주목한 것은 단지 지명도 때문만은 아니었다. 〈스타트랙〉은 단순히 외계를 탐험하는 신비한 모험담에 그치지 않는다. 이 작품에는 스토리 전개상 유전적으로 특이한 인간들과 각양각색의 외계인들이 무수히 등장한다. 문제는 아무리 괴상망측한 외계인이 설치고 돌아다니는 설정이어도 정작 인간 동성애자는 단 한 명도 눈에 띄지 않는다는 점에 게이와 레즈비언들이 불만을 품었던 것이다. 일견 신기해 보이지만, 이 사건은 SF 콘텐츠가 얼마나 우리 삶 속에 깊숙이 들어와 영향을 미치고 있는가를 일깨워 주는 하나의 본보기이다. 동성애자들은 SF적 설정을 통해 미래에도 게이와 레즈비언이 존재할 것이며, 나아가서는 지금보다 더 사회적으로 용인될 것이라는 주장을 담고 싶었던 것이다. [반면 〈스타트랙〉의 제작사는 동성애 혐오증이 어차피 미래에는 무의미해질 것이므로 굳이 동성애 캐릭터를 출연시켜 꺼져가는 불씨에 불을 지필 필요는 없다는 논리로 동성애자들의 제안을 받아들이지 않았고 그 결과 보이코트 운동을 촉발시켰다.]

SF에 대한 사람들의 관심은 텔레비전 광고로까지 확장된다. 미국의 대형서점 체인 보더스Borders의 광고가 좋은 예다. 여기서는 도서관에서 시끄럽게 전화하여 주위에 피해를 주는 몰상식한 사람을 한 트레키가 '스타트랙 백과사전'에서 보고 배운 대로 스팍식[스팍은 〈스타트랙〉 오리지널 시리

트레키라는 열혈 마니아층까지 만들어낸 인기 SF 영화 〈스타트랙〉

〈스타트랙〉의 설정을 빌려온 보더스의 텔레비전 광고

즈의 주요 캐릭터로 인간과 외계종족인 발칸성인 사이에서 태어난 혼혈이다.] 지압으로 까무러치게 만든다.

18세기 초엽 여류 작가 메리 쉘리의 〈프랑켄슈타인〉으로까지 거슬러 올라가는 현대 SF가 밀레니엄을 넘어선 시점에서 소설은 물론이고 재패니메이션과 할리우드의 킬러 콘텐츠로 툭하면 차출(?)되고 있다. SF의 이러한 매력은 어디서 연유한 것일까? 다시 말해 SF는 어떻게 해서 거의 200살에 가까운 나이를 먹으면서 영향력 있는 하위문화 텍스트로 성장해 올 수 있었던 것일까?

필자는 그 원인을 두 가지 측면에서 바라볼 수 있지 않을까 생각한다. 첫 번째 원인은 본질적인 차원으로, SF가 다름 아닌 인간의 원초적인 욕망에 뿌리를 두고 있기 때문이다. 즉 SF는 이미 과학적으로 입증되었거나 아직 입증되지는 않았지만 과학적으로 그럴 듯해 보이는 근거를 디딤돌 삼아 미래에 대한 예기치 못한 놀라움을[희망에서 공포에 이르는] 불러일으켜 대중의 상상력을 극한까지 끌어올려 준다는 점에서 무척 매력적이다. 16세기에 발간된 노스트라다무스의 〈여러 세기Centuries〉와 조선시대에 유행한 〈정감록〉 같은 예언서들은 바로 이 같은 대중의 강렬한 소망이 빚어낸 결과물이라 보아도 과언이 아니리라. 미국의 인기 과학소설가 로버트 실버벅Robert Silverberg은 과학소설 작가들이 달성하고자 하는 주요 목표가 바로 독자들을 깜짝 놀라게 만드는 것이라고 주장한 바 있다.

> 깜짝 놀라게 하기, 이것은 과학소설이 달성하고자 하는 최고의 목표라고 나는 믿는다.[3]

---

3 Robert Silverberg, *Reflections & Refraction*, Underwood Books, Grass Valley, California, 1997, p. 3.

즉 작가들의 욕심은 경이로운 것들에 대한 기적이나 마술 같은 비전을 선보임으로써 독자들을 경악하게 하고 그 결과 즐거움을 만끽하게 하는 데 있다는 것이다. 유사한 맥락에서 스탠리 큐브릭Stanley Kubrick 감독의 영화로도 유명한 〈2001년 우주 오딧세이2001 Space Odyssey〉의 원작자 아서 C. 클락Arthur C. Clark은 문명이 극도로 발달한 사회의 과학기술은 우리 눈에 마술로밖에 여겨지지 않을 것이라고 주장했다.

두 번째 원인은 사회 현상적인 차원으로, 오늘날 현대 산업사회의 삶이 허구의 SF보다 더 SF 같은 느낌을 줄 정도로 급속하게 변모해 왔기 때문이다. 지칠 줄 모르고 끊임없이 전진해 온 현대 과학은 SF가 예견한 전망 가운데 상당수를 이미 실현시켜 사실상 과학소설과 현실 사이의 경계선을 흐려놓고 있다. 일례로 몇 년 전 미국 토머스 제퍼슨 대학의 재미 한국인 과학자 윤경근은 '유전자 수리'를 통해 흰 쥐를 검은 쥐로 만드는 데 성공한 바 있다. 흰 쥐가 생기는 이유는 피부 색깔을 변화시키는 색소 인자인 멜라닌 생산 효소를 만드는 유전자에 결함이 생긴 탓인데, 그 유전자 변이를 고쳐주면 다시 멜라닌이 만들어져 흰 쥐가 검은 쥐로 변하게 된다. 이처럼 변이된 유전자를 정상 유전자로 고치는 기술은 좀 더 보완을 거쳐 사람들의 각종 유전성 질환을 치료하는 데 이용될 전망이다.

정자세포는 물론이요, 체세포를 이용해서도 인간복제가 가능해진 시대에 첨단 유전공학은 어디까지 다다르게 될까? 자칫하면 유전공학의 급속한 발달은 인간 사회와 가족제도에 대한 기존의 도덕률을 송두리째 뒤흔들어 놓을지 모른다. 이와 관련하여 폴란드의 의사출신 과학소설가 스타니스와프 렘은 다음과 같이 흥미로우면서도 곤혹스러운 상황을 가정해본 바 있다.

<small>삼백 년 전에 이미 죽었지만 생식세포가 냉동보관되어 있는 존이라는 사내가</small>

있다. 그 세포들을 이용해 수태한 여인은 피터를 낳는다. 엄연히 존은 피터의 아버지인 셈이다. 만약 존이 죽으면서 생식세포는커녕 단 하나의 체세포도 남기지 않았다고 가정해보자. 대신 존은 자신의 아이를 갖고 싶어 하는 여성이 나타날 경우에 대비해 유전공학자에게 다음과 같은 유지를 남겨놓았다.

그 여성이 낳은 아이는 누가 봐도 존을 빼닮아야 하며, 다른 어떤 남자의 정충도 쓰면 안 된다. 오로지 그 여성의 난자를 가지고 처녀생식(또는 단성 생식)만 가능하다. 따라서 유전공학자는 유전자를 조율해서 피터가 존을 쏙 빼닮게 태어나도록 발생학적인 단계에서부터 관리해야 한다. (존의 사진이나 생전에 녹음해 놓은 존의 목소리를 참고하는 것은 가능하다.) 이때 유전학자는 존이 태어날 아이에게서 기대하는 모든 특징들을 해당 여인의 염색체 속에 '조각해 넣어야' 한다. 그렇다면 "존은 피터의 아버지인가 아닌가?"

이렇게 되면 "맞다" 또는 "아니다" 식으로 명쾌하게 답하기가 불가능해진다. 어떤 면에서는 존은 사실상 아버지지만 다른 면에서 보면 그렇지 않다. 경험론에만 호소해서는 명쾌한 답을 얻을 수 없을 것이다. 그 정의는 본질적으로 유전공학자뿐만 아니라 존, 피터의 어머니 그리고 피터 모두가 살아 있는 사회의 문화적 기준에 의해 내려질 것이다.

더욱이 만약 유전공학자가 어떤 의도이건 간에, 그 아이의 유전형질의 45%를 유언한 대로 하지 않고 전혀 다르게 구성한다면 어떻게 될까? 피터는 해당 문화권의 기준에서 보더라도 존의 자식이라고 할 수도 없고 딱히 아니라고 할 수도 없을 것이다. 다시 말해서 조만간 부분적으로만 아버지가 되는 것이 가능한 상황들이 생길지 모른다. 이러한 문제를 묘사한 작품이 오늘날에는 판타지지만, 삼사십 년 뒤면 정말로 실감날 것이다. 아버지, 어머니 그리고 자식 간의 인위적으로 가공된 이 같은 혈족관계는 그때 가서는 지금과 같은 허구가 아니라 진실이 될 것이다. 오늘날의 부자관계는 유전공학이 실현되는 시대와는 다를 것이다.[4]

---

[4] Stanislaw Lem, *Microworlds: Writings on Science Fiction and Fantasy?*, Franz Rottensteiner ed., Harcourt Brace & Company, Orlando, Florida, 1984.

이 얼마나 소름끼치는 예언인가! 이 글은 1980년대 중반 발표되었는데, 작가 스타니스와프 렘은 당시 불과 삼사십 년 뒤면 자신의 가정에서 현실화되리라고 내다보았으며 그러한 예상은 크게 빗나가지 않았다. 2002년 말 미국에서는 외계인을 신으로 추앙하는 종교단체 라엘리언 산하의 인간복제기업 클로네이드가 법적 규제를 무릅쓰고 복제인간 아기를 출생시켰다고 공표함으로써 인간 유전자의 무분별한 조작에 반대하는 사회 일반의 여론을 들쑤셔 놓았다. 진위 여부를 떠나서 우리에게 시사하는 바는 바야흐로 실정법을 동원해서까지 인간복제를 막아야 할 정도로 기술이 앞서가는 시대에 우리가 살고 있다는 사실이다. 아마 새로운 밀레니엄에 태어난 우리의 아들딸들이 어른이 될 때쯤에는 렘의 말마따나 결혼하지 않고 단지 처녀생식만으로 자식을 얻는 날이 오지 않을까? 만약 그렇다면 그 사회에서 가족에 대한 가치관과 도덕은 어떻게 변모할까?

SF보다 더 SF적인 현실은 비단 과학의 첨단영역에만 국한되지 않는다. 오히려 우리는 SF에서나 꿈꾸어 보았을 만한 문명의 이기를 일상생활 속에서 훨씬 더 자주 접하게 된다. 휴대전화로 영화를 보고 카메라를 찍고 CD 음질의 음악을 듣는 판이니 SF 콘텐츠가 그려내는 미래의 파노라마가 오히려 멋쩍어 보일 지경 아닌가. 전 국민의 반수 이상이 인터넷을 이용하고 디지털 위성방송의 채널 수가 190개를 넘어서며, 한 가정에서 CDMA 방식 휴대전화를 2대 이상 쓰고 있는 21세기 초 우리나라의 현실에서 바라보면 지금까지 출간된 과학소설들 가운데 상당수가 미래에 대한 상상화이기는커녕 오히려 현 시점에서 써진 리얼리즘 소설처럼 생각될 지경이다. 오죽하면 미국의 과학소설 작가 로버트 실버벅이 일찍이 1970년대 중반에 대체 자신이 지금 SF가 그려낸 미래 속에서 살고 있는지 아니면 진짜 현실 속에 살고 있는지 구분이 가지 않을 정도라고 푸념을 했을까. 이처럼 현실과 SF가 앞서거니 뒤서거니 하며 함께 질주하고 있는 상황에서 사람들은 점차 SF에 대한 호기심과 매력을 떨쳐내기가 어려워진다.

　미국 SF의 아버지라 불리는 휴고 건즈백Hugo Gernsback이 장편소설 〈랠프 124C 41+Ralph 124C 41+〉에서 컬러 TV와 비디오 전화 그리고 원격 화상회의가 등장하는 27세기의 모험담을 발표한 해가 1929년이다. 그러나 2003년의 우리는 이러한 과학문명의 이기利器를 너무나 당연하게 받아들여 온 나머지 SF적인 비전을 현실과는 동떨어진 별개의 별천지인양 오해하기 쉽다. 하루에도 수백 번씩 어제의 SF 세계와 만나고 있음에도 말이다. SF란 하루하루 변하면서 쏜살같이 달리고 있는 과학이란 열차에 타고 있는 인간을 순간 포착해서 카메라로 찍은 다음 인간학적인 해석을 덧붙여 놓은 해설판이다. 그래서 과학소설은 꿈인 동시에 현실이다. 요즘 SF가 대중문화의 강력한 아이콘으로 등장하고 있는 까닭은 무엇보다도 SF 자체가 꿈을 주면서도 현실에서 계속 확인할 수 있는 공명 현상을 지속적으로 일으켜 오고 있기 때문이 아니겠는가.

세계과학소설사

SF의 여러 가지 이름

SF의 여러 가지 이름

과학소설 명칭의 작명을 통해 본 과학소설 개념의 변천사

이제까지 과학소설을 지칭해 온 여러 이름의 유래를 살펴보면 이 장르문학의 역사와 정의를 이해하는 데 도움이 된다

메리 쉘리가 〈프랑켄슈타인〉을 썼을 때 과학소설은 아직 그 명칭도 없었고 독립된 하나의 문학형식으로 인정받지도 못했다. 이러한 상황이 1세기 동안 지속되었다.[1]

무엇이든 처음부터 이름을 갖고 태어나는 것은 아니다. 하지만 그것의 특성이 드러나고 사람들에게 주목을 받게 되면 자연스레 어떤 경로를 통해서든 공통적으로 부르는 명칭이 생겨나게 마련이다. 과학소설의 역사를 보더라도 그것의 문학적 형태를 정착시키고 발전시켜오기까지 여러 가지 이름으로 불렸다. 앞에서 스콜즈[Robert Scholes]와 랩킨[Eric S. Rabkin]이 언급했듯이 메리 쉘리를 포함한 유럽의 지식인 작가들이 현대적

---

[1] 로버트 스콜즈 & 에릭 랩킨, 〈SF의 이해〉, 평민사, 1993, 17쪽.

과학소설을 앞서거니 뒤서거니 하면서 발표할 당시만 해도 그들은 자신들이 과학소설 작가라거나 과학소설을 집필하고 있다는 자의식을 지닌 적이 결코 없었다. 만일 올라프 스태플든^{Olaf Stapledon}에게 "당신은 과학소설 작가요!"라고 선언한다면 그는 어리둥절하지 않을 수 없을 것이다. '과학소설'이라는 우리 귀에 익숙한 용어가 자리 잡으려면 그로부터 시곗바늘을 앞으로 돌려 1929년 6월 휴고 건즈백이 본격적으로 일을 벌이기까지 기다려야 한다. 그러므로 이 글에서 굳이 과학소설이란 장르문학을 지칭하기 위해 거론되었던 이름들의 순례를 떠나려는 까닭은 그 과정을 통해 과학소설이 걸어온 길과 과학소설의 정의에 대한 이해를 하는 데 도움이 된다고 보기 때문이다.

과학소설의 여러 가지 이름

티끌이 모여 하나의 태산을 이루기 전까지는 대부분의 사람은 그게 똥인지 된장인지 알아차리지 못하는 경우가 많다. 특히 문화와 관련해서는 둑이 터져서 홍수가 난 것처럼 겉으로 양적인 규모가 드러나기 전까지는 그 분야의 존재감을 깨닫기가 쉽지 않다. 사실 메리 쉘리가 1818년 〈프랑켄슈타인〉을 발표하기 수백 년 전부터 적지 않은 수의 유사 과학소설들이 씌어졌지만 그것들을 이른바 '과학소설'이란 깃발 아래 하나의 공통분모 집단으로 인식한 사람들은 전혀 없었다. 사이언스 픽션^{Science Fiction}, 즉 과학소설이라는 용어는 1929년에야 비로소 만들어졌다는 사실을 명심하라. 아직 과학소설이 장르문학으로서의 명확한 정체성을 갖기 이전에 간헐적으로 등장했던, 일종의 과학소설로 분류할 수 있는 작품들에 대해서는 비평가들이 오늘날에 와서 '원형적 과학소설' 또는 '선구적 과학소설^{Proto-SF}'이란 이름을 붙여주었다. 그나마 이전까지는 이러한 유형의 이야기들이 부르는 사람의 입맛에 따라 환상적인 여행기, 유토피아 이야기, 미래 전쟁 이야기, 고딕풍 로맨스 그리고 잃어버린 세계 이야기 등으로 제멋대로 불렸다. 누차 말하지만, 우리가 현재 알고 있는 바와 같은 과학소설의 형태와 정체성이 호칭 문제와 맞물려 그 윤곽을 보여주기 시작한 것은 1920년대 말부터의 일이다.

1) 과학적 로망스 Scientific Romance

'과학적 로망스'에서 로망스란 단어는 로망스어 Romance languages, 즉 근대 유럽의 대중적인 언어로 발간된 출판물로서 즐거움이나 여흥을 위해 읽히는 글을 의미한다[성경을 비롯해 당시 유럽에서, 보다 진지한 글은 라틴어로 쓰여졌다.]. 이 로망스에 '과학적 Scientific'이란 형용사를 붙인 문학 장르가 작가들에게 어렴풋이나마 어떤 특유의 문학 형식을 시사한다고 여겨지게 된 때는 19세기 말부터이며 이후 2차 세계대전까지 쓰였던 모양이다. 재미있는 사실은 과학적 로망스라는 용어를 놓고 대서양을 사이에 해석이 사뭇 달랐다는 점이다. '과학적 로망스'라는 명칭을 처음 쓰기 시작한 쪽은 19세기 말 영국의 작가들이었다. 기록상으로 거슬러 올라가보면 1886년 영국의 찰스 하워드 힌튼 Charles Howard Hinton, 1853~1907[영국의 수학자이자 과학소설 작가로서 《과학적 로망스》라는 소설집을 펴냈다. 그는 상위차원, 특히 4차원에 관심이 많았으며 '4차원 정육면체(tesseract)'라는 용어를 만들어냈을 뿐만 아니라 상위 차원 기하학을 시각화하는 방법을 다룬 저술로 유명하다. 또한 신비체험을 통해 종교적 철학적 지혜를 얻는 신지학(神智學, theosophy)에 관심이 높았다.]이 펴낸 자신의 작품집 제목에 이 용어를 사용한 바 있으며, 프랑스에서는 쥘 베르느 Jules Verne와 까밀 플라마리옹 Camille Flammarion, 1842~1925[프랑스의 천문학자이자 작가로서, 50권 이상의 저술을 남겼다. 이 중에는 천문학 서적뿐 아니라 《생물이 살고 있는 여러 세상(La Pluralite des mondes habites)》를 포함해서 초창기 과학소설로 분류되는 작품들도 몇 개 포함되어 있다. 개인 천문대를 운영했으며 프랑스 천문학회 설립자이자 초대 회장을 맡았다.]이 초창기 과학소설을

영국 과학소설 작가 브라이언 스태이블포드의 논픽션 〈영국의 과학적 로맨스 1890~1950〉 표지

지칭하기 위해 언급하였다. 미국에서는 1920년대에 이르러 비로소 휴고 건즈백이 이 용어를 끌어다가 현대적인 과학소설을 지칭하기 위한 명칭으로 정립하려 시도하였다.

그렇다면 유럽과 미국의 작가들 사이에는 저마다 과학적 로맨스라는 타이틀을 자신들의 작품을 분류하는 꼬리표로 붙일 때 어떤 간극이 있었다는 뜻일까? 영국의 과학소설 작가 브라이언 스태이블포드[Brian Stableford]가 발간한 논픽션 〈영국의 과학적 로맨스 1890~1950[The Science Romance in Britain: 1890~1950]〉(1985)에 따르면, 똑같이 과학적 로맨스란 어휘를 사용해도 과학소설 초창기의 영국 작가들과 미국 작가들 사이에는 다음과 같은 몇 가지 차이가 있었다.

우선 영국 작가들은 내러티브에서 주인공의 역할을 최소화하였다. 이를테면 H. G. 웰즈[Wells]와 올라프 스태플든의 일부 작품들을 보면 아예 주인공의 이름조차 나오지 않으며 미국식 행성 로맨스[Planet Romance]와는 달리 주인공이 자연이나 외부의 힘에 맞설 역량을 갖고 있지 않다. 정의의 사자를 자임하며 화성의 괴물들을 통쾌하게 무찌르는 에드가 라이스 버로우즈[Edgar Rice Burroughs]의 액션 영웅과는 달리 웰즈와 스태플든 그리고 에드워드 벨라미 같은 작가들의 작품에서는 주인공이 사건의 동인이기보다는 관찰자 내지 기록자의 성격을 띠는 경우가 많다. 둘째로 영국의 작가들은 장구한 세월에 걸쳐 진행되는 진화론적인 종種의 흐름에 깊은 관심을 표명하였다. 웰즈의 〈타임머신[The Time Machine]〉(1895)과 스태플든의 〈별의 창조자[Star Maker]〉(1937)와 〈최후이자 최초의 인간들[Last and First

Men〉(1930)이 전형적인 예들이다. 구태여 방대한 시간대까지 판을 벌이지 않은 '과학적 로망스'의 경우에도 J. D. 베레스포드Beresford의 장편 〈햄댄셔의 경이The Hampdenshire Wonder〉와 S. 파울러 라잇Fowler Wright의 작품들에서 보듯이 인류가 진화의 압력으로부터 과연 자유로울 수 있는 종인가에 관한 물음이 제기되었다. 셋째로 영국의 작가들은 새로 개척해야 할 우주에 대한 관심이 그다지 크지 않았다. 당시 우주 탐험이나 개척에 관해 주목할 만한 작품을 내놓은 작가는 C. S. 루이스Lewis뿐이다. 아이러니하게도 그의 〈우주 3부작Space Trilogy〉은 "인류가 결함을 고치지 못하고 계속 죄를 짓는 한, 외계 행성에 대한 탐사는 이롭기는커녕 오히려 더 해로울 수 있다."는 입장을 취함으로써 청소년들에게 우주 진출에 대한 동경을 불러일으킨 미국의 펄프잡지에 실린 과학소설들과는 대척점에 서 있었다. 그나마 영국의 다른 과학적 로망스 작가들은 대개 이러한 소재에 대해 별다른 흥미를 보이지 않았다. 마지막으로 영국의 작가들은 인류의 미래에 대해 무조건 낙관적이지만은 않은 태도를 취했다. 겉보기에는 미국의 B급 과학소설들도 때때로 교훈적인 문명비판을 간판으로 내세우긴 했지만 미래에 대한 외삽外揷[과학소설에서 '외삽'이라 하면 과거와 현재의 사실을 바탕으로 연역하여 나름대로 설득력 있게 그려낸 가상의 미래를 의미한다.]을 고민하는 깊이에서 근본적인 차이가 있었다.

미국식 행성 로맨스의 전형을 보여주는 에드가 라이스 버로우즈의 〈화성의 두 달 아래에서(Under the Moons of Mars)〉. 이것은 〈화성의 존 카터(John Carter of Mars)〉 시리즈의 원형이 된 작품이다.

요약하면, 영국의 과학적 로망스는 19세기 말부터 이후 약 60년간 주목할 만한 작가와 작품들을 배출하였다. [그렇다고 해서 이 무렵의 영국 과학소설들이 죄다 스테이블포드의 주장대로 따랐던 것은 아니다. 예를 들어 일부 작품들은 우주에서의 모험을 다뤘고 미래에 대한 낙관적 전망을 담았다. 에릭 프랭크 러셀(Eric Frank Russell) 같은 영국의 일부 작가들은 1930년대까지 의도적으로 미국 출판사들을 위한 과학소설을 썼다.] 겹치는 시기의 미국식 과학적 로망스와는 달리, 영국의 과학적 로망스는 전통적으로 이어져 내려온 사변소설과 환상소설 양식의 후예로서 유토피아나 상상의 여행 같은 종래의 아이디어에다 새롭게 발전된 근대과학기술을 접목시키고자 하였다. H. G. 웰즈의 초기 소설들이 이러한 전통에 가장 충실했다고 볼 수 있는데, 이후 후계자들이 웰즈의 성과에 미치지 못하여 점차 역사의 뒤안길로 사라지는 수순을 밟게 된다.

영국 작가들이 과학적 로망스라는 용어를 사용한 것은 그들이 과학소설이란 용어나 개념을 듣지도 보지도 못한 상태였기 때문에 자신들의 작품군을 통칭할 수 있는 정체성을 지닌 표현이 필요해서였다. 하지만 2차 세계대전 후에는 미국의 세속적인 과학소설에 대한 반작용으로 말미암아 영국 작가들은 대체로 과학적 로망스라는 용어를 기피하게 되었다. 이들 가운데에는 심지어 자신들이 과학적 로망스 작가로 불리기보다는 그냥 작가나 과학자인데 때로는 과학적인(!) 소설도 쓰는 필자로 봐주길 바랐다.

미국에서 이 용어를 공개적으로 널리 쓰기 시작한 사람은 미국 과학소설의 아버지로 불리는 휴고 건즈백이다. 그는 1920년대에 이러한 표현을 통해 과학과 대중문학의 결합을 알리고자 했다. 그러나 건즈백 자신도 얼마 후 과학적 로망스라는 명칭에 만족할 수 없게 되는데, 이는 '로망스'[영어식 발음으로는 로맨스]가 유독 러브스토리와 강하게 결부되어 있는 탓에 과학소설이란 장르를 대표할 만한 이름으로는 다소 부족하다는 느낌을 지울 수 없기 때문이었다. 사실 일반적으로 과학소설은 예나 지금이나 남녀 간의 사랑이나 성적인 이슈에 대해 적극적이지 못한 경향이 있다. 비록 1960년대 말부터 불붙은 뉴웨이브 과학소설 사조와

1970년대의 페미니즘 과학소설 덕분에 여성이나 성에 대한 관심과 고민의 폭이 대폭 늘어났다고는 하지만, 과학소설은 본질상 인간 간의 사랑 차원을 넘어서는 거시 세계, 거시 사회, 거시 우주에 자연스레 초점을 맞추지 않을 수 없다. 다시 말해서 과학적 로망스에서 '로망스'라는 표현은 과학소설의 지엽적인 한 부분만을 지칭하는 듯하여 자칫 일반의 오해를 불러일으킬 소지가 있다.

그럼에도 과학적 로망스라는 용어는 1970년대 말 부활의 조짐을 보였다. 이것은 일군의 영국 과학소설 작가들이 '과학적 로망스'라는 호칭을 써서 빅토리아 왕조 시대를 연상시키는 노스탤지어가 묻어난 낭만적인 미래 이야기를 지칭한 데 따른 것이다. 일례로 웰즈 협회^{the H. G. Wells Society} 회원이자 환상소설과 과학소설을 쓰는 크리스토퍼 프리스트^{Christopher Priest}는 자신의 몇몇 장편소설들을 과학적 로망스라고 불렀다. 이 용어의 현대적 부활을 둘러싸고 과학소설의 하위 장르 가운데 하나인 스팀펑크^{Steampunk}[과학소설 하위 장르의 하나로서, 산업혁명의 다양한 산물을 묘사하는 19세기판 대체역사물을 지칭한다. 현대 산업문명의 토대가 되는 원천기술이 전기나 원자력 같은 것이 아니라 증기기관에서 지속적으로 발달해 왔다고 가정하는 입장으로, 구식 과거 기술이 크게 번성한 가상의 기이한 과거 사회 또는 그러한 바탕에서 발전을 거듭해 이뤄진 가상의 현재나 미래사회를 무대로 한다. 스팀펑크란 용어의 어원을 보면, 사이버펑크(cyberpunk)에서 사이버(cyber) 대신 증기기관의 증기(steam)를 치환시켜 조합한 것이다.]의 부상과 연계 짓는 이가 있을지 모르나, 양자 간에는 분명한 차이가 있다. 현대에 부활한 과학적 로망스는 전형적으로 스팀펑크 시대보다 눈에 뜨일 만큼 더 향수를 유발하고 낭만적일 뿐만 아니라 무엇보다도 스팀펑크와는 달리 과거보다는 미래를 다룬다. 설사 그 미래가 빅토리아 왕조 시대 분위기를 연상시키는 미래라 할지라도 말이다. 단언하건대, 현대판 과학적 로망스는 스팀펑크나 사이버펑크의 어떤 형식과도 상관이 없다.

2) 의사과학 이야기 Pseudo-science stories

미국에서 과학소설의 주된 활동공간이 펄프 잡지이던 시절[미국의 과학소설 연구자 마이크 애쉴리(Mike Ashley)에 따르면, 미국에서 펄프잡지를 무대로 한 과학소설이 왕성하게 활동한 기간을 휴고 건즈백이 『어메이징 스토리즈』를 창간한 1926년부터 2차 세계대전으로 인한 종이공급의 통제 및 텔레비전, 라디오, 영화 같은 엔터테인먼트 매체의 다양화 등으로 펄프잡지가 몰락하게 됨에 따라 대중잡지를 통한 과학소설의 발표공간이 급감한 1950년대 초반까지로 본다.]에 과학소설은 종종 '의사과학 이야기'라고도 불렸다. 이를테면 잡지 『쓰릴링 원더 스토리즈Thrilling Wonder Stories』의 1948년 2월호 편집자 사설란과 잡지 『판타지와 과학소설 Fantasy & Science Fiction』 1957년 2월호에 실린 샘 모스코위츠Sam Moskowitz의 글 「과학소설이 어떻게 이름을 얻게 되었나How Science Fiction Got Its Name」 그리고 딕 이니Dick Eney의 〈공상 백과사전 IIFancyclopedia II〉 (1959) 등에서 '의사과학 이야기'란 표현을 찾아볼 수 있다. 원래 '의사Pseudo'라는 용어는 가짜 내지

1936년 8월 『쓰릴링 원더 스토리즈(Thrilling Wonder Stories)』 창간호 표지

1949년 창간된 이래 오늘날까지 발간되고 있는 과학소설 전문잡지 『판타지와 과학소설(Fantasy & Science Fiction)』

거짓이라는 의미의 그리스어에서 비롯되었다. 과학소설 평론가 존 클루트^{John Clute}와 피터 니콜스^{Peter Nicholls}에 따르면, '의사과학 이야기'는 겉으로 보기에 과학적이거나 과학적으로 그럴 듯해 보이는 기술용어를 이야기 속에 끌어들인다 해도 정통과학에서는 일반적으로 오류가 있거나 입증되지 않은 믿음체계에 기반을 둔 이야기로 정의된다.[2] 이러한 이야기들은 기초과학은 물론이거니와 응용과학에도 부합되지 않으며 과학의 근본 토대 자체를 위반하기

미국 과학소설 초창기에 작가들에게 의사과학적인 영감을 제공한 연대기 작가 찰스 포트(Charles Fort)

일쑤이다. 대중적인 펄프잡지인 『쓰릴링 원더 스토리즈』에서조차 의사과학 이야기를 언급할 때, "기술적으로 최첨단을 걷는 의사과학 이야기는 실제로는 환상적이고 규칙에 벗어나는, 상상에서만 가능한 장치들로 가득한 판타지에 불과하다.^{After all, the most highly technical pseudo science story is truly nothing but fantasy dressed up with a lot of fantastic, slide rule suppositional gadgets.}"는 지적을 한 바 있다.

미국의 과학소설 초창기에 작가들에게 의사과학적인 아이디어와 영감을 선사한 대표적인 인물로 찰스 포트^{Charles Fort}를 꼽을 수 있다.[3] 그가 1920~1930년대에 발표한 책들 속에 담긴 내용은 늘 쓸 만한 이야깃거리에 목말라 있던 당대의 과학소설 작가들에게 단비나 다름없었다. 심지어 어떤 작가들은 그 내용 중 일부에 대해서는 훨씬 더 진지한 자세로 접근하기도 했던 모양이다. 원래 포트 자신은 의사과학자가 아니었으며 기괴한 사건들만 모아 기록하는 연대기 작가에 가까웠다. 익살맞은 문체와 형식으로 낯선 이론들을 비꼬아대길 좋아한 포트가 과학소설계에 미

---

[2] John Clute & Peter Nicholls, *The Encyclopedia of Science Fiction*, Orbit, London, 1999, p. 968.
[3] Ibid., p. 970.

의사과학자 이마누엘 벨리코프스키(Immanuel Velikovsky)와 세간의 논란을 불러일으킨 그의 대표적인 저서 〈충돌하는 세계들〉의 불어판 표지

친 가장 큰 영향은 두 가지로 나눠볼 수 있다. 하나는 초능력에 대한 이론적 근거이고 다른 하나는 우리가 수수께끼의 외계지성에 의해 비밀리에 관찰되고 통제된다는 설정이었다. [특히 후자의 설정은 유에프오학의 첨단을 걷는 많은 이론에 반영되어 있다. 이러한 개념은 H. P. 러브크래프트(Lovecraft)의 〈크툴루 신화(Cthulhu Mythos)〉에서 보듯이 오늘날까지 지속적인 인기를 모으고 있으며, 그의 원형적인 이야기는 다른 이들에게 숱하게 모방되었다.]

20세기 후반 들어서는 과학소설계에 가장 큰 영향을 미친 의사과학자들 가운데 한 사람으로 이마누엘 벨리코프스키Immanuel Velikovsky를 빼놓을 수 없다. 그는 〈충돌하는 세계들Worlds in Collision〉(1950)에서 최초로 자신의 이론을 설파했는데, 정통과학이 여태껏 내놓은 지식을 부정하고 독창적이고 과감한 해석을 시도해 세인의 눈길을 끌었다. 벨리코프스키는 자신이 펴낸 저서들을 통해 성경과 고대 신화에 무수하게 등장하는 대규모 천재지변에 관한 전설들을 면밀히 검토한 끝에 실은 이러한 대재앙들이 보다 상위 차원의 우주적 재앙과 맞물려 설명될 수 있다고 주장했다. 그 중 백미는 금성이 성서 시대에 목성에서 떨어져 나와 지구 주위로 접근하다가 현재의 궤도로 안정화되기에 이르렀다는 가설이다. 그 바람에 불연속적으로 지구촌 전체에 걸친 대규모 피해가 잇따랐다는 것이다.

이처럼 과학소설과 의사과학 간에는 늘 밀접해 보이면서도 자칫 잘못

다루었다가는 당혹스럽기 그지없는 연결고리가 존재한다. 어떤 이들은 과학소설이 저급한 수준에서 독자들의 유치함에 호소할 뿐만 아니라 실제세계를 있는 그대로 받아들이고 싶어 하지 않는 독자들에게 매력적으로 다가설 수 있기 때문에 의사과학을 끌어들인다고 비판한다. 이러한 현상과 관련하여 1950년대 중반 미국의 수학자이자 과학교양서 작가인 마틴 가드너$^{Martin\ Gardner,\ 1914~}$ [정통 학자이면서도 마법, 의사과학, 문학(주로 루이스 캐롤의 작품들), 철학 그리고 종교 등에 흥미를 갖고 있다. 1956년부터 1981년까지 미국의 과학저널 『과학적인 미국인(Scientific American)』에 「수학적인 게임(Mathematical Games)」이란 제목의 칼럼을 연재했으며 60권이 넘는 저서를 펴냈다.]는 이렇게 지적했다. "평균적인 팬이라면 십중팔구 10대에 전도사 비슷한 태도를 보인다. 대개 과학소설에서 주워들은 어설픈 과학 지식으로 현명해졌다고 착각한 이들은 오컬티즘으로 빠져들어 과학적 방법론에 대한 이해가 전무하다시피하다." 가드너에 따르면 이것은 그들이 스스로가 의사과학의 신봉자들이 아니라 과학소설 팬이라고 자부하는 과학적 권능의 환상에 사로잡혀 있기 때문이다. [과학소설의 등장인물들은, 다른 이들은 과학적 방법을 통해 문제에 접근하지 못한다는 이유로 무시해 버리는 일이 자주 있다. 대다수 과학소설의 이면에는 어떤 유일무이한 과학적 방법이 있으며, 그 방법만이 진리에 도달할 수 있다고 일반적으로 생각된다.]^4 실례로 1950년대 중반 미국 과학소설 잡지에 실린 작품 중 상당수가 초인 환상소설과 초능력에 대한 강박증을 드러낸다.

사정이 이러하고 보니 과학소설 장르의 명칭을 애초의 순수한 의도대로 '의사과학 이야기'라고 할 경우 본질적인 문제에 직면하지 않을 수 없다. 어차피 과학소설에서 다루는 과학적 가정들이 어느 정도 문학적 상상력을 감안하지 않을 수 없는 이상 그것들이 하나도 남김없이 현대 정밀과학의 검증을 통과해야 한다는 식으로 몰아붙여서는 장르의 존립 자체가 어불성설이 되기 쉽다. [의사과학 개념들은 과학소설 바깥에서보다는 과학소설 내부에

---

4 로버트 스콜즈·에릭 랩킨 지음, 김정수·박오복 옮김, 〈SF의 이해〉, 평민사, 1993, 152쪽.

사이언톨로지가 심리분석에 활용하는 전기 거짓말 탐지기에 대한 언론의 비판성 기사

서 오히려 다양한 스펙트럼을 보여준다. 예를 들어 현대의학으로는 만들어낼 수 없는 가상의 약물이나 치료제는 의사과학이 마음껏 다루는 영역의 하나로서 사기성이 농후하다. 이러한 가정을 받아들인 작품으로는 A. E. 밴 보웃의 〈보이지 않는 자의 포위(Siege of the unseen)〉(1959)와 테드 창의 단편 〈이해(Understand)〉가 있다.] 더욱이 과학소설이 추구하는 비전 자체가 의사과학의 홍보에 있는 것이 아니므로 과학적으로 외삽된 가정이나 전제들을 모두 사이비 과학이나 가짜 과학으로 매도해서는 자가당착에 빠질 우려가 있다. 어디까지나 과학소설은 일어난 것만이 아니라 "일어날 수도 있는 might-be-true" 것을 다루는 사고실험적 성격의 문학이지 않은가. 따라서 '의사과학 이야기'라는 표현은 과학소설을 쓰는 작가들은 물론이요, 독자들에게도 모욕적이라는 인상을 줄 소지가 높아 펄프잡지 시대 이후로는 잘 쓰이지 않게 되었다. 특히 과학소설의 본류에서 갈라져 나간 일부 의사과학적 분파들은 과학소설이 추구하는 합리성과 이성에 기반한 미래관 내지 세계관에서 엇나가 이따금 종교나 진배없는 광신을 보여줌으로써 과학소설계에 폐해를 끼쳤으며 비판의 대상이 되었다. [미국 과학소설 황금기를 일궈냈다고 평가받는 명 편집자인 존 W. 캠벨조차 론 허버드의 다이어네틱스에 영향을 받았고 그 결과 초능력학(Psionics)에 관한 진지한 논설을 잡지에 싣기도 했다.] 전형적인 예가 실제로 미국 사회에서 정식 교회로 인가되어 있는 사이언톨로지 Scientology [사이언톨로지는 과학소설 작가 론 허버드가 1950년대 창시한 종교로, 과학기술을 통한 정신치료와 영혼윤회설, 외계인 존재론을 신봉한다. 신도들의 면면을 보면, 과학소설계에서 편집자로 유명한 존 W. 캠벨 2세(John Wood Campbell Jr.)가 대표적이며 할리우드의 유명 스타들에게 인기가 높다. (허버드가 1982년에 발표한 장편 시리즈 〈전쟁터 지구(Battlefield Earth)〉는 2000년 할리우드 영화로 제작되었는데, 주연을 맡은 존 트래볼타가 사이언톨로지교 신도였다.) 원래 이 종교는

자가 치료 및 자활을 위한 교육 프로그램이었던 다이어네틱스(Dianetics)에서 발전한 것이다. 사이언톨로지의 목표는 영혼을 원상태로 복구하여 '총체적인 자유'라는 원래의 상태를 되찾는 것이다. 허버드에 따르면, 다이어네틱스를 활용하면 정서적 문제들을 제거하고 육체적 질병을 치료하며 지능까지 올려줄 수 있다. 이 종교에 가해지는 비판은 크게 두 가지이다. 하나는 과학적으로 근거가 없다는 것이고 다른 하나는 종교인지 비즈니스 기업인지 분간이 가지 않을 정도로 상업화되어 있다는 점이다. 사이언톨로지는 의사과학이 대중을 매료하는 전형적인 예를 보여준다. 론 허버드는 1950년 〈다이어네틱스(Dianetics)〉라는 사기성이 농후한 책을 출간한다. 이 책의 서문에서 그는 "다이어네틱스의 개발은 인간의 불의 발견에 비견할 만한 이정표이며 바퀴와 아치의 발명보다 훨씬 더 뛰어나다."고 선언했다. 이 책은 거짓말 탐지기보다 훨씬 더 구조가 간단한 기계인 'E-Machine'으로 심리상태를 감정하여, 환자의 정신건강을 해치는 과거의 부정적 기억을 찾아내 이를 심리상담 방식으로 해소시켜 준다고 주장한다. 얼핏 그럴 듯해 보이지만, 심리학적으로 전혀 근거가 없는 이러한 주장이 삽시간에 150만 부나 팔린 것은 당시만 해도 심리학의 체계가 완숙되기 전이었던 탓으로 보인다. 이 종교에 비판적인 사람들은 베스트셀러 판매부수의 원인은 신도들의 대량 구매가 원인이라고 주장하기도 한다. 결과적으로 허버드는 큰돈을 거머쥐었지만 그의 주장이 사기라고 주장하는 심리학계와 소송까지 벌이게 되었다. 사이언톨로지의 상업화는 근본적으로 창시자의 성향에서 비롯된다. 허버드는 자신의 주장이 이론인지 과학인지 철학인지 아니면 종교인지 관심이 없었으며 그보다 더욱 중요한 것은 늘 돈이었다. 일단 무료로 정신감정을 해준답시고 끌어들인 다음에는 열이면 열 치료가 필요하다는 진단을 내려, 그 후부터는 돈을 내게 만들었다. 한편 사이언톨로지가 워낙 대중적으로 인기를 끌자 유사한 사이비종파들이 생겨났는데, 사탄 숭배 경향이 짙은 최후심판교회(Process Church of Final Judgement)와 Four P Movement 같은 단체들이 그 예이다. 허버드와 사이언톨로지 교단은 자신들의 조직에 대한 온갖 비난 그리고 그로 말미암은 연방정부의 공개비판과 조사 방침에 맞대응하기 위해 거액의 소송을 걸었다. 재판이 진행되는 도중 이들은 위장잠입과 공문서 절도, 도청 같은 편법들을 동원하여 어떻게든 이기려 들었지만 1980년대 들어 이 사실들이 밝혀짐으로써 허버드의 아내를 위시하여 11명의 신도가 유죄를 선고받았다. 이 같은 일련의 사건들은 사이언톨로지가 정신나간 과대망상 집단이자 사악하고 위험한 부패 집단으로 낙인찍히게 만들었다.] 같은 경우이다. 의사과학의 신봉자들은 다분히 과학적이라기보다는 종교적인 용어의 사용을 선호한다. 나아가서 의사과학의 창안자들과 신도들은 때때로 자신들의 과학적인 종교체제에 대한 무관심이나 비난을 기성사회가 진실을 은폐하기 위해 벌이는 이기적인 음모론 따위로 깎아내리길 서슴지 않는 경향이 있다. [쉽게 찾아볼 수 있는 사례가 유에프오학(Ufology)이다. 이러한 이론의 주창자들은 과학자들과 정치가들, 군부 그리고 특히 CIA와 익명의 외계인들이 지구촌 곳곳에서 은폐공작을 벌이고 있다고 강력히 비난한다.]

3) 초과학소설 Super-science stories

펄프잡지가 미국에서 번성하던 시기에 일부 과학소설 전문잡지들은 '초과학소설 Super-science Stories'이란 용어로 자신들이 게재하는 작품들의 정체성을 나타냈다. 『슈퍼 사이언스 스토리즈 Super Science Stories』와 『슈퍼 사이언스 픽션 Super Science Fiction』이 바로 그것들로, 전자는 1940년부터 1951년까지 휴간과 복간을 거듭하며 31호까지 발행되었으며 후자는 1956년 12월부터 1959년 10월까지 격월간으로 18호까지 나왔다. 이밖에 펄프 잡지시대에 휴고 건즈백의 아성을 위협했던 『어스타운딩 스토리

1950년 3월호 과학소설 전문잡지 『슈퍼 사이언스 스토리즈 (Super Science Stories)』 표지

1958년 6월호 과학소설 전문잡지 『슈퍼 사이언스 픽션 (Super Science Fiction)』 표지

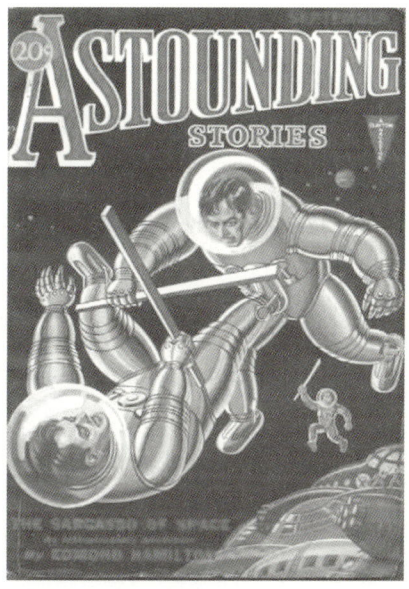

출판업자 윌리엄 클레이튼(William Clayton)이 펴낸 과학소설 전문잡지 『어스타운딩 스토리즈 오브 슈퍼 사이언스(Astounding Stories of Super Science)』는 펄프 잡지 시대에 휴고 건즈백의 아성을 위협할 만큼 위세를 떨쳤다.

제호에서 '오브 슈퍼 사이언스(of Super Science)'란 수식어를 떼어낸 『어스타운딩 스토리즈』

즈Astounding Stories』 또한 창간 당시에는 '초과학'이란 수식어를 달고 나왔었다. 1930년 1월 창간된 이른바 『어스타운딩 스토리즈 오브 슈퍼 사이언스Astounding Stories of Super Science』는 1931년 2월호에 가서야 '초과학적인of Super Science'이란 수식어를 제호에서 떼어냈다.

『슈퍼 사이언스 스토리즈』의 편집에는 프레데릭 폴Frederik Pohl[편집자였던 프레데릭 폴은 상당량의 자기 작품을 동 잡지에 실었으며, 이 중에는 C. M. 콘블러스(Kornbluth)와 공동집필한 것들도 포함되어 있다.]과 데이먼 나잇Damon Knight, 1922~2002 같은 일류 작가들이 직간접으로 관여하였으며, 또한 이 잡지에는 아이작 아시모프가 초창기에 무수하게 써낸 다수의 단편과 제임스 블리쉬James Blish의 처녀작 〈비상 재급유Emergency Refueling〉(1940)가 실렸다.[5] 잡지에 연재된 작품들 가운데 가상

---

[5] John Clute & Peter Nicholls, *The Encyclopedia of Science Fiction*, Orbit, London, 1999, p. 1187.

유명한 것으로는 1941년 연재된 스프레이그 디 캠프$^{Sprague\ De\ Camp}$와 P. 슈일러 밀러$^{Schuyler\ Miller}$의 〈사람 屬$^{Genus\ Homo}$〉[여기서 속(屬)은 생물의 분류단계에서 과(科; family)와 종(種; species)의 중간 단계]이 있다. 『슈퍼 사이언스 픽션』의 경우에는 로버트 실버벅과 할란 엘리슨$^{Harlan\ Ellison}$ 같은 명망 있는 작가들이 투고하였다. 하지만 두 잡지 다 과학소설의 역사에서 언급될 만한 문제작을 탄생시키지는 못했으며 단지 향후 꽃피우게 될 잠재력 있는 작가들에게 일종의 훈련장 성격을 띠었다. '초과학'이란 개념을 스스럼없이 받아들여 작품을 집필한 작가들 가운데 기억할 만한 인물들로는 존 W. 캠벨$^{John\ W.\ Campbell}$과 E. E. 스미스^{Smith}를 꼽을 수 있다. 캠벨의 대표작 〈갈채받는 해적$^{Piracy\ Preferred}$〉(1930)에 등장하는 악당 웨이드^{Wade}는 우주선을 투명하게 만드는 방법을 고안해낸 초과학자로서 우주해적이 된다. 스미스가 발표한 초과학소설의 대표작으로는 〈우주의 종달새호$^{The\ Skylark\ of\ Space}$〉 시리즈가 유명하다. 이 두 작품은 모두 『어메이징 스토리즈$^{Amazing\ Stories}$』에 실렸다.

문제는 '초과학'이란 애매모호한 정의로는 다루고자 하는 범위가 너무나 포괄적인 나머지 아직 과학적으로 증명되지는 않았지만 과학자들이 지속적으로 연구를 해서 규명하고자 하는 분야에 국한되지 않고 유령이나 유에프오^{UFO} 같은 초자연적 존재들과 전생의 여부, 점성술, 종말론 같은 신비주의 영역을 제멋대로 넘나드는 작품들이 양산될 소지가 많다는 점이다. 다시 말해서 초과학소설은 과학소설이 툭하면 황당무계한 판타지로 흘러도 무방할 것 같은 인상을 작가들과 독자들에게 주었다. 그래서 과학소설의 참다운 이름을 찾던 이들에게 초과학소설은 적당한 후보가 될 수 없었고 일시적인 명칭으로 단명하고 말았다.

4) 사이언티픽션 Scientifiction

휴고 건즈백이 처음 펴낸 잡지는 과학소설 잡지가 아니었다. 그가 출간한 최초의 잡지는 『모던 일렉트릭스 Modern Electrics』란 이름의, 일반 대중을 계몽하기 위한 무선 전기 관련 발행물이었다. [1908년부터 1914년까지 간행되었으며, 건즈백은 이외에도 다양한 전기학 관련 정간물들을 펴냈다.]

과학소설 역사에서 이 잡지가 의미를 갖는 것은 여기에 다름 아닌 건즈백의 첫 장편소설 〈랠프 124C 41+〉가 연재되었기 때문이다. 이 작품은 비록 문학적 수준이 대단한 것은 못되었지만 미래를 내다보는 문학으로서의 과학소설의 가치에 대한 관심을 본격화시켰다는 점에서 의의를 찾을 수 있다. 잡지의 초기 표지들은 그 무렵 전기를 어떻게 발생시켜 송전하고 소비하는지에 관한 과정이나 무선 라디오와 오디오 시스템을 보여주는 일러스트들로 채워졌지만, 1911년 8월호 표지는 2000년의 뉴욕 풍경을 담은 일러스트가 실렸다. 이러한 변화는 바로 그달부터 〈랠프 124C 41+〉가 연재된 데 따른 것이었다. 이후 1911년 말까지 휴고 건즈백은 잡지의 표지를 과학소설과 미래학적인 분위기로 일관했다. [이후 건즈백은 자신이 펴낸 또 다른 잡지들, 예를 들면 『전기 실험가(Electrical Experimenter)』와 『과학과 발명(Science And Invention)』 같은 전기학 관련 잡지들이나 『어메이징 스토리즈』 같은 과학소설 잡지에 유사한 분위기의 일러스트를 표지로 택했다.]

건즈백이 과학소설 전문잡지 『어메이징 스토리즈』를 창간한 때는 1926년으로, 당시로써는 미래의 테크놀로지를 방대한 시

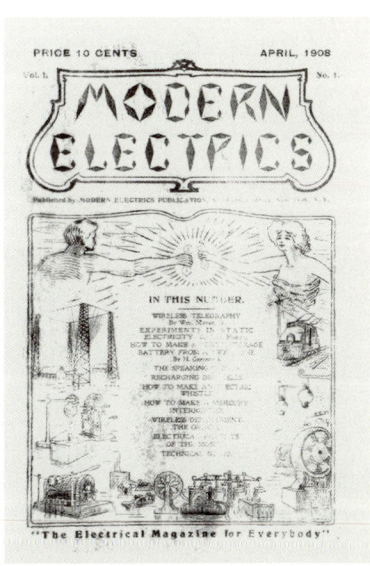

휴고 건즈백의 첫 장편 〈랠프 124C 41+〉가 연재된 무선 전기 관련 잡지 『모던 일렉트릭스(Modern Electrics)』 (표지는 1908년 4월호)

휴고 건즈백이 창간한 과학소설 전문잡지 『어메이징 스토리즈』는 전 세계 과학소설 전문잡지의 효시이다(표지는 1926년 4월호).

야에서 조망한 신기한 이야기로 비춰졌던 〈랠프 124C 41+〉[이 작품은 작가가 처음부터, 발달하는 과학기술의 미래상을 일반 대중들에게 전달할 목적으로 집필하고 상업적으로 출간한 것이다.]가 단행본으로 묶여 출간된 지 바로 다음해의 일이다. 미국에서 과학소설 잡지 시장을 연 『어메이징 스토리즈』는 자신의 정체성을 이른바 '사이언티픽션 잡지the magazine of scientifiction'라고 표방했다. 사이언티픽션이란 용어는 건즈백이 손수 "과학적인 소설Scientific Fiction"을 한 단어로 뭉뚱그려 만든 것이다. 애초에는 그가 잡지 제호까지 "과학적인 소설Scientific Fiction"로 부르려 했던 모양이다.[6] 그러나 "fic" 음절이 두 번 반복되다 보니 발음하기 영 껄끄럽다는 문제가 제기되었다. 그래서 아예 두 단어를 하나로 만들면서 반복되는 거추장스런 음절 하나를 없애버린 것이 바로 사이언티픽션이었던 것이다.

이처럼 나름대로 건즈백이 머리를 썼음에도 '사이언티픽션'은 보기에도 읽기에도 매끄럽지 않은 단어여서 한눈에 들어오지도 이해되지도 않았다. 궁여지책으로 STF라는 약어가 권장되었지만, '에스티에프'라는 발음 또한 그다지 선호되지 않아 이 용어의 사용은 오래가지 않았다. 같은 맥락에서 사이언티픽션이란 어감 자체가 독자들에게 친근감보다는 뭔가 어렵고 까다로운 내용을 담은 이야기라는 선입관을 줄까 봐 우려한 건즈백은 결국 이 호칭을 부제에만 쓰고 말았다.

6 http://scifipedia.scifi.com/index.php/Scientifiction

5) 과학소설 Science Fiction

앞에서 언급했듯이 휴고 건즈백은 '과학적 로망스'와 '사이언티픽 션' 같은 작명을 통해 과학소설의 정체성을 한눈에 알아볼 수 있게 표현하고자 노력했었다. 이처럼 줄기찬 노력이 결실을 맺어 이 장르 문학의 명칭을 최종적으로 확립하는 공은 마침내 그에게 돌아갔다. 1926년 4월부터 1929년 4월까지 3년 동안 휴고 건즈백은 사실상 미국에서 과학소설 잡지 시장을 독점하다시피 했다.[7] [물론 과학소설 작품들의 공급 자체를 독점했다는 뜻은 아니다. 비록 과학소설 전문잡지는 아니었지만 『위어드 테일즈(Weird Tales)』와 『아고시(Argosy)』 같은 잡지들에도 과학소설이 게재되었다.] 그러나 1929년 초 방만한 경영으로 파산하게 된 건즈백은 자신이 세운 출판사에서 퇴출되었고 그 산하에서 출간되던 『어메이징 스토리즈』의 발행인 및 편집자 역할도 더 이상 속행할 수 없게 되었다. [이에 대한 자세한 이야기는 이 책의 「미국의 초창기 과학소설」에서 살펴볼 것이다.]

이에 심기일전한 휴고 건즈백은 1929년 5월에서 7월 사이 무려 3종의 새로운 과학소설 전문잡지들을 창간하여 시장판도의 반전을 꾀한다. 『사이언스 원더 스토리즈 Science Wonder Stories』, 『에어 원더 스토리즈 Air Wonder Stories』 그리고 『사이언스 원더 쿼터리 Science Wonder Quarterly』가 바로 그것들인데, 『어메이징 스토리즈』 시절부터 연을 맺어온 작가들과 표지 일러스트레이터까지 모조리 데려와 일견 겉보기에는 구색에서 밀리는 것처럼 보이지 않았다. 하지만 여전히 마음에 걸리는 것은 건즈백이 자신이 세워놓은 아성인 『어메이징 스토리즈』의 시장 개척자이자 선도자로서의 굳건한 이미지였다. 건즈백이 떠난 뒤에도 『어메이징 스토리즈』는 편집진을 개편하여 여전히 시장에서 든든한 지위

---

[7] Mike Ashley, *The Time Machine; The Story of the science fiction pulp magazine from the beginning to 1950*, Liverpool univ. press, 2000, p. 62.

휴고 건즈백이 새로 창간한 과학소설 전문잡지 『사이언스 원더 스토리즈』와 『에어 원더 스토리즈』 그리고 『사이언스 원더 쿼터리』

를 확보하고 있었으며 이러한 위상을 지탱하는 선전구호로 '사이언티픽션Scientifiction'이 트레이드 마크처럼 쓰였다. 정작 사이언티픽션이란 용어의 창안자인 건즈백에게는 그것이 뼈아픈 부메랑이나 다름없었기에, 이에 맞설 새롭고 근사한 조어를 만들어내기로 마음먹었다. 그리하여 1929년 6월부터 자신의 새로운 근거지인 『사이언스 원더 스토리즈』를 위한 프로모션 구호로서 '사이언스 픽션'이란 용어를 광범위하게 사용하기 시작한다. 그는 이 용어를 잡지 곳곳에서 썼을 뿐만 아니라 독자에게 보내는 편지와 전단을 통해서도 "사이언스 픽션은 내게 어떤 의미인가What Science Fiction Means to Me"라고 이름붙인 논의에 독자들이 참여해줄 것을 대대적으로 촉구했다. 흥미로운 것은 이전에 이미 '사이언스 픽션'이란 용어가 경쟁잡지인 『어메이징 스토리즈』 1927년 1월호에서 쓰인 적이 있다는 사실이다. 당시 한 독자가 『어메이징 스토리즈』에 줄 베르느처럼 구닥다리 작가의 작품을 싣는 것에 대해 불평을 하자, 편집자 논설에서 "줄 베르느는 과학소설에서in Science Fiction 일종의 셰익스피어나 다름없다."고 답변했던 것이다. [당시 논설을 쓴 이가 발행인이자 편집총괄이었던 휴고 건즈백이었는지 아니면 휘하의 수석 편집자였던 T. 오코너 슬로앤(O'Conor Sloane)이었는지는 현재로서 분명하지 않다. 슬로앤은 건즈백의 퇴출 이후 채권단에 의해 내부 승진되어 명실 공히 『어메이징 스토리즈』의 편집총괄이 된다.]

요약하면, 사이언스 픽션이란 용어는 사이언티픽션보다도 먼저 언급된 바 있지만 처음에는 과학소설계의 주목을 받지 못했다가 1929년 6월 이후 휴고 건즈백의 이해관계와 맞물리면서 비로소 대중의 화두에 오르기 시작했다는 사실이다. 그러나 아무리 특정인이 어떤 용어를 널리 쓰이게 만들려 한다 한들 다수의 사람이 받아들여주지 않으면 그만이다. 초과학소설이나 사이언티픽션이 그런 수모를 당했지만, 사이언스 픽션 즉, 과학소설만은 이후 급속하게 시장에 파고들면서 오늘날 이 장르문학을 대표하는 가장 유력한 명칭이 되었다. 사이언스 픽션은 줄여서 'S.F.' 혹은 점이 없이 그냥 'SF'라고 표기하고 그 약어대로 읽기도 한다. [그러나 영문 인터넷 검색시 SF라고 입력하는 것은 그다지 현명하지 못하다. 과학소설에 관한 항목보다는 샌프란시스코에 관한 사항들이 훨씬 더 압도적으로 검색될 것이기 때문이다. 다소 귀찮아도 영문 인터넷 검색시에는 사이언스 픽션을 풀 네임으로 입력하는 쪽을 추천한다.] 흔한 일은 아니지만 때로는 중간에 하이픈을 넣어 'science-fiction'으로 쓰기도 한다.

6) 사변소설 Speculative Fiction

일반적으로 '사이언스 픽션'이라고 하면 이름에서부터 뭔가 과학적인 측면을 강조한 이야기라는 뉘앙스를 진하게 풍긴다. 어차피 작명자인 휴고 건즈백부터가 그러한 의도로 만든 이름이니 이제 와서 새삼스레 이러쿵저러쿵하기도 좀 그렇거니와 과학소설 자체가 원래 그런 것 아니냐고 반문한다면 딱히 틀린 말도 아니다. 문제는 과학소설의 역사가 1960년대로 섭어들면서 그전까지 당연하다고 여겼던 이 장르문학의 정체성에 의문을 품은 나머지 명칭까지 재론해야 하는 것 아닌가 하고 이의를 제기하는 이들이 하나 둘씩 나타나기 시작했다는 점이다. 1960년대에서 1970년대 초반까지 영미권 과학소설계 일각에서 하나의 세를 형성한 뉴웨이브 과학소설 운동은 자연과학 위주로 치중했던 관심사를 사회과학으로까지 확장하면서 바깥의 물리적인 우주보다는 인간 내면의 심리적 우주에 초점을 맞추었다. 그것이 지향하는 바는 진기한 발명품과 낯설고 신기한 곳의 방문을 볼거리로 앞세워 독자의 눈을 현혹하던 수준을 뛰어넘어 문학 본연으로서의 질적 우위를 확보하는 것이었다. 따라서 변화의 문학인 과학소설에서 이제 중요한 변화는 외면적인 것이 아니라 우리 내부에 자리한 근원적 차원에서 일어나게 되었다.

뉴웨이브 운동의 주창자들은 이러한 대안문학을[기존의 과학소설에 대한] '사변소설Speculative fiction'이란 용어로 통칭해 부르고자 하였다. 다시 말해서 사변소설이란 표현은 과학소설이란 명칭만으로는 이 장르문학의 잠재력을 충분히 구현할 수 없다고 불만을 토로하는 이들을 결집하는 구실이 되었으며, 나아가서 이 같은 불평분자들 나름대로의 새로운 규격(?)에 맞는 과학소설 장르문학을 규정하고 옹호하기 위한 명분이 되었다. 이를테면 미국의 과학소설 작가 할란 엘리슨이 자신의 글에서 사변소설이라 적을 때, 본인이 단순히 이제까지의 통념에서 벗어나지 않는 과학소설 작가로 분류되고 싶지는 않다는 바람이 담겨 있다. 또한 그가 이 용어를 쓸 때에는 과학소설의 장르적 틀 내지 관습을 현대문학의 자유분방한 시선에 입각해 산산조각내고 싶다는 열망이 드러나 있었다. 이러한 주장의 대중화에 관심을 지녔던 이들은 앞서 말했듯이 대부분 뉴웨이브 운동에 어떤 식으로든 관여했던 인물들로서 쥬디스 메릴, 로버트 실버벅, 어슐러 르 귄, 할란 엘리슨 등과 같은 작가와 편집자들이 여기에 동참하였다.

그러나 이러한 주장에 과학소설계 전부가 동의한 것은 결코 아니었다. 오히려 영국의 젊은 작가들이 주축이 되어 시작된 이 문학적 경향성에 대해 미국의 상당수 과학소설 독자들과 작가들은 사변소설이란 표기 자체가 과학소설에 대한 모욕이자 부정적인 의미를 함축하고 있다고 반발했다. 그 예로 프레데릭 폴 같은 작가는 뉴웨이브 작품들이 실험적인 시도를 많이 해서가 아니라 근본적으로 읽고 싶은 욕구가 생기지 않을 정도로 따분하다고 비아냥거렸다.[8] 따라서 현재까지도 사변소설이란 명칭은 사이언스 픽션이 한때 동의를 얻었던 만큼 이 장르문학 전반에 보편적으로 뿌리내리지는 못했으며 여전히 과학소설의 한 가지 경향이나 갈래를 의미하는 개념으로 공존하고 있다.

사변소설 개념과 관련하여 과학소설계에서 빼놓을 수 없는 중요한 인물이 바로 로버트 앤슨 하인라인Robert A. Heinlein이다. 하지만 그가 사변소설이라 호칭할 때의 정의는 뉴웨이브 성향 작가들이 입버릇처럼 말하는 취지와는 사뭇 거리가 있다는 점을 오해해서는 안 된다. 과학소설계 일각에서는 사변소설이란 용어가 로버트 앤슨 하인라인에게서 기원한다고 보기도 한다. 그 근거는 그가 1948년 쓴 에세이 〈과학소설 쓰기에 관하여On Writing of Speculative Fiction〉에서 '사변소설'이란 언급을 하였기 때문이다. 그러나 하인라인이 사변소설이라 표현할 때 그것은 과학소설의 경계를 융통성 있게 허무는 경계문학을 지향하는 것이 아니다. 이와 반대로 그는 자신이 말하는 사변소설에 환상소설은 결코 포함되지 않는다고 명시하였다. 그가 의미하는 사변소설은 과학소설 껍데기만 빌려 쓴 우주판 서부극이나 다름없는 저급한 수준을 훌쩍 뛰어넘는, 자연과학과 인문사회과학 지식이 통찰력 있게 조합된 사색의 문학이었다. 따라서 기존의 과학소설을 좀 더 짜임새 있고 격조 높게 끌어올리자는 의도였지 장르의 정체성을 혼란에 빠뜨리려는 의도는 아니었다.

---

[8] 김상훈, 「해설: 젤라즈니의 영광과 비극」, 〈내 이름은 콘라드〉, 시공사, 1995, 325쪽.

똑같은 작가(어슐러 르 귄)가 집필했어도 〈어둠의 왼손〉(왼쪽)은 과학소설이지만, 〈어스씨의 마법사〉(오른쪽)는 환상소설로 분류된다.

　　오늘날 사변소설이란 용어는 그것이 쓰이는 전후맥락이나 작가에 따라 너무 천차만별하게 쓰인다. 모든 허구는 은유이며 과학소설 또한 은유의 방식에 지나지 않는다고 보는 어슐러 르 귄의 경우[9]에는 〈어둠의 왼손The Left Hand of Darkness〉(1969)이건 〈어스씨의 마법사A Wizard of Earthsea〉(1968) 시리즈이건 그녀에게는 다 사변소설일 것이다. 하지만 일반적으로 전자는 과학소설이지만 후자는 환상소설로 분류된다. 그러나 그레이엄 밸러드나 로저 젤러즈니 같은 작가들에게는 남들의 그러한 구분보다는 자기 스타일을 잘 드러낼 수 있는 방식의 작품들을 한데 묶어 사변소설이라 부르고 싶어 할 것이다. 그래서 밸러드는 정통 과학소설이라 선

9 어슐러 르 귄, 「머리말」, 〈어둠의 왼손〉, 시공사, 1995, 11쪽.

뜻 분류하기 모호한 과학소설을 쓰고 젤러즈니는 과학소설과 환상소설을 둘 다 쓰고 때로는 이 두 장르를 섞어 한 작품으로 쓴다. 이처럼 범위를 경계소설의 영역으로까지 넓히게 되면 어떤 맥락에서이든 간에 우리의 현실세계와는 영 딴판인 허구의 세계에 대해 사색해보는 소설이라면 모두 사변소설이 될 수 있다. 그 결과 사변소설에는 전형적인 과학소설뿐 아니라 환상소설, 공포소설, 초자연소설, 대체역사소설 그리고 마술적 리얼리즘을 구사하는 소설이 모두 포함될 수 있다. 특히 이러한 관점은 학술적이고 이데올로기적인 비평을 할 때 즐겨 채용되는데, 뉴웨이브 작가들은 개개인의 성향에 따라 이러한 정의를 어느 정도 수용할지 모르지만 그 이외의 작가들과 일반적인 과학소설 독자들은 흔쾌히 동의하기 어려울 것이다. 이 때문에 앞에서 언급했듯이 사변소설이란 용어는 그 의미가 지닌 모호성과 사용법의 임의성으로 인해 여전히 과학소설계의 일반화된 호칭으로 자리 잡지 못하고 하나의 경향성을 대표하는 명칭으로 남아 있다.

한 가지 부연하면, 사변소설이란 용어 또한 사이언스 픽션과 마찬가지로 SF, sf 또는 'spec-fic', 'S-F' 따위로 표기된다. 따라서 약어만으로는 사이언스 픽션과 분간이 가지 않을 때가 많으므로 그 정확한 의미 파악을 위해서는 전후 맥락을 주의 깊게 살펴야 한다.

7) 사이파이 [sci-fi]

사이파이 [Sci-Fi]는 일반적으로 과학소설 문학 자체보다는 이 장르문학에서 파생된 멀티미디어 영역에서의 부가 생산물[주로 영화, 애니메이션, 게임 콘텐츠]을 의미한다. 그 결과 꼭 의도했던 것은 아닐지 모르나 사이파이는 사이언스 픽션보다 고민이나 사색의 깊이가 깊지 않고 상대적으로 피상적이라는 의미를 함축하고 있다. 용어를 처음 만들어낸 이는

미국 과학소설 팬덤의 빅네임팬 포레스트 J. 애커맨

미국 과학소설 팬덤의 빅네임팬이자 연구가인 포레스트 J. 애커맨Forrest J. Ackerman, 1916~ [미국 과학소설계의 전설적인 열성팬이자 SF 관련 온갖 자료 수집의 대가이다. 과학소설 팬덤의 기원과 조직 그리고 확장에 영향을 미쳤을 뿐 아니라 사회문화적으로 SF를 존중받을 만한 문학이자 예술 그리고 영화 장르로 받아들여지도록 하는 데 주도적인 기여를 한 인물이다. 또한 잡지 『영화세계의 유명한 괴물들(Famous Monsters of Filmland)』의 편집자이자 작가이며 배우, 프로듀서(『뱀피렐라』) 그리고 작가 대리인이기도 하다.]으로, 그는 재치 있게도 사이파이라는 조어를 하이파이Hi-Fi; high fidelity의 약자에 빗대어 만들었다.

오늘날 사이파이란 말은 영화 및 방송계에서 많이 쓰이는데, 이는 다른 의미로 말하면 사이파이라는 용어는 사이언스 픽션과는 달리 과학소설을 읽는 데는 그다지 관심이 없지만 대신 그 주변부의 멀티미디어 콘텐츠 위주로 즐기는 사람들 사이에 자주 쓰인다는 뜻이다.

과학소설에 관심이 더 많은 독자층의 입장에서 본다면 사이파이란 표현은 사이언스 픽션이나 사변소설이 지향하는 바와는 달리 SF영화의 신기한 볼거리들과 화려한 영상 특수효과를 연상시킨다는 점에서 상대적으로 경박하고 깊이가 낮다는 불만을 토로할 수 있다.

심지어 어떤 이는 SF영화조차도, 작품이 지향하는 바가 과학소설의 본질을 추구하는데 얼마나 진지한가에 따라서 사이언스 픽션 영화와 사이파이 영화로 구분하기도 한다.

이를테면 〈스타트랙〉은 사이언스 픽션이지만 〈고지라, 모스라를 만나다Godzilla Meets Mothra〉(1992)는 사이파이라는 식이다. 그러나 사이파이를 사이언스 픽션보다 한 수 낮다고 폄하는 다분히 문학적인 관점은 영화나 애니메이션 애호가들에게는 반발을 살 수 있다.

〈스타트랙〉(왼쪽)은 사이언스 픽션이지만 〈고지라, 모스라를 만나다〉(오른쪽)는 사이파이다.

결국 사이파이 또한 사변소설과 마찬가지로 현대 과학소설의 다양한 갈래를 보여주는 하나의 경향성으로 이해하는 편이 더 균형 잡힌 시각이라 할 수 있을 것이다.

세계과학소설사

과학소설의 족보를 다룬
국내의 다양한 문헌들

과학소설의 족보를 다룬
국내의 다양한 문헌들

과학소설의 족보의 두루마리는 얼마나 길까?

과학소설의 역사는 얼마나 되었을까? 영국의 과학소설 작가이자 평론가인 브라이언 올디스는 메리 쉘리가 〈프랑켄슈타인: 또는 현대의 프로메테우스〉를 출간한 1818년 이후부터를 현대적인 과학소설의 시작으로 본다. 하지만 과학소설의 원형이 되는 선구적인(!) 소설들의 뿌리를 더듬어가다 보면 수많은 유토피아 소설들과 사회풍자 소설들을 만날 수 있고 심지어 혹자는 플라톤의 〈공화국^{Politeia}〉을 원형적인 과학소설의 효시로 꼽기도 한다. 이는 과학소설의 역사를 기술할 때 그 기준을 어떻게 잡느냐에 따라 조망해야 할 시간대가 고무줄처럼 늘어나거나 줄어들 수 있다는 뜻이다. 더욱이 〈프랑켄슈타인〉 이후의 과학소설 역사만 따진다 해도 근 200년에 가깝다 보니 그 사이에 일어난 다양한 문학사조 내지 문학운동 그리고 그러한 흐름 속에서 두각을 나타낸 작품들과 작가들을 어느 정도의 깊이로 소개하느냐에 따라 어지간한 두께의 책 한 권으로도 모자랄지 모른다. 예를 들어 십 년 단위로 현재 과학소설 시장의 본고장이라 할 미국 과학소설계의 변화를 짚어본다 치면 열 권으로도 감당이 어려울 수 있다. 더구나 지금 이 순간에도 전 세계의 과학소설 작가들이 과학소설의 새로운 역사를 만들어가고 있지 않은가. 미국의 과학소설 작가이자 편집자인 제임스 건James Gunn에 따르면, 불과 삼십여 년 전인 1972년만 해도 과학소설과 환상소설을 합해서 한 해 약 300권 이하의 책들이 미국 출판시장에 선보였지만 오늘날에는 매년 2,000권 이상이 같은 시장에서 쏟아져 나오고 있는 실정이다. [컷 보네것은 과학소설 작가 킬고어 트라우트라는 소설 속의 허구 인물을 통해 과학소설 작가로서 생계를 꾸려나간다는 것이 얼마나 힘든가를 자주 언급한 바 있다. 그러나 20세기 말 이후로는 미국 출판시장에서 전업 과학소설 작가들을 찾아보기가 그리 어렵지 않게 되었다.][1] 나아가서 과학소설 시장의 국가별 편차를 극복하고 지구촌적 시각으로 들여다본 과학소설 역사를 기술하고자 한다면 그야말로 방대한 역사적 지식과 해당 문화권에 대한 문학적 통찰력이 뒷받침되어야 할 것이다.

이것은 과학소설계에서의 뉴웨이브 운동과 페미니즘 운동 그리고 사이버펑크 운동 같은 문학의 조류들이 따지고 보면 영미권 위주로만 소통되었다는 뜻이기도 하다.

우리나라에서도 필자의 이번 역사서가 나오기 전에 과학소설 역사에 관한 문건들이 없었던 것은 아니다. 그러나 이러한 저술들은 하나같이 깊이 있는 역사 연구서라기보다는 과학소설에 관한 전반적인 이야기를 전개하는 가운데 중요한 섹션의 하나로서 일부 사료를 언급하는 데 그치고 있어 아쉬움을 남긴다. 역설적이지만 그럼에도 이러한 저술들은 필자가 이번 역사서를 집필하는데 출발 가이드라인으로 충분히 기여한 바가 있음을 부인할 수 없다. 무엇이든 무에서 시작하기란 쉽지 않은 일이기 때문이다. 다만 필자는 이러한 자료들을 활용해서 또 하나의 그

---

[1] James Gunn, *The Science of Science-Fiction Writing*, The Scarecrow Press, Inc., London, 2000, p. viii.

렇고 그런 글을 어영부영 멋대로 편집하기보다는, 차라리 이미 국내에 우리말로 공개되어 있는 관련 자료들을 자세히 소개하고, 대신 과학소설 역사에서 아직 우리나라 독자들이 깊이 알고 있지 못한 세부 카테고리 내지 특정 시간대를 중심으로 해서 가능한 한 심층 소개하는 편이 더 생산적이고 유익하리라고 보았다. 즉 이 책에서 '세계 SF의 족보'를 구성하는 일련의 글들을 통해 〈프랑켄슈타인〉 이전의 선구적 과학소설의 역사 및 현대적 의미의 과학소설 시장이 초기 형성되는 데 지대한 기여를 한 것으로 평가되는 미국의 과학소설 전문잡지의 영고성쇠[20세기 초부터 1950년대까지]를 국내 최초로 깊이 있게 들여다보고자 한다.

과학소설의 족보를 다룬 국내의 다양한 문헌들

다음에 소개할 문헌들은 지난 십여 년간 국내에 번역 출간되었거나 온라인에 올라온 과학소설 관련 자료들 가운데 역사를 직간접적으로 다룬 것들이다. 개중에는 출간되었거나 발표된 지 오래되어 온오프라인에서 쉽게 구하기 어려운 문헌들도 일부 있으니 헌책방이나 도서관 그리고 인터넷의 다양한 공간을 뒤져보면 좋을 것이다. 온라인에 올라온 문헌들 가운데 가치 있는 것들은 이 책을 읽는 독자들의 편의를 위하여 필자가 네이버에서 운영하는 SF카페 『안드로메다』의 '묵직하지만 들어둘 만한 SF야그' 메뉴에 올려놓았다. 아래에 소개된 온라인 문헌을 필자의 카페에서 읽고 싶으면 카페의 검색창에서 글 제목을 써넣고 엔터키를 치면 된다. 카페의 주소는 아래와 같다.

http://cafe.naver.com/sfreview.cafe

① 박상준 엮음, 〈멋진 신세계〉, 현대정보문화사, 1992

이제는 문학사에서 고전으로 자리 잡은 올더스 헉슬리의 과학소설 〈멋진 신세계Brave New World〉에서 이름을 따온 박상준의 〈멋진 신세계〉는 과학소설에 관한 국내 최초의 교양해설서라는 점에서 의의를 갖는다. 일본 고단샤에서 1986년 출간한 과학소설 해설서 〈Key Person, Key Book〉(石原藤夫·金子降一 지음)을 기본 텍스트로 삼아 박상준이 일부 내용을 국내 독자들 수요에 맞게 첨삭한 〈멋진 신세계〉는 과학소설의 역사적 기원에서부터 1980년대까지의 발전과정을 다루고 있다. 이 해설서는 외견상의 구성으로 볼 때 역사적인 흐름을 따라가고 있으나 실제로는 펄프잡지 시장이 번성한 1920~1930년대를 제외하고는 매 십 년마다 두각을 나타낸 작가들과 그들의 주요 작품들 소개 위주로 전개된다. 또한 일본인들이 쓴 원본 텍스트 자체가 자연과학 기반의 하드SF를 지향하다 보니 문학적인 과학소설이나 사변소설적 관점에서의 과학소설에 대해서는 많은 지면을 할애하지 못하고 있다는 아쉬움을 남긴다. 그러나 작가 색인까지 포함해서 295쪽에 이르는 분량 전부가 통사론에 입각해서 과학소설을 기술하고 있다는 점에서 〈멋진 신세계〉는 지금 읽어도 과학소설의 역사적 흐름 전반을 이해하는 데 많은 도움이 되는 책이다. 다만 출간 시점을 고려할 때, 1990년대부터 현재까지 진행된 최근의 역사가 빠져 있다는 점에서 업데이트 개정판을 고대해볼 법하다. 〈멋진 신세계〉는 현재 절판된 관계로 시중 서점에서 구할 수는 없으므로 헌책방이나 도서관을 이용하길 권한다.

② 박상준, 「우리나라의 SF도입과 발달 역사」, 『SF 매거진』, 나경문화, 1993년 창간호, 8~13쪽

우리나라 과학소설의 역사에 관한 최초의 글은 박상준이 『SF 매거진』 1993년 창간호에 실은 「우리나라의 SF도입과 발달 역사」이다. 『SF 매

거진』은 출판사 나경문화가 당시 과학소설의 어른용 문고판을 기획하면서 프로모션 차원에서 단 두 차례만 간행한 국내 최초의 과학소설 전문잡지이다. 원래는 연간 정기구독회원을 모집하여 출범하였으나 2호를 끝으로 폐간된 것으로 보아 시장의 반응이 시원치 않았던 모양이다. 아무튼 『SF 매거진』 창간호에 실린 박상준의 글은 비록 6쪽 분량에 불과하지만 1980년대까지의 우리나라 과학소설계 현황을 최초로 전문가^{SF 출판기획자이자 번역가} 시각에서 돌아보았다는 데에서 의의를 갖는다. 하지만 1950년대 이전, 특히 국내 최초의 과학소설이 출현한 일제강점기에 관해서는 이해조의 번안소설 〈철세계〉가 그 후보가 아닐까 하는 조심스런 추정을 내놓는 데 그쳤다. [이에 관해서는 2000년 대중문학연구회가 펴낸 〈과학소설이란 무엇인가〉에서 학술적으로 고증되며, 자세한 내용은 아래에서 다시 언급하기로 하자.] 이 글을 읽어보면 아직 우리나라 과학소설의 역사를 제대로 파악하기 위해서는 실증적인 사료의 충분한 수집이 당면 과제임을 깨닫게 해준다. 이 잡지는 절판된 상태이지만 박상준의 이 글 전문은 현재 필자가 운영하는 SF카페『안드로메다』에서 읽을 수 있다. 카페 메뉴 분류상 '묵직하지만 들어둘 만한 SF야그' 안에 수록되어 있으며, 박상준 또는 이 글의 제목으로 검색하면 바로 찾을 수 있다.

③ 박상준, 「세계 SF영화 약사」, 『SF 매거진』, 나경문화, 1993년 여름, 6~23쪽

박상준은 나경문화가 펴낸 과학소설 잡지 『SF 매거진』 2호에 「세계 SF영화 약사」라는 글을 실었다. 이 글은 영화가 발명된 1895년 이래 1990년대까지 매 십 년마다 SF영화가 어떻게 발전해 왔는지를 개관하고 있다. 오늘날에는 SF영화의 역사에 관한 문헌들이 온라인 여기저기에 떠있지만 당시만 해도 SF영화를 시대별에 따라 체계적으로 조망할 수 있게 해준 희귀하면서도 유용한 글이었다. 이 글이 실린 잡지는 절

판되었지만 이 글의 전문은 인터넷에서 손쉽게 찾아볼 수 있다. 온라인 버전은 『SF 매거진』에 실렸던 내용보다 상당 부분 업데이트되었다.

④ 로버트 E. 스콜즈 · 에릭 S. 랩킨 지음, 김정수 · 박오복 옮김, 〈SF의 이해〉, 평민사, 1993

로버트 E. 스콜즈[Robert E. Scholes][1970년부터 현재까지 브라운 대(Brown University)에서 '현대문화와 미디어'학과 교수로 재직중]와 에릭 S. 랩킨[Eric S. Rabkin][미시건 대 영어영문학과 교수]은 둘 다 미국의 대학교수이자 문학평론가로서 과학소설에도 깊은 관심을 표명해 왔다. 두 사람은 1977년 과학소설에 관한 깊이 있는 연구서 〈과학소설: 역사, 과학, 비전[Science Fiction: History, Science, Vision]〉[우리나라에서 〈SF의 이해〉라는 제목으로 번역 출간되었다.]을 펴냈는데, 이 저서는 미국에서 과학소설에 관한 한 가장 진지한 학술연구지인 『과학소설 연구[science fiction studies]』에 지대한 영향을 미쳤다고 전해진다. 특히 랩킨은 21세기에 들어선 현재까지도 과학소설과 환상소설에 관한 다양한 연구 프로젝트에 꾸준히 참여해 왔고 2007년을 포함해서 지난 몇 년간 자신의 학과에 과학소설 관련 과목을 별도로 개설해 놓았을 정도로 애정을 숨기지 않고 있다. 〈과학소설〉은 크게 세 부분으로 구성되어 있다. 11~147쪽에서는 과학소설의 역사를 간략하지만 주요 이슈별로 깊이 있게 다루고 있으며, 151~249쪽에서는 과학의 다양한 분야[물리학, 천문학, 컴퓨터, 열역학, 생물학, 심리학, 의사과학]와 신화, 유토피아, 상상의 세계, 가공의 생물, SF에서의 성[性] 등 과학소설이 다루는 주요한 주제와 소재들에 대한 각론을 펼치고 있고, 마지막으로 252~309쪽에서는 두 저자가 꼽은 역사상 위대한 10대 과학소설을 작품별로 짧게 평론하여 담았다.

〈과학소설〉은 인문학자의 시선에서 과학소설 문학의 가치를 논의하고 그 가치를 높여준 주요 작가들을 깊이 있게 다루었지만 그 대신 펄프잡지나 대중적인 상업작가들에 대한 지면 할애가 인색하다는 점에서,

박상준이 편역한 〈멋진 신세계〉와 서로 보완관계를 갖는다. 따라서 이 두 권을 시대별로 비교하면서 함께 읽으면 영미권 과학소설계의 역사적 흐름과 매 주요 시기마다의 변화의 맥락을 이해하는 데 입체적인 도움을 받을 수 있다. 〈과학소설〉은 문학과 사회, 정치, 과학 간의 상관관계를 포착해서 과학소설을 전방위적으로 이해하려 한다는 점에서 과학에 기반한 신기한 사고실험의 세계를 소개하는 데 치중한 〈멋진 신세계〉보다 사변적 깊이가 뛰어나지만 그만큼 읽는 이의 높은 몰입 수준을 요구한다. 다만 〈과학소설〉은 국내 번역자들이 과학소설에 무지해 번역판의 경우 오역이 자주 눈에 띈다는 점과 1977년 출간되었기 때문에 과학소설의 격동기라 할 수 있는 1970년대 후반과 1980년대는 물론이요, 그 이후의 시대에 대한 고찰이 빠져 있다는 점이 아쉬움으로 남는다. 〈과학소설〉의 국내 번역판 〈SF의 이해〉 또한 현재 절판된 지 오래되었으므로 헌책방이나 도서관을 이용하길 권한다.

⑤ 크리스토프 칸토 · 오딜 팔리우 지음, 김승욱 옮김, 〈인간은 미래를 어떻게 상상해 왔는가〉, 자작나무, 1997

삽화가이자 음악가인 크리스토프 칸토$^{Christophe\ Canto}$와 파리 국립 도서관에서 근무하는 오딜 팔리우$^{Odile\ Faliu}$가 집필한 〈인간은 미래를 어떻게 상상해 왔는가〉는 19세기와 20세기 전반의 유럽인과 미국인들이 과학기술이 선사할 미래에 대해 어떻게 전망해 왔는지에 관한 일종의 가상의 역사서이자 일러스트 북이다. 원제가 〈미래의 역사—21세기의 이미지들$^{The\ History\ of\ the\ Future-images\ of\ the\ 21st\ century}$〉(1993)라는 데에서 미루어 짐작할 수 있듯이, 이 책은 본문 텍스트 못지않게 화려하고 원색적인 일러스트레이션이 가득하기에 읽는 책이자 보는 책이라 해도 과언이 아니다. 하지만 1997년 국내에 번역 출간된 버전에서는 대부분의 일러스트레이션이 빠져 버린 데다 그나마 살아남은 얼마 되지 않는 삽화들조차 흑백에 해상도가 낮아서 원본을 접했던 독자라면 실망을 금치 않을 수 없다.

〈인간은 미래를 어떻게 상상해 왔는가〉는 원제에 대한 의역으로 보인다. 실제로 이 책은 런던에서 세계 최초로 대규모 박람회가 열린 1851년부터 인간을 태운 우주선이 처음으로 달을 향해 발사된 1961년까지 약 백 년이 넘는 기간 서구인들이 미래에 대한 청사진을 어떻게 그렸었는지를 수많은 도해와 개괄적인 서술을 통해 설명한다. 그래서 겉으로 보기에 마치 미래학 서적 같은 착각을 불러일으키지만 속내를 들여다보면 이 시기 동안의 과학소설 역사를 돌아보고 있는 것과 다를 바 없다. 이는 200년이 조금 넘는 기간 사람들이 미래를 어떻게 내다보았는지에 관한 자료들은 주로 과학소설과 그것이 그려낸 이미지에 토대를 두고 있기 때문이다. 결과적으로 처음부터 끝까지 주로 과학소설의 상상력을 빌어 과거의 사람들이 세상의 내일을 어떻게 기대했었는지에 관해 열거하고 있으며, 그 바람에 구성이 자연스레 과학소설 그림을 곁들인 일종의 역사서가 되어 버렸다. [하지만 뉴웨이브 운동이나 페미니즘, 사이버펑크 같은 과학소설의 문학사조는 이 책의 취지나 주관심사와는 동떨어져 있기에 언급되지 않는다는 한계가 있다.]

이 책은 〈SF의 이해〉나 〈멋진 신세계〉 같은 해설서 내지 개론서들을 읽기보다는 시원시원한 그림이 많아 눈요기꺼리도 되고 글도 부담스럽지 않을 분량만큼만 담긴 가이드북을 원하는 독자들에게 안성맞춤이다. 다만 국내 번역서만으로는 이러한 재미를 만끽할 수 없으므로 원서를 함께 구입하여 대조하면서 읽어보는 편을 추천한다. 번역서는 2008년 현재 온라인 서점에서 구입 가능하다.

⑥ 대중문학연구회, 〈과학소설이란 무엇인가〉, 국학자료원, 2000.

대중문학연구회가 펴낸 〈과학소설이란 무엇인가〉는 과학소설에 관한 간략한 역사뿐 아니라 무엇보다도 우리나라에 과학소설이 도입된 과정을 역사적으로 추적하고 있다는 점에서 의의를 갖는다. 도입부 첫 글인

임성래의 「과학소설의 전반적 이해」와 25~53쪽 사이의 해외 필자들의 번역문을 통해서는 과학소설의 역사가 영미권이 아닌 독일과 프랑스의 시각으로 전개된다. 통상 우리가 접하는 과학소설의 역사가 미국과 영국 중심이라는 현실을 고려할 때, 유럽인들의 시선에서 바라본 과학소설의 역사적 기술은 국내 독자들의 균형잡힌 사고 형성에 기여할 것이다.

그러나 뭐니 뭐니 해도 이 책에서 가장 눈길을 끄는 것은 김창식의 「서양 과학소설의 국내 수용과정에 대하여」라는 글이다. 비록 개략적이고 많은 분량은 아니지만, 이 글은 일제 치하에서 과학소설이 번안 형태로 처음 도입되던 시절에서부터 1980년대의 국내 과학소설 현황에 이르기까지 시대순으로 훑고 있으므로 일종의 한국 과학소설 약사略史라 해도 과언이 아니다. 특히 국내 최초의 과학소설이 그동안 통설로 알려져 왔던 이해조의 〈철세계〉가 아니라 박용희의 〈해저여행기담〉이었다고 주장하여 눈길을 끈다. 두 작품은 모두 쥘 베르느의 원작을 번안한 것들인데, 〈철세계〉는 완역되었지만 〈해저여행기담〉은 원작의 1/2 분량만 연재된 후 중단되었다는 점에서 기준 적용의 애매함이 없는 것은 아니나 그만큼 국내 초기 과학소설에 대한 자료 수집과 연구에 노력을 기울였다는 점에서 높은 점수를 줄 만하다.

대중문화연구회는 대학교수와 강사들이 모여 대중문학 내지 장르문학에 대한 연구 성과를 교류하여 논문집으로 펴내고 있다. 이러한 목적 아래 동 연구회는 이제까지 〈과학소설이란 무엇인가〉 이외에도 〈신문소설이란 무엇인가〉(1996), 〈추리소설이란 무엇인가〉(1997), 〈연애소설이란 무엇인가〉(1998), 〈무협소설이란 무엇인가〉(2001), 〈대중문학의 이해〉(2005) 등의 연구집을 펴냈다. [대중문학연구회는 1년에 두 차례, 여름방학과 겨울방학을 이용하여 대중문학 관련 세미나를 개최하고 있으며 이를 토대로 매년 한 차례 학회지를 발간하고 있다.] 이러한 사례에서 보듯이, 대중문학연구회는 과학소설에 대한 전문적인 지식이나 이해를 바탕으로 과학소설에 대한 애정을 담아서 연구서 〈과학소설이란 무엇인가〉를 펴냈다기보다는 일련의 장르문학들을 두루 섭렵하는 차원에서 이러한 저서를 내놓았다고 볼 수 있다. 따라서 과학소설이란 장르 자체에 대한 고민이 충분히 내재화되지 않았고 관계문헌의 짜깁기라는 느낌을 강하게 주기 때문에 출간 당시 과학소설 팬덤으로부터 우호적인 반응을 받지 못했던 것으로 기억한다. [오역이나 어색한 번역도 자주 눈에 띈다는 것은 그만큼 과학소설에 대한 사전지식이 부족하다는 것을 보여준다.] 이 책은 현재도 대형서점이나 온라인 서점으로 구입 가능하다.

⑦ 온라인 사이트 SF Readers Wiki, 2000. 5. 5 개설[현재 사이트 운영 중]

SF 리더스 위키는 2000년에 개설되어 지금까지 운영되고 있는 국내 과학소설 팬덤의 주요 근거지 가운데 하나이다. 이 사이트는 여러 메뉴를 운영하고 있지만 독자들에게 유용한 실속을 주는 것은 크게 두 가지이다. 하나는 매달 과학소설과 환상소설 분야의 신간을 신속하고 일관성 있게 업로드 하여 과학소설 커뮤니티에 알리는 기능이고, 다른 하나는 과학소설에 관한 기본적인 지식을 제공하는 SF 길라잡이 메뉴이다. 후자의 경우 과학소설 전반에 관한 정보를 정리해서 올리다 보니 과학소설의 역사와 관련된 내용도 상당 부분 차지하고 있다. 온라인의 가이드 정보 사이트인 한계로 역사에 관해 깊이 있는 내용은 없으나 초보 독자들에게는 유용한 팁을 줄 수 있다. 인터넷의 하이퍼텍스트 특성을 활용하여 연관성 있는 항목들이 상호간에 느슨하게 링크되어 있어 연계 항목들을 연이어 찾아보는 데 유리하다. 사이트 주소는 아래와 같다.

http://wiki.sfreaders.org/SFReaders

⑧ 박상준, 〈SF 테마기행〉, 미라지미디어, 2001

박상준의 두 번째 과학소설 해설서 〈SF 테마기행〉은 아쉽게도 이북

E-Book이어서 국내 과학소설 팬덤에 널리 알려지지는 않은 듯하다. 이것은 과학소설에 자주 등장하는 다양한 소재와 주제를 항목으로 삼아 정리해 놓은 약식 개설서인데, 특기할 것은 여기에 우리나라 과학소설 역사와 일본 과학소설의 역사를 짧게나마 요약한 글이 각기 수록되어 있다는 사실이다. 또한 프랑스와 독일, 러시아, 이탈리아, 덴마크 같은 영미권 이외 유럽 지역의 과학소설 시장 현황도 약술되어 있다. 2007년 현재 온라인 서점 북토피아에서 구입 가능하다.

⑨ 김태은, 「SF 영화 세트 디자인의 표현 유형에 관한 연구: SF 영화의 이데올로기와 유토피아 / 디스토피아적 표현방식에 관하여」, 홍익대 석사논문, 2002

김태은의 「SF 영화 세트 디자인의 표현 유형에 관한 연구」는 공간디자인 분야의 석사학위논문이지만 그 기본 토대가 SF에서 출발하다 보니 SF영화의 역사에만 9쪽을 할애하고 있다. 이 분량 안에 초기 SF영화, 냉전시대의 SF영화(1950년대), SF영화의 철학적 고찰(1960~1970년대), 블록버스터 시대의 SF영화(1970년대 중반 이후), 그리고 정보와 소외를 다룬 SF영화(1990년대 이후) 등과 같은 소주제들이 소화된다. 이 논문은 오프라인으로 개별적으로 입수하는 방법 외에도 국회 도서관에 접속하여 원문을 읽을 수 있다.

⑩ 임종기, 〈SF부족들의 새로운 문학혁명: SF의 탄생과 비상〉, 책세상, 2004

과학소설에 입문하는 독자들을 위해 자상하게 씌어진 개론서이다 보니 과학소설의 역사에 대해서도 초창기부터 사이버펑크 운동까지의 동향을 단계별로 나눠 친절하게 설명해주고 있다는 것이 장점이다. 일단 과학소설의 태동기인 메리 쉘리의 〈프랑켄슈타인〉 발간 시기부터 미국

시장에서의 소설의 장르화, 1960년대 말부터 불어닥친 뉴웨이브, 사이버펑크 운동 등을 조망하고 있다. 그러나 책의 분량 자체가 217쪽밖에 되지 않는 데다 그 중 역사에 관한 언급은 50여 쪽에 불과해서 스콜즈와 랩킨의 인문학적 교양과 성찰이 겸비된 과학소설 개론서 〈SF의 이해〉에 비하면 다루는 범위와 깊이에서 한계가 있다. 또한 국내 마니아 독자층이 알고 싶어 하는, 1980년대 사이버펑크 운동 이후의 해외 과학소설의 최신 흐름에 대한 정보가 부족하여 이 책의 발간 시점을 고려할 때 아쉬움이 많이 남는다. 요약하면 과학소설 입문자에게는 역사뿐 아니라 총론 차원에서 조언이 되어 줄 양서이나 이미 과학소설을 상당량 애독하고 있는 독자에게는 뭔가 빠진 것 같은 애석함이 남는 부족한 참고서이다.

⑪ 위키피디아(wikipedia)의 과학소설 역사 항목

끝으로 영문 사이트이긴 하지만 과학소설의 역사를 손쉽게 둘러보는 데 유용한 자료로 위키피디아의 과학소설 역사 항목을 추천하고자 한다. 위키피디아는 전 세계인이 모여 함께 만들어가는 온라인 하이퍼텍스트 백과사전이다. [위키피디아에 실린 내용은 배타적인 저작권을 가지고 있지 않기 때문에 사용에 제약을 받지 않는다. 2001년 1월 15일 시작된 위키백과는 비영리 단체인 위키미디어 재단에서 운영하고 있으며, 2006년 12월 현재 영어판 153만여 개, 한국어판 3만여 개를 비롯하여 모두 490만 개 이상의 글이 수록되어 있으며 꾸준히 성장 중이다.] 영문판 버전의 경우에는 '과학소설의 역사[History of Science Fiction]'라고 검색어를 넣을 경우 다음과 같은 사이트가 뜬다.

http://en.wikipedia.org/wiki/History_of_science_fiction

위키피디아의 과학소설 역사 항목은 소주제별로 비교적 상세하게 설명되어 있으므로 영문을 읽는 데 어려움이 없는 독자들에게는 큰 노력

을 들이지 않고 개괄적인 정보를 풍부하게 입수하는 데 도움이 될 것이다. 다음은 위키피디아에 수록된 과학소설 역사에 관한 소주제들의 목차이다.

1 초기 과학소설(Early science fiction)
   1.1 고대의 선각자들(Ancient precursors)
   1.2 유럽의 선구적인 과학소설(European proto-science fiction)
   1.3 벵골의 과학소설(Bengali science fiction)
   1.4 쥘 베르느와 H. G. 웰즈(Verne and Wells)
   1.5 미국의 선구적인 과학소설(American proto-science fiction)

2 20세기 초의 과학소설(Early 20th century)
   2.1 펄프 잡지 시대의 도래(Birth of the pulps)
   2.2 현대적인 작품들(Modernist writing)
   2.3 공중(公衆)의 신화(Public mythology)

3 황금시대(The Golden Age)
   3.1 오락성을 중시한 과학소설 전문잡지 『어스타운딩 스토리즈(*Astounding Magazine*)』
   3.2 타 매체에서의 SF의 황금시대(The Golden Age in other media)
   3.3 황금시대의 종말(End of the Golden Age)

4 뉴웨이브와 그 이후(The New Wave and its aftermath)
   4.1 비트 세대(The Beat Generation)
   4.2 뉴웨이브(The New Wave)

5 1980년대의 과학소설(Science fiction in the 1980s)
   5.1 사이버펑크(Cyberpunk)
   5.2 새로운 스페이스 오페라(New space opera)

6 현대적인 과학소설과 그 미래(Contemporary science fiction and its future)

세계과학소설사

선구적인 과학소설의 역사

선구적인 과학소설의 역사

전 세계 과학소설의 족보는 어디까지 거슬러 올라갈 수 있을까?

어떤 분야든 그 시작은 일단 벌어지고 나서야 알아차리기가 더 쉬운 법이다. 수백 년이 지나도록 엄청난 수효의 선구적인 과학소설들이 씌어졌건만, 그 작품들이 바로 과학소설과 다름없다는 사실을 깨달은 이는 전혀 없었다. SF, 즉 과학소설이라는 용어는 1930년에야 비로소 만들어졌다는 사실을 명심하라. 그전까지는 이러한 부류의 이야기들을 다양한 이름으로 불렀다. 환상적인 여행기, 유토피아 이야기, 미래전쟁담, 고딕풍 로망스, 과학적인 로망스, 잃어버린 세계 이야기 등등. 그러나 1930년경 이후로는, 과거의 그러한 작품들이 우리가 현재 알고 있는 문학 형식(SF)의 뿌리처럼 보이게 되었다.[1]

최초의 과학소설 작가는 누구이며 그 작품은 무엇일까? 만일 1818년 출간된 메리 셸리Mary Shelley이 〈프랑켄슈타인: 또는 현대의 프로메테우스

---

[1] John Clute, *SF: The Illustrated Encyclopedia*, Dorling Kindersley, London, 1995, p. 34.

Frankenstein, or, The Modern Prometheus〉를 곧바로 뇌리에 떠올리는 분이 있다면 어디까지나 그것은 영국의 과학소설 작가 브라이언 올디스의 주장에서 비롯되었다는 사실을 고려하기 바란다. [올디스는 영국 문단이 제대로 대접해주지 않는 과학소설이란 장르문학계에서 고군분투하고 있는 명망 높은 작가이다. 영국계 SF 편집자 체릴 모건(Cheryl Morgan)에 따르면, 올디스가 쉘리를 전 세계 과학소설의 시조로 삼으려 한 것은 과학소설을 영국 정통문학의 중심에 견실하게 세워 놓으려는, 다분히 이데올로기적으로 계산된 시도였다. 메리 쉘리만큼 과학소설적인 담론을 담고 있으면서도 문학적 질이 뛰어난 작품의 후광을 빌어 주류문학계와 어깨를 겨누고 싶은 마음이었던 것이다.] 흔히 과학소설이라고 하면 이 장르문학의 앞머리에 붙은 명칭 탓에 과학기술문명이 본격화된 현대산업사회 이후의 산물로 여기기 쉽다. 물론 〈프랑켄슈타인〉이 현대적인 과학소설의 효시라는 입장에 대해서는 동의하는 이들이 꽤 많을 테고 필자 또한 별 이견이 없지만, 정작 인류 역사상 최초의 과학소설로 분류할 만한 원형적인 또는 선구적인 작품은 무엇인가라는 물음에 대해서는 딱 부러진 대답을 내놓기 어렵다. 이는 단지 과거로 거슬러 올라갈수록 관련문헌의 추적과 확인이 어렵다는 고문헌 발굴에 따른 애로사항 때문만이 아니다. 보다 중요한 것은 과학소설의 기준을 어떻게 잡느냐에 따라 혹은 누가 그 잣대를 세우느냐에 따라서 최초의 과학소설 후보가 전혀 다른 양상을 보인다는 사실이다. 예를 들어 과학소설이란 명칭이 비로소 생겨난 1930년 이전에도 일종의 과학소설로 분류될 수 있는 작품을 썼던 많은 작가들이 스스로 기존의 사실주의 소설과는 다른 뭔가를 창작하고 있다는 자의식을 지니고 있었음이 분명하다고 영국의 과학소설 평론가 존 클루트는 주장한다. 따라서 그는 과학소설의 역사를 제대로 이해하려면 현대의 과학소설과 선구적 과학소설을 통시적으로 연계하는 사고가 필요하다고 역설한다.

만약 1895년 웰즈(H. G. Wells)가 〈타임머신(Time Machine)〉으로 과학소설의

서막을 열었다고 친다면, 그 이전에 씌어진 과학소설 풍의 모든 작품들(쥘 베르느의 인기 작품들 대부분을 포함한) 역시 선구적인 과학소설로 불러야 마땅하다. 그러니 이런 식의 구분 역시 설득력이 떨어지지 않겠는가. 메리 쉘리의 〈프랑켄슈타인〉이 1818년 과학소설을 출범시켰다고 우겨봤자, 여전히 몇 가지 문제들이 남는다. 〈프랑켄슈타인〉의 관점에서 보건대 과학소설의 선조 격으로 보이는 거의 모든 로망스들(Romances)[2]은 산문이 장르별로 분리되기 전의 역사 시대로까지 거슬러 올라간다. 이 시대야말로 선구적인 과학소설을 뒤지기에 딱 알맞은 장소이다. 우선 약 1,800편에 달하는 엄청난 수의 텍스트들이 눈에 들어온다. 하지만 생각만큼 쉬운 일은 아니다. 왜냐하면 우리가 찾아내려는 것이 어디까지나 선구적인 과학소설이지, 단순히 환상의 괴물들이 나오거나 불가능한 여행, 유토피아, 정치적인 대격변 그리고 초인들을 다룬 얘기들이 아닌 탓이다.[3]

그러나 클루트의 이러한 주장조차 선구적 과학소설을 정의하는 잣대와 관련하여 뒤에서 언급할 다른 작가들이나 평론가들과 마찬가지로 한계를 노출한다. 솔직히 과학소설의 하위 장르나 소재 또는 주제에 대한 경계선은 과거로 거슬러 올라갈수록 모호해지기 마련이어서, 당대의 지식수준이나 상상의 나래와는 별개로 과학소설적인 정수만을 원본 텍스트에서 발라내 정량적으로 평가하기란 녹록치가 않다. 일례로 유토피아 문학의 경우 어떤 시대의 작품부터 과학소설에 속하고 그 이전 시대의 작품은 아니라고 딱 잘라 말할 수 있을까? 또 정치풍자소설에 담긴 과학기술의 전망이 어느 정도 비중이어야 해당 작품이 과학소설이고 아니고를 판단할 수 있을까? 초인이나 환상적인 괴물이 나온다고 무조건 배제해 버리면 현대 과학소설의 거장들인 씨어도어 스터전과 로저 젤러즈니의 작품들은 어떻게 분류하겠다는 말인가?

2 역사물이든, 풍자물이든 또는 미지의 영토를 방문한 기행문이든 간에.
3 John Clute, *SF: The Illustrated Encyclopedia*, Dorling Kindersley, London, 1995, p. 34.

대재앙 이후 세계를 다룬 이야기들의 효시가 된 메리 쉘리의 〈최후의 인간(The Last Man)〉(1826)

어떤가? 생각보다 골치가 아파진다는 생각이 들지 않는가? 그러니 이쯤에서 독자 여러분이 앞으로 이 글을 읽으면서 나름대로 판단하는 데 도움을 받을 수 있도록, 대체 선구적 과학소설과 현대적 과학소설 사이에는 어떤 차이가 있는지부터 알아보는 것이 순서라고 생각된다. 앞으로 이 글을 통해 두고두고 살펴보겠지만, 〈프랑켄슈타인〉 이전에도 우주여행이나 공중비행, 과학적 도구나 원리의 응용 그리고 그러한 것들이 사회와 인간에게 미치는 영향을 다룬 작품들은 무수히 많았다. 〈프랑켄슈타인〉 이전까지 나온 이러한 유형의 작품들을 과학소설계에서는 흔히 선구적 과학소설 또는 원형적 과학소설이라 부른다. 오늘날 과학소설들의 대부분은 메리 쉘리가 발표한 장편소설들의 영향에서 자유롭지 못하다. 이를테면 〈프랑켄슈타인〉은 과학기술이 초래한 자기 모순[자충수]을 꼬집은 온갖 사례들에 대한 출발점이며, 그녀의 또 다른 장편 〈최후의 인간 The Last Man〉(1826)은 과학소설에서 인기 있는 하위 장르 가운데 하나인 '대재앙 이후의 세계 Post-holocaust tales'[어마어마한 재앙이 우리의 알려진 역사를 송두리째 끝장내 버린 이후의 시대를 무대로 펼쳐지는 이야기] 라는 장르를 본격적으로 열었다. 그러나 마찬가지로 메리 쉘리 또한 과학적인 성격의 요소들을 작품 속에 크고 작은 극적 장치들로 이용한 이전 작품들의 영향으로부터 완전히 자유로울 수 없었을 것이다. 메리 쉘리가 〈프랑켄슈타인〉을 쓰게 된 직접적인 동기가 1783년 죽은 개구리에 전기를 통하게 해서 근육을 움직이게 만든 루이지 갈바니 Luigi Galvani 의 실험에서 비롯되었다고는 하지만, 정식 학교 교육을 받지 못했음에도 문학과 철학 등에서 당대 지식인으로 손색없는 광범위한 독서량을 자랑하는 그녀가 단편적인 과학실험 관련 내용에만 영감을 받아 그 같은 걸작 장편의 틀을 만들어냈다고 보기 어렵다. [메리 쉘리는 어머니의 뒤를 이어 페미니스트로 이름이 높았으며 아버지는 무정부주의적 성향을 지닌 철학자이자 출판업자, 소설가였고, 남편 퍼시 비시 쉘리는 그녀가 문학적 소양을 일깨우고 식견을 넓히도록 도왔다.] 다만 과학소설 앞에 '선구적' 또는 '원형적'이란 군더더기 같은 수식어가 붙는 것은 역사 시대 이래 〈프랑켄슈타인〉이 선보이기 전까지의 장구한 세월 동안 과학이 철학 또는 심지어 신화, 전설 등과 구분되지 않고 섞여서 인류사회에 영향을 미쳐왔고 그 결과가 문학의 형태로 꾸준히 기록되어 온 까닭이다. 그러므로 신화와 과학소설에서 공통되는 원형을 찾을 수 있는 것은 우연이 아니다. 같은 맥락에서 칼 마르크스는 〈정치경제학 비판〉의 머리말에서 신화와 과학을 다음과 같이 하나의 연속선상에서 언급하였다.

> 신화는 모두 상상력을 이용하거나 상상의 힘을 빌려서 자연을 정복하고 지배하고자 하며 또 그 자연을 형상화하기도 한다. 그러므로 자연이 정복되기 시작하면 신화는 절로 소멸되어 간다. 피뢰침이 이미 발명된 바에야 주피터 신이 무슨 의미가 있으며, 신용회사가 있는데 헤르메스 신이 또 무슨 소용 있겠는가?[4]

마르크스는 신화가 진화하여 과학이 됨으로써 세상의 질서를 대치해 나간다고 보았다. 이는 신화 자체가 그것이 세상을 지배하던 시대에는 자연과 인간사를 해석하는 가장 과학적이고 논리적인 개념 틀이었기 때문이다. 미국의 신화 연구가 비얼레인[J. F. Bierlein][미국 워싱턴 D. C. 아메리칸 대학 교수로 신학, 실존주의, 라틴 아메리카 예술에 조예가 깊으며 그리스 교어와 헤브루어를 비롯한 여러 나라의 언

---

[4] 원가 지음, 전인초·김선자 옮김, 〈중국신화전설〉 I, 민음사, 1998, 79쪽.

어를 연구함]도 과학의 최초 형태가 신화라는 데 동의한다.[5] 왜냐하면 세상이 어떻게 존재하게 되었나를 당대 지식의 테두리 안에서 설명하는 것이 바로 신화인 까닭이다. 그 결과 신화 그리고 그것이 세속화된 전설 속에는 해당 시대의[비록 제한된 수준이긴 하지만] 과학 지식과 과학적 상상이 결부된 이야기들이 숱하게 등장한다. 서양사회에서는 중세로 넘어오면서 고전 시대에 쓰어진 신기한 이야기 수준을 넘어서서 아예 해당 사회에 대한 예리한 비판과 풍자를 담은 유토피아 문학이 본격화됨으로써 선구적 과학소설은 한 단계 도약을 하게 된다. 유토피아 문학은 본질적으로 이상향을 통해 부조리한 당대 사회에 대한 대안을 제시하고자 하였으므로 그러한 이상사회의 하부구조를 뒷받침하기 위해 자연과학적인 설정을 자주 도입하곤 하였다. 하지만 〈프랑켄슈타인〉이 등장하기 이전까지는 넓은 의미에서 과학소설로 분류할 수 있는 작품들은 대개 과학이 작품을 전개하는 주동인이 되거나 그것이 세상과 인간에 미치는 영향을 진지하게 고려하기보다는 단순히 신기한 여행담[또는 경험담]들을 들려주거나 사회정치적인 풍자를 위한 수단으로만 사용되는 경우가 많았다. 근대 들어 합리주의와 계몽주의가 새로운 사상의 갈래를 이루자 일군의 과학자들이 직접 과학소설을 쓰면서 과학을 문학 속에 비중 있게 끌어들이려 시도했으나 이러한 작품들은 문학사적 가치와 중요도에서 〈프랑켄슈타인〉에 왕좌를 내주지 않을 수 없다. 요약하면, 과학소설계에서는 〈프랑켄슈타인〉 이전에 나온 소설 중에서 내용이나 접근방법이 원시적이건 근대적이건 간에 상관없이 과학적 상상력을 발휘한 작품들을 두고 이른바 선구적인 혹은 원형적인 과학소설이라 지칭한다는 사실이다.

이제 다시 애초의 질문으로 돌아가서 인류 역사상 가장 첫 과학소설

---

[5] J. F. 비얼레인 지음, 현준만 옮김, 〈세계의 유사신화〉, 세종서적, 1996, 19쪽.

작가는 누구이며 작품은 무엇일까? 문제는 앞의 설명에 동의한다 해도 정작 구체적으로 해당 작가와 작품을 고를 때는 저마다 십인십색이 된다는 사실이다. 과학소설의 탄생시점을 둘러싼 다양한 주장들과 이를 뒷받침하기 위한 과학소설에 대한 다양한 정의들 사이에서 도출된 결론들은 저마다 옳다며 고개를 굽히지 않는다. 예를 들어, 아서 쾨스틀러^{Arthur Koestler, 1905~1983}[헝가리 출신의 영국 소설가이자 언론인으로 독일 및 영국 신문의 특파원으로 활약하였고 공산당에 입당하기도 하였다. 〈정오의 어둠〉으로 정치소설가의 기반을 굳혔으며 그 밖의 작품으로는 희곡 〈도착과 출발〉, 소설 〈밤의 도둑〉 등이 있음]는 요하네스 케플러^{Johannes Kepler, 1571~1630}의 〈꿈^{Somnium}〉(1634)을

천문학자 요하네스 케플러가 쓴 선구적 과학소설 〈꿈(Somnium)〉(1634). 달세계 사람들과 동식물에 대해 합리적인 동시에 상상력이 풍부한 사변이 담겨 있다.

인류 사상 최초로 진정한 의미에서의 과학소설이라고 주장한다. 영국의 SF 비평가 브라이언 스테이블포드 또한 〈캠브리지 대학생을 위한 SF 입문서^{Cambridge Companion to Science Fiction}〉(2003)에서 딱히 어떤 작품을 콕 집어 거론하지는 않았지만 케플러의 〈꿈〉을 초기 과학소설의 대표작으로 추켜세운다. 그는 올디스와는 달리 전통문학 진영의 아우라에 의지해 과학소설의 위상을 높인답시고 〈프랑켄슈타인〉을 효시로 끌어들이지 않았으며, 과학과 과학적 방법론에 근거한 문학이라는 원래의 취지에 충실한 작품을 이 분야의 기원으로 삼고자 하였다. [그렇다고 해도 스테이블포드는 휴고 건즈백을 시조로 삼는 정도로는 만족할 수 없었다. 그가 건즈백의 취지와는 교집합이 있었을지 모르나 건즈백의 창작성과에 대해서는 미흡하다고 보았기 때문이다.] 과학이 발달하지 않았으면 과학소설이란 문학 장르는 별개 분야로 정립될 수 없었다는 그의 주장을 고려하면 왜 케플러의 작품을 시초로 꼽았는지 이해할 수 있다. 반

면 킹슬리 에이미스^{Kingsley Amis, 1922~} ['서머셋 몸' 상을 받은 영국의 소설가 겸 시인. 처녀작 〈운 좋은 짐(Lucky Jim)〉(1954)으로 일약 유명해졌으며 동 작품은 1962년 영화화되었다.]는 2세기경 로마제국 치하의 시리아 사람 루키아누스^{Lucianus of Samosata}의 〈참된 역사^{True History}〉와 〈날개 단 메니푸스^{Icaromenippus}〉[〈참된 역사〉보다는 유명하지 않지만, 실은 루키아누스의 첫 번째 과학소설은 〈날개 단 메니푸스〉이다.]가 너무 만화적이라서 과학소설의 범주에서 제외시켜야 마땅하며 심지어 케플러의 〈꿈〉조차 과학소설이 아닌 환상소설로 봐야 한다고 강조한다. 올디스도 〈꿈〉이 유토피아 문학과는 별 관련이 없는 노골적인 천문학 해설서나 다름없으며, 레오나르도 다빈치의 우주비행 관련문헌을 과학소설로 볼 수 없듯이 루키아누스의 작품 또한 과학소설이 아니라고 본다. 논의의 시야를 확장해서, 올디스가 과학소설이 그리스에 많은 빚을 지고 있다는 사실을 인정하는 편이라면, 에이미스는 고전시대의 작품들과 현대의 과학소설을 혈통적으로 묶으려 드는 시도 자체가 억지춘향이라며 비아냥거린다.

심지어는 고전주의자들 사이에도 의견이 분분하다. 루키아누스의 작품을 번역하여 영어권에 최초로 소개한 브라이언 리어든^{Bryan Reardon}은 〈참된 역사〉에 정통과학적인 요소가 전무하므로 과학소설로 분류하는 것은 곤란하다는 입장이다. 그러나 프레더릭스와 스왠슨^{Fredericks & Swanson}의 견해는 이와 상반된다. 이에 대해 루키아누스에 정통한 캐나다의 문헌학자 그래엄 앤더슨^{Graham Anderson}은 "관건은 작품 속에 묘사된 과학적 사건들이 고대의 개념으로 볼 때 과학적으로 인식될 만한 소지가 있느냐에 달려 있다. 이렇게 보건대 〈참된 역사〉는 넓은 의미에서 과학소설로 받아들여진다."고 시사한다.[6] 존 클루트 역시 그 나름의 기준으로 선구적 과학소설을 규정하고자 한다. 그는 프랜시스 베이컨^{Francis Bacon}의 〈새로운 아틀란티스^{The New Atlantis}〉(1629)와 조나단 스위프트^{Jonathan Swift}의 〈걸

---

[6] Barry Baldwin, "Ancient Science Fiction", 2006, http://www.shattercolors.com/nonfiction/baldwin_ancientscifi.htm

리버 여행기Gulliver's Travels〉(1626)가 설득력 있는 가상 세계를 다룬 선구적인 과학소설의 완벽한 예라고 추켜세운다. 하지만 시라노 드 벨주락Cyrano de Bergerac에 대한 클루트의 견해는 정반대이다. 클루트에 따르면, 벨주락의 〈달세계 여행Voyage dans la Lune〉(1657)과 〈태양의 나라들과 제국들의 역사L'histoire des Etats et Empires du Soleil〉(1672)는 셰익스피어Shakespeare의 〈템페스트The Tempest〉(1672)와 다를 바 없는 환상문학이기에 과학소설의 만신전에서 끌어내려야 한다. 존 클루트로서는 여전히 작금의 과학소설 평론가들 다수가 벨주락의 작품들을 과학소설의 울타리 안에 밀어 넣으려는 행태가 불만스럽다. 반면 〈걸리버 여행기〉의 경우에는 작가의 사회풍자적인 의도가 너무 강하다 보니 과학소설로서의 성격이 두드러지지 않아 보일 뿐이라며, 클루트는 이 작품이야말로 선구적인 과학소설의 전형을 보여준다고 입에 침이 마르도록 칭찬한다. 하지만 대양大洋의 섬 중에 걸리버가 보고한 대로 지나칠 정도로 작거나 큰 사람들과 현명한 말들이 살고 있는 세상이 존재할 까닭이 없지 않은가. 그럼에도 클루트는 〈걸리버 여행기〉가 계몽주의 시대에 나온 작품이므로 그 정도면 충분히 선구적 과학소설의 범주에 넣을 만하다고 호의를 베푼다. 그렇다면 그리스 로마 시대에도 나름대로의 합리성과 과학적 정신에 입각한 작품이라면 그 또한 그 시대의 기준에 걸맞은 선구적 과학소설이 아니라고 누가 단언할 수 있겠는가?

이처럼 의견이 이리저리 갈리는 이유는 과학소설에 대한 정의 자체가 작가들과 비평가들 그리고 독자들 사이에 한 치의 오차도 없이 공유되기 어려운 탓이다. 현실적으로 말해서, 과학소설에 관한 정의는 이 세상에 존재하는 과학소설 작가 수만큼이나 존재할지 모른다. 이로 인해 '코에 걸면 코걸이 귀에 걸면 귀걸이' 식으로 정의와 분류가 서로 부분적이나마 겹칠 수 있나. 일례로 앞에서 루키아누스의 작품이 과학소설이 아니라고 단정한 에이미스는 과학과 과학자들이라고 해서 항상

100% 확실성을 어찌 보증할 수 있겠느냐고 반문하면서 과학소설이란 "우리가 사는 세상에서는 아직 일어나지 않았지만 인간세계에서건 외계세계에서건 간에 상관없이 과학적 혁신으로부터 가설을 이어나간 상황을 기록한 산문 형식의 내러티브"라고 정의한다. 하지만 역설적이게도 에이미스의 주장대로라면 루키아누스의 소설들을 포함해서 고대에 씌어진 상당수의 작품이 적어도 선구적 혹은 원형적 과학소설의 범주에 들어가게 된다. 이카로스 신화에 비추어 볼 때 후대에 발표된 〈참된 역사〉의 우주여행 이야기는 상황 설정에서 상대적으로 과학적 상상력에 기댄 논리성이 돋보인다 할 수 있지 않겠는가. 중세 과학자 케플러가 쓴 〈꿈〉에서 주인공은 지구를 벗어나기 위한 순간 가속에 인체가 견딜 수 있도록 마약을 복용한다. 그 무렵의 과학지식과 기술기반을 감안할 때, 이를 무조건 미신적이거나 사이비 의학적이라고 쉽게 단정 짓는 것이 온당할까? 오히려 오늘날 로켓 발사시 지구 인력권을 탈출하기 전까지 우주비행사들의 인체를 어떻게 보호하고 있는지 돌이켜 보면 케플러의 혜안을 새삼 다시 보게 될 것이다.

이러한 논란을 한 꺼풀 벗겨보면 그 이면에 국가 또는 민족 간 자긍심 대결이 도사리고 있음을 눈치 챌 수 있다. 이를테면 거의 비슷한 시기에 대서양을 사이에 두고 영화기술이 발명되었지만 프랑스는 뤼미에르 형제Auguste & Louis Lumiere가 효시라고 말하고 미국은 에디슨을 앞세우는 것과 같은 이치이다. 바로 앞에서 말했듯이, 과학소설의 정의를 어떻게 규정하느냐에 따라 효시가 되는 작품의 선정도 달라지기 십상이다 보니 현실의 과학소설계는 옛날 옛적의 혈통도 불분명한(?) 누군가보다는 당대의 독자들에게 큰 반향을 불러일으키는 동시에 영향력을 발휘하는 작가를 시조로 호명하되 그 작가를 되도록 자국인으로 규정하는 불필요한 애국심에 경도되는 경향이 있다. 그래서 과학소설의 시조를 웰즈H. G. Wells라고 주장하는 영국인들과 쥘 베르느라고 맞받아치는 프랑스인들 그리고 에드가 앨런 포$^{Edgar\ Allan\ Poe}$와 마크 트웨인$^{Mark\ Twain}$이라고 끼어드는 미국인들의 신경전이 잦아들지 않는 것이다. 반면 매튜 리차드슨 $^{Matthew\ Richardson}$ 같은 이가 이러한 이전투구에 휩쓸리지 않고 시간을 훌쩍 뛰어넘어 고대의 과학소설에 주목할 수 있는 것은 그가 호주인인 덕분이다. [매튜 리차드슨은 과학소설 역사서 〈고대 과학소설의 보고寶庫(The Halstead Treasury of Ancient Science Fiction)〉를 펴냈는데, 제목에서 보듯이 고대의 과학소설 전통에 주목하고 있다.] 호주는 비록 최근 들어 과학소설 분야에서 뛰어난 발전이 있었으나, 20세기 전후에 과학소설의 효시로 등장한 작품을 쓴 대표작가 논쟁에 끼어들 여지가 없잖은가.

이쯤 되면 필자의 의도를 어림짐작하였으리라. 결론적으로 말해, 이 글은 인류 사상 최초의 과학소설 작가와 작품을 섣불리 규정하는 데 그 목적이 있지 않다. 대신 현대적 과학소설이 만개하기 이전에 선구적 혹은 원형적 과학소설의 장구한 전통이 세계 곳곳에서 면면히 이어져 내려왔음을 열거하는 동시에 과거의 작품들에서 다뤄졌던 소재와 주제들이 현대의 과학소설 속에 어떻게 녹아들며 연관관계를 맺고 있는지 연대기적으로 돌아봄으로써 과학소설에 대한 독자들의 이해를 풍요롭게 하고자 한다.

1. 고대(古代) : 신화와 과학이 분리되지 않던 시대

과학소설의 원형을 찾아 역사적으로 거슬러 올라가다 보면 부득불 신화의 세계와 만나지 않을 수 없다. 언뜻 보아 신화는 과학과는 상극인, 환상적인 세계관의 담론으로 치부置符하기 십상이다. 하지만 알고 보면 신화는 철저하게 현실세계의 경험과 소망이 뒤범벅된 산물이다. 이것은 신화가 현실생활에 근거해서 탄생했으며 결코 사람들의 머릿속에서 상상만으로 지어낸 것이 아니라는 뜻이다. 원시인은 자연환경의 여러 가지 현상들[천둥번개, 폭우, 홍수, 산불, 천체의 운동, 지진 등]에 대해 무한한 경이감에 사로잡혔을 것이다. 원시부족사회가 고대 도시국가를 이루는 과정에서도 그러한 경이가 수그러들기는커녕 더욱더 위세를 떨쳐 지배계층의 유용한 이데올로기 노릇까지 하기에 이른다. 지배층은 불가사의한 자연현상의 배후에는 신격화된 영혼, 즉 신이 있다고 주장하며 그 신을 자신들의 지배권력과 동일시하는 정책을 오랫동안 구사하였다. [이는 신화가 도덕성과 통치방식과 민족정체성의 토대 구실을 해 왔다는 뜻이다. 실례로 바빌론 왕국의 함무라비 대왕은 자신의 아버지가 수메르 신화의 제우스격인 마르둑이라고 떠벌렸다.][7] 이러한 지배층의 설득이 다수 민중에게 먹혀든 것은 신화가 어떤 의미에서는 자연환경뿐 아니라 당대의 사회상황을 논리적이고 나름대로 일관성 있게 설명해주었기 때문이다. 신화가 단지 거짓말을 모아놓은 데에 지나지 않는다면 무엇 때문에 우리가 끊임없이 매료되겠는가? 몇 세기, 몇 천 년을 지나서도 여전히 생명력을 유지하는 이유가 무엇이겠는가? 오늘날처럼 반드시 정밀과학과 첨단기술이 존재하지 않아도 어느 시대이건 사람들은 자신들이 입수할 수 있는 지식과 정보의 한계 안에서 세상[자연과 사회]에 대한 합리적인 설명을 시도하기 마련이다. 러시아 작가 막심 고리키[Maksim Gor'kii, 1868~1936]는 저서 〈소련의 문학〉에서 신화와 과학의 관계에 대해 다음과 같이 설명한 바 있다.

신화도 자연현상이다. 그것은 자연에 대한 투쟁이며 또한 광범위한 예술적 개괄 속에서의 사회생활의 반영이다. 상고시대에 사람들은 '하늘을 날 수 있게 되기를 소망했다. 그래서 〈날으는 양탄자〉에 관한 이야기가 생겨났다. 또한 길을 빨리 갈 수 있었으면 하는 꿈을 꾸었기 때문에 〈빨리 걷는 구두〉에 관한 이

---

[7] 새무얼 노아 크레이머 지음, 박성식 옮김, 〈역사는 수메르에서 시작되었다〉, 가람기획, 2000, 337쪽.

야기가 나타났다. 그들은 하룻밤 사이에 많은 옷감을 짜거나 멋진 주택 심지어는 궁전까지 만들어낼 수 있기를 소망했다. 이러한 것들은 신화적 환상이었지만 오늘날에는 모두 현실로 나타나지 않았는가? 비행기나 기차, 자동방직기, 그리고 신속한 주택시공법 등이 이미 상고시대의 신화적 환상을 대신하고 있다. 어떤 의미에서 보면 신화란 '환상적 과학'인 셈이다.[8]

고리키의 주장대로라면 신화란 원시시대 이래 사람들이 주변 세상을 해석하던 나름대로의 과학이었던 셈이다. 철학에서 과학을 위시한 온갖 전문적인 학문들이 파생되어 나왔듯이, 신화는 철학에 앞서서 세상을 해석해주고 나아갈 바를 가르쳐주는 일종의 삶의 가이드라인이었다. 같은 맥락에서 고리키는 원시인의 관념 속에 등장하는 신이 결코 추상적인 개념이나 환상적인 존재가 아니었다고 보았다. 원시 및 고대 사회에서 신은 노동을 하는 도구를 지닌 매우 현실적인 인물이었다. 수레를 타고 태양을 움직이게 하는 아폴로와 수렵사회의 생존 경쟁력을 연상시키는 활의 명수 아르테미스 그리고 번개에서부터 로봇에 이르기까지 만들어내지 못하는 것이 없는 발명왕 헤파이토스에서 보듯이, 고대의 신은 전문적인 분야의 기술에 능한 자로서 사람들의 본보기가 되었다. 스페인 태생의 미국 철학자 조지 산타야나(George Santayana, 1863~1952)의 말마따나 신화는 의식적으로 만들어낸 문학이 아니며 그렇다고 해서 확실한 근거를 지닌 과학도 아니지만, 신화는 문학과 과학이 공통으로 지닌 뿌리이자 문학과 과학의 원료인 셈이다.[9] 독일 철학자 칼 야스퍼스(Karl Theodor Jaspers, 1883~1969)의 입장도 유사하다. 야스퍼스는 과학을 현대판

---

[8] 이 같은 고리키의 주장에 대해 중국의 신화학자 윈가는 신화가 비록 허구이기는 하지만 결코 허황되거나 황당한 거짓말이 아니라 유물주의와 현실주의에 기초한 적극적 낭만주의라고 평가한다. 원가 지음, 전인초·김선자 옮김, 앞의 책, 80~81쪽.

[9] J. F. 비얼레인 지음, 현준만 옮김, 〈세계의 유사신화〉, 세종서적, 1996, 352쪽.

신화이자 불완전한 신화로 보았으며, 옛 신화들과 마찬가지로 과학도 우리를 둘러싼 자연계를 설명하려는 시도로 파악했다.[10] 심지어 신화 연구의 세계적인 권위자 조셉 캠벨(Joseph Campbell)은 현대의 과학이 갈수록 신화나 신비주의 성역으로 남아 있던 곳까지 밀고 들어오고 있기 때문에 양자가 갈등관계에 있다고 볼 수 없다는 주장을 폈다.[11]

재미있는 사실은 자유분방하게 확장 발전하는 신화 속의 기기묘묘한 소재들이 훗날 과학적 발명으로 뒷받침되는 경우가 많다는 것이다. 이카로스의 날개는 비행기가 되었고 청동거인 탈로스는 거대로봇이 되었으며, 중국 신화에서 오장육부가 환히 비춰 보이는 돌 거울은 X레이가 되었다. 신화는 주관적 환상이며 과학은 엄격한 조건을 갖춘 객관적 현실이므로 상반된 관점에서 사물을 볼 수밖에 없음에도 신화의 원초적인 상상들이 과학의 힘을 빌어 구체적인 실체가 된다는 것은 참으로 아이러니한 일이다. 그래서 J. F. 비얼레인은 "신화가 문자로 기록된 역사 이전에 일어난 일들에 대한 이야기이자 앞으로 일어날 일들의 의미를 예견해보는 이야기"라고 한 것일까? 따지고 보면 지식의 추구라는 관점에서 신화와 과학 사이에 공통된 면이 없는 것도 아니다. 사람들이 자신들을 둘러싼 세상에 대한 이해도가 높아질수록 신화적 환상에서 점차 과학적 발명으로 옮아가니까 말이다. 그럼 이제부터 신화 그리고 그로부터 깊은 영향을 받은 동서양의 고대 문학에 묻어난 과학적 상상력의 흔적을 살펴보기로 하자.

---

[10] 위의 책, 410쪽.
[11] 조셉 캠벨·빌 모이어스 지음, 이윤기 옮김, 〈신화의 힘〉, 고려원, 1992, 252~253쪽.

1) 고대 그리스

과학소설 역사의 시계추를 거꾸로 되돌려보면 시공간 속에서 인간의 잠재력에 대한 인식의 변화를 기록한 역사와 다를 바 없어진다. 고대 그리스의 이름난 장인 다이달로스와 그의 아들 이카로스는 밀랍을 깃털에 발라 만든 날개를 달고 하늘로 날아오른다. 아버지의 충고에도 아랑곳하지 않고 교만해진 이카로스는 신에게 가까이 갈 요량으로 태양에 너무 다가갔다가 밀랍이 녹아버리는 바람에 날개가 부서져 추락사하고 만다. 비록 신화의 세계에서 일어난 일이지만 이카로스는 인류 사상 우주여행에서의 첫 희생자에 대한 상징으로 읽힐 수 있지 않을까?

비슷한 시기에 기원을 둔 또 하나의 SF적인 신화로 탈로스^{Talos}라는 거대 로봇의 이야기가 전해내려 온다. 올림푸스 12신 중 하나인 헤파이토스가 크레타 섬의 미노스 왕에게 선물한 탈로스라는 이름의 청동

인류 최초의 우주비행사 이카로스(Icarus)는 그리스신화에 나오는 다이달로스와 미노스의 여종 나우크라테의 아들이다.

고대 그리스신화가 만들어낸 로봇 탈로스.
이것은 미국의 스톱모션 영화제작자 레이 해리하우젠(Ray Harryhausen)의 영화에 등장했던 모델이다.

거인은 하루 세 번 섬 주위를 순찰하다가 이방인이 상륙해 오면 집채만한 바위를 던지거나 자신의 몸을 빨갛게 달군 다음 상대방을 껴안아 죽였다고 한다. 머리부터 발뒤꿈치까지 혈관이 하나로 이어져 있고 청동 못으로 발바닥이 고정되어 있는 청동거인은 수수께끼의 영구 에너지로 움직였으며 팔이 떨어져 나간다 해도 이내 다시 붙어 버리는 자동재생[자동복구] 기능까지 갖췄다. [무엇이든 완벽한 존재는 없는 법이어서 신화에 따르면, 아르고호(號)의 영웅들이 이 섬에 당도했을 때, 마녀 메디아는 마법을 써서 탈로스를 최면상태에 빠뜨린 다음 발뒤꿈치에 고정되어 있던 못을 뽑아 목숨을 빼앗았다고 전해진다.] 고대의 이 거인은 오늘날 마징가 Z나 로봇 태권 V의 신화적 원형인 셈이다. 탈로스의 신화는 중세에 들어서는 사회적 약자인 유태인들을 지켜 주기 위해 신통력을 지닌 랍비가 진흙에서 빚어낸 또 다른 자동인형 골렘^{Golem}의 전설로 이어지며, 이 같은 인조인간의 전통은 현대적 과학소설의 효시로 일컬어지는 〈프랑켄슈타인: 또는 현대의 프로메테우스〉(1818)에까지 그 맥이 이어진다. 또한 로봇이나 자동기계는 기원전 900년경 씌어진 것으로 추정되는 〈일리아드^{Iliad}〉에도 등장한다. 호메로스가 지었다는 15,693행으로 이뤄진 이 서사시에는 자체동력으로 움직이는 바퀴 달린 테이블들과 실제 여성을 빼닮은 황금하녀들이 등장한다. 여기서 황금하녀들은 움직이고 말하는 것은 물론이요 사고력도 갖추었고 손놀림도 예사롭지 않다고 묘사된다. 그녀들 또한 테크놀로지의 신인 헤파이토스가 발명했다고 전해지지만, 이러한 캐릭터들을 문학적으로 생생하게 살려낸 이

유태인 전설에 기원을 둔, 흙으로 빚은 자동인형 골렘. 이 캐릭터는 할리우드에서 수차례에 걸쳐 영화로 만들어졌다.

는 어디까지나 작가 개인[인간 호메로스?]이라는 점에서 〈일리아드〉도 과학소설의 원형적 요소를 부분적으로 품고 있음을 알 수 있다.

고대 그리스신화에서 매력적인 상상의 나래를 뻗어나간 소재 중에는 슈퍼영웅들과 그에 맞서는 악당 및 괴물 패거리들을 빼놓을 수 없다. 일례로 호메로스의 〈오디세이아^{Odyssey}〉를 보자. 외눈박이 거인 사이클롭스들, 사람을 잡아먹는 거인 종족 라이스트리곤인들^{Laestrygonians}[거인 식인종으로 포세이돈의 아들 라모스가 세운 텔레필로스라는 도시에 살았다. 그들의 나라는 밤이 짧고 항구의 정박소가 아름다운 것으로 유명하다. 오디세우스 일행이 입항하자 라이스트리곤인들의 족장 안티파테스의 딸이 오디세우스의 사절을 족장에게 안내했으나 족장은 안내인 중 한 사람을 잡아먹었다. 일행은 도망쳤지만 이 거인족에게 추격당해 모두 잡아먹혔다. 오디세우스만은 배를 항구 입구에 정박시켜 두어 용케 살아서 도망쳤다.], 개의 머리가 12개나 달린 스킬라^{Scylla}[그리스신화에 나오는 바다 괴물. 포르키스(Phorkis)의 딸로, 머리는 여섯이고 하체는 뱀 모양인데, 메시나(Messina) 해협에 살면서 그곳을 지나는 뱃사람을 잡아먹다가 뒤에 헤라클레스의 손에 죽는다.], 오디세우스가 마법 풀로 무력화시키기 전까지 선원들을 돼지로 만들어 버린 마녀 키르케 등 괴상스런 존재들의 목록을 다 기록하자면 두루마리가 필요할 지경이다. 또한 기원전 4세기경 키로스의 역사가 테오폼푸스^{Theopompus}가 남긴 역사서들을 보면 배를 공격하는 거대한 바다뱀과 사티로스^{Satyr}[주신(酒神) 디오니소스를 섬기는 반인반수

그리스신화에 등장하는 거인 식인종 라이스트리곤인들

호메로스의 서사시 〈오디세이아〉에서 주인공 오디세우스 일행의 항로를 방해한 바다의 괴물 스킬라. 무엇이든 닥치는 대로 먹어치우는 이 괴물은 오디세우스의 부하들을 6명이나 집어삼켰다.

(半人半獸)의 숲의 신, 술과 여자를 몹시 좋아하며, 로마신화의 폰(faun)에 해당한다.]가 나오며, 같은 무렵 의사이자 역사가였던 테시아스^{Ctesias}도 고대 인도에 관한 역사서 〈인도^{India}〉[실은 직접 인도를 경험하고 기술한 것이 아니라 인도에 대한 당시 페르시아인들의 견해를 받아 적은 것이다.]에서 괴물들과 거인들, 피그미들, 개머리 인간, 놀라운 무생물, 괴상한 성적 관습 등을 줄지어 수록하였다. 이 같은 기기묘묘한 피조물들을 둘러싼 갖가지 일화들은 일찍부터 해외 통상 및 여행을 즐긴 그리스인들의 귀에 자연스레 흘러들어 올 수밖에 없었을 것이다. [그리스인들은 자주 멀리까지 여행했으며 주된 여행 동기는 처음에는 통상 교역을 위해서였고 기원전 8세기부터는 식민지들을 건설하기 위해서였다. 미케네 문명의 도자기들이 지중해 연안 대부분의 지역, 예를 들면 크레타섬, 로도스 섬, 코스 섬, 아나톨리아 해안(트로이, 밀레투스 등), 사이프러스, 이집트, 시칠리아 및 남부 이탈리아 지역 등지에서 발견되는 것이 그 증거다. 심지어 그리스인들은 청동을 만들 원료로 주석을 구하기 위해 영국이나 포르투갈까지 여행을 했다. 당시 교역을 위한 여행은 낯선 미지의 땅에서 외지인들을 상시로 만나는 일종의 모험이나 다름없었다. 여기서 보고 들은 이야기들은 여러 가지 형태로 윤색되고 살이 붙어 그리스신화에 편입되었을 것이다. 기원전 6세기경에 이르면 실제 존재했거나 아니면 상상 속에서 만들어진 위대한 여행가가 등장한다. 솔론은 알고자 하는 욕망과 호기심에 의해 리디아의 크로이소스 왕궁을 찾아갔고 리쿠르고스는 크레타를 여행했으며 피타고라스와 데모크라테스 그리고 탈레스는 이집트로 여행을 갔다. 기원전 4세기에는 명망 있는 철학자나 지식인이라면 그리스 밖에서 직접 체험한 여행담을 자서전에 수록하는 것이 필수요소가 되었다.] 기괴한 피조물들마다의 독특한 개성 그리고 이들과 슈퍼영웅들 간의 고전적인 대립구도는 그리스 고전문화를 계승한 로마제국의 베르질리우스^{Virgil}와 루키아누스 같은 작가들의 작품들과 동로마 제국 시대의 풍자극 〈티마리온^{Timarion}〉 그리고 중세 작가 단테의 작품 등에 영향을 미쳤으며, 현대에 와서는 미국 대중사회에서 스탠 리$^{Stan\ Lee}$ 같은 작가들이 SF 하위 장르인 슈퍼영웅물을 번창시키는 데 유용한 자양분을 공급해 주었다. 예를 들어 사이클롭스들의 섬뜩한 시각적 이미지는 1950년대 할리우드 버전으로 복제되었고, 신화 속의 메두사는 〈스타트랙〉과 〈닥터 후$^{Dr.\ Who}$〉에서 응용되었으며,**12** 페르세우스^{Perseus}의 투명 망토는 클링곤

의 우주선은 물론이고 H. G. 웰즈보다도 한참 앞선 선구적 발명품이 되었다. [클링곤은 〈스타트랙〉에 등장하는 외계종족의 하나로 육안은 물론이고 레이다에 잡히지 않는 우주선으로 지구 연방 함대를 괴롭힌다. 또한 웰즈는 〈투명인간〉이란 장편소설을 썼다.] 나아가서 페르세우스가 메두사의 목을 딴 후 이디오피아 바닷가로 날개 신발을 신고 날아가 실오라기 하나 걸치지 못한 채 두 팔 벌리고 바위에 묶여 있는 안드로메다 공주를 괴물 고래로부터 구해내는 마초적인 영웅담은 곧바로 존 카터[John Carter]가 화성인 공주 데자 쏘리스[Dejar Thoris]를 팔이 넷 달린 거구의 녹색 괴물들로부터 지켜 내는 에드가 라이스 버로우즈식 페르세우스 버전[에드가 라이스 버로우즈의 〈화성〉 시리즈, 그 중에서도 좁게는 1권 〈화성의 공주(Princess of Mars)〉를 의미]을 떠올리게 한다. 날개 신발이 없는 대신 존 카터는 지구인 출신이라는 이점을 활용하여 중력이 약한 화성에서 거구의 상대방을 제압하는 데 유리한 입장에 서 있다. 데자 쏘리스를 미국판보다도 더 이상적이면서도 섹시하게 그려낸 화가 타케베 모토이치로우[Motoichiro Takebe]의 일본판 표지는 이러한 연상을 더욱 강화시켜 준다.

그리스신화의 외눈박이 괴물 사이클롭스는 스탠 리의 만화에서 강력한 빔을 눈에서 쏘아내는 엑스맨으로 재탄생한다.

12 Barry Baldwin, "Ancient Science Fiction", 2006, http://www.shattercolors.com/nonfiction/baldwin_ancientscifi.htm

안드로메다 공주를 구출하는 페르세우스와 데자 쏘리스 공주를 구출하는 존 카터. 시대는 달라도 연상되는 이미지는 유사하다.

단순히 신화가 아니라 철학 기반의 논리를 확장한 SF적 상상력도 등장했다. 고대 그리스 시대에 철학은 아직 전문 학문으로 분화되지 않은 과학까지 끌어안고 세상과 우주를 해석하는, 명실상부하게 종합적인 학문이었다. 관측수단이라곤 맨눈이 전부였던 고대 천문학의 경우 토성 너머의 천체까지는 볼 재간이 없었으므로 다섯 개의 행성들과 별자리를 구성하는 얼마 되지 않는 별들 그리고 간간이 지구를 스쳐가는 혜성과 유성들이 그들이 지닌 천문 지식의 전부였다. 하지만 사람들의 정신만은 물리적 제약에 그다지 연연하지 않아서 소크라테스가 등장하기 이전에도 헤로도루스Herodorus와 필롤라우스Philolaus, 아낙사고라스Anaxagoras, 원자론자 데모크리투스Democritus, 제노파네스Xenophanes 같은 사상가들이 달을 둘러싸고 나름대로의 사변을 확장해 갔다. 어떤 이들은 달에 사람이 거주한다고까지 생각했다. 실제로 피타고라스학파의 철학자 필롤라우스Philolaus, BC 470~BC 385는 달에 사는 동식물은 지구의 종種들보다 15배 더 크다고 추산했으며[이 학파의 주도자인 피타고라스(Pythagoras)는 훨씬 더 엉뚱했다. 고대 과학계의 역사에서 그가 두드러진 인물이긴 하지만, 자신이 전생에 트로이 전쟁에 참여하였으며 악마들과 대화해 보았고 저승에도 갔다 온 적이 있다고 주장했다.] 그와 동시대 인물인 역사가 헤로도루스는 달에 사는 여인들은 지구의 아이들보다 15배 큰 아이를 알로 낳는다고 기술했다. 이 같은 달세계 인종의 거인 개념은 후대에 가서 케플러의 〈꿈〉에서도 발견된다. 헤로도루스의 주장이 당시에만 해도 상당히 과학적인 지식으로 인정받았는지 철학자 아리스토텔레스는 독수리가 달에서 온다는 헤로도루스의 견해를 동물학에 받아들였다. 밀레토스 학파의 아낙시만드로스 Anaximandros, BC 610~BC 546는 그리스 세계에서 최초로 세계지도를 그렸다고 전해진다. 철학자였던 그는 자신이 신봉하는 세계관에 입각해 그렸는데 당시 지식이란 것이 대부분 추측에 불과했기 때문에, 대칭 형태로 그려진 아낙시만드로스의 세계지도는

타케베 모토이치로우가 그린 에드가 라이스 버로우즈의 〈화성의 공주〉 표지. 그는 데자 쏘리스의 일본판 이미지의 전형을 창조했다는 평가를 받았다. 동양적이면서도 세련된 필치로 에드가 라이스 버로우즈의 〈화성〉 시리즈 표지들 전체에서 풍만하면서도 고귀한 아우라를 지닌 데자 쏘리스를 환상적으로 담아냈다.

일본 과학소설 일러스트의 대가 타케베 모토이치로우

그 무렵 그리스인들이 알고 있던 세계를 바다가 둘러싸고 있는 모습이었다고 한다. 지중해가 닫힌 연못처럼 그려진 이 지도의 실용성에 의구심을 가질 수 있지만, 호메로스의 불확실하고 환상적인 구어적 공간을 아낙시만드로스의 기하학적인 지도가, 경계가 뚜렷하며 측정 가능하고 구조가 짜인 공간으로, 대체했다는 점에서 일종의 진보라고 평가된다.[13] 다시 말해서 그의 지도는 비록 소설이나 서사시 같은 문학형식은

아니었지만 당대의 지식을 기반으로 최대한 사고의 논리적 확장을 통해 세계상을 해석한 문헌이라는 점에서 SF적 상상력과 연관지어 생각해볼 수 있다.

문학 분야에서는 기원전 5세기경 아리스토파네스Aristophanes가 코믹한 과학소설로 분류 가능한 연극 세 편을 썼다. 그 중 하나인 〈새들The Birds〉에는 '구름뻐꾸기땅Cloudcuckooland'이라는 익살맞은 천상의 유토피아가 등장한다.[14] 배리 볼드윈Barry Baldwin[1937년생으로 잉글랜드에서 교육받았다. 1965년 캐나다로 이민을 간 그는 캐나다 캘거리대학 고전학부 명예교수이자 캐나다 왕립협회 회원이다. 30편의 단편과 하나의 중편 〈Not Cricket〉을 발표했으며 아서 엘리스 상 파이널리스트(1999년 캐나다)와 앤쏘니 상 추리 단편부문(2000년 미국)을 수상했다.]은 이 작품들을 루키아누스와 라블레Rabelais, 스위프트 그리고 더글라스 애덤스Douglas Adams의 〈은하수를 여행하는 히치하이커를 위한 안내서Hitch-Hiker's Guide〉(1979~1992)로 이어지는 코믹 과학소설의 전통에서 파악한다.

하지만 뭐니 뭐니 해도 과학소설의 유서 깊은 하위 장르 가운데 하나인 유토피아 문학에서 빼놓을 수 없는 원형적 이야기로는 플라톤의 아틀란티스 이야기를 지나칠 수 없다. 현존하는 아틀란티스에 관한 유일한 근거자료는 플라톤의 〈대화편〉에 실린 '티마이오스'편과 '크리티아스'편 뿐이어서 오늘날 이 섬의 실존 여부는 의문시되고 있다. 혹자는 아틀란티스가 실재한 것이 아니라 시칠리아 섬에 흩어져 있는 식민

그리스 희극 작가 아리스토파네스의 〈새들(The Birds)〉의 연극 포스터. 구름뻐꾸기땅이라는 이름의 익살맞은 천상의 유토피아가 등장한다.

> 13 코린 쿨레 지음, 이선화 옮김, 〈고대 그리스의 의사소통〉, 영림카디널, 1999, 223쪽.
> 14 Gary Westfahl, "Inspired by Science Fiction", PBS Site, http://www.pbs.org

지 폴리스들의 그리스인들이 카르타고의 침공에 맞서 단결하게 하려는 계고성戒告性 이야기일 수 있다고 본다. 플라톤에 따르면, 원래 아틀란티스는 낙원이었으나 사람들이 탐욕스럽고 부패하게 되어 신의 노여움을 사는 바람에 기원전 9,500년경 대지진과 홍수가 일어난 지 하루 만에 섬 자체가 바다 속으로 가라앉고 말았다. 원래 아틀란티스는 리비아와 아시아를 합친 것보다 더 커서 대륙이나 다름없는 섬이었으며 아름답고 신비한 과일이 나고 온갖 귀금속을 만들어낼 수 있는 지하자원이 풍부했다고 한다. 그리스신화에 나오는 바다의 신 포세이돈의 아들 10명이 분할 통치하고 있었다고 전해지는 이 나라의 수도 중심부에는 금을 입힌 첨탑이 있었고 나머지 건물들은 죄다 은으로 덮인 매우 부강한 나라였다. 특히 건축물의 상당 부분이 수수께끼의 금속 오리칼쿰orichalcum으로 만들어졌는데, 이것은 황금을 제외하고는 다른 어떤 것보다도 귀중한 금속이었다고 한다. 수도의 생김새를 보면 왕궁을 중심으로 여러 가지 설비와 건물이 딸린 3개의 육환대陸環帶와 바닷물을 끌어들인 3개의 둑이 동심원상으로 에워싸고 있어 누가 보더라도 자연을 제어할 수 있는 과학기술이 발달한 사회임을 짐작할 수 있었다. 아틀란티스 전설은 중세 후기 유럽에서 불붙은 대서양 탐험과 아메리카 대륙 발견

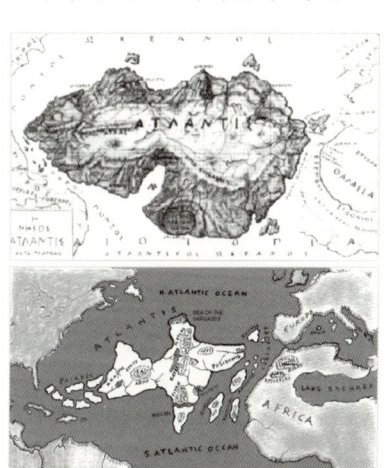

아틀란티스 대륙에 대한 다양한 견해를 보여주는 지도들

아틀란티스 대륙 수도 중심부의 모습. 동심원 모양의 도시계획에서 보듯이 뛰어난 과학기술문명이었음을 짐작할 수 있다.

에도 여파를 미쳤으며, 신화적인 환상으로만 여겨졌던 트로이와 미케네의 에게 문명이 실제로 발굴되면서 아틀란티스의 존재 여부 또한 관심이 높아지게 되었다. [아틀란티스가 실존했다면 어디에 있었을까에 대해서는 지금까지도 의견이 분분하다. 플라톤은 이 대륙 같은 섬이 헤라클레스의 기둥(지브롤터 해협)의 바깥쪽 대해(大海), 즉 대서양 한복판에 있었다고 기록했다. 그 때문에 많은 탐험가들이 대서양을 진지하게 탐사했었고, 아메리카 대륙이 발견되자 혹시 이곳이 아틀란티스 아닐까라고 추정하는 사람들도 생겨났다. 20세기 들어 에게해의 크레타 섬과 산토리니 섬이 아틀란티스의 일부라는 주장이 나왔다. 1900년 영국 고고학자 에번스는 크레타 섬에서 신화에 나오는 크노소스 궁전을 발굴하였다. 크레타 문명은 매우 발달되어 있음에도 기원전 1500년경 갑자기 폐허가 되었는데 명확한 원인을 찾아낼 수 없었다. 1939년에는 그리스 고고학자 마리나토스가 산토리니 섬의 화산 폭발로 생긴 해일이 크레타를 덮쳐 섬의 중심부를 폐허로 만들었다는 학설을 발표했다. 또한 마리나토스는 1967년부터 산토리니 섬을 발굴하여 30~40m 두께의 화산재 아래에서 고대 문명의 도시 유적을 찾아냈다. 화산폭발과 거대한 해일이 일어나기 전만 해도 크레타는 에게해의 패권을 쥐고 흔들던 섬나라였음을 고려할 때, 이 같은 지질학적인 대재앙으로 크레타 사람들과의 왕래가 갑작스레 단절되면서 주변국 이집트에 어떤 형태로든 그 기록이 남게 되었을 것이며 이 소식이 이집트를 방문한 아테네인 솔론을 거쳐 플라톤에게까지 전해졌을 것이란 추정을 하는 학자들도 있다. 플라톤은 실존했던 강대국의 자연재앙을 갖고 후세 사람들에게 교훈을 주기 위한 계고담으로 탈바꿈시켜 놓았을 가능성이 높다는 것이다. 오늘날에도 아틀란티스의 실존 여부를 증명하려는 학자들이 끊이질 않는다. 그들은 대서양 중앙해령의 일부인 카나리아제도나 아조레스제도 같은 화산섬들이 아틀란티스의 일부라거나, 이들 제도의 동식물이 유럽이나 아메리카의 동식물과 닮았다거나, 아메리카 대륙의 고대문명인 '아스텍 문화' 자체가 잔존한 아틀란티스인들의 문명이라는 주장을 편다.] 이처럼 강렬하고 매혹적인 전설은 현대의 과학소설에도 영향을 미쳐 P. 브누아[P. Benoi]의 〈아틀란티스〉(1919)와 코난 도일의 〈마라코트 해연(海淵)〉(1929)이 씌어졌다.

플라톤과 동시대인이었던 테오폼푸스도 바다 너머에 있는 유토피아에 관한 또 다른 소문을 기록했다. 그곳에는 생활방식이 비그리스적인데다가 서로 닮은 점이라곤 찾아볼 수 없는 신실한 유세베스[Eusebes]와 호전적인 마키모스[Machimos]라는 두 도시가 있었다. 여기서 흥미로운 점은 마키모스가 유세베스를 절대 침공하지 않는다는 사실이다. 호전적인 마키모스인들인지라 예전에 휘페르보레오스인Hyperboreans들의 땅에 쳐들어간 적은 있었다고 한다. 그러나 마키모스인들은 휘페르보레오스인들이야말로 세상에서 가장 행복을 누리는 이들이라는 사실을 깨닫고는 철군하고 말았다. 휘페르보레오스인들은 그리스신화에서 누차 언급되는 종족으로, 말 그대로 보레오스북풍의 고향 너머에 살고 있으며 아폴로신을 섬기며 전원생활을 했다고 전해진다. 배리 볼드윈은 테오폼푸스의 두 도시 이야기를 H. G. 웰즈의 《타임머신》에 등장하는 인류의 미래 종족들인 양순한 엘로이Eloi족과 이들을 잡아먹는 몰록Morlocks족의 대립 구도와 대비시킨다. 이 밖에도 테오폼푸스는 딱히 유토피아로 구분하기는 애매하지만 색다른 곳인 아프리카의 아노스토스Anostos['한번 가면 돌아오지 못하는 곳'이란 의미]에 관한 기록을 남겼다. 이곳에 가면 비탄과 기쁨의 강들이 있는데, 그 강변에 있는 과일나무를 따 먹었다가는 울고 있는 아기들로 변하거나 아예 사라져 버린다고 한다.

상인이자 작가 이암불루스Iambulus는 《태양의 섬들 또는 남쪽 해에서 이암불루스의 여러 가지 모험Islands of the Sun or possibly The Adventures of Iambulus in the Southern Ocean》에서 더욱 기괴한 유토피아를 기술하였다. [기원전 165~50년 사이 씌어진 것으로 추정되는 이암불루스의 원본은 소실되어 버렸지만 이보다 반세기 후 활동한 그리스 역사가 디오도러스 시쿨루스(Diodorus Siculus)의 장서 가운데 그 발췌본이 지금까지 전해진다.] 훗날 그의 영향을 지대하게 받은 시리아의 풍자작가 루키아누스는 이암불루스가 남쪽 바다의 어느 제도諸島에 사는 기이한 주민들에 관해 쓴 이 이야기가 얼핏 보

H. G. 웰즈의 《타임머신》에서 시간여행자가 엘로이 종족을 만나는 장면을 그린 삽화

선구적인 과학소설의 역사

기에 터무니없긴 하지만 독자에게 즐거움을 주기에는 모자람이 없다고 평했다.[15] 이 소설에서 신기한 모험을 겪는 주인공은 작가 이암불루스 자신이다. 그는 소말리아 연안의 향료를 사다 팔려고 아랍 지방을 지나다가 도적떼에 붙들려 이디오피아로 끌려간다. 거기서 여섯 달분의 식량을 실은 배에 강제로 태워져 미덕의 사람들이 사는 축복의 섬에 다다를 때까지 남쪽으로 항해하란 지시를 받는다. 도착해보니 그 섬은 실은 일곱 개의 섬으로 구성된 제도諸島의 일부로서, 섬마다 크기와 상호 간격이 똑같았을 뿐 아니라 법제도와 풍속도 매한가지였다. 섬 주민들은 주인공을 에워싸고 환대를 해주었으며 가진 것은 뭐든지 나누어 주었다. 적도상에 있음에도 이 섬의 기후는 온화해서 오곡백과가 무르익었고 생산량이 늘 사람들의 수요보다 흘러넘쳤다. 밤낮의 길이도 항상 똑같아서 정오에는 태양이 바로 머리 위에 오는 바람에 그림자가 완전히 자취를 감췄다. 하지만 이곳 주민들은 우리와는 생김새부터 생활방식까지 많이 달랐다. 그들은 키가 180cm에 뼈가 유연해서 근육처럼 탄성이 있었다. 살결은 매우 부드럽지만 우리보다 훨씬 강건해서 그들이 물건을 쥐고 있으면 누구도 빼앗을 수가 없었다. 귓구멍과 콧구멍이 넓어서 구멍마다 밸브 같은 덮개가 달려 있었다. 특히 혀끝이 뱀처럼 갈라져 있어 동시에 다른 두 사람과 각기 대화가 가능했다. 덕분에 그들은 인간의 언어들은 물론이거니와 새들의 노래 소리까지 알아들었다. 그들은 결혼하지 않고 여성들을 공유했으며 자녀도 아버지가 누구이건 따지지 않고 동등하게 길렀다. 아기가 태어나면 자주 돌봐주는 여성을 계속해서 바꾸어 친어머니조차 자기 자식이 누군지 알아보기 어렵게 만들어 불필요한 부의 상속이나 소유권에 대한 욕심을 원천적으로 없앴다. 덕분에 라이벌 관계나 파당이 생겨날 소지가 차단되었다. 그들은

---

[15] David Winston, "Iambulus' Islands of the Sun and Hellenistic Literary Utopias", *Science Fiction Studies*, November, 1976, Volume 3, Part 3.

부족마다 사육하고 있는 큰 새에 아이가 타고 날 수 있는지 없는지를 기준으로 해서 아이의 정신 상태를 판단한다. 즉 현기증을 일으키거나 겁에 질려 날지 못하는 아이는 존중받을 만한 기질이나 성격을 지니고 있지 못하며 장수도 어렵다고 판단되어 추방된다. 이 섬에서는 모든 게 즉각적으로 풍부하게 제공됨에도 멋대로 방종하는 사람들을 찾아볼 수 없다. 모두가 장수하는 데다[유토피아에 사는 사람은 태양의 제도에 사는 주민의 경우에서 보듯이 일반적으로 키가 크고 체격이 건장하여 장수를 누린다. 산스크리트 경전에 나오는 우타라쿠루인들(the Uttarakuru)처럼 휘페르보레오스인들 또한 1천 년(또는 1만 년)을 산다.] 병에 걸리는 사람도 거의 없었지만, 만일 육체적인 손상이나 불구가 되는 사람은 자살을 해야 하는 강력한 법이 시행되었다. 또한 150살이 되면 이상한 식물을 써서 잠이 들며 죽는 방식으로 자살을 했다. 그리고 고인을 바닷가에 얕게 묻었고 파도가 밀려와 봉분을 만들어 주었다. 그들은 서양인과는 다르게 수평으로 글을 쓰지 않고 동양인처럼 수직으로 글을 써 내려갔다.

형태학적으로 볼 때 이암불루스의 태양의 제도가 바다 위에 원형으로 떠 있고 플라톤의 아틀란티스 또한 동심원을 그리는 원형의 땅이며 헤카타에우스^{Hecataeus}가 서술한 휘페르보레오스인들의 섬에 있는 아폴로 신전이 회전 타원체란 점에서 고대 그리스에서 완벽성을 추구하는 유토피아의 기하학적 이미지로 원이 선호되었음을 미루어 짐작할 수 있다.

2) 로마제국

이카로스나 탈로스 신화는 그 이야기의 탄생 과정상 저자가 누구인지 알 도리가 없다. 그렇다면 역사상 최초의 과학소설 작가는 구체적으로 누구라고 보면 좋을까? 해외의 과학소설 평론가들과 이 분야의 역사를 연구하는 이들 중 상당수는 메리 셸리보다 훨씬 앞선 시대의 유명한 작가들을 이 장르문학의 전통 안에 끌어들임으로써 과학소설의 격을 높이려는 심사를 감추지 않는다. 그 결과 과학소설의 역사는 이른바 '선구적인 과학소설'이라 이름 붙여진, 오래전에 작고한(?) 친척들을 찾아내 족보에 편입시킴으로써 그 방계 혈통의 후광을 누리고자 한다.

이러한 관점을 너그러이 받아들인다면, 역사상 최초의 과학소설 작가를 2세기경 시리아 출신의 풍자작가 루키아누스Lucianus, 120~180[고대 그리스의 수사학자이자 풍자작가로, 시리아 지방의 사모사타(Samosata)에서 태어나 아테네에서 죽었다. 서아시아를 여행하면서 젊은 시절 그리스 문학교육을 받았고 웅변가(소피스트)로 출발해서 작가가 되었다. 신랄한 위트로 이름난 그의 작품들에는 문학, 철학 그리고 당시의 지적 풍토에 대한 세련된 비판이 담겨 있다. 〈카론(Charon)〉, 〈죽은 자의 대화(Dialogues of the Dead)〉, 〈참된 역사〉, 〈니그리누스(Nigrinus)〉 같은 작품들을 통해 인간 행동의 거의 모든 측면을 비꼬았다.]로 보는 의견도 있다. [이것은 매튜 리차드슨의 주장이다. 그렇지만 어떤 이는 기원전 4세기에 플라톤이 이상국가론을 피력한 철학사상서 〈공화국〉을 선구적 과학소설의 범주에 넣어야 한다고 주장하고 있어, 기준을 어떻게 잡느냐에 따라 최초의 선구적 과학소설 작가와 작품을 기원전으로까지 소급해야 할지 모른다.] 그는 지구 바깥세상으로의 여행, 즉 우주여행을 다룬 최초의 소설을 써낸 작가이기도 하다. 이 무렵의 천문학 역시 육안으로 본 관측에 의지하는 게 현실이었으므로, 루키아누스는 망원경을 상상해내긴 했지만 실제 제작은 달나라 사람

루키아누스의 〈참된 역사〉. 태풍의 힘을 빌어 주인공 일행이 탄 배가 달에 도착하여 겪는 모험담이다.

로마 제국 시대에 시리아에서 태어난 그리스 풍자작가 루키아누스. 선구적 과학소설 〈참된 역사〉와 〈날개 단 메니푸스〉를 집필하였다.

들[다시 말해서 우리보다 문명이 발달한 곳의 사람들]의 기술로나 가능하다고 여겨졌다. 제정로마 시대 시리아에서 주로 활동했던 루키아누스는 앞에서 언급한 선대 그리스 작가들인 테시아스와 이암불루스의 영향을 받았으며, 그의 풍자소설 〈참된 역사〉는 태풍에 날려 달세계까지 간 선원 50명이 겪는 기상천외한 모험담이다. 처음에 주인공 일행은 헤라클레스의 기둥 너머에 있는 미지의 바다를 탐사하려 했지만, 폭풍우로 79일에 걸친 기류 변동 끝에 한 섬에 당도한다. 거기에는 거대한 발자국과 함께 헤라클레스와 디오니소스가 다녀갔다는 명판이 놓여 있는가 하면, 광야에서 예수처럼 시험을 받을 때에는 와인이 흐르는 강과 포도덩굴 여인들이 등장한다. [이 부분은 웰즈가 단편 〈기이한 난초의 개화(Flowering Of The Strange Orchid)〉에서 활용하였다.] 그녀들과의 키스는 달콤하지만 일행 중 두 선원이 어설프게 달려들자마자 함정에 빠지고 만다. 남은 선원들은 그들을 하늘 높이 띄워주는 돌개바람과 강풍의 힘을 빌어 다시 일주일간 공중을 날아간 끝에 달에 착륙한다. 달에서 주인공 일행은 인공 남근으로 신분계급을 드러내는 달나라 사람들의 사회를 방문한다. 그곳에서 부자들은 상아로 된 인공 남근을 갖고 있지만 가난한 이들은 그 재료가 나무이다. 이어 일행은 금성을 식민지로 삼기 위해 달제국과 태양제국이 행성 간 전쟁을 벌이는 광경을 목도한다. [그러나 루키아누스의 작품들은 엄밀히 말해서 오늘날과 같은 과학소설이라 보기는 어렵고 불가능한 것을 마음대로 상상하는 판타지로 읽힐 의도로 씌여졌다고 보는 것이 타당하다. 이 소설의 머리말에 '이것은 모두 엉터리'라는 전제를 달아 놓았는데, 이는 투키디데스 같은 당대의 진지한 작가들의 비판을 비켜 나가기 위한 방편이었다고 한다.] 그러다가 그들은 머리가 세 개 달린 독수리 경찰들에게 잡혀 그 세계의 지도자인 엔디미온[Endymion][달의 여신 셀레네(Selene)의 사랑을 받은 목동]에게 끌려간다. 이 관대한 외계인은 우리의 주인공들을 태양왕[the Sun King]과 그의 개미용들[Ant-Dragons]에 맞서 벌이는 자신의 전쟁에 끌어들인다. 양측은 큰곰자리는 물론이고 벼룩 궁수자리, 천공 모기자리 그리고 달과 금성 사이의 쏠리언[Tholian]식 그물을 회전시키는 거대한 거미자리에 이르는 별자리들까지 동맹군으로 포섭한다. [쏠리언은 TV 시리즈 〈스타트랙〉에 등장하는 외계종족으로 클링곤 제국 근방에 위치하고 있다. 이 종족은 비휴머노이드 종에 속하여 전신이 결정체로 이뤄져 있으며 두 개의 팔과 여섯 개의 다리를 지니고 있다. 이들은 인류의 기준으로 보면 무척 고온의 환경에서 거주하기 때문에 그들에게 쾌적한 온도는 섭씨 207도이다. 기온이 섭씨 107도 이하로 내려가면 쏠리언인들은 죽음에 이르고 온몸이 작은 결정체로 산산조각 나버린다. 암수 구분이 있으며 자연스런 그들의 말투는 돌고래 소리와 유사하게 소름끼치는 듯한 꽥꽥 소리의 연속이다. 이들의 언어는 만능번역기로 해석하기에 어려움이 따른다. 이들은 기만을 참지 못하며 원리원칙주의자들이다. 쏠리언 섬유는 매우 값이 나가서 구하기가 어렵다. 쏠리언 섬유가 실은 쏠리언인들의 몸으로 만들어졌다는 소문이 있지만 확인된 증거는 없다.] 일본 괴수 영화에 단골로 등장하는 괴물들 간의 격투기가 이미 여기서도 적재적소에 등장한다. 태양 군대가 이기자 엔디미온은 평화조약을 제안하며 그 결과 두 세력 사이의 우주공간이 분할 통치된다.

달을 떠난 후 주인공 일행은 태양제국의 주민들을 둘러보고 금성에서 보급을 다시 받은 다음 구름뻐꾸기땅[이미 언급했듯이 이러한 기이한 이름의 유토피아는 이미 기원전 5세기경 아리스토파네스의 연극 〈새들〉에 등장한 바 있고, 루키아누스는 이를 채용한 것이라 보면 된다.]을 거쳐 리크노폴리스Lychno polis[램프 도시]를 방문하며 마침내 지구의 바다에 다시 뛰어든 끝에 길이가 250마일인 고래에게 삼켜진다. 고래 배 속에는 그들처럼 고래에게 삼켜진 사람들이 세운 도시들이 즐비하다. 2년의 유폐생활 끝에 괴물 고래의 속을 햇불로 밝혀가며 탈출한다. [이 에피소드는 〈피노키오〉의 종결부와 깊은 유사성을 보인다.] 이어 그들은 얼어붙은 대양大洋과 치즈 섬 그리고 물 위에 떠 있는 부표浮漂 인간들Cork Men과 만나며, 하데스의 세계로 내려가서는 신화 속에 등장하는 주인공과 악당들을 직접 목격한다. 나아가 주인공들은 호메로스와 만나 실제로 그가 〈일리아드〉와 〈오디세이아〉를 썼는지에 관해 엉망진창 요절복통 인터뷰를 진행한다. 그 후 그들은 호박 해적들과 신밧드의 모험에 나오는 로크 새를 닮은 거대한 물총새, 그리고 식인종 여인들의 추적을 교묘히

따돌리고 원래 목적했던 대서양 건너편 목적지에 도착한다. 그 다음에 무슨 일이 일어날지에 대해서는 루키아누스도 더 이상 말하고 있지 않다. 마지막 문장은 속편을 예고하지만 씌어지지는 않았던 모양이다.

루키아누스는 〈참된 역사〉에서 달세계 사람들에 관해 흥미로운 사회학적 관점을 제시한다. 달세계 사람들은 모두 남성이다. 이는 달세계 사람들은 애초에 남성으로 태어나기 때문이다. 생식기와 항문이 없고 배변기능도 없다. 성생활은 상아나 나무로 만들어진 인공생식기로 무릎의 움푹 파인 공간을 찔러 넣어 이뤄진다. 그야말로 문학에 등장하는 최초의 사이보그 보철기술인 셈이다. 달세계 사람은 늙어도 죽지 않고 대신 육신이 녹아서 에테르가 된다. 그들의 땀은 우유이며 콧물은 꿀이고 눈은 꺼냈다 집어넣었다 할 수 있다. 이러한 속성은 조지 루카스의 영화에 등장하는 외계인들에게 적용되었을 뿐만 아니라 에드가 라이스 버로우즈의 〈화성의 존 카터〉 시리즈에도 이런저런 형태로 스며들어 있다. 과학소설 편집자 체릴 모건Cheryl Morgan은 〈참된 역사〉는 〈걸리버 여행기〉와 비슷한 면이 많기 때문에 조나단 스위프트가 루키아누스의 작품을 알고 있었을 가능성이 높다고 본다. [이것은 만일 〈걸리버 여행기〉가 과학소설이라고 규정 가능하다면, 〈참된 역사〉 역시 과학소설의 범주에 들어갈 수 있다는 뜻이다.][16]

앞서 언급했듯이, 〈참된 역사〉보다는 덜 유명하지만 루키아누스의 과학소설 데뷔작은 〈날개 단 메니푸스〉다. 여기서 메니푸스는 우주론과 인간의 도덕에 대한 철학자들 간의 지루한 갑론을박에 질린 나머지 진정으로 진리가 무엇인지 알아보려고 독수리 날개를 달고 신의 나라인 올림푸스 산을 방문한 뒤 이어 정령들이 살고 있는 달까지 날아간다. 이 이야기는 통상적인 신화 이야기 형태를 빌어 철학자들과 부자들에 대한 통렬한 풍자를 하는 데 목적이 있었다. 올림포스의 주신主神 제

---

[16] Cheryl Morgan, "Myths of Origin", *Strange Horizons*, 9 Feb. 2004.

우스는 천국의 마루 구멍을 통해 지상으로부터 들려오는 인간들의 기도소리를 듣기도 하고 철학자들의 주장에 가끔 귀 기울이기도 하는데, 메니푸스는 신들의 연회에 초대되어 갔다가 중대한 뉴스 하나를 접하게 된다. 신들은 철학이라는 것이 아무짝에도 쓸모없는 헛소리이므로 인간계에서 싹 쓸어 없애는 것이 좋다는 결론을 내리고 있었던 것이다. 기분이 좋아져 지상으로 돌아온 메니푸스는 스토아 철학자들에게 철학계에 임박한 운명을 알린다. 비록 소설은 아니지만 '외계의 지적 존재들'이란 개념은 루크레티우스$^{Titus\ Lucretius\ Carus,\ BC\ 94?-BC\ 55?}$의 시 〈사물의 본성에 관하여$^{On\ The\ Nature\ Of\ Things}$〉에서도 찾아볼 수 있으며, 이로부터 1세기 후 세네카는 태양에 주민이 살고 있다고 믿는 동료 스토아 철학자들의 견해를 언급하였다. 이러한 선구적 견해들이 루키아누스의 문학적 환상으로 소화되어, 〈참된 역사〉에서는 희화적인 수법이긴 하지만 주인공 우주비행사가 밤에 태양을 방문할 계획을 세운다.

한편 역사가 플루타크^{Plutarch}는 고대에 떠돌던 온갖 달 이론들을 요약 정리한 에세이 〈달의 얼굴$^{The\ Face\ In\ The\ Moon}$〉(72년)을 펴냈다. [케플러는 이 작품을 자신이 죽기 직전에 자국어로 번역 소개했다.] 플루타크는 달의 지형을 잘 알고 있었을 뿐 아니라 막연하게나마 거기에 생명이 있으리라는 아리스토텔레스의 믿음을 숙지하고 있었으나 막상 달에 관해 진지하면서도 터무니없는 이야기들이 너무 많다고 덧붙였다. 특히 플루타크는 인간이 원래 달에서 지구로 떨어진 존재라는 주장에 야유를 보냈으며, 루키아누스처럼 달의 지형과 머나먼 대륙의 이야기를 한데 뭉뚱그렸다.

작자와 집필시기가 미상인 〈알렉산더 로망스$^{Alexander\ Romance}$〉는 고대의 베스트셀러 장편소설로서 24개 국어로 80가지 버전이 나와 있어 가히 성경의 보급에 못지않다. 이 장편의 한 부분은 초창기 선구적 과학소설들과 마찬가지로 세상의 변방까지 간 알렉산더 대왕의 모험을 다루고 있는데, 여기서 이 글의 주제와 관련하여 언급할 만한 것은 식물인간들

Plant-Men[키는 120미터, 목넓이가 2미터, 톱처럼 보이는 팔과 손을 지닌 호전적인 살인자들]이 나온다는 점이다. 이들은 에드가 라이스 버로우즈의 〈화성의 존 카터^{John Carter of Mars}〉 시리즈 2권 〈화성의 신들^{Gods Of Mars}〉편에 나오는 키 3.6미터, 큰 발, 면도날 같은 발톱을 지닌 식물인간들과 흡사하다.

비잔틴시대에 나온 작자 미상의 운문소설 〈칼리마쿠스와 크리소르에^{Callimachus And Chrysorrhoe}〉(14세기)에서는 강건한 전사가 무시무시한 용이 사는 마법 성을 쳐들어갔다가 머릿결을 휘날리며 벌거벗다시피 매달려 있는 여주인공을 발견한다. 마지막 장면에서 그는 용을 무찌른 뒤 그녀와 함께 목욕하고 나서 그녀를 범하는데 이것은 당시 비잔틴 사회의 도덕적 정서에 도전하는 것이었다. 소프트 포르노적인 속성과 검과 마법의 판타지를 절묘하게 뒤섞은 이 작품 또한 오늘날 넓은 의미에서 과학소설에 속하는 에드가 라이스 버로우즈의 〈화성의 존 카터〉 시리즈에 등장하는 남녀 주인공 존 카터와 데자 쏘리스의 관계를 떠올리게 한다.

고대의 수수께끼 그리고 괴물이나 기인^{奇人}에 관한 이야기들은 그리스뿐만 아니라 로마 시대에도 인기가 많았다. 이를테면 1세기 로마의 소설가 가이우스 페트로니우스 아르비테르^{Gaius Petronius Arbiter}는 자신의 작품 〈사티리콘^{Satyricon}〉[로마의 작가 페트로니우스의 작품이라고 전해지는 시를 혼용한 산문 풍자소설. 1세기 중엽의 작품으로 현존하는 것은 2장(章)에 불과한 불완전한 단편뿐이다. 주인공 엔코르피우스가 동료인 아스큐르토스와 미소년 기톤과 함께 파란 많은 방랑을 계속하는 이야기인데, 그 무대는 남부 이탈리아 등지이며, 당시의 하층계급 사회의 밑바닥에서 생활하는 각양각색의 비정상적인 인물들이 등장한다.]에서 늑대인간과 마녀들을 등장시켰다. 늑대인간에 대한 믿

에드가 라이스 버로우즈의 〈화성의 존 카터〉 시리즈에 등장하는 다양한 화성 종족들의 모습을 보면 이 작품이 과학소설의 외양에다 검과 마법 판타지를 내포하고 있음을 알 수 있다. 이 캐릭터 설정화는 일본의 일러스트레이터 고마츠자키 시게루가 그린 것이다.

음은 로마의 작가이자 자연철학자 가이우스 플리니우스 세쿤두스Gaius Plinius Secundus, 23~79에 의해 그리스의 전형적인 넌센스라고 조롱받았다. [오래 전에 헤로도투스(Herodotus)는 이리로 변하는 네우리 부족(the lycanthrope Neuri tribe)에 관한 이야기를 쓴 바 있다.] 앞의 플리니우스의 사촌인 가이우스 플리니우스 콜로노스코피 세쿤두스Gayus Plinius Colonoscopy Caecilius Secundus, 63~113는 체인을 몸에 걸치고 다니는 유령들과 그들의 말에 관해 진지한 설명을 늘어놓았으며, 그의 친구이자 역사가인 타키투스Tacitus도 같은 기록을 남겼다. 루키아누스와 같이 2세기에 살았던 아울루스 겔리우스Aulus Gellius, 123?~165?[로마의 저술가. 젊어서 아테네에 유학하여 철학과 수사학 따위를 익혔다. 유일한 작품 〈아티카 야화(Attica 夜話)〉 20권에는 당시의 법률, 문학, 문법, 고고학, 역사, 전기, 문명 비판 따위가 서술되어 있어 사료로서 가치가 크다.]는 스키타이인[기원전 6세기~기원전 3세기경 남부 러시아의 초원지대에서 활약한 최초의 기마유목 민족]의 식인풍습, 개의 머리를 한 사람들, 외눈박이 거인들, 다리가 하나인 사람들, 다리가 뒤로 휘어져 있어 빠르게 달릴 수 있는 피조물들 그리고 오히려 어린 시절 머리카락이 흰 알바니아 변경지역 주민들 같은 기이한 사례들을 모아 기록하였다. 이외에 괴물들의 다산多産과 통상 여성이 남성으로 바뀌는 성전환 이야기도 빠뜨릴 수 없다. 또 다른 동시대인 플레곤Phlegon[트랄레스의 플레곤(Phlegon of Tralles)은 2세기에 소아시아와 그리스에서 활동한 작가로 하드리아누스 로마 황제에 의해 자유인이 되었다. 그는 〈경이에 관하여〉 이외에도 로마제국의 인구 센서스를 바탕으로 100세 이상 장수한 이탈리아인들의 명부를 정리한 〈장수하는 사람들에 관하여(On Long-lived Persons)〉를 썼다.]은 자신의 저서 〈경이에 관하여On Wonders〉에서 이러한 소재들에 천착하여 뱀을 낳는 여인들과 애를 가질 수 있는 동성연애자, 오천 살의 나이가 되도록 키가 계속 자라 죽을 때 관의 길이가 약 50미터에 이르는 사람, 유령, 샴쌍둥이 등을 다루었다. 이처럼 기괴한 존재들은 오늘날에도 공포 장르와 SF 장르의 경계에서 매번 색다른 조합으로 재창조되고 있다.

3) 고대 중국

고대 세계 어디서나 수많은 신화와 전설 그리고 기담이 풍부하게 생겨났을 터이지만 단순히 구전되다 사라져 버리지 않고 기록으로 차곡차곡 쌓아둔 라이브러리 측면에서 보면 중국을 따라잡을 만한 나라나 사회가 흔치 않을 것이다. 세계 4대 문명 발상지의 한 곳답게 일찍부터 문자를 이용한 기록문화가 발달하여 고래古來로부터의 신화를 충실하게 보존할 수 있는 환경에 놓여 있었다.

이 중에서도 중국 고대의 신화자료를 가장 많이 보존하고 있다고 평가되는 문헌이 〈산해경山海經〉이다. 전국시대 초기에서부터 한漢나라 혹은 초楚나라 사람이 지었다고 추정되는데, 모두 3만 1천여 자에 달하며 신화 이외에도 지리, 역사, 종교, 민속, 천문, 동물, 식물, 광물, 의약, 인류학, 민족학, 지질학 그리고 심지어 해양학까지 포괄하고 있어 실로 기서奇書라 할 만하다.[17] 〈산해경〉에는 각종 질병을 치료 내지 예방할 수 있는 약초나 처방법들이 자주 등장한다. 여기서 약재는 원료가 대개 신화적 환상에 속하는 괴상한 짐승이나 새, 물고기 같은 것들이다. 중국 신화가 과학의 한 영역인 의학방면으로 상상의 나래를 펼친 결과 가장 극적인 담대함을 보여주는 대표적인 예가 바로 불사약이다.

예컨대 〈박물지博物志〉의 '천흉국穿胸國' 이야기에는 불사약의 효과가 기술되어 있다. 이 이야기에서 우 임금을 살해하려던 방풍씨防風氏의 두 신하는 미수에 그치자 우가 벌을 내릴까 봐 두려워 스스로 가슴을 찔러 자살을 한다. 우가 가여워하여 불사초로 치료해주자 두 사람은 다시 깨어난다. 그러나 가슴에는 여전히 구멍이 뚫려 있었고 그들의 자손들 역시 그러했기에 그들이 세운 나라를 천흉국이라 불렀다 한다. 또한 당나라

---

[17] 원가 지음, 전인초·김선자 옮김, 앞의 책, 71쪽.

〈산해경〉에 등장하는 신화상의 다양한 동물들

천흉국 사람들의 모습. 가슴에 구멍이 뚫려 있다.

희종(9세기) 무렵 살았던 배종裵鉶이 지은 기담소설집 〈전기傳奇〉의 '허서암許棲巖'편을 보면, 주인공 허서암이 태을원군太乙元君이란 신선을 만나 불사의 석수石髓물을 마시고 노닐다가 고향에 돌아와 보니 어느새 60년이 흘러 있더라는 이야기가 나온다.[18] 공교롭게도 이 내용의 전체적인 컨셉과 플롯은 미국 작가 워싱턴 어빙Washington Irving, 1783~1859의 단편소설 〈립 밴 윙클Rip van Winkle〉(1819)과 대동소이하다.

오늘날의 과학기술은 아직 불사약을 만들어내지는 못했지만 각종 질병을 퇴치하고 노화를 방지하면서 인류의 수명을 늘릴 수 있는 방안을 지속적으로 개발하고 있다는 점에서, 불사초의 신화는 의료과학의 궁극적 목표라 해도 과언이 아니다. 원래 불사의 개념은 전국시대에 선화仙話가 신화에 영향을 미치기 시작하면서 나타난 것으로, 이 시기 들어 철기가 비교적 보편적으로 사용되었고 의약 및 보건 위생이 발달하기 시작했다. 결과적으로 〈산해경〉은 고대인들에게는 일상생활에 필요한 백과전서나 다름없었으며, 그 내용을 보면 그리스 로마 시대의 저술들

---

[18] 배형 지음, 최진아 옮김, 〈전기(傳奇)〉, 푸른숲, 2006, 90~96쪽.

과 마찬가지로 여러 가지 이상하고 신기한 것들, 그리고 먼 나라 기이한 사람들의 모습과 풍습에 관한 이야기가 대부분을 차지했다.

중국신화는 과학소설의 원형을 짚어나가는 데 있어 그리스 로마 시대와 비교하여 손색이 없다. 천리안千里眼과 순풍이順風耳에 관한 중국의 민간전설은 오늘날의 망원경과 전화기를 연상시킨다. 공중 비행이나 우주여행과 관련해서는 "노반이 나무를 깎아 학을 만들어 그것을 타고 7백 리를 날았다.魯班刻木爲鶴"는 〈술이기述異記〉의 고사故事와 "기굉국 사람들은 나는 수레를 만들어 바람을 타고 멀리 날아다녔다.奇肱民能爲飛車, 從風遠行"는 〈박물지〉의 고사 그리고 '항아가 달로 날아간 이야기嫦娥奔月'를 예로 들만 하다. 특히 후자의 이야기에서는 불사약을 먹은 아름다운 미녀 항아가 표표히 날아서 달의 궁전까지 간다. 이것은 당시 중국인들은 둥글고 밝은 달은 사람이 살 수 있는 곳으로 생각했었다는 사실을 반영한다. 또 〈열자列子〉 '탕문湯問'편에 보면 언사偃師가 주周 목왕穆王에게 바친 기계인機械人에 관한 이야기가 나온다. 언사가 제작한 그 기계인은 노래도 하고 춤도 추었을 뿐만 아니라 눈으로 자신의 뜻을 표현할 수도 있었다. 그 기계인이 그런 눈빛으로 목왕의 비빈들을 유혹하는 바람에 목왕은 언사가 진짜 인간을 기계인인 것처럼 분장시켜서 자신을 속였다고 여겨 언사를 죽이려고 했을 정도라고 한다. [주나라의 목왕 일행이 변경을 여행하던 중 서쪽 지역의 한 부족에 들렀다가 언사(偃師)라는 솜씨 좋은 기술자를 만났다. 바쁜 일정이었지만 주 목왕은 그 장인의 솜씨를 볼 요량으로 그를 불러들였다. 언사는 또 한 사람과 동행했는데, 그는 자기가 손수 만든 광대 인형이라 소개했다. 왕이 보기에 그 인형은 외모와 하는 짓이 하등 사람과 다를 바가 없어 적이 의심스러웠다. 인형은 시키는 대로 춤도 추고 노래도 불러 주위 사람들

달로 날아간 항아 이야기. 1955년 중국 화가 임솔영이 비단에 채색한 작품이다.

선구적인 과학소설의 역사

의 감탄을 자아냈다. 그러나 재주가 끝나갈 무렵 인형이 왕의 옆에서 구경을 하던 후궁에게 윙크를 하는 것이 아닌가? 크게 노한 왕은 군사들을 시켜 언사를 죽이려고 하였다. 깜짝 놀란 언사는 급히 광대 인형을 불러 눈앞에서 해체하였다. 그것은 가죽과 나무를 아교로 붙이고 옻칠과 단청을 해서 만든 진짜 인형이었다. 이를 보고 왕의 노여움은 놀람과 감탄으로 바뀌었고 언사에게 극진한 대접을 해주었다고 한다.] 이 또한 오늘날의 로봇을 소재로 한 과학소설들의 원형이라 할 수 있지 않겠는가.

어디 그뿐인가. 〈술이기〉에서는 "일림국에 돌로 만들어진 거울이 있었는데 사방 수백 리나 되었고 오장육부를 환히 비춰볼 수 있었다.^{日林國有石鏡, 方數百里, 光明寶撤, 可鑒五臟六腑}"라는 내용이 나온다. 이것은 오늘날의 X레이와 근본원리가 다를 바 없다. 수술에 관한 이야기도 있다. 〈열자^{列子}〉의 '탕문^{湯問}'편에 보면 외과수술을 행한 편작^{扁鵲} 이야기가 나온다. 그는 환자에게 독한 술을 마시게 한 후 사흘간 가사상태에 빠져 있게 하고서 가슴을 가르고 심장을 꺼내 바꿔 넣었다고 한다.

그렇다고 중국 신화가 단지 기기묘묘한 동식물과 비경을 기록하는 데 그친 것은 아니며 그리스 로마 시대의 풍자문학과 마찬가지로 유토피아 이야기도 담고 있다. 복희씨의 탄생설화를 보면 '화서씨^{華胥氏}의 나라'로 불리는 이상향이 나온다. 이곳은 중국 서북쪽 수천만 리 되는 곳에 있는 극락이나 다름없는 세상인데, 너무 멀어서 걸어서든 배를 타고서든 결코 다다를 수가 없다 보니 마음으로만 갈 수 있는 나라였다. 이 사회에서는 정부나 지도자가 없고 일반 백성도 욕망이 없이 무위자연, 즉 자연의 순리에 따르기 때문에 사람들은 장수했고 모두 아름다웠으며 즐거운 생활을 했다고 한다. 이곳 사람들은 물에 들어가도 익사할 염려가 없고 불 속에 들어가도 화상을 입지 않았다. 공중에서도 땅을 딛듯이 걸을 수 있었으며 구름과 안개도 그들의 시선을 가리지 못했다. 이쯤 되고 보니 실로 이 나라 백성은 신과 인간의 중간쯤 되어 소위 '땅 위의 신선들'이라 불릴 만했다. 도교의 영향으로 신선설^{神仙說}이 민간에 널리 유포되면서부터는 봉래산^{蓬萊山}, 방장산^{方丈山}, 영주산^{瀛州山} 등의 삼신산에 일종의 유토피아인 장생불사長生不死의 선향仙鄉이 존재한다고 전해졌다. 진나라 시대의 전설에 따르면, 봉래산의 무릉도원武陵桃源은 다음과 같았다 한다.

> 봉래국에는 죽음과 고통이 없다. 또 겨울도 없다. 피는 꽃은 시들지 않고 결실을 맺은 열매는 떨어지지 않는다. 사람이 만일 그 열매를 한 번 먹으면 평생 다시는 목마르지도 배고프지도 않을 것이다. 또 이곳에는 상린자, 육합규, 만근탕 등 404가지 병을 고치는 신령한 풀이 자란다. 뿐만 아니라 죽은 사람을 소생시키는 양신자라는 마법의 풀이 자란다. 이 풀은 한 번 먹으면 평생 늙지 않는다는 영수(靈水)로 키운다. 봉래국에 사는 사람은 매우 작은 밥그릇으로 쌀밥을 먹는다. 그 그릇에 든 밥은 아무리 먹어도 먹는 사람이 배부를 때까지 결코 줄어들지 않는다. (…중략…) 이곳에서는 사악함을 모르기에 사람의 마음은 결코 늙는 법이 없다. 마음이 늘 젊으니 봉래국 사람들은 태어나서 죽을 때까지 신이 슬픔을 줄 때 — 그럴 때에는 슬픔이 사라질 때까지 얼굴을 덮어 가린다. — 이외에는 언제나 싱글벙글 웃는다. 이곳 사람들은 누구나 꼭 한 가족처럼 서로 다정하며 서로를 믿는다. 또 여인의 마음은 작은 새의 영혼처럼 가볍기에 하는 말도 작은 새의 노래처럼 경쾌하다. 장난치고 노는 처녀의 소매가 나부낄 때는 마치 부드럽고 너른 날개가 너울거리는 듯하다. 봉래국에서는 슬픔 말고는 숨기는 것이 없으니 부끄러움도 없다.[19]

청나라 초기 포송령蒲松齡, 1640~1715이 지은 〈요재지이聊齋志異〉에도 안기도安期島라는 유토피아 섬 이야기가 나온다. 특기할 것은 중국문헌임에도 조선 근방의 유토피아를 다루고 있다는 점이다. 이 이야기에서 중국인 사신들은 안기도라는 조선 근방의 섬에 신선이 산다는 소문을 듣고 조선 국왕에게 방문을 주선해달라고 부탁한다. 조선 조정에서 소장小張이란

[19] 라프카디오 헌 지음, 심정명 옮김, 〈괴담〉, 생각의나무, 2007, 95~98쪽.

중국 대시인 굴원의 시 〈천문(天問)〉. 원시과학적인 수준에서 우주 창조에 대한 물음을 제기하였다.

이름의 서른 남짓 된 길잡이를 소개받은 중국 사신 일행은 배를 타고 안기도로 떠난다. 미풍이 불어 구름이나 안개를 젖히는 듯한 느낌이 들어 거리를 가늠할 수 없게 되었을 즈음 배는 섬에 도착한다. 겨울이었음에도 섬의 기후는 온화하여 꽃이 여기저기에 피어 있었다. 소장은 일행을 세 노인이 가부좌를 틀고 앉아 있는 동굴로 안내한다. 노인 중 한 사람이 동자를 시켜 차를 대접하였는데, 일행은 물이 어찌나 차가운지 이빨이 떨어져 나갈 것만 같아 혀를 대자마자 차를 물리지 않을 수 없었다. 사신 일행은 자신들의 운명을 점쳐달라고 하는 동시에 불로장생의 비법까지 물어본다. 이에 대해 노인은 미소 지으며 그런 일은 가능하지 않다고 달래어 돌려보낸다.

소장과 함께 조선 본토로 돌아온 중국 사신이 노인과의 사이에 있었던 일을 고하자 조선 국왕은 몹시 애석해하며 탄식을 하였다.

> 당신이 찻잔의 냉수를 다 마시지 않은 것이 아깝구려. 그 물은 천지와 더불어 생겨난 옥즙(玉液)[20]이라오. 한 잔만 마셔도 백 년의 수명을 늘릴 수 있었거늘.[21]

물론 지금까지 언급한 사례들은 대부분 엄밀한 의미에서 정식 소설이라기보다는 신화소설이라 보아야 할 것이다. 중국에서 소설을 쓰겠다는 자의식을 갖고 작가들이 작품을 쓰기 시작한 것은 당나라 때부터의 일이다. 하지만 그 경계선을 무 자르듯 가르기는 쉽지 않은데, 당나

---

20 옥즙(玉液)은 신선의 음료로서, 그리스신화의 넥타와 같은 것이다. 마시면 불로장생한다는 믿음이 전해 온다.
21 포송령 지음, 김혜경 옮김, 〈요재지이〉 4, 민음사, 2002, 424~427쪽.

라 시대에 씌어진 소설들 가운데에는 여전히 신화적 분위기를 지닌 작품들이 매우 많기 때문이다. 중국의 신화는 소설뿐 아니라 시가詩歌에도 큰 영향을 미쳐 이태백을 포함한 많은 시인의 작품 속에서 신화적 소재를 찾아볼 수 있는데, 개중에는 원시과학적 고민이 담긴 작품들도 발견된다. 예를 들어 대시인 굴원屈原, BC 339?~BC 278?의 시 〈천문天問〉[2300년 전 초(楚)나라 시인 굴원(屈原)이 쓴 〈초사(楚辭)〉의 하나로 우주, 전설, 역사, 설화 등 172종의 의문을 열거하고 하늘에 질문하는 형식을 취하고 있다.]을 보면 "둥근 하늘엔 아홉 개의 층이 있다는데 그것은 누가 만든 것일까? 이러한 작업은 얼마나 위대한가? 누가 그 최초의 창조자였을까?圜則九重, 孰營度之, 惟兹何功, 孰初作之"라는 물음을 던지고 있다.

이처럼 중국에서 신화 그리고 이와 직간접으로 연관되어 있는 전설과 기담은 오늘날과 같은 소설 형태가 갖춰지기 전부터 그 이후의 시기까지 과도기를 함께 거치면서 지속적인 영향을 주었다. 그리고 그 중에는 오늘날 과학소설 모티브 내지 아이디어가 될 만한 소재들이 왕왕 발견되는 것이다.

4) 우리나라

과학소설의 원형적 모티브 가운데 하나인 유토피아 사상은 우리나라에서도 뿌리가 깊다. 비단 그리스 로마와 중국만이 아니라 아시아와 아메리카 대륙[원주민], 아프리카 그리고 태평양 연안 도서지역에 사는 사람들의 고대 신화 내지 창세 신화를 보면 거의 다 유토피아라 부를 만한 이상향에 관한 이야기가 전해 내려오지 않던가. [J. F. 비얼레인에 따르면, 지도로 보면 엄청난 거리를 두고 있는 문화권들 사이에 놀라울 정도로 유사한 신화들이 존재한다.][22] 우리나라의 단군신화를 보아도 환웅이 지상에 내려와 세운 신시神市는 세속에 때

---

[22] J. F. 비얼레인 지음, 현준만 옮김, 〈세계의 유사신화〉, 세종서적, 1996, 20쪽.

묻기 전까지 일정기간 낙원에 가까웠던 것처럼 미화되어 있다. 마치 수메르신화나 그리스신화 속에 등장하는 황금시대처럼 말이다. [어느 나라 어느 지역의 신화를 보아도 공통적으로 짚어낼 수 있는 맥락은 인류의 역사가 태초 이래 계속 하향선을 그리는 퇴보와 타락의 역사란 사실이다. 이 점에 대해 우리나라의 단군신화는 물론이고 수메르와 그리스신화도 자유롭지 못하다. 수메르 문학을 기록한 점토판을 해독한 결과, 수메르인에게도 인간이 고생이나 불화 없이 살았던 완벽한 행복의 시대가 있었다고 한다. 수메르 서사시 〈엔메르카르와 아라타의 땅〉을 보면 "옛날 옛적 사람들에게는 두려움이 없었고 일체의 적도 없었으며 조화로운 우주에서 살며 신 엔릴을 찬양했다."고 씌어 있다. 그리스 문학에서는 작가 헤시오도스가 〈노동의 나날〉에서 인류의 역사는 크게 다섯 시대로 구분된다고 전했다. 첫 번째 시기가 황금시대로서 사람이 가장 행복한 삶을 살았던 낙원의 시대이고 그 뒤로 은의 시대, 청동시대, 영웅시대, 철기시대가 이어지면서 인간의 삶은 갈수록 척박해졌다고 한다. 첫 시대인 황금시대는 우주가 크로노스의 통치하에 있었지만 이후의 네 시대는 제우스의 지배하에 놓여 있다. 황금시대의 사람은 걱정이나 고통을 모르고 살았으며 삶은 축제의 연속이었다. 이들은 늙지도 않았고 죽음을 잠드는 것처럼 생각하여 전혀 두려워하지 않았다. 땅은 돌보지 않아도 스스로 풍성한 수확을 내므로 모든 것을 평화롭게 나누었고 욕심을 부리지 않았다.] 신라시대 이후로는 정토(淨土)신앙이 크게 성행하면서 원효대사로 대표되는, 현실 속에 극락을 구현하고자 하는 노력이 있었다. 극락은 원래 죽어서만 갈 수 있는 곳이지만 우리나라에 와서는 토착 구복신앙과 어울려 보다 현세적인 형태를 띠었다.

고려시대 들어서는 무신의 난 직후 몸을 피한 문신 이인로(李仁老, 1152~1220)가 지리산 어디엔가 있다고 전해지던 청학동을 찾아 헤맸다는 일화[23]에서 보듯이, 한민족의 삶과 역사 속에도 동양식 유토피아라 할 무릉도원에 대한 갈구가 끊임없이 이어져 내려왔음을 알 수 있다. 물론 암울한 현실의 벽 앞에서 은거할 도피처를 찾던 그였지만 신선이 산다는 청학동은 끝내 발견할 수 없었다. 유토피아란 원래 어디엔가 꼭 있으면 좋겠다는 생각이 들게 하면서도 실상은 상상 속에만 존재하기 때

---

23 정민, 「슬픈 유토피아」, 문화일보, 2006년 11월 23일자.

문이다. 같은 연유에서 청학동뿐 아니라 우리나라에는 상주의 식장산食藏山, 문경의 우복동牛腹洞, 강원도의 이화동梨花洞 등지에 유토피아의 전설이 전해 내려온다. 이러한 곳들은 하나같이 전란戰亂의 화禍가 일체 미치지 않는 데다 기본적으로 의식주를 걱정하지 않아도 좋다는 공통점이 있다. 이 점이 서양식 유토피아와 비슷하면서도 약간 뉘앙스가 다른 측면이다. 이것은 굵직굵직한 왜란과 호란 외에도 한반도의 지정학적 특성상 외부세력의 침탈이 잦았던 데서 연유를 찾을 수 있을 것이다.

정형화된 소설문학 속에 찾아볼 수 있는 우리나라식 유토피아의 효시는 허균許筠, 1569~1618의 〈홍길동전〉에 나오는 율도국이다. 장르 분류상 복합적인 성격[〈홍길동전〉은 영웅소설이자 모험소설이며, 고아소설, 도술소설, 사회풍자소설로도 읽힐 수 있다.]을 갖고 있으며 일종의 유토피아 문학으로서의 성격도 띠고 있어 당대 계급사회의 한계를 뛰어넘는 대안 사회를 제시하고자 하였다. 출중한 재능에도 서출로 태어난 까닭에 기득권 사회로의 진출 통로가 막혀 버린 홍길동은 신출귀몰한 도술로 의적 패거리의 우두머리가 되어 주류사회를 혼란 속으로 몰아넣는다. 하지만 우여곡절 끝에 조선왕조와 화해한 그는 자신을 따르는 무리와 함께 남하하여 남해에 있는 율도국을 공략함으로써[홍길동은 정예 병사 5만 명을 이끌고 율도국을 정복한 다음 율도국 왕은 의령군으로 봉하고 자신이 직접 왕위에 오른다. 율도국은 오늘날 중국 남해안의 섬이란 설과 일본 오키나와라는 설이 양립하고 있다. 실제로 오키나와 부근의 궁미도란 섬에는 지금도 몇 천 가구가 살고 있는데, 조선에서 온 이가 섬을 정벌하여 왕국을 세웠다는 전설이 전해 온다고 한다.] 그곳의 왕이 된다. 여기서 중요한 점은 홍길동이 왕이 되어 자신이 정복한 사회를 조선왕조의 복제판으로 만드는 것이 아니라 당시 조선사회의 낡은 틀에서는 실행할 수 없었던 개혁정책을 통해 새로운 이상적 대안사회를 세우고자 했다는 것이다. ["왕이 치국삼년에 산무도적(山無盜賊)하고 도부습유(道不拾遺)하니 가위 태평세계라."] 그 결과 과학기술과는 거리가 먼 도술소설로서의 성격을 띤 〈홍길동전〉이 마지막에 가서는 서구의 유토피아 문학을 닮아간다.

섬을 무대로 한 또 다른 유토피아 소설로 박지원朴趾源, 1737-1805의 〈허생전〉을 빼놓을 수 없다. 이 소설에는 '빈 섬'이란 소규모 유토피아의 이야기가 등장한다. 주인공 허생은 변산邊山으로 몰려온 유랑민들과 도둑떼를 데리고 일본 열도의 사문沙門과 장기長崎 중간쯤에 자리한 비옥한 무인도[그래서 '빈 섬']에 정착한다. 이 섬의 꽃과 나무는 멋대로 무성하여 과일 열매가 절로 익어 있고, 짐승들이 떼 지어 놀며, 물고기들이 사람을 보고도 놀라지 않았다. 이곳에서 허생은 일종의 이상적 농경사회를 기반으로 한 중농주의와 그 잉여물을 해외 통상을 통해 자본화하는 중상주의를 절묘하게 결합하여 2천여 명의 주민이 너 나 할 것 없이 윤택하게 사는 사회를 만들어낸 후 조선으로 귀국한다. 실학자인 박지원은 민란 규모에 가까운 도둑떼의 출현과 빈 섬에서의 독자적인 경영을 예로 들어서 당대 사회 지배층의 정치경제학적 무능과 관념주의적 사대부들의 공리공론을 풍자하였다. 또한 빈 섬의 일화를 이용해서 농업과 상업[해외무역] 간의 유기적인 시너지를 유도하는, 오늘날의 관점에서 보기에 선구적이라 할 수 있는 자본주의적 사고의 유용성을 주장했다.

　우연의 일치인지는 몰라도 유토피아가 자리 잡은 장소는 섬으로 설정되는 경우가 많다. 서양에서는 굳이 플라톤의 아틀란티스 이야기까지 거슬러 올라가지 않더라도 토마스 모어와 과학자 프랜시스 베이컨 그리고 올더스 헉슬리가 그려낸 유토피아들이 유럽 대륙으로부터 멀리 떨어진 섬이듯이, 허균이 묘사한 유토피아인 율도국과 박지원의 〈허생전〉에 등장하는 빈 섬 또한 조선 본토에서 일정한 거리를 둔 섬이다. 이것은 유토피아가 독자들에게 그럴 듯해 보이려면 그만큼 개혁의지가 대안 사회 속에 부담 없이 녹아들어갈 수 있도록 기성 권력과 일정한 물리적 거리를 두는 것이 유리하기 때문일 것이다.

　기존 제도권 정치권력에 대한 비판 차원이라기보다는 살아가는 삶의 무게에 짓눌려 파생된 현실도피적 유토피아로서는 제주도를 배경으로 한 이어도 전설이 있다. 근래 들어 파랑도라고도 불리는 이 전설상의 유토피아는 특정 작가의 창작이 아니라 바다에 나가 먹거리를 마련해 와야 하는 뱃사람 사회의 자연스런 산물이다. 제주도의 아낙네들에게 이어도는 바다에 일하러 갔다가 돌아오지 못하는 남편이나 아들의 혼이 깃든 곳이자 결국 그녀들도 가게 될, 죽어서나마 가족과 해후하게 되는 환상의 섬이었다. 비록 살아서 되돌아올 수는 없지만 사시사철 먹거리를 걱정하지 않아도 된다는 이어도는 현실의 삶이 고달플 대로 고달픈 영세한 어촌 사람들에게는 사자死者들의 섬인 동시에 극락왕생極樂往生하는 구원救援의 섬이란 이중성을 띤다. 문학에 등장하는 이상향이 으레 현세의 모든 고난과 갈등에서 해방된 기름진 복락福樂의 땅으로 그려지듯이, 이어도 역시 제주도 사람들에게 그러한 역할을 해준 것이다. 덕분에 뱃사람들은 파도와 폭풍에 맞서 싸우며 바다에서의 생업에 종사할 수 있는 용기와 위로를 얻을 수 있었다. 1974년 이청준李淸俊, 1939~2008은 이어도를 소재로 한 동명의 중편소설을 『문학과지성』에 발표한 바 있다. [제6회 한국일보 창작문학상을 수상했다.] 소설은 이어도가 얼마나 제주도 사람들의 집단적 신화로서 공고한가를 보여주려는 듯 이 신화를 부정도 긍정도 할 수 없는 주인공의 자살로 마무리한다.

고래古來의 유토피아들은 원형적 또는 선구적 과학소설이란 이름의 큰 아름드리나무 아래 드리워진 그림자로 은근슬쩍 편입되는 경향이 없지 않지만, 그 중 상당수는 환상적일시언정 과학적이고 합리적인 통찰과는 거리가 있다는 점에서 과학소설의 적통성 여부를 두고 늘 논

제주도 사람들의 전설 속에서만 살아 있는 것으로 여겨지던 이어도가 최신과학기술에 의해 세두봉 밑인에서 발견되었다. 이 섬은 평소 수심 밑에 자리 잡고 있어 풍랑이 심할 때에만 수면 위로 드러난다. 현재 이 위에 우리나라의 해양종합과학기지를 건설해 놓았다. 인공위성 원격제어시스템에 의해 자동 조종되며 태풍 관련 해상 정보를 실시간으로 제공한다.

란의 도마 위에 놓인다. 이 글의 서두에 밝힌 작가와 평론가들의 갑론을박에서 보듯이 말이다. 그렇다면 우리나라 신화와 문학에는 유토피아말고는 과학소설적인 단초를 읽을 수 있는 사례들이 없을까? 여기에 소개하는 신화 한 편과 구비문학소설들이 그러한 연구를 위한 출발점이 되어 줄 것이다.

신라 초기 왕 중 한 사람인 석탈해昔脫解에 얽힌 신화를 보면, 그 또는 그를 따르는 무리가 철기문화에서 제일 중요한 제련술에 정통해 있었음을 엿볼 수 있다.

기원전 4세기부터 철기가 도입된 우리나라에서 정치경제적 권력 기반이 공고해진 부족들은 자신들의 시조가 천손天孫이라는 선민사상을 퍼뜨리며 철제무기를 비롯한 금속무기로 주변 세력을 제압해 들어갔다. 즉, 고대사회에서 금속무기, 특히 철제무기의 이용은 지배자로서 갖추어야 할 요건이었기에 철을 녹이고 부릴 수 있었던 당대의 제철 기술자들은 조선 시대의 대장장이와는 달리 왕후장상王侯將相의 지위를 누렸다. [일반적으로 고대사회에서 제철기술자라고 하면 조선시대의 공인(工人)들처럼 미천한 계층에 속했으리라고 여기기 쉽다. 그러나 이는 역사적 사실과 거리가 있으며, 이처럼 왜곡된 데에는 사농공상을 지향했던 유교적 이데올로기의 영향 탓이다.] 신화 중에서는 바로 석탈해의 신화가 이러한 주장을 뒷받침해준다.[24] 일반적으로 철을 녹이려면 섭씨 700~1,000도의 고온이 필요하므로 고대기술로 이러한 온도를 내기 위해 숯을 사용했다는 것을 이 신화에서 미루어 짐작할 수 있는 까닭이다. [또한 숯에 함유되어 있는 탄소 성분은 철의 탄소 함유량을 조절하는 데 쓰인다. 고대 중국의 경우 철에 인산을 포함시키면 원래 녹는점보다 200~300도 낮은 온도에서 녹일 수 있음을 경험상 알고 있었다.]

고려시대 일연이 쓴 역사서 〈삼국유사〉를 보면, 바다에서 신라 해안에 떠내려 온 배에 실린 궤짝에서 귀한 풍모의 어린 아이가 발견되는

[24] 과학사랑, 〈역사로 읽는 우리 과학─과학자들이 만든 한국사〉, 아침, 1994.

것으로 석탈해 왕의 이야기가 시작된다. 그 배에는 갖가지 보화와 아이를 따르는 무리가 타고 있었다. 자신이 용왕의 아들이라 주장한 사내아이는 그 고장에서 지세(地勢)가 마음에 드는 곳을 고른 뒤, 그 자리에 서 있는 대갓댁 집 옆에 숫돌과 숯을 묻었다. 다음날 그가 그 집 대문 앞에 와서 말하기를 "이 집은 우리 할아버지의 집이다." 하였다. 시비가 붙자 관청에 제소한 양측은 서로의 입장을 되뇌었다. 마침내 관리가 석탈해에게 그 집이 자신의 소유라는 근거를 대보라고 하자 그는 "우리 집은 본래 대장장이인데 잠시 이웃 지방으로 나간 동안에 다른 사람이 빼앗아 여기 살았습니다. 땅을 파서 사실을 밝혀 주소서" 하였다. 그의 말대로 땅을 파보니 과연 숫돌과 숯이 나오는지라 석탈해는 그 집을 빼앗는 데 성공하였다. 이 일화는 철기 제련술을 익혀 이주해 온 유이민들이 토착민들과 상호 결합하거나 정복하면서 지역사회에 정착해나간 과정을 신화 형식을 빌려 들려준다. 다시 말해서 석탈해 왕의 설화는 외부에서 온 이질적인 종족이 과학기술의 힘으로 기존 지역의 부족들을 제압한 신화라는 점에서 고대 그리스 로마 신화에 본 사례들과 마찬가지로 당대의 과학적인 통찰력이 배어 있는 원형적인 과학소설이라 할 수 있다.

한편 구비전승문학 속에서도 우리나라 작가들의 과학적 통찰력이 번뜩이고 있음을 구체적인 예들을 통해 엿볼 수 있다. 우선 우리나라 사람이면 너 나 할 것 없이 익히 알고 있는 〈흥부전(興夫傳)〉부터 만나보자. 이 작품을 꼼꼼히 살펴보면 의외로 상당한 과학적 통찰력의 기반 위에 작품 플롯이 짜여져 있다고 평가된다.[25] 여기서 놀부는 제비 다리를 일부러 부러뜨려 놓고도 다음해에 자기 집에 또다시 찾아오리라고 여기는데, 이것은 멋대로 놀배쌍을 부리는 것이 아니라 제비가 매년 똑같은

---

25 위의 책.

장소로 되돌아오는 귀소성을 작가가 익히 알고 있었다는 뜻이다. [물론 〈흥부전〉의 작자는 미상이다.] 제비가 박씨를 물고 온다는 장면 또한 나름대로 면밀한 관찰에 근거한 묘사이다. 원래 먼 바다에서 매년 춘삼월에 찾아오는 제비들은 처마 밑에 둥지를 튼 다음 반드시 조개껍질 두세 쪽을 물어다 둔다. 이는 어린 새끼들을 뱀에게서 보호하기 위함인데, 조개껍질은 옛사람들이 업구렁이라 하여 보호하던 능구렁이와는 상극이기 때문이다. 이를 알게 된 작가는 극적 고조를 위해 제비가 하얀 조개껍질 대신 하얀 박씨를 물고 오는 것으로 바꾸어 놓은 것이다.

구비전승문학을 보면 비록 설정이 단순하기는 하나 복제인간 이야기도 나온다. 조선의 영·정조 시대 씌어진 것으로 짐작되는 〈옹고집전雍固執傳〉은 불교설화를 주제로 한 풍자소설인데, 주인공 옹고집이 온갖 악행을 일삼자 고승이 그의 허물을 일깨워주기 위해 허수아비에 부적을 붙여 실물과 똑같은 옹고집을 만든 다음 진짜 주인행세를 한다는 이야기이다. 진짜와 가짜가 결국 시비를 가리기 위해 관가에 출두하지만 아내와 자식도 구분하지 못하는 판이어서 진짜 옹고집은 곤장을 맞고 쫓겨나 거지가 되고 가짜 옹고집은 아내와 자식을 거느리고 살며 추가로 아들을 몇 명이나 더 낳는다. 마침내 회개한 진짜 옹고집이 자살을 하려 하자 고승이 나타나 부적을 주면서 집에 돌아가라 한다. 집에 돌아가 부적을 던지니 그동안 집을 차지하고 있던 가짜 옹고집은 허수아비로 변하고 아내가 가짜 옹고집과 관계해서 낳은 자식들도 모두 허수아비였음이 밝혀진다. 이 이야기가 원형적 과학소설의 역사에서 갖는 의미는 비록 그 방법론이 신기한 도술을 이용하고 있다는 점에서 시대적 한계를 갖고 있긴 하나, 복제인간이 실제로 현실화될 경우 이해관계자들 및 해당 사회에 미치는 영향을 다각도로 다루고 있다는 점이다.

H. G. 웰즈만 투명인간을 생각해낸 것은 아니다. 사실 투명인간의 아이디어는 앞에서도 언급했듯이 고대 그리스신화에 나오는 페르세우

스의 활약담으로까지 거슬러 올라가지 않던가. 같은 아이디어가 우리나라 민담에서는 〈도깨비감투〉의 형태로 등장한다. 갓을 만들어 근근이 살아가던 노인이 도깨비가 선물한 회색 감투로 투명인간이 되어 뭐든 필요한 것을 훔칠 수 있게 된다. 하지만 부주의하게도 그가 감투를 벗어 놓고 담배를 피다가 실수로 담뱃불에 감투 한 쪽을 태워버린다. 아내가 감투를 다른 헝겊으로 기워주었지만 감투를 머리에 써서 몸이 투명해져도 기운 헝겊 부분만은 눈에 또렷하게 보였기 때문에 결국 그는 큰 곤경에 처하게 된다. 우연의 일치인지 아니면 그 아이템의 특성상 그리 전개될 수밖에 없는지 〈도깨비감투〉는 웰즈의 〈투명인간〉과 같은 결말을 맞이한다. 즉 투명인간이 될 수 있는 능력을 개인의 사사로운 곳에 쓰다가 재앙을 맞이한다는 도식이 그러하고 두 작품 다 투명인간이 되는 방법론상의 부작용으로 고생한다는 복선이 그러하다.

그동안의 통념에 따르면 국내의 문학은 옛적부터 과학지식이나 그로 인한 통찰을 작품 속에 담아내는 데 인색했고 그 바람에 도리어 우리나라 지식인들과 백성들의 과학기술에 대한 인식에 부정적인 영향을 끼쳐왔다. 그러나 우리 고유의 신화나 전래 설화, 구비문학 그리고 실학자들을 위시한 조선 후기 개혁적 지식인들의 풍자소설들을 살펴보면 그렇게 속단할 수 있는 것인지 의문을 품게 된다. 이 분야에 대해 앞으로 많은 연구가 이뤄진다면 얼마든지 더 의미 있는 자료와 문헌들을 찾아낼 수 있을 것으로 믿는다.

2. 15세기부터 본격적으로 태동한 유럽의 유토피아 문학

과학소설의 계보가 선구적인 과학소설의 역사를 포용할 경우에는 작가가 살던 시대와 세계를 우회적으로 비판하기 위한 방편으로 고안된 유토피아 소설들이 그 중 다수를 차지하게 된다. 이를테면 토마스 모어^{Thomas More, 1478~1535}의 〈유토피아^{Utopia}〉(1516)와 토마소 캄파넬라^{Tommaso Campanella, 1568~1639}의 〈태양의 도시^{La Citta del sole}〉(1602)를 필두로 하여 요한 발렌틴 안드르애^{Johann Valentin Andreae}의 〈기독교 도시^{Christianopolis}〉(1619), 프랜시스 고드윈^{Francis Godwin, 1562~1633}[영국 랜다프(Llandaff)와 히어포드(Hereford)의 주교를 역임했으며 다수의 기독교 관련 서적을 집필했다. 생전에 두 편의 선구적 과학소설 〈달세계 인간〉과 〈눈시우스 이나니마투스 유토피아〉를 집필했는데 전자는 그의 사후에야 출간되었다.]의 〈달세계 인간^{The Man in the Moone}〉(1638)[원제목은 다음과 같이 무척 길다. 〈발 빠른 사자(使者) 도밍고 곤잘레스가 지은 달세계 인간 또는 저편 세계에 관한 여행기(The Man in the Moone: or A Discourse of a Voyage Thither by Domingo Gonsales, the Speedy Messenger)〉]과 〈눈시우스 이나니마투스 유토피아^{Nuncius inanimatus Utopiae}〉(1629), 조나단 스위프트^{Jonathan Swift, 1667~1745}의 〈걸리버 여행기^{Gulliver's Travels}〉(1726), 루이 세바스티앙 메르시에^{Louis-Sebastien Mercier, 1740~1814}의 〈서기 2440년 또는 미래를 꿈꾸며^{L'An 2440, reve s'il en fut jamais}〉(1771), 그리고 니콜라스 에드므 레스티드 라 브르톤느^{Nicolas-Edme Restif de la Bretonne}의 〈프랑스의 미로 위를 비행하던 한 남자가 남쪽 땅을 발견한 이야기^{La Decouverte Australe Par un Homme-volant, ou le Dedale Francais}〉(1781) 등이 대표적인 예들이다.

이러한 유토피아 소설들의 통상적인 내러티브 형식은 그리스 로마 시대와 마찬가지로 상상의 여행이었다. 유토피아란 말의 어원을 보면 그리스어 topos^{장소}와 ou^{부정}가 조합된 것으로 원래는 '어디에도 없는 곳'이란 뜻이다. 이러한 작명에서 보듯이 유토피아는 현실세계의 부조리를 극복하기 위한 이상적인 대안세계를 의미하며, 이를 가능하게 하기 위해서는 더 나은 사회체제와 물적 토대가 뒷받침되어야 한다는 주장으로 자연스레 이어진다. 실제로 15세기 말에서 16세기 초 사이 자본주의 생산양식의 토대가 형성되던 시기의 영국에서 살았던 토마스 모어는 자본의 초기 축적과정과 부르주아지 계급의 부상, 봉건제 몰락으로 인한 영국 내 다양한 이해집단 간의 사회정치적 대립 그리고 농민들의 프롤레타리아화 및 사회에 만연된 빈곤을 체험하였다. [모어는 영국에서 밀어붙인 인클로저(enclosure, 종획)운동이 사회적으로 미친 파장을 '인간을 잡아먹는 양떼들'이라 표현했고, 헨리 왕(1491~1547)이 통치하던 시절 7만 2천여 명에 이르는 크고 작은 도둑들이 처형당한 사실을 두고 영주와 용병들이야말로 진짜 도둑이라고 비아냥거렸다.][26] 모어는 풍자적인 이상향 소설 〈유토피아〉를 통해 당대 영국의 왜곡된 사회, 경제생활을 꼬집으면서 이를 치유할 수 있는 가상의 국가를 그려냈다. 이 작품 속에서 현실사회에서 가장 큰 사회악을 사유재산제도라고 보았으며 생산수단의 사적 소유를 완전히 제거해야 착취와 적대 계급 간 이해관계가 해소된다고 주장했다.[27]

대신 그가 상상한 유토피아에서는 모두가 모두를 위해 의미 있는 노동을 하고 재화를 공동으로 생산하며, 개인들이 번갈아 벌이는 공공복지 활동이 인간다운 삶을 보장해준다. 이곳에서는 빈곤이나 사치를 비교하게 만드는 사유재산은 존재하지 않고 누구나 안락한 삶을 영위하고 정신적 욕구를 충족시키며 농업, 노동, 교육, 재화의 분배 등은 국가가 조직하고 관리한다. 결론적으로 그는 일종의 이상적으로 운영되는 공산주의 국가를 통해 평화와 풍요를 누리는 대안적인 체제를 묘사하였다. 모어는 자본의 초기 축적과정을 통찰력 있고 합리적으로 분석해 냈으며 그 대안 또한 나름의 근거와 존립 메커니즘을 갖고 있어, 과학소설의 시각에서 볼 때 외삽(外揷)을 성공적으로 형상화한 작품이다. [모어의 〈유토피아〉는 넓은 의미에서, 과학소설 작가들이 외삽법을 통해 저마다의 세계관을 설파하는 논리와 하등 다를 것이 없다.]

만일 과학소설의 정의를 '합리적인 가상소설의 범주'로 합의한다면,

---

26 김금수, 「세계노동운동사: 유토피아 사회주의의 등장」, 월간 『노동사회』 66호, 2002년 7월.
27 "사적 소유가 존재하는 곳, 돈이 모든 것을 재는 척도가 되는 곳, 이런 곳에서 정당하고 행복한 정치는 도저히 불가능하다. … 소유물을 어떤 식으로든 평등하고 정당하게 분배하고 모든 사람에게 행복을 안겨주는 유일한 수단은 사적 소유를 철폐하는 것이다."(본문 중에서)

토마스 모어의 〈유토피아〉. 유토피아란 용어를 처음 사용하였다.

토마스 모어의 〈유토피아〉는 과학소설의 효시가 될 자격이 있다. 이 작품은 집필 당시 작가를 둘러싼 환경을 고려할 때 매우 과학적인 형식논리를 갖추었을 뿐만 아니라 사회과학적으로도 괄목할 만한 진보성을 지니고 있다. 여기서 '가상소설'이란 시공간적으로 실존하지 않는 배경을 무대로 벌어지는 이야기를 담은 문학형식을 뜻한다. 사실 이러한 수법은 굳이 장르 소설의 울타리 안에 들어 있는 과학소설만이 아니라 과학소설과의 접목을 통해 새로운 통찰을 얻고자 하는 일반 순수 문학에서도 자주 찾아볼 수 있다. [일찍이 올더스 헉슬리와 조지 오웰이 이러한 시도를 보여주었으며, 이후에도 윌리엄 골딩의 〈파리대왕〉이나 남미 작가인 마르케스나 보르헤스의 작품들에서 유사한 노력이 발견된다.]

모어의 사상은 1세기 후 이탈리아인 토마소 캄파넬라의 〈태양의 도시〉에서 부활한다. 제노바 사람과 수도사 간의 대화 형식을 빌어 이상적인 정치공동체를 기술한 〈태양의 도시〉에서는, 사회 불평등의 원천인 사유재산제도가 폐지되고, 누구나 4시간 동안 일해야 하며 생산물은 필요에 따라 분배된다. 수도사 출신이었던 캄파넬라는 사유재산제의 형성 원인을 일부일처제에서 찾았고, 이를 이유로 사유재산을 철폐하려면 남성들이 여성을 공동 소유해야 한다고 주장했다. [여담이지만, 〈프랑켄슈타인〉의 저자 메리 쉘리의 남편이자 연인인 퍼시 비시 쉘리(Percy Bysshe Shelley)도 한때 자유연애주의를 표방하면서 성적 파트너를 서로 자유롭게 교환하는 커뮤니티를 결성하려고 시도하여 메리에게 깊은 상처를 안겨준 바 있다.] 캄파넬라는 모어처럼 생산수단의 사적 소유 철폐와 평등한 분배를 강조했지만 사회경제 구조에 대한 구체적인 분석보다는 플라톤의 영향을 받아 뛰어난 학자이자 지혜의 소유자인 지고한 철인이 통치를 해야 한다고 보았다는 점에서 사회발전에 대한 역사적 접근에서 한계를 드러냈다.

〈유토피아〉와 〈태양의 도시〉는 이후 현대에 이르기까지 지속적으로 등장한 유토피아 문학 작가

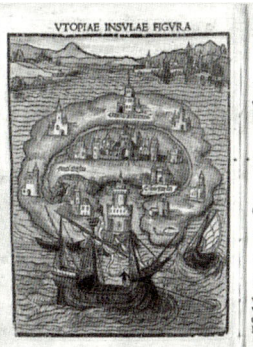

토마소 캄파넬라의 〈태양의 도시〉

들에게 체제비판정신과 대안 제시를 통한 사회분석 방법을 함께 접목하는 과학소설적 외삽법의 가치를 일깨워 주었다는 점에서 의의가 있으나 두 작품 모두 과학기술의 실생활 적용에 대해 구체적인 관심을 보여준 것은 아니었다. 유토피아 소설들은 대개 과학적이고 기술적인 진보를 염두에 두긴 했으나 그 비중은 미미했으며 주목적은 사회문제들과 종교, 정치개혁을 희화적인 방식으로 강조하는 데 있었다. 풍자적 유토피아를 그리면서 비록 의사과학이라 하더라도 과학기술의 실생활에서의 적용을 구체적이고 본격적으로 묘사한 작가는 영국의 프랜시스 고드윈이다. 〈달세계 인간〉에서 프랜시스 고드윈은 코페르니쿠스의 학설을 지지하고 있을 뿐만 아니라 지구의 인력과 같은 중력법칙의 기본원칙들을 적용하였다.[28] 이 소설에서 주인공 도밍고 곤잘레스Domingo Gonsales는 훈련된 거위들이 잡아끄는 전차를 타고 달까지 날아간다. 당대의 상식과 과학지식에 입각하여 고드윈은 행성들 사이의 공간에 공기[에테르]가 차 있으며 달에 지적인 인간들이 살고 있다는 통념을 작품 속에 반영하였시민, 무중력 상태를 인류 최초로 문학 속에 설정했다는 점에서 의의를 갖는다.[29] 달 여행에 대한 초기의 설명들은 거의가 정확성과는 거리가

[28] http://encyclopedia.jrank.org/GOA_GRA/GODWIN_FRANCIS_1562_1633_.html
[29] http://www.daviddarling.info/encyclopedia/G/Godwin.html

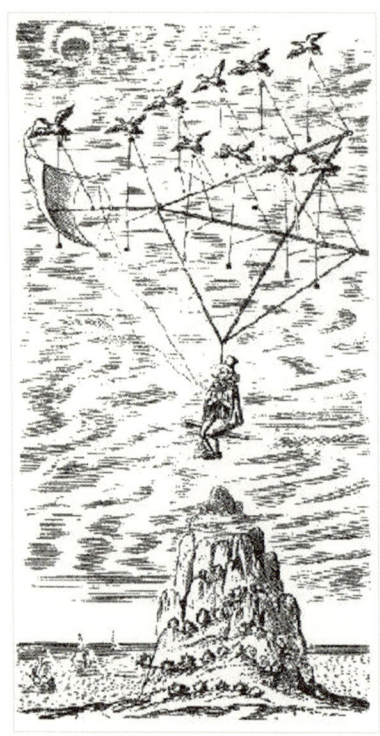

프랜시스 고드윈의 〈달세계 인간〉

멀지만 달과 지구 이외의 행성들이 지구와 마찬가지로 또 다른 세계라는 주장은 지동설에 충실한 것이다. 기독교가 단지 자신들의 교리와 부합한다는 이유로 아리스토텔레스의 천동설을 고수했던 데에 비해, 지동설은 과학적 근거가 있는 주장이었으므로 프랜시스 고드윈의 희극 〈달세계 인간〉은 명실상부한 과학소설의 선조라고 볼 수 있다. 이처럼 상상력뿐 아니라 통찰력이 넘치는 〈달세계 인간〉은 존 윌킨스^{John Wilkins}의 〈달세계의 발견^{The discovery of a world in the Moone}〉(1638)[1640년 재간행판에 덧붙여진 부록에서 인류가 언젠가는 달에 가는 날이 오리라고 주장하였다.]과 조나단 스위프트의 〈걸리버 여행기〉에 등장하는 공중 섬 라퓨타 에피소드에 영향을 주었다. 또한 〈눈시우스 이나니마투스 유토피아〉는 존 윌킨스의 〈수성 또는 은밀하고 신속한 사자^{Mercury, or the Secret and Swift Messenger}〉(1641)의 원형이 되었다. 고드윈의 선구적 과학소설 두 편은 모두 불어로 번역 출간되었고 그 주요 부분들이 시라노 드 벨주락의 우주여행 소설들에서 모사되었다. 덕분에 프랜시스 고드윈은 영어로 쓴 선구적 과학소설 작가 가운데에서는 최초라는 주장까지 나온다.[30]

으레 유토피아 하면 낯선 사회구조를 짜임새 있게 외삽함에 따라 아무래도 작가들이 살던 시대보다 훨씬 앞선 미래를 배경으로 하고 있다는 인상을 받게 된다. 굳이 작가들이 시대 설정을 명확히 하지 않는다

---

[30] http://www.daviddarling.info/encyclopedia/G/Godwin.html

해도 말이다. 하지만 기원전 8세기경 고대 그리스 서사시인 헤시오도스Hesiodos의 〈노동과 나날Erga kai Hemerai〉에서 언급된 황금시대의 예에서 보듯이[고대 그리스의 황금시대는 크로노스를 위시한 타이탄 일족이 우주와 인간을 지배하던 태초의 시대를 지칭한다. 이 무렵 사람들의 삶은 축제의 연속으로 늘 풍성한 수확이 보장되었기에 서로 간에 평화로이 소유물을 나누었고 욕심을 부리지 않았다고 한다. 자연의 은총만으로 인간은 누구나 평등하고 행복하게 살아갈 수 있었던 이상적인 시대이므로, 황금시대의 인류가 살았던 곳이야말로 '유토피아'이자 '에덴동산'이며, '무릉도원'인 셈이다. 크로노스는 그리스신화에서 모순된 이미지를 보여준다. 그는 권력을 유지하기 위해 자식들까지 잡아먹는 포악한 신인 동시에 인류 모두가 행복해했던 황금시대를 풍미한 최고신인 것이다.] 유토피아를 다루는 작품 가운데에는 과거의 좋았던 시절로 돌아가고자 하는 향수를 자극하는 것들도 있었다. 이러한 계열에 속하는 작품들은 인류가 앞으로 새로운 제도와 사회를 만들어내기보다는 단지 원래 지녔던 삶으로 돌아가면 된다고 주장하고 있기 때문에 어떻게 보느냐에 따라 훨씬 더 독자에게 공감을 살 수도 있었을 것이다. 즉 무에서의 창조가 아니라 잃었던 본성을 되찾으면 그만이기 때문이다. 이와 대조적으로, 프랑스의 극작가이자 소설가 루이 세바스티앙 메르시에[파리의 서민 집안에서 태어났다. 부친은 칼과 금속제 무기를 제련하는 숙련된 장인이었다. 그럼에도 고급교육을 받아 문학계에 발을 내디딜 수 있었다. 고전파 시인 니꼴라스 부알로(Nicolas Boileau)와 장 밥티스트 라시느(Jean Baptiste Racine)가 프랑스어를 망쳐 놓았다고, 일찌감치 단정한 그는 산문을 쓰는 자신만이 문제를 해결할 수 있다고 여겼다. 메르시에는 희곡과 팸플릿, 장편소설을 무수히 써냈고 경이로운 속도로 연이어 출간했다. 또한 프랑스 비극을 고풍스럽고 이국적인 관습을 요란스런 산문으로 캐리커처(caricature)한 것이라 비난했고, 디드로(Diderot)가 이해한 바와 같은 감상적인 희극을 옹호했다. 철학자들에게 적의를 띠었고 현대과학이 실질적인 진보를 이뤄냈다고 보지 않았다. 심지어 지구가 태양 주위를 도

사상 최초로 유토피아의 시점을 미래로 설정한 루이 세바스티앙 메르시에

는 원반형 평판이라는 주장을 할 정도로 보수적이었다. 메르시에는 약 60여 편의 드라마를 썼으며, 이외에도 〈서기 2440년 또는 미래를 꿈꾸며〉(1771)와 〈드라마 예술에 관한 소고(L'Essai sur l'art dramatique)〉(1773), 〈신조어 또는 어휘(Neologie ou Vocabulaire)〉(1801), 〈파리에 관한 여러 가지 일람표(Le Tableau de Paris)〉(1781~1788), 〈새로운 파리(Le nouveau Paris)〉(1799), 〈프랑스 역사(Histoire de France)〉(1802), 〈라시느와 부알로 한 방 먹이기(Satire contre Racine et Boileau)〉(1808) 등의 산문을 발표했다. 프랑스혁명 당시 공포정치가 도래하자 수감되었다가 로베스피에르(Robespierre)의 실각 후 석방되었다. 1814년 파리에서 죽었다.]는 유토피아의 시점을 명확히 미래로 설정함으로써 고대의 황금시대에 대한 향수를 넘어선 최초의 작가였다. 메르시에의 〈서기 2440년 또는 미래를 꿈꾸며〉에서는 기계가 인류의 짐을 덜어 주고 보다 정의로운 사회가 구현되는 세상이 그려졌다.[31] 하지만 엄밀히 말해서 막연하게나마 미래를 무대로 한 최초의 유명한 소설은 프랜시스 체이넬Francis Cheynell의 6쪽짜리 정치 팸플릿 〈아울리쿠스: 두 번째로 런던에 돌아오는 왕의 꿈Aulicus: His Dream of the King's Second Coming to London〉(1644)이다. 그리고 이보다 약간 뒤에 자끄 귀땡Jacques Guttin의 아류작 〈미래 세기에 관한 이야기Story of the Future Century〉(1659)가 출간되었다. 이것들보다 앞서서 인간 역사의 미래시기를 무대로 한 소설이 씌어진 적은 없었다고 볼 수 있다. [이 같은 미래 소설들이 17세기에 처음 등장할 수 있었던 것은 기술적 사회적 변화가 얼마나 급속하게 가속화 되었는지, 그러한 변화를 한 개인의 일생 안에서 몸소 체험할 수 있을 정도로 사람들의 삶 속에 깊이 스며들었기 때문이었다. 덕분에 과거나 현재와는 질적으로 다른 역사상의 미래를 상상해보는 일이 가능해지게 되었고 그 소임은 자연스레 과학소설에 돌아갔다.] 굳이 가장 근접한 것을 억지로 꼽는다면 하느님의 왕국이 인간의 역사를 대치한다고 예견한 기독교의 천년왕국 사상 정도일까? 아쉽게도 체이넬과 귀땡의 작품들은 미래를 무대로 했지만 충분한 설득력을 보여줄 만큼 구체적이지 못했다. 미래를 다루되 정말로 그럴듯해서 마치 현실감을 지닌 실제 세계처럼 공감을 불러일으키는 미래

---

31 홍인기, 「프로토 에스에프 1(Proto SF 1)」, The 3rd Eye, http://inkeehong.com/articles/09_themes_terminologie_of_the_fantastic/1168_caiae_ca_1_proto_sf_1.html

소설들은 18세기에 들어서서 비로소 나타나게 되는데 그 첫 주자가 메르시에의 〈서기 2440년 또는 미래를 꿈꾸며〉인 것이다.

미국과 프랑스에서의 정치혁명 발발 직전에 발표된 루이 세바스티앙 메르시에의 〈서기 2440년 또는 미래를 꿈꾸며〉는 과학을 경배하는 환상적인, 제목 그대로 2440년의 미래사회를 예견한 유토피아 소설이다. 무척 인기를 끌어 1771년 첫 출간된 이래 무려 25판까지 재간된 이 작품은 이름을 밝히지 않은 주인공이 한 철학자와 파리 사회의 부조리에 대해 열띤 토론을 벌인 뒤 잠이 들었다가 깨어보니 자신이 먼 미래의 파리에 와 있더라는 이야기이다. [H. G. 웰즈의 〈타임머신〉이 등장하기 전까지 문학 속에서 미래로의 시간여행은(일체 기계장비의 도움 없이) 주로 수면이나 약물 복용을 통해 실현되었다.] 프랑스 대혁명 당시 정치가 조르쥬 자끄 당통Georges Jacques Darnton은 이 장편소설에 대해 다음과 같이 찬사를 아끼지 않았다. "주인공이 다소 오지랖 넓은 감이 있지만 〈서기 2440년〉은 미래에 대한 진지한 가이드북으로 읽을 만하다. 이 작품은 미래를 엄연히 존재하는 기정사실처럼 설정한 반면 우리가 살고 있는 현재는 지나간 옛 과거처럼 보이게 한다는 점에서 놀라우리만치 새로운 시각을 제공해주었다. 누가 이 같은 사고실험에 뛰어들고픈 유혹을 참을 수 있겠는가? 그리고 일단 뛰어들기만 하면 눈앞에 펼쳐진 18세기 파리 사회의 부패상을 비켜갈 수 있겠는가?"[32] 메르시에의 주인공은 미래의 파리에서 그의 시선을 끄는 것은 무엇이든 설명하느라 여념이 없다. 재미있는 것은 그가 그린 미래사회에서는 사제계급과 매춘부, 거지, 춤 선생, 제빵업자, 상비군, 노예, 임의동행 체포, 세금, 길드조합, 커피, 차 그리고 담배 등이 없다는 점이다. 메르시에의 미래상은 100% 완벽한 유토피아는 아니어서 빈부격차가 사라졌음에도 빈곤계층이 완전히 근절되지는 않은 상태이다. 이 세계

---

[32] Darnton, *Forbidden Best-Sellers*, p. 120. 위키피디아 영문판에서 발췌하여 재인용.

Victorin taking his flight. From Restif de La Bretonne's *La découverte Australe par un homme-volant*.

니콜라스 에드므 레스티 드 라 브르뚕느의 〈프랑스의 미로 위를 비행하던 한 남자가 남쪽 땅을 발견한 이야기〉에서 날개를 달고 하늘을 나는 빅토랭의 삽화

에서 더 이상의 경제발전은 거의 없으며 프랑스의 인구는 작가가 살던 시기보다 겨우 50% 늘어났을 뿐이다.

니콜라스 에드므 레스티 드 라 브르톤느의 〈프랑스의 미로 위를 비행하던 한 남자가 남쪽 땅을 발견한 이야기〉에서는 주인공 빅토랭^{Victorin}이 사랑하는 여인 크리스띤^{Christine}을 인간이 쉽사리 접근할 수 없는 산으로 데려가려고 날개를 만든다. 프랑스판 에덴으로 출발한 두 사람은 프랑스와 대척점[지구 정반대편 지점을 의미하는 지리학 용어]을 이루는, 남극대륙과 티에라 델 푸에고 제도^{Tierra del Fuego} 사이의 메가파타고니아^{Megapatagonia}[남미 남단의 군도로, 오늘날 아르헨티나와 칠레의 공동 통치 아래 있다.]라 불리는 다도해로 날아간 뒤 그곳에서 유토피아를 발견한다.

이 같은 유토피아 문학은 18세기까지만 해도 이상사회의 예시를 통한 사회개혁론 제시라는 측면에서 지식인들에게 의의 있는 시도였다. 19세기에 들어서도 유토피아 이론은 공상적 사회주의 이데올로기와 맞물려 다양한 논문을 내놓았지만[사회주의 계열의 유토피아 사상을 담은 유명한 에세이로는 샤를르 푸리에의 〈보편적 조화(L'Harmonie universelle)〉와 〈공동생활(Le Phalanstere)〉(1849), 로버트 오웬의 〈사회에 대한 새로운 시각 또는 인격을 형성하는 원칙들에 대한 논문들(A New View of Society, or essays on the principle of the formation of the human character)〉(1813), 에티엔느 카베의 〈이카리아로의 여행(Voyage en Icarie)〉(1840) 등이 있다.] 동시에 다른 한편에서는 이 같은 시도가 줄기차게 반복되면서 유토피아 문학 자체의 한계를 드러내기도 했다. 모든 것이 이상적으로 갖춰져 있어 더 이상 변화와 발전이 필요 없는 유토

피아 사회는 스스로 문을 닫아버린 닫힌 공간이나 다름없으며 아무리 장구한 세월이 흐른다 한들 지루하게 같은 기능만을 반복하고 있을 따름이다.[33] 이는 곧 탈역사성으로 이어지며 진보와 발전이란 개념과도 부합하지 않는다. 다시 말해서 이러한 사회에서는 변화와 우연성 같은 개념들은 금기시되다시피 한다. [이러한 맥락을 고려할 때, 20세기 이후 현재까지 유토피아 문학이 순진무구한 이상향을 대안으로 내놓는 대신 오히려 숨 막히는 박제된 사회에 대한 공포를 우려하는 디스토피아 문학으로 선회하게 된 것은 결코 우연이 아니라고 본다.]

3. 유희문학으로서의 선구적 과학소설

이와 대조적으로 우주여행을 사회풍자가 아니라 유희문학으로서의 엔터테인먼트 강화를 위해 도입한 최초의 작품은 이탈리아의 시인 루도비코 아리오스토 Ludovico Ariosto, 1474~1533 [이탈리아의 시인으로 서사시 〈격분한 올란도〉로 유명하다. 요새 사령관의 아들로 태어나서, 어려서부터 시에 관심을 보였지만 아버지의 강요로 법학을 공부했다. 법학을 공부한 지 5년 뒤부터 그리스와 로마의 고전을 읽도록 허락받았지만 아버지의 죽음으로 가족의 생계를 떠맡게 된 아리오스토는 틈틈이 서정시뿐 아니라 희곡을 쓰기 시작했다. 〈격분한 올란도〉는 전체가 38,736행인 서사시로 유럽문학에서 가장 길이가 긴 시 중 하나이다.]의 장편 서사시 〈격분한 올란도 Orlando Furioso〉(1532)이다. 〈격분한 올란도〉는 마테오 마리아 보야르도 Matteo Maria Boiardo의 미완성 서사시 〈사랑에 빠진 올란도 Orlando innamorato〉(1495)의 속편으로, 서로마 제국 황제 샤를마뉴 대제(742~814)와 그의 수하에 있던 12용사들 그리고 유럽에 쳐들어온 사라센 군대 간의 전쟁을 무대로 벌어지는 이야기다. 아서왕과 원탁의 기사들 이야기의 프랑스판이라고 보아도 무방할 이 작품에서 작가 아리오스토는 역사적 또는 지리학적

---

33 크리스토프 칸토·오딜 팔리우 지음, 김승욱 옮김, 〈인간은 미래를 어떻게 상상해 왔는가〉, 자작나무, 1997, 37~38쪽.

측면에서의 정확한 고증에는 별 관심이 없었다. 대신 서사시는 일본에서부터 헤브리디스 제도the Hebrides[스코틀랜드 서쪽 열도(列島)]에 이르기까지 멋대로 공간을 넘나들며 심지어는 달로의 여행 및 바다괴물이나 히포그립hippogriff[말의 몸에 독수리 머리와 날개를 가진 괴물] 같은 가공의 피조물들이 연이어 등장한다.

〈격분한 올란도〉가 과학소설 독자의 관심을 끄는 이유는 달로의 우주여행이 묘사되고 있기 때문인데, 흥미로운 점은 달까지 가야만 하는 이유가 정치사회적 풍자나 비판과는 상관없이 극적 클라이맥스를 강조하기 위한 오락적인 복선으로만 쓰인다는 사실이다. 소설에서 샤를마뉴 대제를 보좌하는 12용사 중 한 사람인 올란도는 이교도의 공주 안젤리카Angelica에게 넋을 잃지만 그녀는 그의 짝사랑하는 마음은 아랑곳하지 않고 사라센 제국의 전사와 사랑에 빠져 달아난다. 마음의 상처를 입은 올란도는 제목에서 보듯 격분하여 유럽과 아프리카 전역을 방황하며 눈앞에 보이는 것은 뭐든지 쓸어버린다. 사라센군에 포위당한 파리시를 구하기 위해서는 올란도의 지원이 절실하건만 정작 그의 정신상태는 정상이 아니다. 이에 유럽연합군의 영국왕 아스톨포Astolfo는 올란도의 광기를 치료하기 위해 이디오피아로 가서 히포그립을 찾아 나서고 심지어는 지구상에서 잃어버린 것은 뭐든지 발견된다는 달로까지 날아간다. 아스톨포는 거기서 올란도의 온전한 정신을 찾아내 병에 담아온다. 그 병에다 대고 올란도가 코로 들이마시자 그가 제정신으로 돌아온다. 원기를 회복한 올란도는 파리시를 포위하고 있던 사라센군을 물리치고 이교도 제국의 왕 아그라만트Agramante를 죽인다. 이 작품은

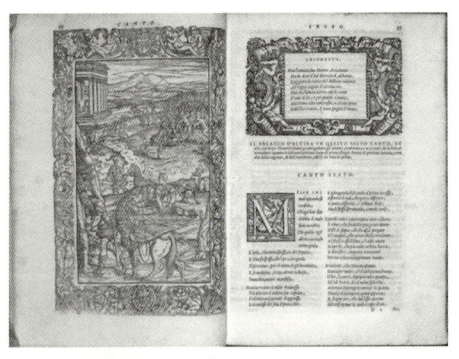

사회풍자가 아니라 오로지 유희를 위해 우주여행을 도입한 루도비코 아리오스토의 장편 서사시 〈격분한 올란도〉

당대 작가들에게 영감을 불어넣어 주었을 뿐만 아니라, 오늘날에도 유럽문학 사상 영향력 있는 작품 가운데 하나로 꼽힌다. 일례로 이탈리아의 현대 과학소설 작가 이탈로 칼비노Italo Calvino가 자신의 작품 〈존재하지 않는 기사Il cavaliere inesistente〉(1959)와 〈엇갈린 운명의 城Il castello dei destini incrociati〉

중세 유럽인들이 풍문으로 전해들은 유럽 변경 지역의 기괴한 종족들에 관한 이야기는 중국 고대신화에 등장하는 사례들과 원형적인 공통분모가 많다.

(1973) 등에서 아리오스토를 언급하였을 정도이다.

4. 근대 유럽 과학자들이 손수 집필한 과학소설

한편 과학소설 창작의 대열에 근대의 과학자들[영국의 문예비평가 레이먼드 윌리엄스(Raymond Williams)의 저서 〈키워드: 문화와 사회의 어휘(Keywords: A Vocabulary of Culture and Society)〉(1976)에 따르면, '과학자'란 단어 자체가 처음 등장한 때는 1840년으로 의도적으로 만들어진 조합어였다.]도 손수 나섰으니 바로 프랜시스 베이컨Francis Bacon, 1561~1626과 요하네스 케플러Johannes Kepler, 1571~1630, 볼테르Voltaire, 1694~1778, 크리스티앙 호이겐스Christian Huygens[그는 다른 행성들에 사는 생명에 관해 상세히 사색을 한 바 있다. 그의 저서 〈우주이론〉에서 생명으로 충만한 우주에서 다른 행성세계들에 거주하는 생명에 관해 추론을 전개했는데, 그렇게 하여 등장한 가공의 생명은 17세기 지구에 살던 생명과 유사하다. 당시 네덜란드의 자유로운 풍토는 그와 같은 사변을 허용했을 뿐만 아니라 나아가서 오히려 부추겼다. 이와 대조적으로 철학자이자 수도사 조르다노 브루노(Giordano Bruno)는 외계에 생명이 존재한다고 주장했다는 이유로 1600년 이탈리아 종교재판소에 의해 화형을 당하였다.] 그리고 콘스탄틴 치올코프스키Konstantin Eduardovich Tsiolkovskii, 1857~1935 같은 이들이나.

베이컨의 중편소설 〈새로운 아틀란티스〉(1626)는 과학자 집단이 지배

프랜시스 베이컨의 유토피아 소설 〈새로운 아틀란티스〉에서는 과학자 집단이 지배계급으로 이성과 합리에 의지하여 복지국가를 운영한다.

계급을 맡아 이상적인 복지국가를 구현하는 유토피아를 선보였다. 이 작품은 에드워드 벨라미Edward Bellami의 장편소설 〈뒤돌아보면, 2000년에서 1887년까지Looking Backward 2000~1887〉(1887)에서처럼 과학기술의 거듭된 발전으로 인한 혜택을 온 인류가 누리게 된다는 낙관적인 전망을 200년 이상 앞서서 제시하였다.

또한 〈새로운 아틀란티스〉는 유토피아적 사상만이 아니라 이를 뒷받침하기 위한 다양한 과학적 발명과 기술을 선보이고 있는데, 이를테면 새로운 합금, 생체해부, 유전자 조작, 망원경, 현미경, 공장, 비행기, 잠수함 같은 것들이다.

케플러의 〈꿈〉(1634)은 달세계 정복이란 발상을 구체화한 상상소설로서, 중력의 변화가 인체에 미치는 영향과 공기가 희박한 성층권의 혹독한 추위 그리고 착륙할 때를 대비한 역추진장치의 필요성[케플러는 〈꿈〉에서 여행자가 무중력 상태로 달에 접근하다가 급하게 착륙하면 위험하므로 속도를 늦추어야 한다고 가정했다.]

케플러의 달세계 여행기 〈꿈〉. 달의 자연환경에 대한 천문관측을 바탕으로 현지 생태계를 추론하였다.

등을 일찍이 꿰뚫어보았다. 글의 서두에서 언급했듯이 주인공은 처음 가속에 돌입할 때 자신을 보호하기 위해 마약을 복용한다. 또한 천문학적 관측을 통해 달에서는 14일마다 낮과 밤의 주기가 바뀐다는 사실을 알고 있었으므로 낮은 끔찍하게 뜨겁고 반대로 밤은 이루 말할 수 없이 추울 것이라고 가정했다. 케플러는 이러한 환경에서 사는 생명체는 단단한 외피로 몸을 감싼 채 낮에는 동굴 안에 머물 것으로 상상하였다. 한창 더울 때는 아프리카보다 15배나 기온이 올라갈 테니 말이다. 요약하면, 〈꿈〉은 밤낮이 긴 주기로 바뀌는 달의 환경에서 생물이 어떻게 적응해서 살아갈지에 관해 상상해본 케플러 특유의 독창적인 시도이다. 그는 소설 속에서 달에 생명체가 존재하기 위한 물과 공기가 있다고 전제하긴 했지만, 과학자 입장에서 루키아누스처럼 풍랑에 휘말려 달에 도착한다는 식의 이야기를 전개할 수는 없었기에 전체적인 내러티브는 꿈의 형식을 빌었다. 비록 꿈이란 껍질을 쓰고 있긴 하지만 〈꿈〉은 달에 대해 알려져 있던 당대의 지식과 케플러의 상상력이 결합되어 있다는 점에서 선구적인 과학소설로 분류하기에 모자람이 없다. 특히 아서 쾨스틀러는 케플러가 이 작품에서 무중력 공간을 가정했다는 점을 높이 평가한 바 있다.

17세기 이래 망원경이 발달을 거듭하면서부터는 지구 외에도 지적인 존재들이 살고 있으리라는 다원적 세계관^{plurality of worlds}이 진지하게 받아들여지기 시작하여 달이나 행성들 그리고 별들을 향해 떠나는 놀라운 여행담이 소설의 흔해빠진 소재가 되기에 이른다.[34] 이러한 외계여행 소설의 원조는 앞서 언급했듯이 루키아누스의 〈참된 역사〉이며, 지구 바깥으로의 우주여행을 다룬 작품들은 대다수가 당대의 현실사회를 비판하고 유토피아 상을 제시하기 위한 풍자문학으로서의 기능에 치우치는 경향이 강했다. 18세기에 들어와 볼테르가 발표한 대담하고도 이단적인 모험담 〈마이크로메가^{Micromegas}〉(1752)는 이러한 다원적 세계관에 대한 화룡점정畵龍點睛으로 보인다. 이 작품은 독창적으로 평가받을 만한 과학소설 단편으로 오늘날 봐도 손색 없는 과학적 통찰이 담겨 있다. 태양열로 구동되는 항성 간 비행, 외계의 문명들 그리고 화성의 두 달이

---

[34] H. Bruce Franklin, "Science Fiction: The Early History", http://andromeda.rutgers.edu/~hbf/sfhist.html

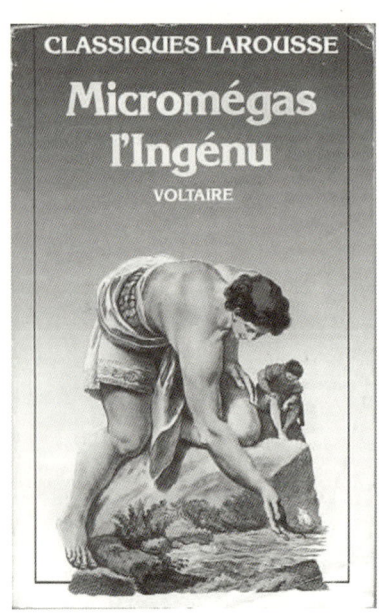

볼테르의 〈마이크로메가〉는 다원적 세계관을 바탕으로 우주에서 보잘것없는 인류의 위상을 일깨워준다.

등장하는 가운데 주인공은 나이를 수백 살이나 먹은 데다 키는 12만 피트에 이르는, 시리우스 성계(星界)에서 온 천재 거인으로 토성에서 온 또 다른 거인과 함께 지구의 콩알만한 인간들을 보면서 신기해한다. 즉 인간 주인공이 달이나 다른 천체로 떠나는 대신 오히려 외계의 사절이 우리 세상을 방문하는 형식을 취한 최초의 작품이라는 점에서 특기할 만하다.[35] 물론 외계인에 대한 볼테르의 설정은 현대과학적 관점에서 볼 때 무리가 있다. 예컨대 거구의 주민이 사는 고향 행성이라면 그 무게를 감당하지 못하여 블랙홀로 붕괴되고 말 것이다.[36] 하지만 작가가 전달하고자 하는 근본적인 메시지는 지구가 더 이상 우주의 중심이 아니듯이 인간 또한 만물의 영장이 아니라는 사실이다. 우리는 방대한 우주의 티끌에 불과한 것이다. 한편 크리스티앙 호이겐스는 〈우주이론 Cosmotheoros〉(1698)에서 외계인에 대한 추론만이 아니라 과학소설을 표현하는 데 적합한 내러티브 형식을 찾아내려 애썼다.

치올코프스키의 경우에는 500여 권이 넘는 그의 저술 가운데 과학소설로 분류될 수 있는 작품들이 일부 포함되어 있는데, 특히 지구 중력권 탈출에 관한 최초의 정밀과학적인 시도는 그의 소설에서부터 본격화된다. 이른바 '러시아 우주공학의 아버지'로 불리는 치올코프스키[1935

---

[35] H. Bruce Franklin, "Science Fiction: The Early History", http://andromeda.rutgers.edu/~hbf/sfhist.html
[36] "Editor's Notes by Blake Linton Wilfong", http://www.wondersmith.com/scifi/micro.html

 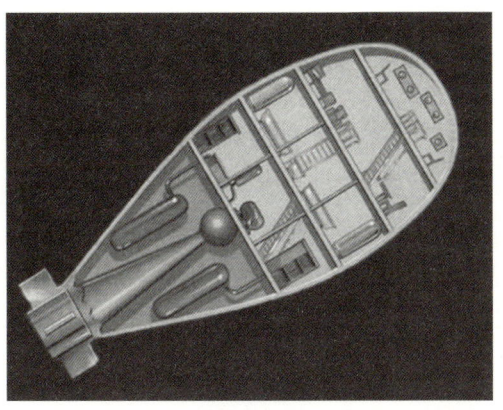

러시아 우주공학의 아버지 콘스탄틴 치올코프스키

콘스탄틴 치올코프스키가 설계한 유인우주선의 디자인

년 치올코프스키가 세상을 떠나자 소련은 국민적 영웅에 어울리는 국장(國葬)으로 예우했다.]는 지구 중력권 탈출방법으로 액체산소 추진로켓을 제시했다. 1898년에 이미 로켓운동을 지배하는 기본적인 수학의 법칙을 확립하고, 〈지구의 바깥〉이라는 소설을 통해 자기 이론을 구체적으로 전개했다. 우주탐험이 인간의 생활권을 태양계 전체로 넓힐 날이 올 것임을 확신하고 인공위성의 기본 개념과 태양에너지 이용법, 우주복의 구조와 식물을 이용한 산소 공급, 심지어 무중력 상태에서 원심력을 이용해 샤워하는 방법 등 우주여행에 필요한 제반 문제를 고루 짚어냈다. 그의 〈달세계 도착〉(1920)에는 우주선이 지상이 아니라 지구궤도의 우주정거장에서 출발하여 경제성을 높이는 발상이 담겨 있다. 20세기의 미국 과학소설 작가 윌리엄 깁슨(William Gibson)은 자신의 단편 〈오지(Hinterlands)〉(1986)에 등장하는 한 우주정거장의 이름을 치올코프스키 1호(Tsiolkovsky 1)라고 이름 붙여 그의 공적을 기렸다. 치올코프스키는 또한 시대를 앞서서 외계 생물의 가능성을 고려하는 글을 썼다. 그는 어떤 외계생명체들은 수소로만 구성되어 있을지 모른다는 착상을 했는데, 이러한 아이디어는 훗날 프레드 호일(Fred Hoyle)의 소설 〈검은 구름(The Black Cloud)〉(1957)에서 지적인 사고를 하는 거대한

프레드 호일의 〈검은 구름〉은 수소로만 구성된 외계생명체의 가능성을 고려한 치올코프스키의 아이디어와 맞닿는 면이 있다.

성간구름으로 구체화된다. 나아가서 치올코프스키는 외계 종족이 진화를 거듭해서 육체에서 벗어난 의식만으로도 존재할 수 있지 않을까 궁금해했는데, 이러한 개념 또한 아서 C. 클락의 〈서기 2001년 오디세이2001: A Space Odyssey〉(1968)에서 채택되었다. 〈우주의 일원론Monism of the Universe〉(1925)에서 치올코프스키는 고도로 발달한 외계지성 종족이라면 생물학적 진화의 고통스런 과정을 견디기보다는 동물과 박테리아 같은 열등 피조물들을 체계적으로 제거해 버릴 것이라고 보았다. 아울러 기술적으로 발전을 거듭하여 중력의 그물에서 벗어나 우주를 식민화하는 단계에 이른 외계인들이 어딘가에 있을지 모른다고 주장했다.

언제고 항성 간 여행이 가능해지겠지만, 당장 가까운 미래에는 대기권을 쉽게 뚫는 성질을 지닌 단파[라디오파]를 이용해서 항성 간 통신이 개시될 수 있으리라고 본 예언은 세티SETI 계획을 통해 입증되었다. [세티 계획은 오즈마 계획의 후속탄으로 전파망원경을 통해 외계의 지적 존재들이 발신하는 전파를 포착하기 위한 전 세계 천문학계의 공동사업이다.]

5. 17~18세기의 유럽 과학소설

일반 문인들 또한 메리 쉘리의 현대적 과학소설이 탄생하기 훨씬 이전부터 정치사회적 풍자와 자연과학적 관심사를 유토피아 문학작품에 함께 녹여 넣는 사고실험을 즐겼다. 프랑스의 시인 시라노 드 벨주락 Cyrano De Bergerac, 1619~1655의 경우 1652년과 1662년에 각기 달과 태양으로의 여행을 다룬 과학소설 〈달세계 여행〉과 〈태양의 나라들과 제국들의 역사〉가 출간되었다. 갈릴레이가 지동설을 주장한 지 얼마 되지 않아 발표된 이 작품들은 당대 사회에 대한 정치적 풍자와 조소가 짙게 깔려 있다. 이러한 시각으로 글을 쓰는 작가에게는 가톨릭이 지배하는 프랑스보다는 프로테스탄트가 주류인 영국이 덜 위험했지만 벨주락은 이를 감내해 냈고, 같은 맥락을 견지하는 삐에르 보렐Pierre Borel의 〈세계들의 다원성을 입증하는 새로운 담화Discours nouveau prouvant le pluralite des mondes〉(1657)까지 나오고 보니 베르나르 드 퐁뜨넬Bernard de Fontenelle의 베스트셀러 〈세계들의 다원성에 관한 대화Entretiens sur la pluralite〉(1686)가 나올 수 있는 길이 닦여진 셈이었다. [우아한 대사를 일상적이고 경박한 대화로 풀어낸 퐁뜨넬의 방식은 보다 자연주의적인 사변소설의 발전에 도움을 주었다.] 특히 벨주락의 작품은 정치풍자문학으로만이 아니라 과학소설의 역사에서 보더라도 중요한 의의가 있다. 아서 C. 클락이 주장했듯이, 벨주락의 과학소설들은 우주여행에 로켓을 사용하고 램젯 분사방식을 창안한 사상 최초의 문학작품인 까닭이다. 여기에서 등장하는 우주여행 방법 중 일부는 사변적인

시라노 드 벨주락의 각기 달과 태양으로의 여행을 다룬 선구적 과학소설 〈달세계 여행〉과 〈태양의 나라들과 제국의 역사〉의 합본 표지

상상에서 연유한 나머지 실소를 금치 못하는 것들도 있는 반면 과학적인 논리와 근거에 바탕을 둔 것들도 있다. [벨주락의 우주선은 이슬과 맹물 또는 태양빛을 에너지로 이용한다. 또한 그의 과학소설들에는 우주여행뿐 아니라 기발하면서도 과학적인 통찰이 번뜩이는 아이디어들이 다수 포함되어 있다. 예를 들어, 태양 에너지 변환기, 추운 계절이면 커다란 나사를 돌려 땅속으로 들어가게 지은 집, 돛을 달아 계절에 따라 옮겨 다니는 집, 사람의 말을 녹음했다가 들려주는 장치 그리고 밤을 대낮처럼 밝혀 주는 조명 등이 등장한다.]

지구 이외의 곳에 또 다른 지적 존재가 존재할지 모른다는 생각은 17세기뿐 아니라 18세기에도 이어져 네덜란드의 신비주의자이자 광물학자인 에마누엘 스웨덴보그 Emanuel Swedenborg의 논문 「다른 세상에 관하여 De telluribus」(1758)에서도 뒷받침되고 있다. 이 저서는 소설은 아니지만 실제로 외계인과의 세 번째 유형의 근접조우 a close encounter of the 3rd kind를 한 목격담을 기록하고 있으며 수성, 금성, 화성, 목성 그리고 토성에 사는 주민들과 그가 어떻게 친해졌는지를 설명하고 있다. 미국의 과학소설 작가이자 평론가 토마스 M. 디쉬 Thomas M. Disch에 따르면, 이 작품에 등장하는 외계인들의 모티브는 유럽인들이 지리상의 발견으로 알게 된 북미 대륙 인디언들의 모습과 습관을 많이 반영한 것이다. 이는 다른 행성들이 우리 지구와 별다를 바 없다고 가정한다면 그곳에 사는 주민 역시 우리와 대동소이할 것이라 본 당시의 견해가 여기에 투영되었기 때문이다.[37]

> 사실 나로서는 지구 이외에도 다른 세상이 존재하는지, 그러한 세상들은 어떤 유형인지 그리고 거기에 사는 주민들의 성향과 기질은 어떠한지 알고 싶었다. 그러던 차에 주님의 종인 내가 다른 세상들에서 온… 성령들 및 천사들과 대화를 나누는 것이 허락되었다. 하루에 몇 번씩, 일주일에 몇 번씩 그리고 서

---

[37] Thomas M. Disch, *The Dreams our stuff is made of*, the Free Press, New York, 1998, p. 186.

너 달마다 몇 번씩.[38]

이제까지 선구적 과학소설에 포함되는 작품들을 펴낸 작가들은[루키아누스 같은 예외가 있긴 하지만] 대체로 외계 공간을 배경으로 삼을 경우 달을 들먹이는 정도로 만족하는 경향이 짙었다. 당대 사회를 꼬집기 위한 낯선 설정이 필요한 풍자작가들에게는 외계 여행이 달까지만 가는 것으로 충분했기 때문에 선구적인 과학소설의 시대에, 달은 다른 어떤 외계세계보다 더 친근한 목적지가 되었다. 머택 맥더못Murtagh McDermot의 〈달세계여행A Trip to the Moon〉(1728)과 같은 작품이 전형적인 예이다. 하지만 아타나시우스 커셔Athanasius Kircher는 〈세계여행Ecstatic Journey〉(1656)에서 태양계의 행성들로 알려진 세계들을 구석구석 돌아보았다는 점에서 언급할 만하다. 태양계 행성들을 일일이 찾는 그의 우주여행은 종교적이고 과학적인 판타지를 한데 묶는 복합 하위 장르로서 유토피아와 종말론을 한데 뭉뚱그려 놓았다. 다만 그 시대에 종교재판소에 끌려가서 조르다노 브루노처럼 험한 꼴 당하지 않으려면[이탈리아의 신학자였던 브루노는 종교재판소의 회유에도 세계의 다원성, 즉 지구 이외에도 사람이 사는 세계들이 많이 존재할 것이란 주장을 굽히지 않아 결국 화형에 처해졌다.] 태양 또한 단지 하나의 별에 불과하다는 식의 우주관은 몽상적인 환상 형식을 빌리지 않고서는 표현할 도리가 없었음을 감안해야

아타나시우스 커셔의 〈세계여행(Ecstatic Journey)〉(1656)은 우주여행의 범위를 달에 국한시키지 않고 태양계 행성들을 구석구석 둘러보았다는 점에서 차별화된다.

---

[38] Emanuel Swedenborg, *De tellurihus*, quoted from the 1/87 English translation, 1758; Thomas M. Disch, *The Dreams our stuff is made of*, the Free Press, New York, 1998, p. 185에서 인용.

한다. 개중에는 앵뜨완 갈랑^Antoine Galland이 프랑스에 번역 소개한 〈아라비안 나이트〉의 영향을 받아 환상과 외계에 대한 경이가 뒤범벅된 소설들이 유행하면서 마리안느 드 루미에 로베르^Marie-Anne de Roumier Robert의 〈세똥경의 일곱 행성 여행기〉^Voyage de Milord Ceton dans les Sept Planetes (1765) 같은 터무니없이 황당한 작품도 나타났다.

18세기 들어서는 일부 작가들이 여태껏 가속페달을 밟아온 기술적 사회적 변화에 회의적인 시선을 던짐으로써 과학기술의 미래와 유토피아를 무조건 연결짓는 태도에서 이탈하기 시작했다. 대표적인 작가들이 대니얼 디포^Daniel Defoe와 조나단 스위프트이다. 〈로빈슨 크루소〉로 유명한 영국의 정치평론가이자 풍자작가인 대니얼 디포는 〈통솔자 또는 달세계에서의 잡다한 거래에 관한 회고록〉^The Consolidator, or Memoirs of Sundry Transactions from the World in the Moon (1705)을 통해 당시 토리 당 정부의 포용정책을 옹호하려 시도하였다. 400쪽이 넘는 이 작품에서는 달세계 주민들의 사회를 빗대어 정치사회 개혁과 검열의 문제뿐 아니라 의료과학과 천문학 등 과학지식 관련 문제들이 함께 다뤄진다. 주인공 화자는 달에 가기 위해 일종의 우주선이라 할 만한 탈것을 이용하게 되는데, 이것을 움직이는 동력원으로 이륜전차 모양의 내연기관이 등장한다. 이처럼 부력을 만들어내는 기계장치의 아이디어는 [비록 시기적으로는 디포의 아이디어가 십 년가량 앞서지만] 앞서 언급한 스위프트의 〈걸리버 여행기〉에서도 찾아볼 수 있는데, 여기서는 공중에 떠있는 섬 라퓨타^Laputa를 떠받치는 동력원으로 거대한 천연 자석이 등장한다. 오늘날 관점에서 보건대 이것은 일종의 반중력 장치의 효시로 해석할 수 있

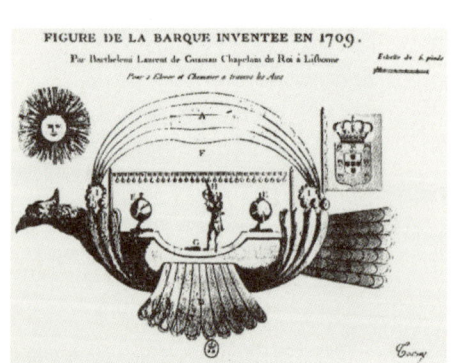

다니엘 디포의 〈통솔자, 또는 달세계에서의 잡다한 거래에 관한 회고록〉에 등장하는 달나라 여행용 우주선의 도해

다. 이 작품에서 스위프트는 실험과학과 초대형살상병기의 공포를 풍자하고 있는데, 라퓨타의 지배자들은 사실상 그들의 폭정에 반대하는 땅 위의 모든 세력을 말살시킬 수 있다. 〈걸리버 여행기〉가 출간되던 시기까지만 해도 아직 지리상의 발견이나 탐험가들에 의해 발견되지 않은 미지의 지역이 많았기 때문에 낯선 곳을 방문하는 형식의 여행기가 당대의 사회현실을 풍자하거나 신비감을 조장하는 데 유용했다.[39] 그러나 지구상의 지도에서 인간의 발길이 닿지 않은 미지의 땅이 점차 줄어들게 됨에 따라 유토피아와 풍자소설의 무대가 점차 우주로 확장되는 경향을 띤다. 물론 가브리엘 드 프와니Gabriel de Foigny의 〈알려진 남쪽 나라La Terre australe connue〉(1676)와 레스티 드 라 브르똥느의 〈하늘을 나는 인간의 남반구 발견La Decouverte australe par un homme volant〉(1781)에서처럼 17~18세기에만 해도 남반부에는 아직 인간이 더 가볼 만한 곳이 남아 있긴 했다. 또한 덴마크 남작 루드비히 홀베르그Ludvig Holberg의 〈닐스 클림의

조나단 스위프트의 〈걸리버 여행기〉에 등장하는 공중도시 라퓨타

라퓨타는 20세기에 들어 보다 현대적인 양식으로 새롭게 디자인되었다.

---

[39] 크리스토프 칸토·오딜 팔리우 지음, 김승욱 옮김, 〈인간은 미래를 어떻게 상상해 왔는가〉, 자작나무, 1997, 18~19쪽.

가브리엘 드 프와니의 〈알려진 남쪽나라〉에 실린 지도

〈닐스 클림의 지저세계 여행〉에 나오는 캐릭터

루드비히 홀베르그의 〈닐스 클림의 지저세계 여행〉은 쥘 베르느의 주인공들에 앞서 땅 밑 여행을 떠났다.

지저세계 여행the Journey of Niels Klim to the World Underground〉(1741)은 전혀 예기치 못한 다른 방향, 즉 지구 내부로의 여행을 다루었는데[지구공동설은 당시 사상가들이 어느 정도 설득력 있게 주장했던 가설이다. 그 여파로 지구 내부에 커다란 공동이 분명히 존재한다는 가정에 바탕을 둔 과학소설들이 발표되기 시작했는데, 그 중 가장 잘 알려진 것이 루드비히 홀베르그의 〈닐스 클림의 지저세계 여행〉이다.] 이러한 계열의 작품들은 쥘 베르느의 선전善戰에도 불구하고 늘 소수의 선택이었다.

6. 19세기, 최초의 현대적 과학소설이 등장하다!

19세기는 우리의 일상이 과학기술의 발달로 쉼 없이 변화하게 된 최초의 시대이다. 탈것으로 예를 들어 설명하면, 기관차(1801)로 시작하여 비행선(1852)을 거쳐 비행기(1890년대)로 막을 내렸다. 그리고 사이 사이에 최초의 증기선, 프로펠러 모양의 추진기screw propeller, 자전거 그리고 자동차 같은 교통수단들이 추가로 등장했다. 농업에서는 추수기, 경작기, 수확기 같은 신발명품들 덕에 생산량이 획기적으로 늘어났다. 19세기 초에 전기 배터리가 등장했지만, 그로부터 불과 20여 년 만에 전자석,

과학기술이 급속하게 발달하며 변화를 피부로 체감하게 된 19세기에 인류는 장밋빛 미래를 꿈꾸었다. 농사는 로봇이 짓고 사람들의 생활은 보다 윤택하게 변모하리라는 전망이 당시에는 그럴 듯해 보였다.

1898년 그려진 이 일러스트는 자동화기계가 일상의 삶을 바꾸어 놓을 것이라는 당시 대중의 기대를 반영한다.

음극선관陰極線管, 자기 테이프 레코더까지 출현했다. 산업용 철강, 경화고무, 시멘트 같은 기초자재들도 모두 19세기의 혁신적 산물이다. 통신수단과 예술의 창조는 사진술, 축음기, 만년필, 볼펜, 타이프라이터, 전신, 전화, 라디오, 영사기 등의 잇따른 도입으로 변모에 변모를 거듭했다. 심지어 19세기가 끝나기도 전에 조악한 수준이긴 하지만 몇 편의 SF영화들까지 시장에 나왔을 정도다. 질풍노도처럼 변화를 거듭하여 비로소 현대적인 과학소설이 선보였고 메리 쉘리가 제일 먼저 그러한 변화를 문학 속에 반영시켰다. 이후 과학소설 분야에서는 자연과학과 과학기술이 현대문명에 미치는 제반 영향을 보다 적극적이고 구체적으로 다방면에서 고찰한 쥘 베르느와 과학문명과 인류의 존망을 연결지어 사상적으로 심화한 H. G. 웰즈 같은, 선이 굵은 후계자들이 나타나 현대 과학소설의 토대를 다졌다.

1) 메리 쉘리

18세기 말에서 19세기 초 산업자본주의가 세상을 호령하기 시작하면서 현대과학은 대규모 공장들과 대형 운송교통수단들을 일상적으로 움직일 새로운 에너지원으로 석탄에 주목했다. 공교롭게도 증기엔진을 돌릴 수 있을 만큼 막대한 양의 석탄을 찾는 과정에서 우주 공간의 구조에 대한 코페르니쿠스적인 재인식과는 별개로 시간에 대한 인식 또한 새롭게 해주었다. 석탄은 지질학적으로 먼 과거의 양치류 화석이 화학적으로 변형된 것이다. 따라서 방대한 석탄 매장량을 찾는 와중에 서구의 산업사회는 당대까지 지배적이던 우주의 나이에 관한 구닥다리 이론을 용도 폐기하지 않을 수 없었다. [예컨대, 영국의 어셔(Ussher) 추기경은 우주의 시작을 기원전 4004년으로 추정한 바 있다.] 지구 나이가 수십억 년으로 수정되자 지질학적 생물학적 진화에 필요한 시간을 가늠할 수 있게 되었다.

한편 산업자본주의 체제에서는 수많은 사람이 몇몇 산업자본가들을 위해 일하며 인생을 보내지만, 산업자본가들은 공장들과 석탄광산, 철도, 선박 그리고 노동자들이 만들어낸 모든 것을 소유했다. 결과적으로 노동자들은 생산수단 및 자신들이 만들어낸 상품들로부터 소외되는 데 그치지 않고 스스로의 인간성과 인간으로서의 존엄성을 훼손당할 처지에 놓이게 되었다. 바로 이러한 맥락 속에서 영국의 과학소설 작가 브라이언 올디스가 그럴 듯하게 이름붙인 '산업시대 최초의 위대한 신화 the first great myth of the industrial age'가 일반적으로 현대과학소설의 효시로 받아들여지는 메리 쉘리의 〈프랑켄슈타인: 또는 현대의 프로메테우스〉(1818)라는 장편소설 형식으로 탄생한다.

〈프랑켄슈타인〉은 단지 아이디어 문학이기 이전에 종래의 과학기술 발달과 그것이 사회와 인간에 미치는 근본적인 그리고 다분히 부정적인 영향을 다루었다는 점에서 전통적인 유토피아 문학과는 큰 차이가 있다. 일반적으로 유토피아 문학은 과학기술 자체에 천착하기보다는 정치사회 풍자를 위한 그럴 듯한 소도구로 과학기술을 이용하는 경향이 짙다. 이에 비해 〈프랑켄슈타인〉은 과학 그 자체가 우

메리 쉘리의 〈프랑켄슈타인〉, 현대적 과학소설의 효시인 동시에 반과학소설의 효시이기도 한 아이러니한 작품이다.

리에게 어떤 의미인가를 진지하게 물어본 최초의 작품이란 점에서 현대 과학소설의 효시라는 찬사를 듣기에 모자람이 없다. 이 작품이 나온 지 10년도 채 되지 않아 쉘리는 최초로 종말론을 다룬 과학소설 장편 〈최후의 인간〉(1826)을 발표한다. 여기에 등장하는 주인공은 인류가 전멸한 행성을 홀로 배회하면서 인류 사회 전체가 이뤄놓은, 이제는 무익해진 업적들을 수집한다. 쉘리는 이 작품 속에서 세상의 종말시점을 2100년으로 잡았다.

여기서 흥미로운 점은 역설적이지만 메리 쉘리의 작품들이 과학소설인 동시에 반反과학소설이기도 하다는 사실이다. 해석하기에 따라 쉘리의 고딕풍 장편 〈프랑켄슈타인〉은 오히려 과학이 과연 인류에게 도움이 될 수 있는가를 반문하는 반과학소설 전통의 효시가 되는 작품이다.

메리 쉘리의 종말론 이야기 〈최후의 인간〉을 원작으로 한 영화 포스터. 이 영화는 2007년 미국에서 핵전쟁을 포함해서 21세기에 맞게 다듬어진 내용으로 제작 중이다.

쉘리의 〈최후의 인간〉에 직접적인 영향을 받아 씌어진 또 다른 대재앙 이야기 〈런던 이후〉

자신의 창조주를 몰락시키는, 제멋대로에다 불행한 인조인간이란 프랑켄슈타인 공식은 19세기의 마지막 10년간 반과학소설의 주요한 내러티브 형식으로 확립되었으며 오늘날에도 여전히 그러한 위상을 누린다.

[〈프랑켄슈타인〉의 계보에 속하는 초기 영국 작품의 하나로 제인 웹 루든(Jane Webb Loudon)의 〈미이라! 22세기의 이야기(The Mummy! A Tale of the Twenty-Second Century)〉(1827)가 있다.] 인류의 멸종을 다룬 이야기 〈최후의 인간〉도 과학기술의 진보를 부정하는 결말을 추구한다는 점에서 동일한 맥락에 있다. 이 작품은 애수에 젖은 영국 스타일 재앙담災殃談 하위 장르의 첫 주자로서 리차드 제퍼리스Richard Jefferies의 〈런던 이후After London〉(1885)에 직접적인 영향을 주었다.

2) 쥘 베르느

유럽에서 과학소설의 출발은 사회와 인간의 현재와 미래에 대한 진지한 사색에서 비롯되었다. 그러나 과학적인 통찰과 전통적인 문학의 내러티브 틀을 한데 끼워 맞춘다고 그냥 들어맞겠는가. 앞에서 언급했듯이, 그동안 여행자들의 발자취를 좇는 형식을 답습해 온 유토피아 소설들로는 지리상의 발견 이후 근대에 이르면서 배를 이용하거나 걸어서 갈 수 있는 지역들이 하루가 다르게 늘어나는 바람에 설득력 있는 상황 설정이 어려워졌다. 그렇다고 툭하면 끌어다 쓰던 '꿈'이란 형식은 아무리 비유적 수법이라 둘러댄다 해도 과학혁명과 계몽사상, 프랑스 대혁명 등으로 사고수준이 한 단계 업그레이드된 일반 독자에게 더 이상 먹히기 어려웠다. 고육지책苦肉之策으로 나온 대안의 하나는 오랜 세월 동안 잠을 자서 미래로 가는 방법이었다. 이러한 수법이 지닌 문제는 미래에 가서 얻게 된 지식을 현재로 가져올 수 없는 이상 실질적인 도움이 되지 않는다는 사실이다.

결과적으로 어떻게 하면 과학적인 통찰에 적합한 내러티브 형식을 개발해낼 수 있느냐가 19세기에 과학소설을 쓰거나 쓰려는 작가들의 까다로운 과제가 되었다. 일찍이 미국의 에드가 앨런 포Edgar Allen Poe가 이러한 문제에 맞서 최초로 다양한 실험 기법들을 동원하여 씨름하였다. [포에 대해서는 다음에 이어지는 글 「미국의 초창기 과학소설」에서 자세히 논의할 것이다.] 포와 동시대의 일부 영국 작가들도 대담한 과학적 사변을 위해 거기에 알맞은 내러티브 틀을 찾아내려 했지만 포에 비할 만한 성과를 거두지 못했다. [예를 들면, 험프리 데이비(Sir. Humphry Davy) 경의 유고작 〈여행에서의 위안(Consolation in Travel)〉(1830)과 로버트 헌트(Robert Hunt)의 〈팬씨아(Panthea)〉(1849) 같은 작품들이다. 다만 후자의 작품은 과학적 방법론보다는 연금술을 숭상하는 장미십자회의 노선에 더 영향을 받은 듯 보인다. 로버트 헌트는 영국에서 과학의 대중화에 크게 기여한 인물로서, 그의 〈과학의 시학(The Poetry of Science)〉(1848)은 윌리엄 윌슨(William Wilson)에게 영감을 주었다.] 아이러니하게도 포의 작품들은 프랑스어판 번역자 샤를 보들레르Charles Baudelaire 덕분에 모국인 미국보다도 프랑스에서 더 영향력을 발휘했다. 덕분에 과학소설에 최적화된 내러티브 형태를 찾아내려는 욕구가 훨씬 더 절박한 데다 이를 위한 과감한 시도가 이뤄진 곳은 프랑스였다.

포가 프랑스에 미친 영향은 과학 대중화의 또 다른 선구자였던 까밀 플라마리옹의 작품들에서도 두드러진다. 영국의 화학자 험프리 데이비Humphrey Davy로부터 상당한 영감을 받은 플라마리옹은 상상력에서만큼은 베르느보다 풍부하였다. 애석하게도 그의 야심에 걸맞은 내러티브 틀을 찾아내는 데 실패하긴 했지만, 플라마리옹의 〈무한의 이야기들Recits de l'infini〉(1872)에서 가장 참신한 점은 질문을 하는 인간과 빛보다 빨리 여행하는 영혼 간의 대화 형식을 취하고 있다는 것이다. 이 영혼은 수많은 외계 세계들에서 태어나고 죽었던 자신의 전생들을 보고 기억할 수 있으며 매번의 삶마다 그 외계의 물리적 환경에 맞게 선택 진화한 생물의 형체를 지닌다. 19세기에 나온 다른 어떤 작품도 이것만큼 천문학과 지구과학이 밝혀낸 우주에 대한 경이를 제공해주지 못할 것이다.

플라마리옹은 또한 쉘리가 창안한 대재앙 이야기에다 올라프 스태플든의 장기인 장구한 세월 동안 인류가 진화하는 이야기를 결합한 〈오메가, 세상의 마지막 나날Omega, The Last Days of the World〉(1893)을 발표했다. 이 장편소설은 25세기에 날아든 혜성과 지구가 충돌하는 바람에 온 세상의 자연환경이 최악으로 치닫고 지질학적인 격변이 이어지는 가운데 살아남은 인류가 흥망성쇠를 거듭하면서 수백만 년 동안 진화해 가는 과정을 다룬다. 20세기 초반 영국의 올라프 스태플든이 미래 인류의 진화를 조망하는 작품들을 내놓기 전에, 프랑스에서는 까밀 플라마리옹이 수십 년 앞서서 유사한 주제에 관심을 가졌던 것이다.

이쯤에서 줄 베르느가 등장한다. 먼저 그는 포의 분위기가 나는 단편들을 몇 편 써보며 가볍게 몸을 풀었다. 심지어 작가로서 입지가 탄탄해진 말년에 가서도 에드가 앨런 포의 속편을 쓰는 데 주저하지 않았다. 즉 베르느의 〈빙하의 스핑크스Le Sphinx des glaces〉(1897)는 포의 유일한

프랑스의 천문학자 까밀 플라마리옹의 〈오메가, 세상의 마지막 나날〉은 수백만 년에 걸친 인류의 진화를 스태플든의 미래 인류사 소설보다 수십 년 앞서 묘사했다.

〈오메가, 세상의 마지막 나날〉의 삽화. 이 장편소설에는 혜성 충돌로 인한 지구촌 전체의 기온 급강하라는 소재가 처음 나오는데, 오늘날 SF영화에서는 자주 접하는 내용이다.

선구적인 과학소설의 역사

장편소설 〈아서 고든 핌 이야기〉The Narrative of A. Gordon Pym〉(1837)의 속편인데, 썩 좋은 평가를 받지는 못했다. [〈빙하의 스핑크스〉는 이 방면의 선배 작가들로부터 상상력이 풍부한 정수들을 꼼꼼히 짜내 조합했지만 불길한 경이에 대해 진부할 정도로 자연주의적으로 접근하는 단순화를 초래했다는 평가를 받았다.] 습작 기간을 거쳐 베르느가 얻은 결론은 '상상의 여행'으로 풀어나가는 방식이야말로 과학소설의 잠재력을 극대화해 줄 수 있다는 것이었다. 베르느 방법론의 정수는 현대의 과학기술을 조심스럽게 제한적으로 끌어다 쓰는 외삽법이다. 그는 곧 여행의 목적이 탐사이든 즐거운 관광이든 간에 상관없이 아직 구현되지 않은 가상 기술 기반의 추진력[동력원]으로 움직이는 탈것을 등장시켜 유명해졌다. 대포알 우주선과 잠수함이 단적인 예다.

베르느의 〈지구에서 달까지〉De la terre a la lune〉(1865)는 19세기에 나온 과학소설 중에서 가장 그럴 듯해 보이는 외계 여행담이라 해도 과언이 아니다. 그는 길이가 300m나 되는 대포에다 180톤의 화약을 점화시켜

줄 베르느의 〈지구에서 달까지〉 표지

〈지구에서 달까지〉에서 대포알 우주선의 발사 장면 삽화

세 사람이 탄 대포알 모양의 우주선을 달로 발사했다. 곧이곧대로 했다가는 우주선 출발과 동시에 폭발의 충격으로 안에 있던 승무원들이 압사하고 말겠지만, 적어도 베르느는 우주선이 달로 향하기 전에 우선 지구 중력권을 벗어나야 하며 그러려면 11.2km/s의 속도를 얻어야 함을 알고 있었다는 사실이 중요하다. 베르느 과학소설의 특징은 상상력을 무한정 확장하지 않고 어느 선에서 절제할 줄 안다는 점이다. 일례로 그의 작품에 등장하는 대포알 우주선은 달 착륙을 갈구한 독자들의 염원을 도외시한 채 달 궤도만 선회하고 지구로 돌아온다. 그래서 〈지구에서 달까지〉의 속편 제목 자체가 〈달 주위에서Autour de la lune〉(1870)라고 지어졌다. 당시 과학기술로서는 우주선이 일단 달에 착륙하면 다시 지구로 되돌아올 추진력을 얻을 방도가 없었기에 베르느가 무리한 설정을 추가하지 않은 것이다. 이처럼 베르느는 실제 과학지식에다 논리적 추론 및 약간의 상상[또는 사고의 비약]을 보태는 데 신중했기에 그의 애독자 중에는 정말 그러한 우주선이 가능하리라 믿고 함께 태워주면 비용을 분담하겠다는 부자까지 나선 적이 있다고 한다. 베르느의 과학적

쥘 베르느의 〈달 주위에서〉는 〈지구에서 달까지〉의 속편이다. 당시 현실 가능한 과학기술 수준에서의 달 여행을 그렸기 때문에, 대포알 우주선의 탑승자들은 달의 궤도면에서 둘러보았을 뿐 착륙할 수는 없었다.

〈달 주위에서〉는 내뽀날 우주선의 지구 귀환지점을 태평양으로 잡았는데, 그 착수(着水)지점 위치가 실제로 1968년 달에 다녀온 아폴로 8호의 경우와 거의 차이가 없어 우연의 일치치고는 너무 정확했다는 후세의 평가를 받았다.

추론의 신중함을 보여주는 믿기 힘든 예가 하나 있다. 달나라 여행을 다룬 그의 연작소설 두 편을 놓고 100년 남짓 학자들과 과학소설 애호가들 사이에 갑론을박이 벌어졌지만, 이를 무색하게 할 만큼 마치 베르느가 훤히 내다보고 예언한 듯한 사건이 1968년 12월 일어났다. 그때 인류 최초로 달까지 날아간 유인 우주선 아폴로 8호가 지구로 귀환하면서 낙하한 태평양 위의 착수지점着水地點은 베르느의 소설에 나오는 착수지점으로부터 불과 4km밖에 떨어지지 않았던 것이다. 더욱이 공교롭게도 소설에서처럼 유인 우주비행사를 태운 달 여행을 처음 성공시킨 나라는 미국이었고 로켓의 발사장소 또한 플로리다였다. [이 사실은 아폴로 8호 선장 프랭크 보먼이 베르느의 손자에게 보낸 편지에 드러나 있다.]⁴⁰ 이 정도면 우연의 일치가 몇 번 겹쳤다고 보기에는 무리한 감이 있지 않은가.

줄 베르느의 〈해저 2만 리그〉는 첨단 무기로서 잠수함의 잠재력을 일찍이 선보였다.

베르느의 초기 독특한 여행담 가운데 일부는 대담하고 상상력이 풍부하다. 그 중 가장 기발한 것들을 꼽으라면 〈지구 중심으로의 여행〉Voyage au centre de la terre(1863)과 〈해저 2만 리그〉Vingt mille lieues sous les mers(1870)가 단연 눈에 띈다. 하지만 점차 그는 과학소설이 성공하려면 자신의 상상력을 현실성 있게 극화해야 한다고 확신한 나머지 상상력이 멋대로 날뛰지 못하도록 엄격히 절제하려 애썼다. 이러한 상상력의 제약에는 그의 작품을 줄곧 출판해 온 헷젤Hetzel 출판사의 압박도 컸다. 이 출판사는 1863년 탈고한 20세기 파리를 무대로 한 베르

▎40 줄 베르느 지음, 김석희 옮김, 〈지구에서 달까지〉, 열림원, 2005, 324쪽.

느의 모험담 〈20세기 빠리Paris au XXe Siecle〉의 출간을 일언지하에 거절하는 바람에 이 작품은 1994년에 가서야 빛을 볼 수 있었다. 결과적으로 자기 검열이 얼마나 엄격해졌던지 베르느가 말년에 쓴 모험담들은 제자 파스칼 그루세Paschal Grousset나 아들 미셸 베르느Michel Verne의 상상력을 일부 보태야 할 지경이었다고 한다. 그의 후기 작품 가운데 작가가 100% 혼자 완성한 작품은 외계 판타지 〈헥토 세바다Hector Servadac〉(1877)와 비행기계 이야기 〈정복자 로부Robur le conquerant〉 (1886)[이 작품은 영어권에서는 〈구름을 가르는 쾌속정(The Clippers of the Clouds)〉이라는 이름으로 출간되었다.]뿐이다.

줄 베르느의 〈20세기 빠리〉는 출판사의 외면으로 20세기 말에 와서야 독자 대중과 만날 수 있었다.

줄 베르느의 소설들이 지닌 특징을 한마디로 요약하면, 영국의 웰즈와는 달리 사회적인 문제에는 상대적으로 관심이 적었고 대신 세상을 편리하게 할[또는 놀라게 할] 위대한 발명과 신기한 기계장치를 선보이며 그로 인한 반향을 서술하는 데 비중을 두었다는 점이다. [이러한 지적에 대해 베르느 자신이나 베르느 지지자들이 분개할지 모르나, 서구의 많은 비평가들이 웰즈에 비해 베르느의 성향을 규정할 때 일반적으로 거론하는 관점이다.] 그 결과 베르느는 웰즈에 비해 작품 속에 등장하는 과학기술과 기계장치에 대해서도 훨씬 더 세부적이고 정확한 묘사를 지향한다. 웰즈라면 가볍게 짚고 넘어갔을 부분에 대해서도 베르느는 까다로울 만큼 명확한 묘사를 해야만 직성이 풀렸다. 잠수함과 비행기 그리고 TV 같은 발명품들은 그러한 열의의 산물이다.

오늘날 베르느는 어른뿐 아니라 청소년들에게도 널리 읽히는 작가가 되었다. 이렇게 된 연유를 보면, 헷젤출판사가 줄 베르느의 상상력을

줄 베르느의 외계 판타지 〈헥토 세바다〉와 이를 원작으로 1960년대 제작된 체코 영화 〈혜성에서(On the Comet)〉의 포스터

줄 베르느의 달 여행 시리즈는 같은 프랑스인 조르쥬 멜리에가 연출한 영화 〈달나라 여행(Le Voyage dans la Lune)〉 (1902)에 깊은 영향을 주었다. 〈달나라 여행〉은 세계 최초의 SF영화이기도 하다. 또한 오펜 바하의 음악과 맞물려서 뮤지컬로도 제작되었다.

쥘 베르느의 모험 소설들은 가족용 영화나 청소년용 애니메이션으로도 세계 여러 나라에서 무수히 제작되었다. 미국의 영화 제작사 월트 디즈니도 이러한 경향에서 예외가 아니었다.

사사건건 간섭하게 되자 베르느로서는 청소년 대상의 교육 잡지에 작품을 연재함으로써 좀 더 자율성을 확보하고 싶었기 때문이다. 그러나 본의 아니게 이러한 시도는 베르느 풍의 작품들을 아예 청소년용으로 인식하는 그릇된 풍조를 낳게 되었다. 이로 인해 가장 큰 피해를 본 이들은 베르느의 작품을 따라간 작가들이다. [베르느의 경향을 따른 작가 후배들의 면면을 보면, 프랑스에서는 삐에르 들브와(Pierre d'Ivoi)와 구스타브 르 루즈(Gustave le Rouge)가 있으며 영국에서는 청소년 신문에 주로 작품을 싣는 매우 독창적인 작가들인 프랜시스 헨리 앳킨스(Francis Henry Atkins)와 조지 C. 월리스(George C. Wallis)가 있고 독일에서는 로베르트 크라프트(Robert Kraft)와 F. W. 마데르(Mader)가 눈에 띈다.] 베르느의 작품들은 어린이들만이 아니라 어른들에게도 여전히 읽히지만 프랑스와 영국, 독일 등지에서 나타난 아류작들은 그만큼 운이 따라주지 못했다.

3) 미래전쟁담의 유행

19세기의 유럽은 크고 작은 전쟁들로 얼룩지면서 다음 세기에 도래할 훨씬 더 참혹한 대규모 세계대전의 불길한 전조를 드리우고 있었다. 그러니 이 시기에 미래에 대한 외삽이 단순히 유토피아적 정보나 통찰을 전하는 차원에 그치지 않고 과학기술의 발달과 맞물려 갈수록 무시무시해지는 전쟁의 성격을 조망하는 데에도 활발하게 쓰이게 된 것은 자연스러운 현상이다. 후자의 예들 가운데 시기적으로나 질적으로 가장 먼저 눈에 띄는 작품은 헤르만 랑Herrmann Lang의 〈공중전—미래에 대한 전망The Air Battle: A Vision of the Future〉(1859)이다. 이 작품은 영국에서 미래전쟁 소설 장르가 형성되는 데 활력소가 되었다. 그러나 미래전쟁담 가운데 가장 큰 반향을 일으킨 작품은 1871년 영국 잡지『블랙우드스 매거진Blackwood's Magazine』에 조지 T. 체스니George T. Chesney가 연재한 〈도킹 전투The Battle of Dorking〉이다. 브라이언 스테이블포드에 따르면, 이 해는 영국 사변소설에서의 중대한 전환점으로 평가된다.[41] 왜냐하면 독일의 침공을 영국이 격퇴하는 내용을 담은 〈도킹 전투〉가 1914년 실제로 1차 세계대전이 일어나기 전까지 일어났을 법한 미래전쟁에 관한 이야기 형식을 확립시켜 주었기 때문이다.

처음에 이러한 하위 장르에 손댄 작가들은 풍자와 논픽션을 뒤섞은 형태를 선호했다. 체스니가 〈도킹 전투〉의 부제를 '어

전운(戰雲)이 감돌던 19세기 유럽에서 유행한 미래 전쟁 이야기의 일러스트

---

[41] Edward James & Farth Mendlesohn, *The Cambridge Companion to Science Fiction*, Cambridge Univ., UK, 2003, pp. 15~31. Brian Stableford의 "Science Fiction before the genre" 수록.

느 자원병의 회고Reminiscences of a Volunteer'
라고 붙인 데에서도 보듯이 작가들
은 회고록 형태로 써나갔지만, 시간
이 흐를수록 미래의 갈등을 다룬
이야기들은 차차 전형적인 소설의
모양새를 띠게 되었다. 체스니가 대
중화시킨 미래전쟁 이야기는 기술
적 진보를 어떻게 하면 작품 속에
서 극대화해서 표현할 수 있을까에
대한 해결책을 제공해주었다. 미래
전쟁담은 처음에는 정치선전용 팸
플릿 수준에 머물렀지만 이후 수많
은 대중적 정기간행물들에 연재되

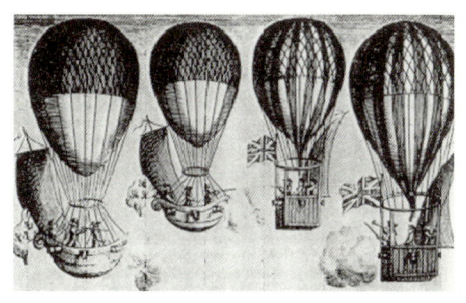

조지 T. 체스니의 〈도킹 전투〉의 삽화

조지 그리피스의 〈혁명의 천사〉 표지 일러스트

면서부터 사정이 달라진다. 1892년 영국의 정기간행물 시장은 신간 잡지들이 급증하면서 격심한 판매경쟁에 휘말렸다. 비슷비슷한 이야기들이 치열한 경쟁을 거듭하는 가운데 단연 돋보인 작품은 조지 그리피스George Griffith, 1857~1906의 〈혁명의 천사The Angel of the Revolution〉로서, 비행선과 잠수함 그리고 고성능 폭약으로 무장한 영웅적 테러리스트들의 활약상을 담았다. 반면 1891년에서 1892년 사이 연재된 〈1892년의 대전쟁The Great War of 1892〉은 군사전문가들이 편집했음에도 그리피스의 작품에 빛이 바랬다. 그러나 〈혁명의 천사〉에 담긴 반제국주의적 정서는 우파의 반발을 불러일으켜 E. 더글라스 포셋Douglas Fawcett의 〈무정부주의자 하트만Hartmann the Anarchist〉 같은 작품들이 발표되었다. 이 세 작품은 나란히 1893년 단행본으로 나왔으며 당시 봇물처럼 쏟아져 나온 미래전쟁담 중 일부였다. [미]래전쟁 연재물을 집필한 작가 가운데에는 언론인들도 있었다. 〈최후의 전쟁(The Final War)〉(1896)의 저자 루이스 트레이시(Louis Tracy)와 〈1910년의 침공(The Imvasion of 1910)〉(1906)의 저자 윌리엄 리 쿡스(William

Le Queux)가 바로 그들이다.]

조지 그리피스가 아직 개발되지 않은 가공의 무기를 태연히 작품에 끌어들이는 수법은 급속히 표준화되었다. 그 속도가 어찌나 빨랐는지 그리피스가 미래전쟁을 다룬 마지막 작품 〈노동의 주인The Lord of Labour〉 (1911)을 발표했을 즈음에는 이미 핵미사일과 분해광선으로까지 무기 선택의 폭이 늘어나 있었다. 그렇다고 해서 19세기에 미래전쟁담만 씌어졌던 것은 아니지만, 적어도 가장 두드러진 하위 장르였던 것만은 분명하다. 하지만 〈도킹 전투〉가 연재되던 1871년 바로 그 해에 불워 리튼 경Lord Bulwer-Lytton, 1803~1873의 유토피아 소설 〈차세대 종(種)The Coming Race〉이 출간되었으며 미래전쟁담을 쓰던 작가 중 일부는 과학적 로망스라는 좀 더 광범위하고 융통성 있는 사변 장르로의 확장을 시도했다. 리튼의 〈차세대 종〉은 오컬트 소설이면서도 과학소설적인 색채가 강한 작품으로, 기술적으로 진보한 지하의 유토피아를 그렸다. 여기서 주인공은 지하의 동굴세계로 내려가서 정신력으로 바위와 괴물들을 분쇄하는 초인 종족을 만난다. 유토피아 계열의 작품으로는 사무엘 버틀러Samuel Buttler의 황당무계한 유토피아 풍자극 〈이리훤Erewhon〉(1872)도 빼놓을 수 없다. 이 작품은 다윈의 진화론을 기계류에 적용한 패러디이다. 과학적 로망스 장르의 초기에 기여가 큰 작가로는 에드가 앨런 포의 영향을 받은 영국 작가 M. P. 쉴Shiel이 있는데, 〈지구의 여제(女帝)The Empress of the Earth〉가 이러한 장르에

불워 리튼의 〈차세대 종〉은 지리상의 발견 이래 과학 및 정보통신기술의 발달로 인해 더 이상 지상의 외딴 섬에다 유토피아를 설정하는 것이 설득력이 없다고 보고 유토피아의 위치를 땅 속으로 바꾸었다.

속하는 그의 주요작이다. 에드워드 메잇랜드Edward Maitland의 〈미래By and By〉 (1873)와 앤드류 블레어Andrew Blair의 〈29세기 연감Annuals of the Twenty-Ninth Century〉 (1874) 같은 3부작 미래 판타지들도 발표되었지만 호평을 받지 못했다. 이것은 미래를 대상으로 하건 외계를 대상으로 하건 간에 과학소설[또는 사변소설]이 완전히 새로 다른 세계를 창조해내는 일이 얼마나 어려운가를 보여준다.

4) H. G. 웰즈

이제까지 언급해 온 과학소설에 맞는 형식실험은 미국의 에드가 앨런 포에 의해 본격적으로 시도된 끝에 프랑스의 줄 베르느가 자기 고유의 형식을 만들어냈듯이 영국에서는 H. G. 웰즈의 출현을 기다렸다. 즉 영국의 과학소설은 이전까지 얼마나 많은 작가와 작품이 배출되었건 간에 상관없이 웰즈가 관여하고 나서야 비로소 제대로 된 옷을 입게 된다. 어떤 의미로는 포의 시도를 베르느 나름대로 소화했듯이 웰즈 또한 과학소설에 맞아떨어지는 장르형식을 찾아냄으로써 포의 시도에 결실을 맺은 셈이다. [사실 웰즈 이전에 이미 영국의 많은 소설가들이 포의 영향 아래 과학소설에 맞는 형식미학을 찾아내고자 애를 썼으나 별다른 성공을 거두지 못했다는 것이 중론이다.] 19세기 말 신규 정기간행물들의 홍수는 웰즈에게 자유분방한 사고실험을 해볼 수 있는 무대를 마련해주었다. 웰즈는 처음에는 아주 간략한 분량의 기사 에세이 형식으로 글을 썼지만[그 중에서 가장 모험적인 내용을 담고 있는 작품의 예로 〈백만 년째 되는 해의 인간(The Man of the Year Million)〉(1893)이 있다.] 이내 이러한 에세이들을 소설 형식으로 바꿔 쓰기 시작했다. [그 결과 〈융조(隆鳥)의 섬〉(1894)과 〈데이비슨의 눈에 퀸힌 놀라울 민힌 사긴(The Remarkable Case of Davidson's Eyes)〉(1894) 같은 어헹자 이야기들이 쓰여졌다. 여기서 융조(隆鳥)는 한때 마다가스카르(Madagascar)에 살았던 타조류에 속하는 큰 새이다.] 그 무렵 웰즈는 지구에서 생명진화의 미래란 주제를 소설 형식으로 다듬는 시도를 했는데, 그 첫 결과물이 〈타고 난 모험가들The Chronic Argonauts〉(1888)이다.

웰즈는 그동안 있을 법한 미래를 탐구하는 수단으로 작가들이 써먹은 꿈이란 내러티브 장치를 대치할 필요성을 진지하게 의식하였다. 최면술을 통해 진실한 비전에 도달한다는 아이디어도 구태의연하다고 본 그는 〈과학적 로망스Scientific Romance〉(1886)에 실린 C. H. 힌튼Hinton의 글에서 힌트를 얻었다. 그리하여 시간이 4차원이란 개념 아래 이것을 공간처럼 이동하는 가상의 장치가 탄생하였으니, 바로 〈타임머신〉(1895)이란 작품을 가능하게 한 핵심기술이었다. 이처럼 순전히 상상에만 의지한

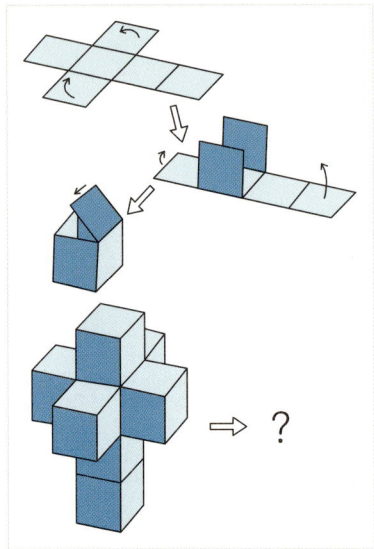

C. H. 힌튼의 4차원 입방체 도해. 2차원 세상에 사는 인간이 있다면 3차원을 시각적으로 인지하지는 못해도 3차원 입체를 2차원 평면으로 분해해서 개념적으로 이해할 수는 있을 것이다. 마찬가지로 3차원 세상에 사는 우리는 4차원 초입체를 3차원 입체로 분해해서 추론해 볼 수 있다.

웰즈의 기계장치는 곧 실현될 법한 기술을 묘사하는 데에 가치를 둔 줄 베르느의 방식과는 공통점이 거의 없었다. 웰즈의 허구적 방법론이 지닌 차이를 베르느는 일찌감치 깨닫고 비판을 가했지만 웰즈는 베르느가 제기하는 논점이 자신의 관심사항이 아니라고 여겼다. 웰즈는 특정한 기술이 과학적으로 구현될 가능성이 얼마나 있느냐 하는 현실성보다는 그러한 아이디어를 독자들이 실제 가능할 법하다고 진지하게 받아들이면 그만이라고 보았다. 그에게 중요한 것은 신기하고 기발한 장치의 구현 여부가 아니라 우리 사회의 현재와 미래에

H. G. 웰즈의 〈타임머신〉에 등장하는 시간여행 장치는 현대과학기술로는 제작이 요원하지만 작가의 문명론적 관점을 관철시키기 위한 효과적인 내러티브 수단이 되었다.

대해 진지하게 돌아볼 수 있는 통찰력이었다. 허구의 기계장치들은 다만 그러한 사변적 가설을 그럴 듯하게 받아들이도록 심리적으로 유도해주는 수단에 불과했다. 과학소설의 역사에서 볼 때 웰즈의 타임머신은 이전까지 몸에 맞지도 않는 옷을 억지로 껴입은 듯한 느낌을 주던 구닥다리 내러티브 틀에서 벗어나, 과학소설 작가들이 사변적 전개를 위해 진정한 잠재력을 발휘할 수 있도록 촉진시켜 주었다는 점에서 의의를 지닌다. 다시 말해서 타임머신은 과학소설 역사상 최초로 과학소설 장르에 최적화된 새로운 유형의 내러티브 장치라는 패러다임을 확립해 주었다.

웰즈가 두 번째로 도입한 중요한 발명품은 카보라이트 Cavorite라는 이름의 반중력 기술이다. 이 가상(假想)의 기술은 그의 장편 〈달세계 최초의

반중력 기술을 가상적으로 도입한 H. G. 웰즈의 〈달세계 최초의 인간들〉 소설 표지와 이를 원작으로 한 영화 장면

선구적인 과학소설의 역사

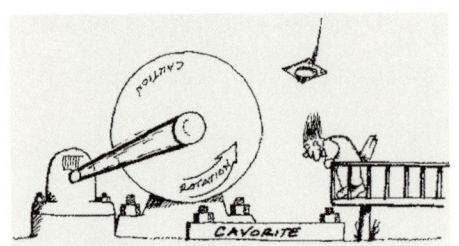

〈달세계 최초의 인간들〉에서 등장하는 카보라이트 시스템의 도해. 이 시스템은 반중력 원리를 이용하여 로켓 발사에 투여되는 엄청난 비용을 줄여준다.

인간들The First Men in the Moon〉(1901)에 등장하는데, 타임머신과 마찬가지로 메시지를 전달하는 데 극적으로 중요한 설정이었다. 카보라이트 또한 타임머신처럼 웰즈의 독창적인 아이디어가 아니었다. 영국에서 반중력 개념을 처음 선보인 소설은 크라이소스텀 트루먼Chrysostom Trueman의 〈달 여행의 역사The History of a Voyage to the Moon〉(1864)이다. [〈걸리버 여행기〉의 라퓨타 에피소드를 제외하고 현대소설을 기준으로 할 때 반중력 개념을 세계 최초로 도입한 작품은 미국 철학자 조지 터커의 〈달로의 여행(A Voyage to the Moon)〉(1827)이다. 이에 대해서는 바로 뒤에 이어지는 글 「미국의 초창기 과학소설」에서 자세히 논하기로 한다.] 이 작품은 영국의 연금술사로 추정되는 작가가 개인 신상을 밝히지 않기 위해 필명으로 발표했으며, 행성 간 여행을 보다 실감 나게 전달하려 한 에드가 앨런 포의 요구가 상당 부분 반영되었다. 여기서 주인공은 달에 있는 유토피아로 떠나기 위해 일종의 반중력 기술을 이용한다. 이후에도 영국에서는 반중력 기술을 채택한 작품들이 계속해서 출간되었다. 빅토리아 여왕의 통치 시절 보수성향을 띠었던 영국 작가 퍼시 그렉Percy Greg의 〈황도를 가로질러: 난파 표류기Across the Zodiac: The Story of a Wrecked Record〉(1880)와 조지 그리피스[앞서 언급한 미래전쟁담 장르에서 〈혁명의 천사〉란 히트작을 낸 작가이기도 하다.]의 〈우주 신혼여행A Honeymoon in Space〉(1901)이 그러한 예들이다. 〈황도를 가로질러〉에서는 채소 재배용 온실이 입주한 우주선이 등장하는데, 이 우주선에는 외부 중력을 무효화시키는 수수께끼의 전자장치가 장착되어 있어 지구 중력권을 얼렁뚱땅 손쉽게 탈출해 버린다. 똑같은 장치를 두고 웰즈가 카보라이트라 불렀다면 그렉은 애퍼지Apergy라고 호칭한 것이 다를 뿐이다. 〈우주 신혼여행〉에서는 신혼부부가 태양계 32억 km를 겨우 4개월 만에 주파하는데, 비결은 이들의 우주선이 중력에 반발하는 획기적인 액체 연료를 사용한다는 점이다. 한편 베르느는 카보라이트에 대해서도 엉터리라며 공개비판을 서슴지 않았다. 이는 베르느의 작품에서 우주비행사들이 과학 이론적으로 근거 없는 가상의 기술을 동원하지 않았기 때문에 달에 다다라서도 궤도만 선회하고 그냥 돌아오지 않을 수 없었지만, 웰즈의 〈달세계 최초의 인간들〉에서는 우주비행사 일행이 카보라이트라는 듣도 보도 못한 요상한 반중력 장치를 이용해서 달에 떡하니 착륙해 버린 탓이다. 그러나 웰즈 자신도 이유가 어쨌건 간에 신기한 기계장치를 설불리 작품 속에 도입하는 것에 대해서는 더 이상 흥미를 느끼지 못했던 것 같다. 〈타임머신〉과 〈달세계 최초의 인간들〉이 출간되었던 때는 웰즈의 과학소설 출간 이력에서 초기의 짧은 시기에 불과하다. 이후 타임머신이나 카보라이트를 다시는 어떤 작품에도 써먹지 않았다. 나아가서 1901년 뒤로는 웰즈가 소설 속에다 메시지의 근간에 영향을 미치는 그 어떤 기계장치나 발명품도 끼워 넣지 않았다.

조지 그리피스의 〈우주 신혼여행〉의 삽화

20세기가 열리자마자 강렬한 사회주의적 이상[실제 현실에서 웰즈는 의회민주주의를 통해 사회주의를 달성하려 한 영국의 정치적 결사체인 페이비언 협회에 참가하였으며 국제연맹 발족에도 기여하였다.]에 사로잡힌 웰즈는 있을 법한 미래상들을 컨셉 수준에서 폭넓게 탐구하던 종래의 패턴에서 벗어나 미래의 실제 모습을 구체적으로 그려내는 데 훨씬 더 흥미를 보이기 시작했다. [미래주의 소설의 가능성을 꼼꼼하게 분석한 최초의 철학적 소설인 아나똘르 프랑스(Anatole France)의 〈하얀 돌(Sur la pierre blanche)〉(1903)은 웰즈를 빈 캔버스에 자신의 희망이나 불안을 그리는 천박한 예언자라기보다 열린 마음의 탐구자로서 미래에 대한 모험이 준비되어 있는 유일한 작가로 맞아들였다.] 이러한 의지의 결정판이라 할 〈다가올 세상의 모습The Shape of Things to Come〉(1933)은 전쟁과 역병으로 붕괴한 세계에서 과학기술 기반에 도덕성으로 무장한 엘리트 집단이 지배하는 유토피아적 전체주의 사회를 보여준다. 개인주의적 가치관이 배제된 이 미래사회는 하나의 언어, 잘 갖춰진 교육체계, 고도의 의료기술을 바탕으로 조지 오웰식 디스토피아와는 사뭇 다른 전망을 제시한다. 또한 웰즈는 〈타임머신〉에서 자신이 개발한 내러티브 기법을 이용하여 현대 과학소설을 규정하는 특징적인 방법론을 위한 토대를 마련했다. 즉, 〈타

H. G. 웰즈의 유토피아 소설 〈다가올 세상의 모습〉은 영화로도 만들어졌다.

〈임머신〉은 얼핏 보기에 멜로드라마 같은 외양에다 도덕적인 철학이 담긴 내러티브를 어떤 작가보다도 더 효과적으로 결합하여 작품 자체에 생기를 불어 넣었다. 한편 〈모로 박사의 섬The Island of Dr. Moreau〉(1896), 〈투명인간The Invisible Man〉(1897), 그리고 〈세계들 간의 전쟁The War of the Worlds〉(1898)[필자는 지금도 왜 이 작품의 국내 번역 제목이 〈우주전쟁〉이어야 하는지 이해가 되지 않는다.]은 외견상 사실감을 주긴 하지만 본질적으로는 고통이 수반되는 도덕적 우화라는 공통점을 갖고 있다. 이 작품들은 핵심 아이디어가 그에 걸맞은 내러티브 덕에 현실감을 얻었다. 멜로드라마의 껍질을 뒤집어쓴 웰즈의 또 다른 도덕적 우화들로는 〈별The Star〉(1897)과 〈개미 제국The Empire of the Ants〉(1904)이 있으며, 아울러 여전히 전통적 형태의 우화들도 개발할 의사가 있어서 〈대단한 방문The Wonderful Visit〉(1895), 〈기적을 일으킬 수 있었던 사나이The Man Who Could work Miracles〉(1898), 그리고 〈눈 먼 자의 나라The Country of the Blind〉(1904) 등을 발표했다. [이 같은 웰즈의 교훈적 사변소설에 영향을 준 선구적 작품들이 있다. 예를 들자면 그랜드 앨런(Grant Allen)의 〈포소다인(Pausodyne)〉(1881)과 〈사회주의적 공동체의 아이(A child of the Phalanstery)〉(1884), 그리고 W. H. 허드슨(Hudson)의 〈빙하시대(A Crystal Age)〉(1887)와 월터 비샌트(Walter Besant)의 〈비밀의 집(The Inner House)〉(1888) 같은 철학 콩트들이다.]

웰즈는 자신이 개발한 고유의 내러티브에다 사회철학적 신념을 녹여 넣음으로써 일거양득을 노렸다. 즉, 웰즈의 작품들은 본질상 도덕적 교훈을 담고 있었음에도 일반 독자의 흥미를 불러 일으켰으며 그와 동시에 겉보기에 폭력적인 스릴러처럼 보일 수 있음에도 평론가들과 도덕주의자들의 환영을 받았다. 이후 〈모로 박사의 섬〉과 〈투명인간〉 그리고 〈세계들 간의 전쟁〉은 무수한 모방작을 낳았다. 다시 말해서 웰즈의 작품은 전통적인 소설보다 훨씬 더 스펙터클하게 화려하고 멋진 무대를 만들어내는 데 혈안이 된 액션모험물 작가들에게 열렬한 환영을 받았다. 하지만 아류 작가들은 웰즈의 작품 바닥에 깔려 있는 의식보다는 오로지 괴물창조와 외계인 침공 그리고 과학적 수단을 동원한 범죄

H. G. 웰즈의 〈모로 박사의 섬〉을 원작으로 한 영화 포스터(1977년작). 이 소설은 1933년과 1996년에도 영화로 만들어졌다.

H. G. 웰즈의 〈투명인간〉의 삽화 및 영화 장면. 〈투명인간〉의 경우 원작을 고스란히 옮긴 영화만 십여 편이 넘으며 투명인간을 소재로 스토리를 응용한 영화들은 수십 편이 넘을 정도로 이 주제는 대중의 큰 인기를 끌어 모았다.

〈투명인간〉이 여러 번에 걸쳐 영화로 만들어지면서 히트를 치자 아류작들이 잇따라 나타났다. 〈투명여인(Invisible Woman)〉은 그러한 예의 하나에 불과하다.

H. G. 웰즈의 〈세계들 간의 전쟁〉 삽화

의 멜로드라마적인 잠재력에만 관심을 가졌기에 곧 한계에 부닥쳤다. 그렇다고 이러한 모방 경향으로 인해 과학소설계에 소득이 전혀 없었던 것은 아니다. 과학소설을 쓴답시고 정작 미래에 대한 고찰보다는 미래풍 의상衣裳 드라마나 미래풍 서부극을 지어내는 데 여념이 없는 작가들과 과학기술의 발전이 미래 사회와 인간을 어떻게 변모시켜 놓을지 진지하게 탐구하는 작가들 사이에는 접근 방식과 목표에서 근본적인 차이가 있긴 하다. 하지만 양자 간에 겹치는 부위가 한두 군데가 아니다 보니 상대방에게서 단물을 뽑아먹고자 하는

H. G. 웰즈의 〈신들의 음식〉을 원작으로 한 영화 포스터(1976년작)

각자의 욕심은 과학소설 장르의 예술적 포용능력을 증대시키는 시너지를 내왔다.

　웰즈는 언제나 인류라는 종種 전체의 도덕적 상태에 관한 작가의 견해를 과학소설 형식을 빌려 전달하고자 했다. 〈투명인간〉, 〈달세계 최초의 인간들〉, 〈신들의 음식The Food of the Gods〉(1904) 등에서, 그의 과학소설은 무제한적인 발전 개념과 외계 생명체를 지배하려는 자기중심적인 강요에 맞선 도덕주의적 관점을 견지한다. 특히 웰즈의 도덕적 깊이와 민감함을 잘 보여주는 예가 〈세계들 간의 전쟁〉이다. 여기서 인간과 외계인은 본질상 똑같은 생명이라는 사상이 배어 있다. 악의 개념을 인류에게서 분리해 외계인에 주입하는 편리한 이분법적 사고를 거부함으로써 웰즈는 사상 처음으로 과학소설에 외계인에 대한 연민의 감정을 녹여 넣는 데 성공했다.

5) 과학소설이란 용어의 첫 등장

19세기 중반 들어 한 가지 특기할 만한 사실은 문자 그대로 '과학소설'이란 용어가 처음 언급되었다는 점이다. 과학소설 독자들은 흔히 1920년대 말 과학소설 전문잡지 『어메이징 스토리즈Amazing Stories』를 창간한 휴고 건즈백이 처음 만들어냈다고 여기기 쉽다. 하지만 건즈백이 처음 만들어냈던 조어造語는 사이언티픽션Scientifiction이었으며, 사이언스 픽션이란 말은 그가 후에 또 다른 과학소설 전문잡지 『사이언스 원더 스토리즈Science Wonder Stories』를 창간하면서 해당 잡지를 적극적으로 프로모션하기 위해 지어낸 조어다. 그러나 과학소설의 역사에서 문헌상의 기록을 기준으로 삼을 때, 과학소설이란 용어는 1851년 세계 최초로 언급되었다. 이 조어는 당시 영국인 윌리엄 윌슨William Wilson의 저서 〈어떤 위대한 옛 주제를 분량은 짧지만 성의 있게 다룬 책A Little Earnest Book upon a Great Old Subject〉(1851)의 10장에 나온다.[42] 이 책에서 그는 "과학에 관해 드러난 진리들이 본래 시적이고 진실한, 즐거운 이야기와 서로 얽히고설킨 것이 과학소설이다Science-Fiction, in which the revealed truths of Science may be given interwoven with a pleasing story which may itself be poetical and true."라고 정의내렸다. 하지만 그 당시에는 세간의 반향을 불러일으킬 만큼 널리 쓰이지 못했다. 그 무렵 윌슨이 자신이 정의한 새로운 장르에 해당하는 유일한 사례로 찾아낼 수 있었던 작품은 R. H. 혼Horne의 〈불쌍한 예술가The Poor Artist〉(1850)뿐으로, 이것은 다른 생물들의 시선을 통해 세상의 경이로움을 발견하는 예술가의 이야기이다. 결과적으로 '과학소설'이란 용어가 재발견되어 대중화되기까지는 휴고 건즈백이란 걸출한 사업수완가의 등장을 기다려야 한다.

---

[42] H. Bruce Franklin, "Science Fiction: The Early History", http://andromeda.rutgers.edu/~hbf/sfhist.html

7. 20세기로 넘어가는 전환기의 과학소설

1) 웰즈와 베르느에 대한 기성문단의 시각

20세기를 전후하여 웰즈와 베르느는 저마다 개인 차원에서는 상당한 선전을 했고 독자들과 평단의 평가가 매우 우호적이었음에도 과학소설의 무한한 잠재력에 대한 세간의 모호한 인식을 근본적으로 바꿔 놓는 데에는 성공하지 못했다. 웰즈와 같은 거물 작가의 출현으로 문학과 과학의 매력적인 결합에 대한 문학계의 관심이 올라간 것은 사실이지만, 여전히 견고한 기성 문단의 편견은 웰즈는 고사하고 그와 비슷한 시기에 이 장르에 의식적으로든 무의식적으로든 손을 댄 일군의 작가들까지 과학소설과는 무관한 사람들로 치부하려 들었다. 이러한 작가군에는 헉슬리와 오웰, 자먀찐뿐만 아니라 〈야간 우편으로, 서기 2000년의 이야기〉With the Night Mail: A Story of 2000 AD〉(1905)[비행선이 비행기보다 하늘을 지배하는 수단으로 더 유력해질 것이란 전망을 담은 미래 소설로서, 출간시점은 1905년이지만 작품 속 시점은 2000년이다.]의 러드야드 키플링Rudyard Kipling, 〈잃어버린 세계The Lost World〉(1912)의 아서 코난 도일A. Conan Doyle, 그리고 〈우주 방랑자The Star Rover〉(1915)[살인범 누명을 쓴 전직 대학교수가 감옥에서 고문 받다가 가사상태에 빠져 우주와 미래를 넘나든다는 이야기로, 1920년과 2005년 두 차례에 걸쳐 영화화되었다.]의 잭 런던Jack London까지 포함되었다. 아울러 올라프 스태플든과 C. S. 루이스의 과학소설들 역시 그 철학적 깊이와 사색의 범위에도 오늘날 일반문학계의 무관심에서 벗어나지 못하고 있다.

잭 런던의 과학소설 〈우주 방랑자〉의 삽화

2) 윌리엄 올라프 스태플든

19세기에서부터 20세기 초엽까지 과학소설 역사에서 이름을 거론할 만한 작가들을 여럿 배출한 곳은 영국이었다. 바로 앞에서 언급한 작가들 가운데 자먀쩐과 런던을 제외하고는 모두 영국 출신이며, 여기에다 올라프 스태플든William Olaf Stapledon을 추가해야 한다. 스태플든 또한 웰즈나 차펙과 마찬가지로 인류의 과학기술 발달이 윤리적인 자기 절제와 정비례하지 못하는 현실에 대한 비유로서 자신의 작품들 속에 인류의 미래에 대한 깊은 우려를 표명했다. 작가이기 전에 철학자인 그는 우주는 단지 물질의 집합이 아니라 위대한 정신이 배후에 있으며, 인류의 목적은 이 정신을 이해해서 조화를 이루는 것이라고 보았다. 영국인이기에 미국식 과학소설의 상투적 틀 안에 얽매이지 않을 수 있었으며 1930~1950년 사이 아주 인상적이고 영향력 있는 과학소설을 몇 편 썼다. 그의 작품은 단지 기발한 아이디어나 기계류의 나열만으로는 과학소설이 공허할 수 있으며 그 빈자리는 인류의 진화와 종말 그리고 마찬가지로 우주의 진화와 종말 같은 거대한 주제들을 다루기 위한 공간임을 보여주었다. 〈최후이자 최초의 인간들〉(1930)과 〈별의 창조자〉(1937)가 이 범주에 들어가는 모범적인 작품이다. 두 작품만큼 걸작은 아니지만 같은 부류에 속하는 작품으로 〈어둠과 빛Darkness and the Light〉(1942)이 있는데, 이것은 인류의 2가지 미래에 대한 이야기다.

스태플든의 시각에서 본 인류 진화의 미래사인 〈최후이자 최초의 인간들〉은 무려 20억 년에 걸친 역사이다. 세상에 어느

영국의 철학자이자 과학소설가 윌리엄 올라프 스태플든

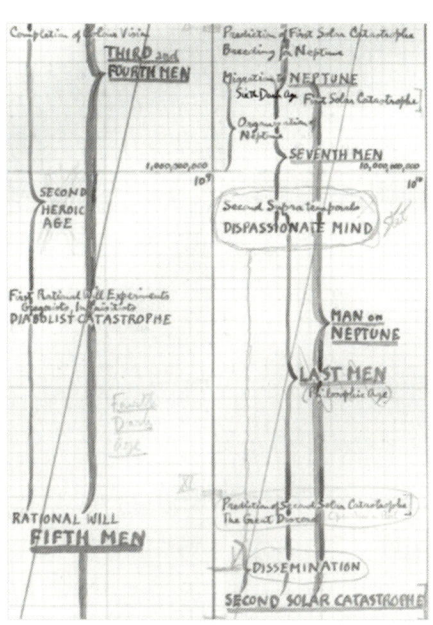

올라프 스태플든의 미래 인류 진화사 《최후이자 최초의 인간들》의 표지 일러스트

올라프 스태플든이 《최후이자 최초의 인간들》을 집필하기 위해 구성한 미래 인류의 진화 시간표. 작가 친필로 노트에 메모한 내용이다.

누가 이보다 더 거창한 주제에 매달릴 수 있을까? 이 소설은 최초의 인간들[현생 인류 種]이 살아가는 20세기부터 시작한다. 세계 단일국가의 탄생과 무제한적인 에너지 사용으로 인한 화석연료의 고갈 시대를 거쳐 현생인류는 거의 절멸하고 최후의 생존자들은 제2의 인류로 진화한다. 수백만 년 후에 비슷한 위기를 맞이하여 생존자들은 다시 제3인류로 탈바꿈한다. 이러한 종의 진화는 최후이자 열여덟 번째인 인류로까지 이어진다. 부침을 거듭한 인류의 다양한 아종亞種들은 자랑스러워할 만한 후손이 되는가 하면 역겹고 야만적이며 추한 무리가 되기도 한다. 어떤 집단은 우주적 재앙으로 멸망하며 다른 이들은 자멸을 부르기도 한다. 이러한 후손들 하나하나는 바로 현생 인류의 다양한 측면을 풍자적으로 드러내고 있다. 소설 속에서는 20억 년이란 상구한 세월 동안 일어나는 사건들이지만 작가의 의도를 곱씹어 보면 그것들은 불과 몇

선구적인 과학소설의 역사

천 년에 이르는 우리 문명의 역사와 몇 십 년에 이르는 우리의 개인사와 맞닿아 있다. 최후의 인간들의 멸종이 유보된 상태에서 스태플든은 최종적인 질문을 던진다. "그 모두가 헛된 것이었단 말인가?"

심지어 〈별의 창조자〉는 더욱 방대한 규모로 씌어져서 〈최후이자 최초의 인간들〉은 마치 〈별의 창조자〉가 다루는 시공간에 포함된 각주 같아 보인다. 이는 비단 인류의 흥망사만이 아니라 은하계, 더 나아가서는 우주의 역사를 제시하고 있기 때문이다. 작품은 육체가 타락하는 가운데 영혼이 진보하는 역사를 담고 있다. 진화를 거듭한 끝에 우주는 세계정신까지 발현시키지만 그마저도 수십억 년이 흐르고 나니 입자 붕괴가 거듭되면서 은하들은 불모의 세계가 되어가고 에너지는 희귀해지며 우주는 쇠퇴한다. 종말을 향해 치닫는 내레이터[작가의 분신]는 뒤에 두고 온 우주들을 힐끗 돌아본다. 각각의 수명과 운명이 지워진 우주들을 바라보며 스태플든은 다시 한번 최종적인 질문을 던진다. "이 모두가 도대체 무엇 때문에 존재한 것일까?"

[인류와 우주의 진화를 다룬 스태플든의 두 작품은 상상력은 탁월하지만 일반 독자의 기대만큼 스토리텔링이 친절하지는 않다. 페이지마다 수백만 년의 시간이 흐르다 보니 개인의 활동을 다뤄줄 짬이 없다. 작품들에서 주인공이란 인간 개인이 아니라 전체의 종들과 세상 그 자체다. 파타고니아(Patagonia)의 파괴, 화성의 역병, 금성의 포기, 외계 고등생명체들과의 항성 간 전쟁 등 각기 책 한 권 분량이 될 만한 사건들이 여기서는 불과 몇 줄 안에서 모두 소화된다.]

한편 스태플든은 진화한 소수가 그렇지 못한 다수와 겪는 갈등에 초점을 맞춘 미시우주 소설들도 집필했으니 〈이상한 존Odd John〉(1935)과 〈시리우스Sirius〉(1944)가 이러한

올라프 스태플든의 우주 진화사 〈별의 창조자〉

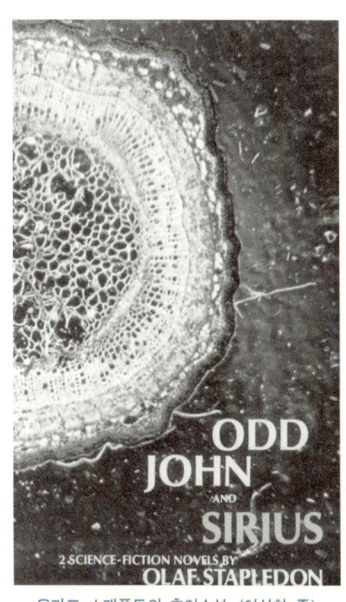

올라프 스태플든이 직접 그린 〈이상한 존〉의 주인공 존의 초상

올라프 스태플든의 초인소설 〈이상한 존〉

올라프 스태플든의 초견(超犬)소설 〈시리우스〉

유형에 속한다. 돌연변이 초인문학의 효시라 할 〈이상한 존〉은 육체적으로나 정신적으로 월등하게 뛰어난 천재들이 이들을 두려워하는 일반인들의 사회로부터 탈출하여 어떤 섬에서 그들만의 공동체를 건설하려 한다는 이야기다. 〈시리우스〉는 〈이상한 존〉과 자매격인 작품으로 인간 대신 인간 못지않게 총명한 개의 이야기다. 원래 우수한 양치기 개를 개발하려는 취지였지만 이 개 '시리우스'는 뜻하지 않게 지성과 감성을 고루 갖추게 된다. 스태플든의 관점에서 중요한 것은 시리우스가 일반 사람보다 지능이 얼마나 더 뛰어나느냐가 아니다. 〈이상한 존〉과 〈시리우스〉가 한결같이 전하고자 하는 메시지는 초인이건 초견(超犬)이건 간에 상관없이 그들이 특출하다는 이유로 인간들의 주류사회가 이를 공평하고 겸허하게 받아들이려 하지 않는다는 사실이다.

3) 러드야드 키플링

러드야드 키플링Rudyard Kipling, 1865~1936은 인도에서 태어난 영국 작가이다. 우리나라의 독자들은 흔히 키플링이라 하면 〈정글북The Jungle Book〉(1894)과 동일시할 정도의 지식밖에 갖고 있지 않다. 에드가 라이스 버로우즈 하면 그가 쓴 무수한 검과 마법풍 환상소설들은 잘 모르면서 〈타잔〉만은 우리나라 독자들의 뇌리에 확고하게 박혀 있듯이 말이다. 하지만 미국 과학소설계의 주요 인사들, 이를테면 폴 앤더슨Poul Anderson과 고든 R. 딕슨Gordon R. Dickson, 그리고 존 W. 캠벨 2세 같은 이들은 20세기 전후에 과학소설이 현대적 정체성을 확립하는 데 기여한 공로자 가운데 한 사람으로서 러드야드 키플링을 추가해야 한다고 주장한다.[43] 앤더슨은 키플링에 대해 "생생한 표현, 단어의 마술 그리고 보일 듯 말 듯한 스토리텔링에 반응하는 이라면 누구나 좋아할 만한 작가이다. 대개의 독자는 그의 작품을 읽으면 읽을수록 그 섬세함과 깊이를 쉼 없이 찾아낸다.He is for everyone who responds to vividness, word magic, sheer storytelling. Most readers go on to discover the subtleties and profundities."

마크 트웨인과 러드야드 키플링(오른쪽이 키플링)

고 평했으며, 딕슨은 "우리 시대 예술의 거장a master of our art"이라 일컬었다. 작가이자 잡지 편집자로서 미국 과학소설계가 초기 제자리를 잡는 데 혁혁한 공로를 세운 캠벨은 키플링을 두고 "최초의 현대적인 과학소설 작가the first modern science fiction writer"라고 평가했을 정도이다. 미국의 과학소설계에서는 키플링이 영국작가임에

---

[43] Fred Lerner, "A MASTER OF OUR ART; RUDYARD KIPLING AND MODERN SCIENCE FICTION", http://www.kipling.org.uk/facts_scifi.htm

도 그가 미친 영향과 기여도에 관해 하인라인과 폴 앤더슨같이 황금시대를 풍미했던 작가들만이 아니라 오늘날의 현역 작가들조차 고개를 끄덕인다. 하지만 국내뿐 아니라 해외의 일반 순수문학계에서는 키플링의 과학소설에 대한 기여를 과소평가하는 경향이 있다.

 실제로 키플링은 새로운 발명들과 미래전쟁에 관한 작품들을 썼으며 기술변화가 사회에 미치는 결과를 경고함으로써 현대과학소설에 일정한 영향을 미쳤다. 베르느와 웰즈처럼 키플링은 누가 보더라도 과학소설다운 주제가 담긴 이야기를 썼다. 〈야간 우편으로, 서기 2000년의 이야기〉(1905)는 저널리즘적인 현재시제에 담긴 미래풍 비행 이야기이며, 〈알라의 눈The Eye of Allah〉(1926)은 진보된 기술이 미처 그것을 받아들일 준비가 되어 있지 않은 중세사회에 도입되는 일종의 대체역사 이야기다. SF 작가 폴 앤더슨의 주장에 따르면, 과학소설 역사상 거장이었던 것은 틀림없으나 더 이상 대중적으로 읽히지 않는 베르느나 웰즈의

 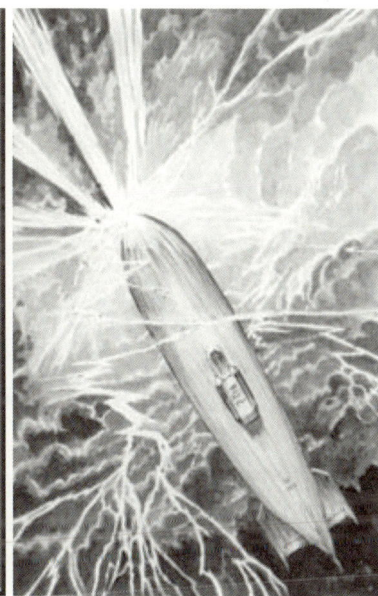

러드야드 키플링의 〈야간 우편으로, 서기 2000년의 이야기〉의 삽화

러드야드 키플링의 〈알라의 눈〉의 삽화

작품들과는 달리, 키플링의 영향은 현대 과학소설과 환상소설 곳곳에 배어 있을 정도로 현대 과학소설계에서 지속되고 있다. [분명한 것은 과학소설 작가 중에서도 키플링의 작품들이 대중적으로 무척 인기가 높다는 사실이다. 그가 쓴 소설 제목이나 시의 문구에 대한 인용이 이 장르문학의 도처에서 발견된다.] 하지만 현대과학소설에서 키플링의 위상을 중요하게 만드는 것은 그의 일부 작품들에 과학과 기술이 쓰이고 있기 때문만은 아니다. 키플링과 당대에 살았거나 그보다 앞서 살았던 작가 중 상당수가 과학소설을 썼지만 [예를 들면, 내써니얼 호쏜(Nathaniel Hawthorne)과 허먼 멜빌(Herman Melville), 마크 트웨인, 코난 도일 같은 이들도 과학소설로 분류 가능하거나 선구적인 과학소설을 썼다.] 이들의 작품은 오늘날의 과학소설에 비해 공감이 떨어진다.

키플링은 존 W. 캠벨 2세와 로버트 앤슨 하인라인에게 영향을 주었으며 특히 하인라인은 키플링으로부터 가상의 세계에 대해 구구절절이 직접적인 설명을 달기보다는 등장인물의 시선이나 어휘를 통해 표출하는 간접묘사법을 배웠다. 원래 이러한 간접묘사법은 영국이나 미국 독자에게 낯선 인도의 환경을 효과적으로 전달하기 위해 키플링이 개발한 것이지만, 이후 키플링의 과학소설에서는 물론이거니와 하인라인의 〈은하시민 Citizen of the Galaxy〉(1957)에서 보듯이 캠벨이 주도하던 과학소설 문단에서 아주 중요한 이야기 구성법이 되었다. 이러한 기법이 가장 잘 구사된 키플링의 작품들은 〈야간 우편으로〉와 〈ABC처럼 쉬운 As Easy As A. B. C〉(1912)이다. 두 작품은 모두 공중비행이 보편화된 21세기 사회를 무대로 하고 있으며 현대적 하드 SF로서 손색이 없다는 평가를 받

로버트 앤슨 하인라인의 〈은하시민〉의 일본판 소설 표지와 영문판 오디오 CD. 오디오 CD는 로이드 제임스(Lloyd James)가 낭독한 CD 8장짜리 세트로서 블랙스톤 오디오(Blackstone Audio)에서 출시되었다. 키플링의 과학소설 문법과 내러티브 작법은 하인라인에게 깊은 영향을 주었으며 〈은하시민〉이 그 본보기이다.

는다.

  현대독자들에게 키플링이 여전히 어필할 수 있는 매력은 그만의 특유한 접근방식과 기교 덕분이다. 〈야간 우편으로〉는 비행선으로 대서양을 횡단하는 교통체계를 저널리즘 시각으로 재구성한 작품이다. 소설이 1905년 잡지에 처음 등장했을 때 본문 텍스트는 기상정보, 구인·구직 안내광고, 선적 일정 공지 그리고 광범위하게 다양한 자료 쪼가리들로 에워싸여 있었는데, 이것은 실은 2000년이란 미래 시점에 출간된 잡지에 게재된 듯 보이게 하려는 의도였다. 엄밀히 말해 이 모든 상황 연출은 소설 자체와는 관련이 없었지만 소설이 의도하는 상황에 몰입하게 만드는 데 도움을 주었다. [과학소설의 황금시대를 이끈 전설적인 편집자 존 캠벨 2세는 자신이 어째서 키플링을 최초의 현대적인 과학소설 작가로 여기는지에 관해 위와 같은 예를 들며 설명하였다. 그는 독자들에게 왜 키플링의 이야기를 읽어야 하는지 핵심적인 배경정보를 제공한 최초의 인물이었다.]

  키플링이 다루는 주제는 과업을 수행하기 위해 노동하는 남녀와 기계에 맞춰진다. 키플링이 보기에, 손으로 해야 하는 일이건 두뇌노동이건, 창의적이건 관료적이건 간에 상관없이 노동성과는 해당 개인의 삶에서 아주 중요하다. 과업과 노동에 대한 이러한 태도는 20세기 문학의 일반적인 견해와는 궤를 달리하지만 현대과학소설과는 아주 잘 부합한다. 그래서 키플링과 현대과학소설은 남녀를 불문하고 사람들에게 희생자 대신 창조자이자 현상의 유지자 역할을 맡긴다. 따라서 작품의 섬세함이 떨어질지는 모르나 키플링은 아주 인기 작가였고, 특히 노동자계층에서 호응이 높았다.

4) C. S. 루이스

클라이브 스테이플즈 루이스^{Clive Staples Lewis, 1898~1963}는 옥스퍼드대학 교수로 '암시^{The Inklings}'라는 이름의 문학토론 모임의 리더였다. 주로 옥스포드 대학 출신 학자들인 이들은 매주 루이스의 연구실이나 술집에서 만나 서로 필사본을 읽고 떠들어댔다. 모임에는 시인이자 문학비평가인 찰스 윌리엄스^{Charles Williams}와 〈반지의 제왕〉으로 유명한 J. R. R. 톨킨^{Tolkien}, 철학자 오웬 바필드^{Owen Barfield}, 성공회 사제 애덤 팍스^{Adam Fox} 등을 비롯해 모두 20여 명의 지식인이 포함되었으며 1930년대에서부터 1960년대까지 지속되었다. 모임은 소설에서 내러티브의 가치를 찬양하고 환상소설의 창작을 격려했다. 회원 가운데 일부 예외가 있긴 하지만 대부분의 사람은 기독교 신앙을 자신의 저작물에 반영하려 들었으며 그 중에서도 C. S. 루이스가 대표적인 인물이었다.

루이스는 수많은 장편소설과 신학적인 환상소설을 썼다. 〈나니아 연대기^{the Narnia Series}〉(1949~1954)는 일곱 권짜리 청소년 동화로, 아이들이 평행세계로 건너가 마녀와 말하는 동물을 위시한 신기한 상대들을 만나는 과정에서 진정한 자아에 눈뜬다는 이야기다. 〈나니아 연대기〉는 대중적으로 큰 성공을 거두었지만 작가의 종교관을 독자 대중에게 주입시키려 했다는 이유로 비판을 받기도 했다. [일례로 이 시리즈의 주요한 캐릭터인 슈퍼 사자는 예수의 또 다른 현신(現身)이다.]

그러나 과학소설의 역사에서는 루이스가 이른바 〈랜섬the Ransom〉 3부작을 통해 일종의 반과학소설적 전통을 세우려 했다는 점이 중요하다. 시리즈의 첫 권 〈침묵의 행성 탈출Out of the Silent Planet〉(1943)에서 사악한 과학자 웨스턴Weston은 주인공 랜섬을 화성으로 보낸다. 거기서 랜섬은 아름다운 세계를 발견한다. 화성의 생명체들은 모두 엘딜Eldil이란 화성 전역을 관장하는 정령精靈의 도움을 받아 서로 협력하며 살아가는 것이다. 그러나 뒤따라온 웨스턴이 화성의 토착생물들에 총질을 해대는 바람에 정령이 나서서 그를 제압한다. 이 와중에 랜섬은 지구의 엘딜은 정상이 아닌 탓에 화성에서처럼 지구의 생명체들이 서로 조화를 이루지 못한다는 사실을 깨닫는다. 이러한 접근은 일찍이 초기 기독교에 영향을 준 그노시스교Gnosticism와 신플라톤주의Neo-Platonism의 분위기를 담고 있다.

두 번째 장편 〈피어랜드러Perelandra〉(1944)에서 랜섬은 이번에는 금성으로 건너간다. 드넓은 대양에 식물이 무성한 섬들이 떠있는 행성에서 아름다운 녹색 피부의 여성인 '금성의 이브'를 만난다. 사탄[실은 지구의 엘딜]이 웨스턴의 육신을 가로챈 뒤 그녀에게 나타나 옷을 입어보면 어떻겠느냐고 유혹한다.

시리즈의 대미를 장식하는 〈그 가공할 힘That Hideous Strength〉(1946)에서 무대는 다시 지구로 바뀐다. 사악한 과학자 무리가 한 국립조정실험연구소National Institute of Co-ordinated Experiments를 통해 영국 전역을 장악하려 든다. 랜섬은 연구소에 맞서는 무리를 이끈다. 그의 상대는 겉으로는 병세가 깊어 보이지만 사악한 과학자 집단의 실질적 두목인 마법사 멀린과 연구소의 허울뿐인 두목 호레이스 줄스Horace Jules이다. 여기서 줄스라는 인물은 런던 사투리를 쓰면서 잘 알지도 못하는 내용을 잘난 척 거드름 피우며 떠드는데, H. G. 웰즈를 악의적으로 희화화한 것이라 한다.

루이스는 건즈백적인 인류 우월주의는 물론이거니와 웰즈나 스태플든 같은 진화의 개념을 근본적으로 거부하였으나, 그러한 관점을 다름 아닌 과학소설의 내러티브에 담아내려 했다는 점에서 아이러니한 작가이다. 그는 과학에 바탕을 둔 끝없는 과학기술의 발달이란 망상에 불과하며 설사 주위 환경이 변화하는 것처럼 보인다 해도 윤리도덕은 발달할 수 없으며 발달을 필요로 하지도 않는다고 여긴다. 루이스는 인간이 감당할 능력을 넘어서는 불필요한 과학기술보다는 기독교 교리와 강령을 실천하는 것만으로도 이 세상을 충분히 가치 있게 살아갈 수 있다고 보았다. 그래서 〈랜섬〉 3부작에 등장하는 주요 인물들의 이름은 17~18세기의 작가들이 써먹었듯이 상징성을 띤다. 예를 들어 대표적인 악당으로 등장하는 과학자 웨스턴^{Weston}은 서구^{Western}문화이자 현대 산업사회의 문화를 지칭한다. 루이스의 과학소설에 나오는 악당들은 죄다 과학자들이다. 이들은 불필요한 동식물과 퇴화한 인류 종을 일거에 없애버릴 수 있는 발명에 관심을 보이는 극단주의자이다. 지나친 교훈주의가 작품의 재미를 반감시킨다는 지적이 있긴 하지만 〈랜섬〉 3부작은 과학소설이 단지 과학기술의 프로파겐다 수단이 아니며 오히려 문명의 이기를 전횡하려는 인류의 부조리를 비판하는 역할을 할 수 있음을 보여주었다는 점에서 올더스 헉슬리나 레이 브래드버리의 작품들과 같은 맥락에서 파악하는 비평가들도 있다. 실제로 루이스의 반과학소설적 전통은 제임스 블리쉬의 〈양심의 문제^{A Case of Conscience}〉(1958)와 월터 밀러^{Walter Miller}의 〈라이보위츠 송가^{A Canticle of Leibowitz}〉(1959) 같은 작품들을 통해 면면히 이어지고 있다.

5) 유토피아에서 디스토피아로!

어느 시대를 막론하고 사람들은 미래에 대한 기대와 불안을 매개 삼아 현재와 내일을 비판적인 시각에서 전달하는 유토피아 문학에 매료되어 왔으며 19세기에서 20세기로 접어드는 시기에도 마찬가지였다.

그러나 이전까지와는 확연하게 달라진 점이 한 가지 있었다. 그것은 미래에 대한 외삽 형식을 빌려 우리 현실에 대한 이상적인 대안만을 제시해 온 유토피아 문학에서 디스토피아 문학이 갈라져 나왔다는 사실이다. 예컨대 에드워드 벨라미의 〈뒤돌아보면〉(1887)과 사무엘 버틀러의 〈이리횐〉(1872), 윌리엄 모리스의 〈어디에도 없는 곳으로부터 온 소식 News from Nowhere〉(1891)처럼 기존 유토피아 문학의 전통을 비교적 충실하게 계승하는 작품들도 있었지만 20세기로 넘어오면서부터는 카렐 차펙 Karel Capek, 1890~1938 의 희곡 〈로섬의 유니버셜사 로봇 Rossum's Universal Robots〉(1921), 예프게니 이바노비치 자먀찐 Evgenii Ivanovich Zamyatin, 1884~1937 의 〈우리 We〉(1924), 올더스 헉슬리 Aldous Leonard Huxley, 1894~1963 의 〈멋진 신세계 Brave New World〉(1932), 그리고 조지 오웰 George Orwell, 1903~1950 의 〈1984년 Nineteen Eighty-Four〉(1949) 등에서 보듯이

에드워드 벨라미의 유토피아 소설 〈뒤돌아보면〉

사뮤엘 버틀러의 유토피아 소설 〈이리횐〉

윌리엄 모리스의 유토피아 소설 〈어디에도 없는 곳으로부터 온 소식〉

카렐 차펙의 〈로섬의 유니버설사 로봇〉의 표지와 삽화. 로봇과 인간 간의 갈등을 내세워 실제로는 인간사회의 계급갈등을 풍자하였다.

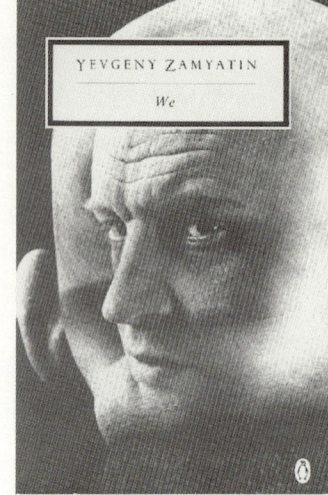

과학이 발달한 소비에트 공산주의 사회의 미래를 그린 예프게니 이바노비치 자먀찐의 〈우리〉. 헉슬리의 〈멋진 신세계〉와 오웰의 〈1984년〉에 영향을 주었다.

공산주의체제의 전체주의화가 초래할 위험에 대해 사회주의자로서의 자전적 경험을 바탕으로 그려낸 조지 오웰의 〈1984년〉

유전자 공학을 비롯한 과학기술이 첨단화된 미래사회의 비정한 이면을 그린 올더스 헉슬리의 〈멋진 신세계〉

 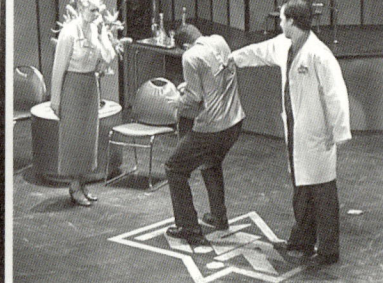

〈로섬의 유니버설사 로봇〉은 원래부터 희곡으로 씌어졌기에 세계 각국에서 지속적으로 공연되어 왔다.

174 　세계과학소설사

중앙집권적 정부가 독선적으로 돌아설 경우의 가공할 공포를 그린 디스토피아 작품들이 사회에 큰 반향을 일으켰다. [20세기 초엽 과학소설을 쓴 유럽 지식인들은 처음부터 자신들이 과학소설을 쓰고 있다는, 다시 말해서 장르에 대한 자의식이 있었던 것은 전혀 아니다. 그들은 유토피아적 전통에 반하는 디스토피아 문학을 창작하려는 의지는 있을지언정 미국에서 주류가 된 장르문학 형태를 고려한 적은 없다. 웰즈, 헉슬리, 오웰, 자먀찐, 차펙 그리고 베르느…. 이 가운데서 어느 한 사람도 그러한 용어를 들먹인 적이 없다. 과학소설이 유럽 지식인들과 문학가들의 관심사로 떠오르게 된 것은 특정한 문학 장르를 만들어내려는 의도가 있었기 때문이 아니다. 그보다는 산업혁명 이후 자본력을 얻게 된 과학기술이 과학혁명이란 급류를 타게 되자 당시의 정치사회 상황에 발을 디딘 채 인류 문명의 미래를 미리 컨닝(?!)해 보려는 시도가 자연스럽게 불거져 나왔는데, 그러한 시도들이 19세기 말부터 20세기 초엽까지의 짧은 기간에 우연히 동시다발적으로 몰렸을 뿐이다.] 이것은 볼셰비키혁명과 세계대전 같은 인류사의 격동기를 거치면서 독자 대중이 더 이상 단지 과학기술이 발달한다 해서 그것이 무조건 인류의 행복으로 되돌아오지는 않을 것이라는 현실을 깨닫게 되었고 작가들 또한 이러한 변화를 가감 없이 반영하지 않을 수 없었기 때문이다. 특히 자먀찐과 오웰 같은 작가들은 단지 공상 속에서 이러한 문학작품을 창작한 것이 아니라 실제로 사회운동에 투신하면서 겪은 절절한 체험을 바탕으로 하고 있기에 막연한 유토피아보다는 장차 들이닥칠지 모르는 디스토피아의 폐해를 구체적으로 열거하는 데 더 힘을 쏟을 수밖에 없었다.

그렇다면 20세기 초 동양의 유토피아 문학은 어떠했을까? 이 분야에 대한 필자의 연구가 턱없이 부족하긴 하지만 개략적이나마 고대와 중세의 전통을 이어 내려오는 동양의 현대적 유토피아 사상을 짐작게 하는 사례 두 가지를 소개하고자 한다. 청나라 말엽 학자이자 정치가인 캉 유웨이^{康有爲, 1858~1927}는 〈대동서^{大同書}〉(1919)에서 모든 사람이 더불어 하나 되는 대동세계^{大同世界}의 모습을 꿈꾸었다. 유가^{儒家}의 이상세계를 유럽식의 근대사상으로 재해석한 그의 유토피아는 어슐러 르 귄^{Ursula LeGuin}의 〈빼앗긴 자들^{The Dispossessed}〉(1974)에 나오는 아나레스 행성 사회를 연상시킨다. 공공의 집과 여관이 있을 뿐 개인 소유의 집은 없다. 식사는 함께 줄지어 앉아서 한다. 날마다 파티가 열린다. 기계가 발달하여 개개인의 방으로 음식을 배달한다. 의복에 구별이 없다. 모두 같은 옷을 입는다. 남녀 차별도 없다. 어진 사람과 지혜로운 사람의 복장만 달리한다. 기계가 발달함에 따라 사람의 지혜도 발달한다. 심지어 기계가 인간의 행동과 일을 살펴 게을러지거나 도둑질하거나 속일 수 없게 한다. 대동세계의 사람들은 걱정이 없다 보니 편안함과 즐거움을 누리기 위해 장수만을 소망한다. 20년간 국가의 교육과 양육을 받은 다음에는 20년간 국가를 위해 일한다. 궁극에 가서는 이 사회에서는 사람이 더 이상 태어나지 않고 죽지도 않으며 더하지도 않고 덜하지도 않은 경지에 이르러 영원한 복락을 누린다. 궁극의 단계에서는 빛과 전기를 타고 기운을 조절해서 다른 별로 갈 수도 있다. 〈대동서〉는 소설이 아니라 정치철학서이긴 하지만 20세기의 중국에서 유토피아 사상이 어떤 양상을 보이고 있는지 엿볼 수 있게 해준다. 우리나라의 경우에는 김광수金光洙, 1883~1915의 한문소설 〈만하몽유록晩河夢遊錄〉(1907)에 새로운 이상향으로서의 무릉도원이 그려진 바 있다.[44] 여기서 작가는 한반도만이 아니라 남쪽의 섬나라에 있는 이상국가 자하도紫霞島, 중국 전역, 선계의 무릉도원 그리고 천상계와 지옥계를 넘나들면서 한일병합이 눈앞에 닥친 조국의 현실에 대한 날카로운 인식을 드러내는 동시에 궁극에 가서 백성이 바라마지 않은 이상향을 꿈꾼다. 이상국인 자하도에서는 여성이 임신해 만삭이 되면 산모실에 가서 해산을 한다. 삼칠일이 지나면 영아실로 보내져 세 살까지 양육한다. 말을 하게 되면 유학실로 보내져 성현의 말씀을 가르친다. 여섯 살이 되면 남자는 남학실로, 여자는 여학실로 보내져 지혜의 등급에 따라 교육하여 10년이 지난 뒤에 집으로 돌려보내

---

[44] 정민, 「슬픈 유토피아」, 『문화일보』, 2006년 11월 23일자.

각자의 직업에 종사하게 된다. 자하도 사회에 대한 묘사는 당시 조선사회가 안고 있던 내적 모순을 부각시키기 위함이었다.

유토피아 또는 디스토피아 문학이 내다보는 미래는 작가가 살고 있는 현재로부터 사변적으로 확장된 미래이다. 이것은 현재에 제약된 시각에서 뻗어나간 미래인 탓에 진정으로 미래의 실상을 담아내기란 쉽지 않다. 과학소설 작가가 유토피아 혹은 디스토피아를 그려내기 위해 수집할 수 있을 정도의 자료라면 이미 그것은 최신 첨단 정보로서의 가치를 잃었을 공산이 높다. 그 결과 유토피아 또는 디스토피아 작품에 등장하는 미래는 단지 시대적 공간만 달라졌을 따름이지 사람들의 생활방식은 별로 다르지 않다. 그럼에도 이러한 유형의 문학형식이 독자대중에게 유효한 것은 그것들이 담고 있는 현재에 대한 비판정신과 미래에 대한 통찰력 덕분이다. 유토피아 문학은 구체적인 미래상을 점쟁이처럼 꿰맞추려는 것이 아니라 혹여 방심했다가 맞이하게 될 불행한 미래를 피할 수 있도록 경고를 하거나 대안을 제시하려는 목적으로 써진다. 디스토피아 문학도 외양은 달라 보일지언정 목적은 다르지 않다. 유토피아 또는 디스토피아 문학에서 펼쳐지는 미래상이 회색빛에서 장밋빛에 이르기까지 다양한 까닭은 미래에 대한 상상의 이면裏面에 현재를 투영함으로써 우리가 나아갈 미래에 대한 가이드라인을 일면적이 아니라 입체적으로 제시하려 하기 때문이다.

세계과학소설사

미국의 초창기 과학소설

미국의 초창기 과학소설

과학소설의 본 고장,
미국의 19세기부터 1950년대까지의 과학소설 역사

1. 작가 개인의 비전에서 상업적 대중문학 시장으로: 미국의 과학소설 시장의 형성이 갖는 의미

과학소설의 역사는 우주와 그 우주에서 인류가 차지하고 있는 위상에 대한 우리의 이해를 더해 가는 역사이다. 이것은 과학소설이란 문학의 신생종(新生種)을 빛바랜 족보에 얽어매는 것만으로는 문학 장르를 이해하는 데 한계가 있다는 뜻이다. 과학소설처럼 과학기술과 사회발전단계의 수준에 따라 본격적인 태동이 가능하기도 하고 불가능하기도 한 문학양식의 경우, 풍자소설 내지 유토피아 소설을 족보에 들러리로 입적시켜 옛날 옛적의 모호한 혈통과 연결짓는 일 못지않게 과학소설 본연의 정체성을 대표하는 현대적 돌연변이들의 가치를 옹호하지 않을 수 없다. 다시 말해서 과학소설의 역사에서 프로토타입에 속하는 이전 작품들에 대해서도 응분의 경의를 표해야겠지만, 엄밀히 말해서 과학소설은 현대에 태어난, 현대를 위한 문학형식이란 사실을 인정하지 않을 수 없다.

혹자는 과학소설을 두고 과학의 발길질에 채여 놀란 사회가 자신도 모르는 사이에 토해낸 배설물이라 표현한 바 있다. 이러한 지적이 적나라한 면이 없지는 않지만, 과학소설이 단지 과학교양 에세이가 아니라 사람들의 희로애락을 과학문명 속에 반영하는 문학이란 점에서 적절한 설명이기도 하다. 바로 앞의 글에서 필자는 고대 그리스 로마 시대부터 20세기 초까지의 선구적인 과학소설의 전통을 간략히 되짚어 보았다. 하지만 과학소설이 하나의 장르문학으로 정착되어 필자로 하여금 이러한 주제의 책을 쓰게 할 뿐 아니라 과학소설만을 골라보는 재미를 즐기는 독자층이 형성되게끔 만든 가장 큰 동인은 무엇일까? 이에 대해서는 굳이 미국인이 아니더라도 20세기 전반 미국에서 싸구려 지질의 펄프잡지를 무대로 대중적인 과학소설 시장이 본격적으로 꽃핀 덕분이라는 데에 이의를 달 수 없을 것이다. 최초의 현대적 과학소설 작가로 꼽히는 쉘리는 물론이거니와 헉슬리와 웰즈도 자신들이 과학소설이란 특정한 지향성(!)을 갖는 장르문학을 쓰고 있다고는 눈곱만치도 생각지 않았다. 자먀찐과 오웰에게는 과학소설의 내러티브가 자신들의 메시지를 전달하는 데 유용하다 보니 그러한 형식을 도입했을 따름이지 그들이 쓴 문학작품들이 전부 과학소설이었던 것은 아니다. 베르느는 이 중에서도 가장 자연과학적인 성향에다 신기한 발명품이 줄지어 나오는 소설들을 연이어 발표했지만 자신의 작품들 및 그와 유사한 다른 작가들의 작품을 한데 묶어 하나의 장르가 되리라는 예견까지는 못했을 것이다. 오히려 베르느는 웰즈와 자신의 작품세계가 아예 다르며 자신의 작품이 과학기술 문명시대의 진정한 적자嫡子라고 차별화를 시도했다. 이러한 분파주의에 구애되지 않고 유럽에서의 지식인 작가들의 산발적인 성과에서 힌트를 얻어, 과학소설을 하나의 동일한 아이덴티티를 지닌 출판산업이자 문학시장으로 만들어 보려한 이들은 휴고 건즈백을 비롯한 미국의 잡지 출판인들이었다.

이들은 유럽의 지식인들과는 달리 과학소설을 통해 사회를 각성시키고 문명의 비전을 여는 일에 목적을 두는 데 그치지 않고 그러한 거창한 대의명분을 바탕으로 돈이 되는 새로운 시장을 열고자 한 유능한 비즈니스맨이었다. 덕분에 그때까지만 해도 딱 한마디로 정의되지 않았을 뿐만 아니라 이렇다 할 이름조차 없던 소설 양식이 대서양을 건너오면서 '과학소설'이란 장르 고유의 이름을 얻게 되고 과학소설만으로 생계를 꾸려나가는 전업 작가들이 비로소 출현하게 되었다. 유럽 각국에 흩어져 있던 미래 사상가들이 간헐적으로 써내던 과학소설이 이제 미국이란 나라의 전업 과학소설 작가들이 서로 작품을 발표하고 의견을 나누는 과학소설 전문잡지 쪽으로 무게중심을 옮겨감으로써 바야흐로 상업적인 동시에 대중적인 과학소설 시대가 만개하게 된 것이다. 과학소설이 하나의 장르로 자리 잡는 데에는 1920~1930년대 미국에서 쏟아져 나온 다양한 잡지의 역할이 지대했다는 것이 잘 알려진 견해이다. 20세기 전반 이래 과학소설의 질을 높이고 비전을 넓혀 온 위대한 작가들은 대개 이 시기의 과학소설 전문잡지들을 통해 등단했고, 직업작가로서 자리를 잡은 일부는 과학소설 전문잡지의 편집장까지 맡으며 장르의 확산에 비즈니스적으로 직접 기여했다. 텔레비전을 비롯한 다원화된 미디어의 발달로 1950년대 이후 과학소설 잡지시장은 일반 잡지시장과 마찬가지로 몰락의 길을 걷게 되지만, 오늘날에도 일부 잡지는 여전히 시장에서 건재할 뿐만 아니라 과학소설계에 일정한 영향력을 행사할 수 있을 만큼 발언권을 행사한다. 이러한 맥락에서 여기서는 미국에서 과학소설이 탄생한 시기에서부터 과학소설 전문잡지의 탄생과 성장, 절정 그리고 몰락을 위주로 둘러보고자 한다. 과학소설 잡지 시장의 전성기는 미국 과학소설 역사에서 이른바 '황금시대'라고 불리는 시기와 맞물려 있는데, 이후의 미국 과학소설 역사에 대해서는 지면 관계상 후일을 기약하기로 한다.

2. 과학소설 전문잡지 탄생 이전의 미국 과학소설의 역사

1) 조지 터커: 미국 최초의 과학소설가?

1920년대 말 세계 최초로 미국에서 과학소설 전문잡지가 탄생하기 이전에 미국의 과학소설 역사는 언제까지 거슬러 올라갈 수 있을까? 이에 관한 자료를 취합해보건대, 가장 먼저 미국에서 과학소설을 선보인 작가로 거명되는 대표적인 인물이 조지 터커George Tucker, 1775~1861다. 터커는 19세기 미국을 대표하는 철학자 가운데 한 사람이자 변호사, 버지니아주 주의회 의원 그리고 새로 설립된 버지니아대학 도덕철학 교수 등을 역임했다. 자신의 견해를 문학을 통해 담아낸 독창적인 사상가였으며 이렇게 발표된 저작물 대다수가 수준급으로 평가된다. 그의 관심 범위는 매우 광범위해서 토마스 제퍼슨의 전기와 미국역사, 경제학, 노예제에 관한 글을 썼을 뿐 아니라 달 여행을 다룬 과학소설까지 손댔다. 작품 가운데 과학소설로 분류할 수 있는 것은 두 편이다. 첫 번째 장편 〈달로의 여행A Voyage to the Moon〉(1827)은 미국 최초의 과학소설로 일컬어지는데 조나단 스위프트의 〈걸리버 여행기〉를 흉내 낸 풍자소설이다. 두 번째 작품은 1977년까지 필사본으로만 보존되어 온 〈향후 백 년간A Century Hence〉이다. 과학소설을 쓰기 전에 이미 다양한 글을 통해 미국에서의 철학 수준이 전반적으로 낙후되어 있다고 피력했다. 대학 강단에 서는 한편, 늘 소설 창작을 꿈꿔 왔던 터커는 50줄에 들어서자 자신의

미국 최초의 과학소설인 조지 터커의 〈달로의 여행〉

사상과 주장을 과학소설 형식에 담아볼 욕심을 내게 된다. 그러나 주위의 눈을 의식했는지 〈달로의 여행〉은 조셉 애털리Joseph Atterly라는 필명으로 발표되었다.

〈달로의 여행〉은 과학, 지리학, 정치 그리고 철학 등 다양한 분야에 대한 조지 터커의 관심사를 반영한다. 소설의 주인공은 필명과 동일한 조셉 애털리로, 아내의 죽음으로 실의에 빠진 나머지 전 세계 유랑 길에 나선다. 난파하여 포로가 된 그는 수수께끼의 브라만 계급 사제와 친해진다. 의기투합하게 된 두 사람은 달로 떠날 운반수단을 만드는데, 동력원은 지구가 튕겨내면 달이 끌어당기게 하는 반중력 금속이다. 메리 쉘리의 〈프랑켄슈타인〉(1818) 이래 새로이 시작된 현대 과학소설의 역사에서 반중력 개념을 최초로 사용한 작품이 바로 조지 터커의 〈달로의 여행〉이다. [영국에서 반중력 개념을 처음 선보인 크라이소스텀 트루먼의 〈달 여행의 역사〉(1864)도 터커의 〈달로의 여행〉에 비하면 수십 년 늦게 발표된 것이다.] 18세기에 발표된 〈걸리버 여행기〉의 라퓨타 에피소드 또한 반중력 개념이 배어 있는 것으로 해석될 여지가 있으나, 터커의 작품에서는 루나리움Lunarium이라 구체적으로 이름붙인, 반중력 효과를 발생시키는 가상의 금속까지 거론된다.[1] 주인공 애털리의 우주선은 무게를 최대한 가볍게 하기 위해 외벽을 구리 재질로 했는데 아직 두랄루민이 발명되기 전임을 감안하면 나름 과학지식에 입각한 것이다. 당연한 이야기겠지만 선내에는 온갖 과학 장비가 장착되어 있다.

달을 향해 지구 대기권을 벗어나던 중 애털리와 승려는 아프리카 대륙을 내려다볼 기회가 생긴다. 이때 애털리는 만물이 동등한 능력을 갖고 있으나 다만 환경의 영향을 받을 따름이라 주장하지만 승려는 환경이 인종 간 차이를 만드는 주요인이긴 하나 인종들 사이에 약간의 유

---

1 http://pr.caltech.edu/periodicals/CaltechNews/articles/v36/bilge.html

기체적 차이가 있긴 있다고 여긴다. 아메리카 대륙 상공을 지날 무렵 두 사람은 미국에서의 자유와 경제 그리고 기회를 토론한다. 애털리는 미국에서의 진보가 장차 지구촌 곳곳으로 확장되리라고 예견한다. 아울러 지구의 지질학과 달의 형성, 영국의 식민통치 치하에서 인도의 문화적 쇠퇴와 인도에서의 아내 순장 풍습에 관해서도 생각을 나눈다. 달에 도착해서 애털리는 그곳의 사람들과 초목이 약간 차이가 있긴 하지만 지구의 것들을 거의 그대로 빼닮았음을 알게 된다. 독자들은 겉보기에 달 사회의 풍습이 기괴해 보이지만 따지고 보면 결국 터커가 살던 시대를 풍자하기 위한 장치에 불과함을 알 수 있다. 그가 비판적으로 바라보는 대상들은 허영덩이 젊은 여인네들의 천박한 의상, 종교적 금욕, 교회의 복잡한 의례, 종교적 편견, 금의 비축, 골상학[두개골의 형상에서 사람의 성격을 비롯한 심적 특성 및 운명 등을 추정하는 사이비 학문으로 인종차별주의의 논리적 근거로 활용된다.], 방혈放血[일부러 피를 뽑아 치료하는 방식. 조지 워싱턴이 이러한 치료를 고집하다가 출혈 과다로 사망했다고 한다] 치료 그리고 농업경제와 산업경제의 비교우위 논란 등이다. 애털리와 브라만 승려는 달세계에서 저명한 철학자들과 과학자들 그리고 발명가들을 만나는데, 대다수는 자기기만적인 협잡꾼임에도 그곳 일반주민의 존경을 한몸에 받는다. 다른 한편으로 달에서 두 사람은 지구에 도입할 만한 좋은 점들도 발견한다. 이를테면 산아제한을 통한 인구 억제, 극형의 금지, 재판정에서 증거로 채택되기 위한 다양한 기준 같은 것들이다. 이윽고 4년 만에 지구로 돌아온 애털리는 다시는 여행을 떠나지 않겠다고 맹세한다.

    터커의 저작들을 한데 묶어 주는 구심점은 진보의 개념이다. 그가 보기에 여러 나라의 과학과 문화 그리고 경제는 앞으로 나아갈 수밖에 없다. 이러한 현상 뒤에 자리한 동인은 심리적으로 더 나은 개선을 저도 모르게 추구하는 인간의 본성이다. 그는 미국이야말로 이러한 진보를 현실 속에 구현하고 있는 대표적인 사회로 보았다. 그의 철학은 세속적이어서 하느님이나 종교에 딱히 줄 역할이 없었기에, 보상과 처벌 그리고 내세 같은 종교가 주는 당근을 배격했으며 지나치게 종교에 빠져들면 나쁜 결과를 가져온다고 믿었다. 이러한 성향은 〈달로의 여행〉에도 반영되어, "종교가 우리의 감정을 고양시켜 주는 면이 있다 해도 그것은 또한 최악의 상황을 방치하게 만든다."라고 서술하고 있다.[2] 한편 터커의 작품은 에드가 앨런 포에게도 영향을 주었다.[3] 터커가 버지니아 대학에서 강의를 하던 무렵 수강하던 학생 중 하나가 바로 포였으며 〈달로의 여행〉은 포가 우주여행 소설을 쓰도록 만드는 데 결정적인 영향을 주었다.[4]

2) 19세기 후반부터 20세기 초까지의 과학소설의 두 가지 흐름

미국은 과학소설이란 장르문학의 이름이 생겨나기 전부터 유럽에 비해 과학소설에 우호적이었다. 다시 말해서 19세기 후반의 미국에는 아직 과학소설이란 이름으로 명시해서 부르고 있던 상황은 아니었지만 성인과 어린이들을 위한 과학소설로 분류할 수 있는 작품이 많았다. 이러한 작품은 크게 두 가지 부류로 구분이 되는데, 하나는 일류 작가들의 문학적으로 의미가 있는 과학소설 군이고 다른 하나는 상업적 흥행을 위해 말초적인 흥밋거리로 씌어진 싸구려 과학소설[이른바 다임소설] 군이었다.

전자에 속하는 작품은 아직 과학소설 장르가 전문작가와 열혈독자층의 탄탄한 지원에 힘입어 정립된 시기가 아니었기에, 순수문학 내지 일반문학 분야에서 과학소설에 관심을 보인 작가들에 의해 씌어졌다. 브

---

[2] James Fieser ed., *The Life of George Tucker*, Thoemmes Continuum, 2004, pp. ix~x.
[3] William H. Gravely, Jr., "A Note on the Composition of Poe's 'Hans Pfaal'", *from Poe Newsletter*, vol. III, no. 1, June 1970, pp. 2~5.
[4] http://www.lulu.com/content/288722

루스 프랭클린H. Bruce Franklin[《완벽한 미래: 19세기 미국의 과학소설(Future Perfect: American Science Fiction of the 19th Century)》, 《전쟁의 별들: 초강력무기들과 미국인들의 상상력(War Stars: The Superweapon and the American Imagination)》, 그리고 《로버트 A. 하인라인: 과학소설 측면에서 본 미국(Robert A. Heinlein: America as Science Fiction)》 등의 저자]에 따르면, 남북전쟁(1861~1865) 이전의 주도적 인사 중 상당수가 과학소설 형식의 정립에 중요한 기여를 하였는데, 예를 들면 워싱턴 어빙Washington Irving, 1783~1859[미국 최초의 현대적 과학소설 작가는 《달로의 여행》(1827) 속에 과학적 기능을 하는 기계장치와 금속재료를 도입한 조지 터커로 볼 수 있지만, 선구적 내지 원형적 과학소설 잣대로 융통성을 발휘하게 되면 워싱턴 어빙의 《립 밴 윙클》(1819)이 포함될 수 있다.], 제임스 페니모어 쿠퍼James Fenimore Cooper, 1789~1851, 내써니얼 호쏜Nathaniel Hawthorne, 1804~1864, 에드가 앨런 포Edgar Allan Poe, 1809~1849, 에드워드 에버렛 헤일Edward Everett Hale, 1822~1909, 피츠 제임스 오브라이언Fitz-James O'Brien, 1828~1862, 마크 트웨인Mark Twain, 1835~1910, 그리고 에드워드 벨라미 등의 작가들이다.

19세기 초엽 활발히 작품 활동을 한 워싱턴 어빙과 제임스 페니모어 쿠퍼는 유럽에서도 찬사를 받은 최초의 미국 작가들이다. 어빙은 《슬리피 할로우의 전설The Legend of Sleepy Hollow》(1820)과 《립 밴 윙클Rip van Winkle》(1819) 같은 단편들로 지금도 유명한데, 특히 《립 밴 윙클》은 선구적인 시간여행 소설로 분류되기도 한다. 소설에서 주인공 립 밴 윙클은 게으름을 피운다고 바가지 긁는 아내를 피해 산으로 놀러 갔다가 유령들과 만나 술 마시고 게임을 하다 나무 아래에서 잠이 든다. 문제는 그가 깨어나 마을로 돌아와 보니 이미 20년이 지나버렸다는 사실이었다. [이러한 이야기는 동서고금을 막론하고 보편적으로 전해 내려온다. 중국의 '장자와 나비의 꿈' 고사(古

미국의 선구적인 시간여행담, 워싱턴 어빙의 《립 밴 윙클》. 뒷산에서 잠들었다가 마을로 돌아온 주인공 윙클은 이미 그 사이 20년이 흘러 아내는 물론이요 아는 사람들도 대부분 오래전에 죽었음을 알고 경악한다.

事)는 말할 것도 없거니와 일본 설화 〈아키노스케의 꿈〉에서도 이처럼 상대적 시간개념이 주제이다. 후자에서는 주인공이 먼 나라에 초청받아 왕녀와 결혼한 뒤 정치 지도자로 23년간 살다가 고향으로 돌아와 보니 불과 몇 분밖에 지나지 않았음을 깨닫는다.][5] 아내도 오래전에 죽은 데다, 미국은 더 이상 영국 왕이 지배하는 세상이 아닌 독립국가가 되어 있더라는 설정도 의미심장하다. 워싱턴 어빙은 너새니얼 호쏜, 헨리 왜즈워쓰 롱펠로우 Henry Wadsworth Longfellow, 그리고 에드가 앨런 포의 정신적 스승이었다고 전해진다.

원래 제임스 페니모어 쿠퍼는 역사소설과 해양소설에서 명성을 얻었지만 인생의 후반 들어 농업에 깊은 찬사를 보냈으며 그 결과물이 장편소설 〈분화구The Crater〉(1847)다. 이 유토피아 소설에는 과학과 판타지가 뒤섞여 있으나 넓은 의미에서 일종의 과학소설로 읽힐 수 있다. 여기서 주인공 마크 울스튼Mark Woolston은 풀 한 포기 없는 불모의 섬에 고립된다. 폭풍우 속에서 살아남은 동료 선원이라고는 자신과 밥 베츠뿐이지만 요행이 배는 파손을 면한다. 배에 남은 물자가 고갈되기 전까지 두 사람은 섬에서 살아남기 위해 과학적인 영농법을 이용해서 불모의 모래땅을 농사짓기 좋은 옥토로 변모시키는 실험을 한다. 이 소설은 쿠퍼의 다른 작품들에서와 마찬가지로 하느님이 우주적 차원만이 아니라 개개인의 일상에 관여하는 양상에 관심을 갖는다.[6]

난파한 선원 둘이 불모의 섬에서 과학적인 영농법을 시도하는 유토피아 소설, 제임스 페니모어 쿠퍼의 〈분화구〉

---

5 리프키디오 헌 지음, 심정명 옮김, 〈괴담〉, 생각의나무, 2007, 83~93쪽.
6 Steven P. Harthorn, "James Fenimore Cooper, Agriculture, and The Crater", Hugh C. MacDougall, edit., *James Fenimore Cooper: His Country and His Art, Papers from the 2001 Cooper Seminar*, No. 13, The State Univ. of New York College, 2001, pp. 57~61.

내쎠니얼 호쏜의 단편소설 〈라파씨니의 딸〉을 원작으로 한 연극 포스터. 연출은 미국인 찰스 타이들러(Charles Tidler)가 맡았다.

내쎠니얼 호쏜은 자신의 도덕적인 이야기들 몇 편에서 가상의 과학적 실험을 기술한 바 있다. 하지만 근본적으로 과학적 세계관에 대해 깊은 불신을 갖고 있어 반과학소설적인 전통에 서 있다. 이를테면 〈태어났을 때부터 있던 점 Birthmark〉(1843)과 단편 〈라파씨니의 딸 Rappaccini's Daughter〉(1844)을 보면, 오늘날 과학만능주의 Scientism의 만연과 그 편협함을 개탄하는 회의주의적 태도가 잘 드러나 있다. 〈라파씨니의 딸〉은 자신의 딸을 약물실험을 통해 불사신으로 만들려 하는 천재 교수 쟈코모 라파씨니 Giacomo Rappaccini의 음모를 다룬 이야기이다. 그는 하느님을 대신해서 자신만의 새로운 에덴동산을 만들어 자연의 법칙을 거스르려 한다. 어느 날 이 금단의 성역에 들어오게 된 젊은 학생 죠반니 Giovanni는 교수의 딸 베아트리스 Beatrice와 사랑에 빠지고 이를 눈치 챈 라파씨니는 새로운 이브에 걸맞은 새로운 아담을 탄생시키기 위한 함정을 준비한다. 자연의 순리를 역행시키려는 과학자의 무리한 아집을 형상화함으로써 과학에 대한 회의적인 시선을 던지는 호쏜의 태도는 피츠 제임스 오브라이언과 앰브로즈 비어스 Ambrose Bierce, 1842~1914와 같은 19세기의 다른 미국 작가들에게서도 찾아볼 수 있다.

아일랜드 출신의 젊은 미국인 작가 오브라이언의 〈다이아몬드 렌즈 The Diamond Lens〉(1858)에서는 한 젊은 현미경 사용자가 초자연적인 매개체를 통해 뢰벤후크 Antonie van Leeuwenhoek, 1632~1723 [네덜란드의 현미경 학자이자 박물학자로 현미경의 발명가]의 영혼과 만난다. 영혼은 주인공에게 큰 다이아몬드를 전류가 흐르는 영적인 도체에 갖다 대면 탁월한 성능의 현미경을 만들어낼 수 있다고 일러준다. 1850년대만 해도 전기는 아직 낯설고 획기적인 것이었다. 현미경 사용자는 그 말대로 하기 위해 다이아몬드를 얻을 요량으로 사람까지 살해한다. 현미경으로 들여다본 물방울 하나에서 주인공은 아름다운 여인을 알아보고 첫눈에 반하지만 그 물방울이 증발해 버리자 여인 역시 덧없이 사라져 버린다.

언론인이자 작가였던 앰브로즈 비어스[1842년 미국 오하이오 주에서 태어난 앰브로즈 비어스는 남북전쟁에 참전했고, 종전 후 샌프란시스코에서 안정되지 못한 언론인 생활을 했다. 1913년 71세의 나이로 실종되었는데, 그의 최후를 둘러싼 몇 가지 소문 중 그럴 듯한 한 가지는 멕시코 혁명가 프란시스코 비야(Francisco Villa)의 참모습에 환멸을 느낀 비어스가 그의 면전에 대고 강도라고 비난하는 바람에 비야가 부하들에게 "저 녀석을 쏴버려!"라고 지시했다는 것이다.]는 대인 기피증을 앓았던 탓인지 초자연적인 현상과 공포에 초점을 맞춘 환상소설을 주로 썼지만 〈목슨의 주인Moxon's Master〉(1909) 같은 과학소설 단편도 발표했다. 여기서는 로봇이 자신의 창조주목슨; Moxon와 체스를 둬서 이기자 그를 살해해 버린다. 문학에서 '로봇'이란 용어는 체코 극작가 카렐 차펙의 희곡 〈로섬의 유니버셜사 로봇Rossum's Universal Robots〉(1921)에서 처음 유래하지만, 〈목슨의 주인〉은 그보다 10여 년 전에 이미 사람이 만든 자동인형을 주요 캐릭터로 등장시켰다. 이상에서 보듯이 오브라이언의 〈다이아몬드 렌즈〉와 비어스의 〈목슨의 주인〉은 언뜻 보아 과학에 대해 양면가치적으로 접근하는 듯 하지만 전체적인 맥락에서는 보수적인 도덕 이야기로 읽힌다.

한편 호쏜은 대체역사를 문학형식으로 실험한 최초의 작가이다. 그의 단편

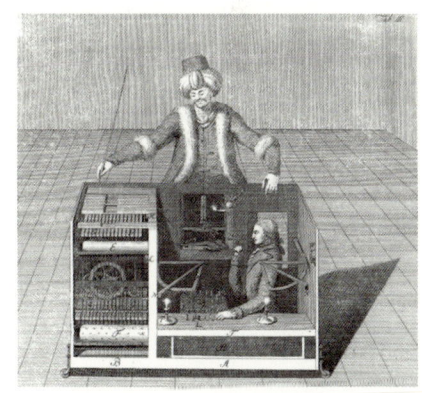

앰브로즈 비어스의 〈목슨의 주인〉은 1770년 볼프강 폰 켐펠렝(Wulfyang von Kempelen)이 제작한 체스 두는 자동인형에서 영감을 얻었다. 자동기계는 당시 공개적인 게임에서 체스의 고수들을 연달아 격파하여 명성을 얻었으나, 실은 그 기계 안에 체스에 정통한 사람이 숨어 있음이 후에 판명되었다.

〈P의 서신P's Correspondence〉(1845)[단편집 〈낡은 저택의 이끼 Mosses from an Old Manse〉에 수록되어 있다.]은 영어권만이 아니라 전 세계에서 최초로 알려진 대체역사물이다. 여기서 주인공은 오래전에 죽은 역사적 인물들과 문학 속에 나오는 인물들이 여전히 살아 있는 또 다른 1845년의 세계가 보인다는 이유로 미치광이 취급을 받는다. 이러한 망상에는 번즈Burns, 바이런Byron, 쉘리Shelley, 키츠Keats 같은 시인들과 배우 에드먼드 키인Edmund Kean, 영국 정치가 조지 캐닝George Canning, 그리고 심지어는 나폴레옹 보나파르트Napoleon Bonaparte까지 등장한다.

에드워드 에버렛 헤일의 우주비행 풍자극 〈벽돌로 만든 달The Brick Moon〉(1869)은 베르느풍의 모험담으로 인공위성이 등장한 최초의 소설로 유명하다. 헤일 자신이 성직자였음에도, 이 소설에서는 하늘에다 벽돌 달을 걸어 놓음으로써 보수적인 기독교도들을 기절초풍하게 만들었다. 그의 아이디어는 명쾌했다. 지구 궤도에다 인공 달을 하나 쏴 올려 우주여행의 이정표로 삼자는 것이다. 아이디어를 뒷받침하기 위한 나름대로의 과학적인 논리도 가미되었다. 즉 인공 달이 지구 궤도상에 안정적으로 머무르려면 엄청난 속도로 회전하고 있어야 하므로, 그 와중에 대기와의 마찰열에 견디려면 내열성 벽돌로 인공 달을 제작해야 한다는 것이다. 이쯤 듣고 나면 과학소설 애독자가 아니더라도 헤일의 아이디어가 스푸트니크를 연상시킨다는 것을 금세 깨달을 수 있으리라. 아닌 게 아니라 오늘날 우주왕복선의 외피는 내열자기류耐熱磁器類로 만들어지고 있지 않은가. 이 작품은 헤일의 다른

에드워드 에버렛 헤일의 〈벽돌로 만든 달〉은 인공위성이 등장한 최초의 소설이다.

작품들과 마찬가지로 사이비 저널리즘적인 사실주의를 택하여 진위가 헷갈리게 만듦으로써 설득력을 높였다.

마크 트웨인은 장편 〈아서 왕궁의 코넷티컷 양키A Connecticut Yankee in King Arthur's Court〉(1889)에서 과학적인 테마를 끌어들였는데, 여기서는 주인공이 과거로 이동하여 원래 자신이 살던 19세기의 기술지식을 유용하게 이용한다. 1889년에 씌어졌음에도 〈아서 왕궁의 코넷티컷 양키〉는 마치 1차 세계대전의 전쟁양상을 미리 내다본 듯하다. 소설에서처럼 1차 세계대전에서 유럽의 구식 기사도 정신은 신식무기와 전술로 인해 산산조각 나고 말았으니 말이다.

19세기 미국 과학소설 가운데 가장 성공적인 작품을 꼽는다면, 해당 세기 동안 미국에서 2번째로 많이 팔렸다는, 에드워드 벨라미의 〈뒤돌아보면〉(1887)일 것이다. 이 작품은 현대 사회에 대한 통찰을 밑거름 삼아 미래 사회를 외삽한 것으로, 그 영향력이 비단 문학 영역에만 그치지 않고 정치사회적으로 확장되어 여러 나라에서 벨라미 협회를 결성하게 만들었다. 작품의 충격은 엄청나서 20개국 이상에서 번역되었으며 이 책이 나온 뒤부터 세기가 바뀔 때까지 불과 12년 동안 아류작이 46권이나 나왔을 정도였다.[7]

마크 트웨인의 〈아서 왕궁의 코넷티컷 양키〉는 영화는 물론이요 만화로도 만들어졌다. 그림은 이 작품의 만화판 표지이다.

에드워드 벨라미의 유토피아 소설 〈뒤돌아보면〉 속지

H. G. 웰즈의 유토피아 소설 〈다가올 세상의 모습〉

잭 런던의 〈강철군화〉 필사본

1890년에서 1891년 사이에 〈뒤돌아보면〉의 영향으로 미국에서 결성된 벨라미 클럽만 165개에 이르렀다. 줄 베르느가 자연과학적인 과학소설의 대표로서 공간의 정복을 강조한 데 비해, 벨라미는 사회적 관심과 참여라는 주제로 시간의 미래를 가로질러 전달하고자 했다는 점에서 웰즈의 문명비판적 과학소설과 공통분모가 많다. 또한 웰즈의 〈다가올 세상의 모습〉(1933)과 벨라미의 〈뒤돌아보면〉은 모두 유토피아 내지 인류의 미래를 긍정적으로 그렸다는 공통점이 있다. 후일 존 듀이John Dewey, 윌리엄 앨런 화이트William Allen White, 쏘스타인 베블렌Thorstein Veblen 같은 철학자와 사회평론가들도 벨라미의 작품에서 영향을 받았다고 토로하였다.

하지만 잭 런던은 벨라미와는 달리 미국 사회의 미래에 대해 다른 의견을 제시하고자 했다. 그의 〈강철군화The Iron Heel〉(1908)는 수탈적 자본주의의 폐해가 극에 달해 있던 미국에서 계급갈등이 불거지도록 방치하면 또 다른 볼셰비키혁명을 초래할 것임을 미래에 대한 외삽 형식을 빌려 경고한다. 영국식 디스토피아 문학과는 별개로 잭 런던은 미국의 현실에 기반을 둔 독자적인 디스토피아 세계를 창조한 것이다. 이외에도 잭 런던은 과학소설로 분류될 수 있는 작품들인 〈전례

7 로버트 스콜즈·에릭 랩킨 지음, 김정수·박오복 옮김, 〈SF의 이해〉, 평민사, 1993, 20쪽.

가 없는 침공The Unparalleled Invasion〉(1910)과 〈붉은 것The Red One〉(1918)을 썼다. 전자는 세균전쟁과 인종청소가 벌어지는 미래의 이야기이고 후자에서는 외계생물이 등장한다.

하지만 같은 시기에 과학소설은 아직 정식 이름으로 통칭되지는 못하는 상황이었지만 위에서 언급한 일류 작가들의 수준작만이 아니라 대중문학으로 본격적인 발돋움을 할 채비를 하고 있었다. 1890년대 들어 미국에서는 일반 대중이 잡지를 읽는 습관이 늘어남에 따라 잡지들의 판매부수도 덩달아 올라갔다. 1900년경이 되면 이러한 잡지 중 몇 군데에서 이따금 과학소설을 싣곤 했다. 덕분에 아직 과학소설만을 전문적으로 다루는 잡지가 전무했음에도 1903년 12월 『스트랜드The Strand』에 H. G. 웰즈의 과학소설 단편 〈철갑의 땅The Land Ironclads〉이 코난 도일의 셜록 홈즈 이야기와 함께 게재되었으며, 같은 시기 출판사 먼시 컴퍼니Munsey Company 산하의 여러 잡지들[이를테면 『먼시의 잡지(Munsey's Magazine)』, 『아고시(The Argosy)』, 『올스토리 위클리(All-Story Weekly)』, 『카발리에(Cavalier)』 등]도 색다른 소재와 주제를 찾아 대중의 말초적인 호기심을 자극하는 과학소설들을 같이 실었다. 이러한 경향은 결과적으로 싸구려 문학이고 말초적인 흥미만 돋

20세기 초 미국에서 비록 과학소설 전문잡지는 아니었으나 과학소설을 게재한 잡지들

우는 천박한 소설 장르라는 오명을 얻는 데 일조했지만, 다른 한편으로는 해당 장르에 대해 작가들과 출판사들이 선순환 구조를 기대할 수 있게 시장을 확산시키는 역할을 했다. 미국에서는 남북전쟁에서 산업자본주의 세력이 승리를 거두고 난 뒤 과학기술 분야에서 부와 명성을 추구하는 젊은이들이 주축이 된 새로운 식자^{識者} 대중이 출현했다. 이러한 독자층을 직접적으로 겨냥한 것이 바로 당시 10센트 동전 하나면 구입할 수 있었던 조잡한 지질^{紙質}의 다임 소설$^{dime\ novel}$로서, 1차 세계대전이 발발하기 전까지 미국에서 가장 인기 있는 대중문학 형식이었다고 해도 과언이 아니다. 이러한 싸구려 대중소설이 다루는 내용 가운데에는 과학소설도 포함되어 있었다. 이후 다임소설은 미국 문화의 골격을 형성하는 데 지대한 영향을 미쳤으며 과학소설 장르도 그 일익을 담당하였다.

다임소설 판형의 과학소설에 등장하는 주인공은 거의 예외 없이 십대의 천재 발명왕이었는데, 이러한 캐릭터를 주축으로 한 이야기는 서부극이나 탐정물처럼 미국 출판사들에 의해 인기 있는 장르 카테고리로 개발되었다. 다임소설로 단행본 출간이 이뤄지기 전에 해당 작품은 대개 마찬가지로 싸구려 종이에 인쇄한 이른바 펄프잡지들에 일정기간 연재되었는데, 온갖 장르들이 시도된 펄프잡지에서 과학소설로서 처음 연재된 작품은 에드워드 S. 엘리스$^{Edward\ Sylvester\ Ellis,\ 1840~1916}$[학교 교장을 거쳐 미국 뉴저지(New Jersey) 트랜튼(Trenton)에서 교육감이 되었다. 1860년 자신의 저서 〈세쓰 존스(Seth Jones)〉가 큰 성공을 거두자 교직을 그만두고 아예 전업 작가의 길로 나섰다. 그의 집필 이력 가운데 가장 정평이 나있는 분야는 토마스 제퍼슨(Thomas Jefferson) 대통령의 전기였지만, 엘리스는 젊은 독자들을 위한 모험소설과 역사서를 쓰는 데에도 일가견이 있었다. 그는 염가 소설(dime novel) 시대에 활발하게 활동한 작가로 본명뿐 아니라 수십 개의 필명을 사용하다 보니 오늘날 그가 쓴 작품의 정확한 수효를 알 수가 없게 되었다. 정통 과학소설 작가라 보기는 어렵지만 과학소설로 분류될 수 있는 작품들도 썼다.]의 〈대평원의 증기인간$^{The\ Steam\ Man\ of\ Prairies}$〉(1865)이었다. 잡지 『어윈의 미국 소설$^{Irwin's\ American\ Novels}$』 45호부터 실리기 시작한 이 소설은 인디언을 추적하기 위해 십대의 난쟁이 발명가 조니 브레이너드Johnny Brainerd가 제작한 기계인간[로봇]의 이야기다. 여기서 희한하게도 로봇의 구동원리는 증기기관으로 설정되었다. [당시만 해도 스팀펑크란 과학소설의 하위 장르는 존재하지도 않던 시절이었다.] 이 작품은 펄프잡지에 실린 미국의 대중적 과학소설 중에 최초일 뿐만 아니라 기계인간을 현대문학에 도입한 첫 사례라는 데에서 의의를 갖는다. 즉 〈대평원의 증기인간〉은 비록 로봇이란 용어 대신 증기인간the steam man이란 이름을 쓰긴 했지만 체코 작가 카렐 차펙의 희곡 〈로섬의 유니버설사 로봇〉(1920)에 비하면 무려 반세기이상 앞선다. 물론 이것은 어디까지나 출간 시점에서의 비교일 뿐 문학사적으로나 사상사적으로 〈로섬의 유니버설사 로봇〉에 〈대평원의 증기인간〉을 맞비교하기는 어렵다.

연통이 달린 모자까지 쳐서 그것의 키는 약 10피트에 가장자리가 넓은 펠트천 덮개로 둘러싸였고 온통 광이 나는 흑색으로 도색되어 있었다. 얼굴은 쇠로 만들어진 데다 검게 칠해져 있어서 두 눈은 무시무시했고 이를 드러내고 웃는 입술은 끔찍했다. 코에서는 기차의 기적소리 같은 소음을 내는 장치가 달려 있었다. 증기엔진으로 움직이는 심장은 인간의 가슴에 통상 심장이 달려 있는 위치와 똑같은 곳에 있었으며 어깨와 등에는 커다란 배낭이 매어져 있었다. 두 팔이 각기 창을 쥐고 있었고 넓고 평평한 발에는 날카로운 징들이 빼곡히 박혀 있어 마치 야구계의 제왕 같았다. 다리는 꽤 길었고 걸음걸이는 뛸 때만 제외하고는 자연스러웠다. 달리는 동안에는 그 형체의 곧추선 모습이 인간과는 영 딴판으로 보였다.

— 〈대평원의 증기인간〉 중에서

1876년 나온 〈증기인간〉 시리즈의 두 번째 이야기마저 인기를 끌자 출판사는 다른 작가들에게도 유시한 아류작들의 창작을 주문했다. 이에 호응하여 1876년부터 해리 엔튼Harry Enton은 장편 〈프랭크 리드와 대평

에드워드 S. 엘리스의 〈대평원의 증기인간〉에 등장하는 로봇인 일명 '증기인간'의 프로토 타입 버전

〈증기인간〉 시리즈의 인기는 개량형 버전 마크 II와 마크 III를 낳게 했다. 그림은 마크 III의 모습

프랭크 리드 가족을 중심으로 한 〈증기인간〉 시리즈는 작가를 바꿔 가며 속편으로 계속 이어질 정도로 인기를 거듭했다. 이 시리즈의 로봇은 처음에는 제목에도 반영되었듯이 증기엔진으로 움직였다. 하지만 발명가 프랭크 리드의 아들인 프랭크 리드 2세는 당시 과학기술의 변화를 재빨리 채택하여 전기로 움직이는 로봇(이름하여 전기인간, Electric Man)으로 업그레이드 했다.

프랭크 리드 2세는 〈증기인간〉 시리즈에 등장했던 증기말(Steam Horse) 또한 개량하여 전기말(Electric Horse)을 만들었다. 이 그림은 주인공 프랭크 리드 2세가 사슬갑옷을 입은 채 전기말이 끄는 마차를 타고 인디언 무리에 대적하는 장면을 그린 삽화이다.

원의 증기인간Frank Reade and His Steam Man of the Plains〉을 포함해서 증기로봇을 저명한 발명가 프랭크 리드Frank Reade가 업데이트하는 이야기 네 편을 시리즈로 썼다.[8] 내용을 보면, 증기인간의 첫 발명가 조니 브레이너드가 은퇴하자 모험과 발명을 좋아하는 리드 가족이 그 뒤를 이어 '증기로봇 마크 II 및 마크 III Steam Man Mark II & Steam Man Mark III'와 같은 개량형을 만들어낸다는 식의 전개였다. 루이스 필립 세나렌즈Luis P. Senarens, 1865~1939라는 이름의 또 다른 작가는 이 아이디어를 받아들여 한층 더 세련되게 다듬었다. 그는 우선 주인공을 프랭크 리드 2세로 갈아치운 다음 〈증기로봇〉 시리즈와 엇비슷한 작품들을 양산했다. 여기서 증기로봇은 전기로봇으로 증기말은 전기말로 동력원이 한 단계 업그레이드되었다. 세나렌즈의 시리즈는 청소년들에게 무척 인기가 있어 장수한 시리즈였을 뿐 아니라 종종 재간되었다. 세나렌즈는 줄 베르느의 영향을 받아 과학과 기술을 배경으로 한 모험소설들을 즐겨 썼기에, 그의 소설에는 육상에서의 탈것은 물론이요 공중의 탈것과 로켓, 헬리콥터, 잠수함 같이 당시로써는 아직 꿈에 가까운 발명품들이 속속 등장했다. [세나렌즈에게 직접적으로 영향을 미친 베르느의 작품으로는 〈증기집(The Steam House)〉, 〈정복자 로부, 세계의 주인(Robur the Conqueror, Master of the World)〉 등을 꼽을 수 있다.] 이러한 유형의 작품들 또한 〈프랭크 리드 2세의 창공의 경이Frank Reade Junior's Air Wonder〉(1876)와 〈혜성 궤도에서 길을 잃다, 또는 프랭크 리드 2세가 신규 비행선과 함께 벌이는 이상한 모험Lost in a Comet's Tail; or, Frank Reade, Jr.'s Strange Adventure with His New Air-Ship〉(1895)에서 보듯이 프랭크 리드가 예외 없이 주인공으로 등장한다.

   한편 다임소설 판형의 과학소설은 아직 독자 장르로의 정체성이 부족했기에 이미 인지도가 높은 인기 장르와 적절하게 혼합되는 경향도 보였다. 일례로 에드워드 엘리스의 연작소설 〈대평원의 증기인간〉은 앞서

8 http://www.bigredhair.com/steamman/index.html

루이스 필립 세나렌즈의 작품 속에 등장하는, 주인공 리드가 발명한 헬리콥터. 세나렌즈는 쥘 베르느의 영향을 많이 받았지만 헬리콥터의 경우에는 베르느보다도 몇 년 더 앞서 세상에 선보였다.

세나렌즈 작품에 등장하는 비행정의 일종. 선체 전체가 방탄 알루미늄 강판으로 덮여 있다.

세나렌즈의 작품에 등장하는 또 다른 비행정. 추진동력은 화학연료를 연소시켜서 얻으며 선내의 빛과 열은 전기발생 시스템을 이용해 만들어낸다.

언급했듯이 젊은 발명왕의 이야기인 동시에 서부극과 그럴 듯하게 융합된 모습을 띠었다. 발명가가 등장하는 소설이 서부극의 모양새를 취했다는 사실은 기술 발전을 긍정적으로 바라보는 미국 대중의 태도에다 개척정신의 신화를 녹여 넣어 더 큰 호응을 불러일으키고자 하는 의도였다. 덕분에 이 두 장르는 전혀 다른 뿌리를 지녔음에도 백여 년이 넘은 오늘날까지 서로 지속적인 교감을 해 왔다. [좋은 예가 1999년 할리우드에서 개봉한 〈와일드 와일드 웨스트(Wild Wild West)〉와 같은 퓨전 SF 영화이다.]

19세기 후반 미국에도 베르느 소설이 소개되면서 일종의 퓨전 현상이 일어났다. 쥘 베르느의 작품들이 인기를 끌자 유럽에서와 마찬가지로 그의 작품을 흉내 내는 작가들이 등장했는데, 이들의 특징은 미국인답게 서부의 신화 the Myth of the West를 작품 속에 녹여 넣으려 들었다. 이것은 일종의 문화적 맥락의 차이로도 볼 수 있지만 그게 전부는 아니었다. 미국의 대중 과학소설 작가들은 서부극이 인기 있는 장르였기에

19세기 후반 미국의 과학소설은 이 나라에서 인기 있는 고유 장르인 서부극과 직간접적으로 융합된 형태를 띠기도 하였다. 그 결과 무늬만 과학소설이지 알맹이는 서부극과 다를 바 없는 작품들이 양산되었다.

단지 그 후광을 얻겠다는 생각에서만이 아니라 불모지에서 문명과 자본을 일궈내는 무한한 잠재력을 보여준 서부를 무대로 미래가 구현되는 모습을 담아내고자 하였던 것이다. 베르느의 작풍을 이처럼 미국식으로 소화한 후계자들 가운데 대표적인 작가가 프랭크 R. 스톡튼^{Frank R. Stockton}이다. 그는 과학소설적인 장치들이 점차 대중에게 친근해지자 〈수중 악마^{The Water-Devil}〉(1874)와 〈마이너스 중력 이야기^{A Tale of Negative Gravity}〉(1884)에서 가상의 즐거운 비행담을 전개하기 위해 그러한 장치들을 끌어들였다. 아울러 스톡튼의 〈대전기사^{大戰記事, The Great War Syndicate}〉(1889)와 〈사디스의 대석(大石)^{The Great Stone of Sadis}〉(1898), 그리고 가렛 P. 서비스^{Garrett P. Serviss}의 〈달의 금속^{The Moon Metal}〉(1900)과 〈우주의 콜럼버스^{A Columbus of Space}〉(1909)는 미국적인 대중 과학소설의 발전에 일정부분 기여하였다.

3) 에드가 앨런 포: 과학소설에 최적화된 문학형식을 찾아 나서다!

에드가 앨런 포는 앞의 글 「선구적인 과학소설의 역사」에서 잠시 언급했듯이 일찍부터 다양한 실험기법을 구사하여 과학소설에 맞는 문학형식을 찾아내고자 노력하였다. 포의 열정적인 시 〈과학에 바치는 소네트Sonnet-to Science〉는 1820년대 초에 씌어졌으며, 독창적인 시적 분위기가 우러나는 그의 에세이 〈유레카Eureka〉(1848)는 천체망원경을 통해 새롭게 드러난 우주의 성격을 다루었다. 이 두 작품 사이를 잇는 상상력이 풍부한 끈이 포의 경력 전체를 관통한다. 과학적 발견의 미학에 대한 그의 안목이 높아짐에 따라, 과학의 경이를 전달하고 축복하기 위한 문학적 수단을 찾아내려는 시도는 갈수록 다양해지고 독창적이 되었다. 포는 우주의 기원을 설명하기 위해 초원자 개념을 과학자들보다 앞서 도입했다는 평가를 받는다.[9] 그는 물질들이 서로 잡아당기고 있기 때문에 초창기의 우주는 아주 작은 영역 속에 초고밀도 상태[특이점]로 응축되어 있었다고 추론했다.

포의 달 여행기 〈한스 팔Hans Phaal〉(1835)[이 작품은 다시 1840년 〈한스 팔이란 사내의 비할 바 없는 모험(The Unparalleled Adventure of One Hans Pfaall)〉이란 제목으로 바꿔 출간되었다.]의 재간행판 서문에서 그는 이 작품을 100% 진지한 의도로 쓰지는 않았다 해도 정말 그럴듯 해 보이는 이야기의 필요성을 주장하였으며, 경우

에드가 앨런 포의 달 여행기 〈한스 팔〉. 기구를 타고 대기권을 벗어나려 했다는 점에서 쥘 베르느의 〈지구에서 달까지〉 연작에 비해 아직 과학에 대한 이해가 부족함을 알 수 있다.

---

9 미치오 가쿠 지음, 박병철 옮김, 〈평행우주〉, 김영사, 2006, 97쪽.

에 따라 지구 표면을 벗어난다든지 하는 식으로 여행자 이야기를 확장할 수 있음을 노골적으로 시사했다. 기구를 타고 일부 용감한 비행사들이 지상 위로 떠오르긴 했지만, 그 정도로는 행성 간 탐사 수단을 꿈조차 꿀 수 없었으며 한스 팔의 시도는 작가 자신에게조차 확신을 주지 못했던 것으로 보인다. 자기비하적인 풍자가 다소 없진 않지만, 〈한스 팔〉에 실린 포의 서문은 현대적 과학소설을 위한 최초의 시험적인 성명서였던 셈이다. 미래주의적 사변을 위해 새로운 문학 표현 양식을 찾아내고자 한 포의 실험은 계속되어 〈에이로스와 차미온의 대화The Eiros and Charmion〉(1839)와 〈모노스와 우나의 토의Colloquy of Monos and Una〉(1841) 같은 작품들이 나왔다. 전자는 죽은 자들의 대화를 통해 가까운 미래에 닥칠 혜성과 지구의 충돌을 기억해내며, 후자는 과학소설을 위해서는 '공상적 판타지'처럼 보다 신뢰가는 유형을 확립할 필요가 있다고 강조한다.

그는 미래로 여행하는 문학적 방법론에 대해서도 고민했는데, 〈시골벅적 산맥의 이야기A Tale of the Ragged Mountains〉(1844)와 〈볼드마 사건의 진실The Fact in the Case of M. Valdemar〉(1845)에서 내놓은 해답은 최면술이었다. 특히 후자는 과학신문 흉내를 내서 〈유레카〉가 나올 수 있는 기반을 마련하였다. 같은 맥락에서 유일한 장편 〈아서 고든 핌 이야기The Narrative of Arthur Gordon Pym〉(1838) 또한 과학소설의 범주에 집어넣을 수 있다. 이 장편에서 주인공 핌은 어떤 배에 밀항했다가 선상반란이 일어나는 바람에 일부 선원들과 함께 뗏목을 탄 채 표류한다. 굶주림에 못 이겨 사람들은 일행 중 한 사람을 잡아먹는다. 모험을 악몽으로 바꾸어 놓았다는 점에서 포의 감수성이 물씬 풍겨난다. 마침내 일행은 사방이 온통 흰색인 남극에 다다라 침몰한다. 바다 속으로 가라앉기 전에 핌은 언뜻 거대한 유령을 본다. 소설 결말부의 이 수수께끼를 풀기 위해 여러 작가들이 그 후속편을 썼으니 쥘 베르느의 〈빙하의 스핑크스〉(1897)와 H. P. 러브크래프트Lovecraft의 〈광기의 산맥에서At the Mountains of Madness〉(1931~1936)[이 작품이 『어

『스타운딩 스토리즈』에 연재되었던 기간을 의미]가 그 예이다.[10]

4) 에드가 라이스 버로우즈: 대중적인 과학소설의 대가 1호

에드가 라이스 버로우즈Edgar Rice Burroughs, 1875~1950는 1차 세계대전이 일어나기 직전부터 펄프 잡지에 과학소설을 기고하기 시작했다. 1911년 이런저런 직업을 전전하던 버로우즈는 광고 일을 하느라 입수한 펄프 잡지의 모험 소설을 읽다가 자신이라면 좀 더 재미난 이야기를 쓸 수 있지 않을까 생각하게 되어 불과 2개월 만에 처녀작을 탈고한다. 버로우즈는 그 원고를 당시 인기 있던 펄프잡지 중 하나인 『올 스토리즈All Stories』에 보낸다. 작가로서의 습작 기간이나 별다른 주제의식을 내재화할 여유도 없이 완성한 처녀작임에도 해당 잡지의 편집자 T. N. 메트카후는 초고의 반절 이상을 대폭 손질하는 조건을 내걸었긴 하지만 1912년 2월호부터 7월호까지 이 작품을 연재했다. [『올 스토리즈』는 〈화성의 두 달 아래에서(Under the Moons of Mars)〉에 대해 400달러의 원고료를 지불했다고 한다. 당시 이 잡지는 원고료를 즉시 지불하는 방식이어서 변변한 직장 없이 가족의 생계를 책임져야 했던 버로우즈에게는 큰 활력을 준 듯하다.] 이것이 바로 에드가 라이스 버로우즈의 출세작이자 과학소설 분야에서의 간판 작품이 된 〈화성의 존 카터〉 시리즈다. [초고의 제목은 〈데자 쏘리스, 화성의 공주(Dejah Thoris, Martian Princess)〉였지만 『올 스토리즈』에는 〈화성의 두 달 아래에서(Under the Moons of Mars)〉라는 제목으로 연재되었다. 이 시리즈를 잡지에 처음 연재할 당시 버로우즈는 노먼 빈(Norman Bean)이라는 필명을 썼지만, 1917년 단행본으로 나올 때 〈화성의 공주(A Princess of Mars)〉로 제호를 바꿈과 동시에 작가 이름도 본인의 실명으로 기재하였다. 후일 〈화성의 존 카터〉 시리즈라 불리게 되는 대하 장편 모험소설의 제1권이었다. 미국뿐 아니라 일본에서도 〈화성〉 시리즈는 메가 히트를 기록하면서 과학소설 시장이 비약적인 확장을 이루는 데 기여했다.]

---

10 프랑수아 레이몽 · 다니엘 콩페르 지음, 고봉만 외 옮김, 〈환상문학의 거장들〉, 자음과모음, 2001, 28쪽.

상업적으로 큰 성공을 거둔 이 시리즈의 주인공 존 카터는 남북전쟁에서 진 남부군 출신 퇴역장교이자 모험가로서 종전 후 살길을 찾아 서부로 향한다. 예기치 않은 아파치 부족의 습격에 쫓겨 동굴에 갇히자 초자연적인 전이현상을 통해 화성으로 날아간다. 화성의 평원에 당도한 카터는 곧 팔이 네 개에 키가 15피트인 데다가 눈은 머리 양편에 달린 녹색인 종족에게 붙잡힌다. 알고 보니 당시 화성에서는 인류를 쏙 빼닮은 적색인 종족과 전혀 다르게 생긴 다양한 종족들이 패권을 다투는 춘추전국시대였다. 카터는 녹색인들에

〈화성의 존 카터〉 시리즈는 전부 잡지 『올 스토리즈』를 통해 연재되었다. 그림은 시리즈의 속편 〈화성 여인 쑤비아(Thuvia, maid of Mars)〉를 테마로 그려진 잡지의 표지 일러스트

게 사로잡힌 적색인 여성과 운명을 건 사랑에 빠진다. 데자 쏘리스Dejah Thoris라는 이름의 그녀는 적색인 왕국의 공주로서 알을 낳는다는 점을 제외하고는 지구의 여성과 하등 다를 바가 없다. 팔이 네 개나 되는 거인 종족과 비행선이 등장하는 화성에서의 삶은 신지론자神智論者[신지론자들의 주장의 요점은 모든 종교는 본질적으로 진실하나, 그것을 의식이나 제례 또는 말이나 글로 옮길 때 오류가 생긴다는 것이다. 이는 모두 불완전한 인간이 개입하기 때문이다. 이것은 미국의 뉴에이지 사상에 직접적인 영향을 주었다.] 헬레너 P. 블라바츠키Helena P. Blavatsky[1875년 미국 뉴욕에서 신지학회를 설립한 러시아 여성]가 서술한 아틀란티스와 레무리아에서의 생활과 의심스러울 만치 빼닮았다고 한다.[11] 화성인들의 비행선은 배 모양으로 되어 있고 8번째 바숨[화성인들이 부르는 화성의 명칭] 광선으로 추진력을 얻는다. 〈화성의 존 카터〉 시리즈는 모두 10권으로 완결되었다. 생전에 그는 무수히 많

---

[11] L. Sprague de Camp & Catherine C. de Camp, "Mordern Imaginative Fiction", *Science Fiction Handbook(revised)*, Owlswick Press, Philadelphia, 1975, pp. 19~50.

화성의 녹색인 종족에게 사로잡히게 되는 존 카터. 그러나 화성보다 강한 중력에서 살았던 지구인이기에, 카터는 화성인의 몇 배나 되는 도약력으로 탈출을 시도한다.

은 모험소설을 썼는데 상당수는 과학소설로 볼 수 있는 작품들이었다.

버로우즈가 대중소설 작가로서 성공한 데에는 씨어도어 스터전처럼 청장년기의 고된 시련이 오히려 도움이 되어 주었던 모양이다. 그는 남북전쟁 당시 남군의 육군 소위로 활약한 부친의 영향을 받아 어려서부터 군인이 되길 바랐지만 [아마 버로우즈만큼 군복무를 좋아하는 사람은 없을 것이다. 버로우즈의 부친은 남북전쟁 중 남군 소위로 그리고 버로우즈 자신도 제1차 세계대전 당시 육군 소위로 종군했을 뿐만 아니라 제2차 세계대전 때에도 60살이 넘는 고령에도 『LA 타임즈』 특파원에 지원하는 정력적인 삶을 살았다. 이러한 정황을 고려할 때 〈화성의 존 카터〉 시리즈의 주인공 존 카터는 다름 아닌 작가 자신의 이상이 투영된 캐릭터 이미지라고 볼 수 있다. 작가는 남북전쟁 후 상실감에서 벗어나지 못하던 미국 남부 출신 사람들의 정신 가치체계에 대한 향수를 존 카터라는 가상의 남군 장교 캐릭터를 통해 형상화한 것이다.] 작가로서 성공하기 전까지는 안정적인 직업을 얻을 수 없었다. 10살 아래인 아내와 2남 1녀를 부양하기 위해 30대를 세일즈맨, 카우보이, 철도 경비원, 광부, 서점 점원 등을 전전하며 힘겨운 생활을 했다. 그러나 이처럼 다양한 일에 손댄 덕분에 작품마다 생생하게 살아 있는 묘사가 가능했으니, 그 고생이 결코 헛수고였다고만 보기 어렵다. 예를 들어,

〈화성의 존 카터〉 시리즈 첫 머리에서 주인공 존 카터는 친구와 함께 금광을 찾아 아리조나 주를 배회하는가 하면, 〈지저세계 펠루시다〉 시리즈의 주인공 데이비드 이니스는 광산업에 종사하는 젊은이다. 두말할 나위 없이 이러한 작품들은 작가 자신이 광부로서의 경험을 했기에 더욱 설득력 있는 서사의 전개를 보여준다.

　버로우즈의 세 번째[버로우즈의 두 번째 작품은 월터 스콧의 〈아이반호우〉 풍의 작품을 써달라는 편집자의 요청에 따라 집필된 〈The Outlaw of Torn〉이었다. 13세기 영국을 무대로 나이 어린 영국 왕자의 유괴 사건을 소재로 한 이야기였으나 별 호응을 얻지 못했다. 이 작품을 버로우즈의 처녀작으로 이해하는 이도 있으나, 실은 두 번째 작품이다.] 소설 〈원숭이 인간 타잔Tarzan of the Apes〉의 반응은 가히 폭발적이어서 『올 스토리즈』 1912년 10월호에 첫 연재가 나가자마자 엄청난 호응을 불러일으켰다. 이 작품은 1914년 단행본으로 출간되었으며 버로우즈에게 부를 안겨주었다. 이후 타잔은 수십 권의 책으

버로우즈식 지저탐험기인 〈지저 세계 펠루시다〉 시리즈, 조류가 인류를 노예처럼 부리는 기괴한 지하세계는 쥘 베르느의 지저탐험보다 훨씬 더 자유분방한 상상력과 극적 긴장을 추구한다. 그림의 소설 표지들은 모두 일본판이다. 일본에서는 버로우즈의 작품들 대부분이 번역 소개되었을 정도로 에드가 라이스 버로우즈의 인기가 꾸준하며, 온라인에서는 아예 이 작가를 위한 일어판 사이트까지 운영되고 있다.

미국의 초창기 과학소설　205

버로우즈의 〈화성의 존 카터〉 시리즈를 모방한 오티스 A. 클라인(Otis A. Kline)의 〈위기의 공주(Prince of Peril)〉 (1930)

로 나왔을 뿐 아니라 영화와 만화책으로도 오랫동안 시리즈가 이어졌다. 엄밀히 말해서 〈타잔〉은 과학소설과는 궤를 달리하지만 뒤이어 전개되는 연작들은 상당수가 잃어버린 종lost-race의 테마를 다루고 있어 넓은 의미에서 과학소설과 연을 맺기도 한다. 예컨대 타잔은 우연찮게 아틀란티스인이나 고대 로마인들 또는 홍적세洪積世 이후 살아남은 원인류猿人類가 사는 잃어버린 도시들을 방문한다. 이렇듯 버로우즈의 작가로서의 지위를 부동으로 만들어 준 〈타잔〉 시리즈는 오늘날에도 영원한 베스트셀러이자 영웅 캐릭터로 남아 있어서, 캘리포니아 주에 있는 버로우즈의 목장 부근의 한 마을은 타자나Tarzana라고 이름 붙여졌으며 텍사스 주에도 타잔이란 도시가 있다고 한다. 그는 화성 연작과 타잔 연작 외에도 〈금성〉 시리즈[1934년 버로우즈는 〈금성의 해적(Pirates of Venus)〉을 첫 권으로 하는 일종의 자매 시리즈를 시작하였으나 전작인 〈화성의 존 카터〉 시리즈에는 필적하지 못한다는 평가를 받았다.]와 〈지저세계 펠루시다〉 시리즈 등을 나란히 병행해서 집필함으로써 작가로서의 명성이 더욱 높아졌으며 대중독자들 사이에 일종의 '버로우즈 문화'를 형성하였다. 뛰어난 선구자 뒤에는 반드시 모방자들이 우후죽순처럼 생겨나기 마련이다. 버로우즈의 경우에도 예외가 아니었다. 그의 성공 이후 비슷한 작풍을 흉내 내는 작가가 속출했다. 〈라디오맨Radioman〉 시리즈의 랠프 M. 활리Ralph Milne Farley[본명은 로저 셔먼 호어(Roger Sherman Hoar)], 〈설원의 북극성Polaris of the Snows〉의 찰스 B. 스틸슨Charles B. Stilson, 〈화성의 무법자들 The Outlaws of Mars〉의 오티스 A. 클라인Otis Adelbert Kline 등 여러 작가가 나름대로의 버로우즈식 세계를 세워보려 했지만, 버로우즈 팬들을 만족시켜 주기에는 부족했다.

버로우즈의 이야기는 20세기 중반 펼쳐질 미국 과학소설의[아시모프, 클락, 하인라인 같은 빅 쓰리를 포함한] 황금시대 거장들이 그려낸 세계와는 많은 면에서 차이가 있었다. 버로우즈는 자연과학적 정합성에 까다롭게 얽매이지 않았지만 우주와 외계인이 등장하는 등 최소한의 SF적 분위기는 받아들였다. [버로우즈의 무대는 화성, 금성, 달, 미지의 혹성, 지저세계, 미래세계 같이 그야말로 SF적이고 신비로운 이세계(異世界)이며 여기에다 투명인간, 인조인간, 두뇌 교환, 초능력, 우주선 같은 SF의 상투적인 소도구들이 수시로 섞인다. 그러나 이러한 극적 장치들은 어디까지나 지엽적인 배경과 부속에 지나지 않으며, 버로우즈가 실질적으로 의미를 둔 대상은 'SF'가 아니고 자신이 창조한 주인공(히어로)과 미녀(히로인) 그리고 악당들 간의 인간적인 갈등구도였다. 마초의 전형이라 할 남자 중의 남자 존 카터의 용감무쌍한 대활약이나 절세가인(絶世佳人) 데자 쏘리스와의 애수어린 사랑의 자초지종을 읽는 것은 자질구레한 일상사에 번거롭지 못해 심신이 피곤해진 현대의 독자들에게 휴식 같은 청량제 구실을 해주었다.] 무엇보다도 페이지가 술술 넘어가는 오락만점의 내용이었다는 점에서 출판사들은 그가 어떤 작품성을 지향하건 개의치 않았다. 버로우즈의 작품들은 정통(?) 과학소설이라 부르기는 뭣하지만 이 문학 장르에 문외한인 사람들에게는 한눈에 쏙 들어오는 입문서였기에 그냥 오락성을 추구한 펄프 작가로 깎아내리기에는 그가 남긴 여파가 너무 크다. 하지만 어떤 의미에서 버로우즈는 19세기 후반 태동한 싸구려 모험문학의 완성자라고 볼 수 있으며 과학소설에 대한 왜곡된 대중의 인식을 조장하는 데 상당한 공(?)을 세웠다.

반면 이로 인해 버로우즈는 본질적으로 과학소설 작가라고 보기 어렵다는 비판이

싸구려 모험문학과 과학소설을 융합시킨 형태로 상업적 성공을 거둔 작가 에드가 라이스 버로우즈

왕왕 제기된다.[12] 이러한 주장에 따르면, 그는 한마디로 말해서 〈타잔〉 같이 철저하게 상업적인 모험소설 작가의 전형이다. "SF를 쓴 사람이 SF작가가 아니고, SF작가가 쓴 작품이 SF다."라는 일견 역설적인 명제에서 보듯이, 과학소설의 정체성에 대한 진지한 고민을 바탕으로 집필된 작품만이 과학소설이라고 정의한다면 버로우즈의 대중소설들은 과학소설로 보기에 부족한 면이 많은 것이 사실이다. 버로우즈는 근대 문명보다는 석기시대 내지 야만시대에 대한 매력에 흠뻑 빠져 있었으며, 그의 '야성으로의 회귀에 대한 욕구'는 작품들 속에도 잘 나타나 있다. [가장 먼저 떠오르는 예가 버로우즈 문학과 동일시되다시피 하는 〈타잔〉 시리즈다. 초기 대표작 〈화성의 존 카터〉 시리즈의 주 무대가 되는 화성에서는 약육강식에 좌우되는 부족 사회 간의 쟁투가 기본적인 갈등구도를 형성한다. '화성인들'의 관례와 풍습은 과학적 정합성보다는 지구상에 현존하는 미개인들의 생태에서 힌트를 얻은 듯하다. 이외에도 또 다른 작품 〈석기시대로부터 온 남자〉와 〈5만 년 전의 남자〉에 등장하는 주인공 짐바 죠는 자신의 의지와 관계없이 현대 사회에 깨어난 석기시대 인물로서, 그가 드러내는 외로움과 안타까움에는 보다 더 '야성으로의 회귀에 대한 욕구'가 짙게 배어 있다.] 그렇다고 해도 선사시대 소설이라는 과학소설의 또 다른 하위 장르와는 달리 그는 인류의 초기 역사를 과학적으로 추론할 생각이 없었으며 다만 자신이 현실세계에서 이루지 못하는 내면적인 '소망'을 가상의 야만 세계에 픽션의 형태로나마 담고자 했을 뿐이다. 그가 성공한 이면에는 그러한 소망충족을 바라는 키덜트[Kidult][커서도 어린이 같은 마음을 버리지 못하는 사람을 일컫는 용어] 독자들이 현실 사회에 무수히 존재하기 때문일 것이다.

> 내게는 영웅 자질이 없다고 생각한다. 왜냐하면 나는 여러 번이나 죽음에 직면했었지만, 언제나 오래지 않아 그 당시 자신의 행동에 변화를 줄 다른 수단이 있다는 생각에 미치지 못했기 때문이다. 아무래도 나는 아주 귀찮은 사고 작용

---

12 타카이 마코토, 「에드가 라이스 버로우즈는 SF작가인가?」, 일본 웹사이트.

등에는 의지하지 않은 채 무의식 가운데 의무감이 명하는 대로 활동하는 두뇌 구조인 것 같다.

— 에드가 라이스 버로우즈, 〈화성의 공주〉 중에서

겉모양새만 과학소설의 구색을 갖추었을 따름이지 실질적으로는 이른바 '검과 마법의 판타지'에 더 가까운 버로우즈의 이야기에서 중요한 것은 과학기술이 사회와 인류에게 미치는 파급효과가 아니라 이국적 무대에서 미녀를 악당[또는 괴물]으로부터 호쾌하게 지켜 내는 주인공의 영웅주의였다. [존 카터는 미녀와 동물을 각별히 사랑한다는 점에서 타잔과 비슷하다.] 예를 들어 그의 〈달〉 시리즈 3부작을 보면, 1부는 스페이스 오페라, 2부는 미래소설, 3부는 서부극 양식을 택하고 있어 마치 버로우즈랜드의 전람회 같은 분위기를 자아낸다. 이처럼 극적인 요소가 매우 풍부하고 파란

버로우즈의 〈달〉 시리즈. 하나는 미국판 표지이고 다른 하나는 일본판 표지이다.

만장한 플롯을 따라 진행되는 반면, 사변Speculation 같은 번거로운 관념이 들어갈 여지가 차단되었다. 버로우즈의 이러한 작풍은 단점인 동시에 장점이기도 하다. 버로우즈는 자신의 작품들이 페이퍼백도 없던 시절 3,500만 권이나 팔린 것은 독자들의 가벼운 취향에 영합하지 않으려 한 노력 덕분이라고 자화자찬한다. 그러나 방대한 분량을 거침없이 써 대는 버로우즈의 피카레스크식 모험 로맨스에서 진지하게 몰입할 만한 등장인물의 성격화를 찾아내기란 어려운 일이다. 그의 작품에서 그저 영웅들은 영웅답고 악당들은 악당다울 따름이다.

버로우즈는 과학적으로 그럴 듯해 보이는지에 관해서는커녕 심지어 내적 일관성에 대해서조차 별 관심이 없었다. 작품 속에 나오는 화성인들은 수백 마일 떨어진 곳까지 레이다 시야로 보면서 조준할 수 있는 라듐 라이플을 소지하고 있음에도 칼이나 장검으로 싸우길 좋아한다.

〈화성의 존 카터〉 시리즈에 등장하는 주요 교통수단이자 탈것인 다리 여덟 개짜리 동물 쏘옷

화성인들은 배 모양의 비행선으로 화성의 얇은 대기를 날 수 있으면서도 정작 땅 위에서는 전차나 다리 여덟 개짜리 쏘웃^{thoat}[(화성의 존 카터) 시리즈에 등장하는 말 모양의 괴수] 이상의 교통수단이 없다.

그럼에도 단지 에드가 라이스 버로우즈의 문학적 질만을 문제 삼아 속단하기에는 대중문학계, 특히 대중적 과학소설에서 그가 미친 영향을 너무 과소평가하는 것일지도 모른다. 웰즈와 베르느 못지않게 지금까지도 인기를 유지하고 있으며, 어지간한 최신 과학소설보다 떨어지지 않는 폭넓은 인지도와 독자층을 보유하고 있지 않은가. 이러한 비결에 대해 미국의 과학소설 작가 L. 스프레이그 디 캠프는 두 가지 이유를 든다.

우선 버로우즈의 작품들은 청소년용으로 안성맞춤이다. 그는 소설 속에서 액션을 적절히 써먹을 줄 알며 결코 그 속도감을 떨어뜨리는 법이 없다. 버로우즈의 초기 작품들을 보면 쓸데없이 장황한 표현이 난무하는데, 당시에는 이를 도리어 세련된 글쓰기로 착각했던 모양이다. 결국 글 솜씨는 시간이 갈수록 향상되어 간결하고 직선적이면서도 훌륭한 문장을 구사하게 되었다.

둘째로 버로우즈의 작품들은 단지 독창적인 상상력만으로는 설명하기 어려운, 낯간지러울 만치 전형적인 로맨티시즘에 푹 빠져 있다. 이 이야기에 등장하는 공주들은 언제나 늘씬하고 아름다운 미녀들뿐이다. 그렇다고 버로우즈가 자녀를 성적인 자유분방함으로 내몰지는 않을까 부모들이 염려할 것까지는 없다. 〈전율의 왕 타잔$^{Tarzan\ the\ Terrible}$〉에서 보듯이, 주인공[타잔]이 오랫동안 잃어버렸던 연인을 위험에서 구해낸 다음에는 정글에 손수 지은 나무집으로 데려가 밤새도록 입담으로 지새우니 말이다. 한마디로 버로우즈를 문학적인 견지에서 판단할 때 아쉬움이 없는 것은 아니나 그의 작품들에는 화끈한 엔터테인먼트가 배어 있다. 〈화성의 존 카터〉 시리즈를 예로 들면, 마치 화성에 작가가 그린

버로우즈의 작품에 등장하는 여주인공들은 하나같이 절세가인으로 남자 주인공의 보호본능을 한껏 돋우는 캐릭터들이다. 그 중 가장 대표 주자를 꼽으라면 역시 〈화성의 존 카터〉 시리즈의 여주인공 데자 쏘리스일 것이다. 그림에서 보다시피 많은 화가가 그녀의 모습을 저마다의 필치로 담아냈다.

바와 같은 세계와 사회가 펼쳐지고 있는 듯한 생생함은 오락을 위해 소설을 읽는 독자들에게는 그 어떤 것보다 더 절실한 미덕일 수 있다.

특히 우리나라에서 에드가 라이스 버로우즈의 문학적 성과를 섣불리 재단하는 것은 시기상조일지 모른다. 버로우즈가 생애에 발표한 작품은 장·단편 합해 109편이며 단행본만 무려 69권에 달한다. 일본의 경우 그의 처녀작이자 대표작인 〈화성의 존 카터〉 시리즈가 일찍이 1960년대 말 완역되었고, 이후 〈금성〉 시리즈와 〈달〉 시리즈, 〈지저세계 펠루시다〉 시리즈, 〈태고 세계〉 시리즈 등이 줄줄이 번역되어 나왔다. 반면 국내에서는 매번 〈화성의 존 카터〉 시리즈의 첫 권인 〈화성의 공주〉편만 달랑 하나 나온 채 끝나고 마는 식이다. 특성상 시리즈가 많은 버로우즈의 작품 가운데 국내에 전권이 우리말로 옮겨진 것은 〈원숭이 인간 타잔〉뿐이다. 그것도 단 한 차례에 그쳤다. 이러한 차이는 한국의 독자들이 버로우즈에 대한 지식과 시각이 지극히 단편적임을 일깨워준다. 따라서 다작가인 버로우즈의 입체적인 면모를 제대로 파

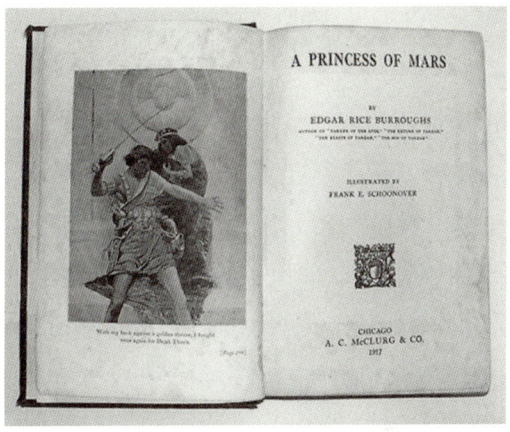

잡지 『올 스토리즈』에 게재된 〈화성의 존 카터〉 시리즈 첫 에피소드인 '화성의 공주'편 연재 최종회의 첫 페이지

〈화성의 존 카터〉 시리즈는 잡지 연재를 마치고 나서 단행본으로 줄줄이 나왔다. 그림은 첫 권인 〈화성의 공주〉 초판본 속지

악해서 평가하기 위해서는 그에 대한 국내 소개가 활발히 선행될 필요가 있다.

5) 러브크래프트 학파: 공포 판타지와 과학소설의 경계에서…

하워드 필립스 러브크래프트Howard Phillips Lovecraft, 1890~1937는 야윈 데다 턱선이 갸름하고 뾰족한 사내로서 생애의 대부분을 출생지인 로드 아일랜드Rhode Island의 프로비던스Providence에서 살았다. 부친은 그가 소년 시절 미쳐서 죽었다. 툭하면 눈물짓는 신경증 환자였던 어머니는 아들을 온실의 화초처럼 길러 러브크래프트는 장성해서도 세상에 나갈 준비가 되지 않았던 모양이다. 더욱이 이런저런 병까지 노상 달고 다니니 그는 고등학교를 마치기도 전에 학교를 떠나야 했다. 오늘날에 와서 짐작건대 류마티즘성 열병과 갑상선 저하증 그리고 저혈당증 등을 앓았던 듯하다. 러브크래프트는 이십대를 잦은 병치레 탓에 집에서 장기간 홀로 은거하다 보니 엄청난 독서열로 마음을 달랬다. 1921년 그를 지근至近

거리에서 감싸고돌던 어머니마저 미쳐서 죽었다. 덕분에 오히려 활동적이 되어 아마추어 언론의 친구들과 지인들의 서클에 가입한다. 1924년 서클 동료 한 사람과 결혼했는데, 배우자는 뉴욕의 캐리어우먼으로 그보다 일곱 살이 많은 이혼녀이자 이민자 출신이었다. 당시 러브크래프트가 지독한 외국인 혐오주의자이자 국수주의자였음을 고려할 때[러브크래프트는 차츰차츰 인종적 편견을 벗어던졌고 결국에 가서 초기 자신의 편협함을 부끄러워하게 되었다. 또한 46세의 나이로 암에 걸려 죽기 전에는 정치적 극우보수에서 사회주의자이자 뉴딜 정책 지지자로 바뀌어 있었다.] 러시아에서 건너온 활달한 성격의 유태계 여성 소냐 하프트 그린Sonia Haft Greene과 결혼했다는 사실은 다소 의아스럽다. 뉴욕에서 일 년의 허니문을 보낸 뒤 러브크래프트가 제대로 된 일자리를 잡을 가능성이 거의 없어지자 아내는 오하이오 주에 있는 일거리를 받아들이지 않을 수 없는 형편이 되었다. 그는 아내와 함께 떠나길 거부했으며[그와 소냐는 별 불화 없이 이혼에 합의했다.] 뉴욕에서 한 해를 더 보냈다. 내심 이 메트로폴리스를 무척 증오했던 그는 프로비던스로 되돌아가 거기서 남은 생을 궂은일도 마다않고 돌봐주는 숙모들과 함께 보냈다.

러브크래프트는 자신의 작품들을 주로 잡지 『위어드 테일즈Weird Tales』에 실었다. [60여 편의 작품들을 직업 작가로서 팔았지만 일부를 제외하고는 대개 『위어드 테일즈』에 실렸다.] 잡지는 성공한 출판인 J. C. 헤네버거Henneberger가 에드가 앨런 포의 시구詩句에 영감을 받아 창간하였다. [헤네버거는 미스터리 작가 에드윈 F. 베어드(Edwin F. Baird)를 『위어드 테일즈』와 자매지 『탐정 이야기(Detective Tales)』의 편집자로 고용하였다.] 1923년 3월 창간된 『위어드 테일즈』 첫 호는 거대한 오징어에 붙잡힌

환상소설과 과학소설을 함께 게재한 펄프잡지 『위어드 테일즈』 1923년 3월 창간호 표지

까마득한 고대에 지구에 온 외계 이주민 종족으로 환경변화 탓에 지상으로 나오지 못하고 깊은 바다에서 인류를 정신적으로 컨트롤하려 한다는, 이른바 '크툴루 신화'를 기본 세계관으로 한 러브크래프트의 이야기는 오컬트 문학뿐 아니라 과학소설의 지평을 넓히는 데에도 기여하였다. 그림은 화가들이 표현한 크툴루 종족의 모습

여성을 구하려 나이프를 뽑아든 남자의 모습을 표지로 삼았다. 이 잡지는 과학소설과 환상소설을 함께 다루었지만 실제로는 환상소설의 비중이 더 높았다. 러브크래프트는 공포소설 내지 오컬트 소설을 주로 게재했는데 일부는 크툴루 신화 연작에서 보듯이 과학소설로 분류 가능하다.

  총 60여 편에 달하는 러브크래프트의 작품 가운데 기억에 남을 만한 것들은 약 십여 편 정도 된다. 이것들은 대개 후기에 씌어진 중편들로, 그가 이른바 크툴루 신화Cthulhu Mythos를 창안해낸 시기와 맞물린다. 러브크래프트가 지어낸 이 가상의 우주론에 따르면, 일찍이 인류의 조상이 등장하기도 한참 전에 초자연적인 능력을 지닌 무시무시한 외계 종족들the Great Old Ones이 고대 지구에 살았다. 외계에서 온 이들은 한때 세상을 지배하였으나 기후 변화로 인해 바다 속이나 깊은 땅속에 은거하게 되었다. 깊이 잠들어 있던 이 고대 종족들은 초자연적인 마력을 발휘하여 때때로 아무 영문도 모르는 사람들의 꿈속에 나타나거나 심지어는 일부 인간들을 텔레파시 교감을 통해 하인처럼 부린다. 괴상망측한 오징어 머리를 한 크툴루 종족은 위와 같은 권능을 지닌 외계종족들 가운데 하나이다.

러브크래프트는 환상문학의 초창기 대가들 작품을 전부 읽었지만 특히 에드가 앨런 포와 던세이니 경$^{Lord\ Dunsany,\ 1878~1958}$ [앵글로 아일랜드 출신의 환상소설 작가], 그리고 아서 매첸$^{Arthur\ Machen,\ 1863~1950}$ [영국 웨일즈 출신의 환상소설 작가]의 영향을 가장 많이 받았다. 그의 초기 작품들은 던세이니 경과 포, 로버트 W. 체임버스$^{Robert\ W.\ Chambers,\ 1865~1933}$ [미국의 일러스트레이터이자 작가. 1924년 이후에는 역사소설 집필에 전념하였다.] 그리고 앰브로즈 비어스 등으로부터 아이디어들을 빌려왔다. 죽음의 주문이 수록된 가상의 책 〈네크로노미콘^{Necronomicon}〉은 러브크래프트의 몇몇 이야기에서 주요한 역할을 하는데, 아랍의 미치광이 시인 압둘 알하즈레드$^{Abdul\ Alhazred}$에 의해 서기 730년에 편찬되었다고 하는 식이다. 이 가상의 책을 통해 러브크래프트가 선보인 학술적인 인용이나 암시가 어찌나 그럴 듯했는지 한때 이 책을 문의하는 이들이 쇄도하여 도서관 사서들과 서점 점원들이 곤욕을 치렀다는 후문이다.

러브크래프트가 지어낸 가상의 문헌 〈네크로노미콘〉의 인기가 얼마나 높았는지를 보여주는 한 사례가 스테판 아이잭슨(Stefan Isaksson)이 펴낸 〈네크로노미콘: 알하즈레드의 배회(Necronomicon: The Wanderings of Alhazred)〉이다. 이것은 러브크래프트의 크툴루 신화와 고대에 지구에 정착한 외계 선주민 종족에 관한 모든 정보를 집대성하여 마치 존재하지 않았던 〈네크로노미콘〉에 실체를 부여하려는, 러브크래프트 팬들을 위한 뒤늦은 서비스 같은 느낌을 준다.

러브크래프트는 세계 최초이자 미국 최초의 과학소설 클럽과 팬진에 참여하였다. 1923년 프랭크 벨크냅 롱$^{Frank\ Belknap\ Long}$은 후일 잘 나가는 작가가 되지만 당시만 해도 풋내기인 친구들과 함께 문학클럽을 만들어 매주 상호 관심사를 나누었다. 이듬해 뉴욕으로 이사 온 러브크래프트는 곧 클럽의 일원이 되었고 회원 수가 수십 명으로까지 불어났다. [그들은 대개 수요일 밤에 만났고 때로는 롱의 아파트에서 아니면 첼시(Chelsea) 서점에서 그것도 아니면 다른 회원의 집에서 만났다. 이와 같이 느슨하게 조직화된, 지식인들로 구성된 문학 토론 그룹들은 주로 대도시와 대학가를 중심으로 번성했다.]

초기 회원들의 이름이 모두 K, L, M 따위로 시작한다는 데에 착안하여 누군가가 이 클럽의 이름을 칼렘^{Kalem} 클럽이라 명명했다. 회원들은 예술과 문학 그리고 미학에 관해 토론을 나누었고 종종 자신들이 쓴 필사본을 큰 소리로 낭독하곤 했다. 클럽의 활성화에 러브크래프트의 개인적인 매력이 큰 기여를 하였으며, 1926년 그가 귀향해 버리자 클럽의 열기가 이내 시들해져 버렸다. 스프레이그 디 캠프는 칼렘 클럽이 환상소설과 과학소설을 지향했기에 최초의 과학소설 팬클럽으로 볼 수 있다고 주장한다.[13] 또한 러브크래프트는 이상하리만큼 편지 쓰기에 집착한 나머지 생전에 10만 통 이상을 썼으며[스프레이그 디 캠프는 러프크래프트가 늘 곤궁했던 이유 중 하나로 틈만 나면 편지를 쓰는 데 골몰하는 버릇을 들었다.] 이 편지들로 친구들과 숭배자들을 끌어 모아 그들에게 영향력을 발휘했다. 심지어 소설의 아이디어들을 그들과 편지로 상의하기도 하였는데, 그렇게 해서 창작된 작품 중 일부를 아마추어 정기간행물에 실었다. 그 결과 최초의 과학소설 팬진이 탄생하였으며, 러브크래프트는 과학소설 팬 운동에서 일종의 산파 역할을 하였다. 비록 팬진의 시대가 꽃 피는 것을 보지 못한 채 요절해 버렸지만.

문학적인 면에서 러브크래프트의 최대 약점은 그 기원이 포에게서 유래하는, 지루하고 장황하게 수식어를 붙이는 스타일이다. 오늘날의 독자들은 더 이상 러브크래프트가 "무시무시한", "소름끼치는", "불경스러운"이란 표현을 수없이 반복한다고 해서 덜덜 떨지 않는다. 총론적으로 보건대 H. P. 러브크래프트는 대단한 상상력의 소유자로 매우 빼어난 이야기를 오락적으로 적절히 풀어나기는 재주를 지녔기에 그를 추

---

[13] L. Sprague de Camp & Catherine C. de Camp, "Those Crazy Ideas", *Science Fiction Handbook (revised)*, Owlswick Press, Philadelphia, 1975, pp. 69~77.

종하는 작가들을 양산할 만큼 과학소설 및 환상소설 문단에 깊은 영향을 미쳤다. 그러나 개인적으로는 불행하게도 살아가는 동안 소설 창작으로 생계에 별 도움을 받지 못했다. 그 자신도 글을 쓰는 목적을 돈벌이보다는 신사로서 자기 자신과 친구들의 도락을 위한 것으로 이해했다. 할 수 없이 부모로부터 물려받은 얼마 되지 않은 유산마저 자꾸 축내다 보니 임종을 앞두고서는 거의 한 푼도 남아 있지 않았다고 한다.

러브크래프트가 후대 작가들에 미친 영향과 일종의 러브크래프트 학파라 분류할 수 있는 작가군을 파악하기 위해서는 앞에서 언급한 펄프 잡지 『위어드 테일즈』의 역할을 빼놓을 수 없다. 러브크래프트는 이 잡지에 글을 기고한 초기 기여자 중 한 사람으로, 1923년 10월호에 첫 원고를 싣기 시작한 이래 1년 반 동안 거의 매호 작품을 투고했다. [대부분은 이전에 저작권이 없는 아마추어 출판물에 이미 게재되었던 것들이지만, 당시 『위어드 테일즈』의 편집장 에드윈 F. 베어드(Edwin F. Baird)는 모든 원고에 대해 어쨌거나 정식 원고료를 지급했다.] 1924년 이 잡지가 재정난에 봉착하자 소유주인 헤네버거는 처음에 러브크래프트를 임시 편집자로 고용하여 『위어드 테일즈』나 아니면 새로 기획 중인 자매 잡지를 맡기려 했다. 시카고로 이사하는 게 싫었던 러브크래프트가 헤네버거의 제안을 거절하는 바람에 이 구상은 무산되었다. [러브크래프트가 옮기기 싫어한 이유는 시카고에서는 그가 동경해 마지않는 대영제국 시절 건축물을 볼 수 없기 때문이었다고 한다.] 복잡한 협상 끝에 결국 『위어드 테일즈』의 경영권은 원래 헤네버거의 직원이었던 화안워쓰 롸잇Farnworth Wright에게 넘어갔다. 발행인뿐 아니라 신임 편집장 몫까지 맡은 롸잇은 셰익스피어 학자답게 문학적인 수완을 발휘하여 낮은 품질의 종이에 인쇄되던 이 잡지에 이른바 『위어드 테일즈』 스타일作風이라 할 만한 개성을 불어 넣었다. 이러한 스타일을 한데 묶어 러브크래프트 학파라고 지칭할 수 있는데, 이는 러브크래프트가 이러한 작가군의 핵심 리더이자 가장 큰 영향력을 행사한 인물이었던 탓이다.

러브크래프트 학파 중 가장 유명한 작가는 〈코난 영웅담 the Conan Saga〉 시리즈를 지은 로버트 앨빈 하워드 Robert Alvin Howard, 1906~1936 다. 짧은 생애였지만 하워드는 방대한 양의 펄프 문학을 생산(?)했는데 러브크래프트처럼 발표의 장은 주로 『위어드 테일즈』였다. 스포츠 소설, 탐정소설, 서부극 소설, 역사소설 그리고 동양풍 이야기 등 온갖 소재와 장르에 손을 댔지만, 가장 성공한 것은 아틀란티스가 침몰한 뒤 역사시대가 시작되기 전의 시대를 배경으로 한 가상의 선사시대 이야기였다. 하이보리언

로버트 A. 하워드의 〈코난 영웅담〉

시대 Hyborian Age라 불리는 이 시대에 맞게 하워드는 그럴 듯한 가공의 역사와 지리학을 지어냈다. 주인공은 시머리아 Cimmeria 출신의 덩치 큰 야만인 모험가 코난으로, 그는 보통의 적뿐 아니라 초자연적인 능력을 지닌 상대와 유혈이 낭자한 대결을 벌인 끝에 왕위에 오른다. 이 시리즈는 18편까지 씌어졌지만 저마다 길이가 제각각이어서 단편부터 장편까지 다양하며 어떤 편들은 아예 팔리지 않았거나 미완성이었다. 〈코난 영웅담〉은 작가의 생전에는 별 주목을 받지 못했으나[하워드는 죽기 전까지 자신이 창조한 작품들의 결실을 충분히 맛보지 못했다. 오히려 어머니에 대한 지나친 헌신으로 힘들어했다. 자신의 작품들 속에 등장하는 영웅들처럼 그는 덩치 크고 억세며 근육질의 사내였지만, 정작 자신이 박해받고 있다는 미망(迷妄)에 사로잡혀 있었다. 그와 어머니 간의 관계는 오이디푸스 콤플렉스의 극단적인 예이다. 그는 존재하지도 않는 적들을 향해 총을 겨누었다. 나이 든 어머니가 죽어가자 자신의 머리에 총알을 박아 넣었다.] 1960년대 들어 후대의 작가들이 수정 보완하여 페이퍼백으로 출간한 뒤로 베스트셀러가 되었다.

이외에도 러브크래프트 학파에 속하며 『위어드 테일즈』를 주요 무대

로 활동한 작가들로는 오거스트 W. 덜리스^{August W. Derleth, 1909~1971}, 로버트 앨버트 블록^{Robert Albert Bloch, 1917~1994}, 시버리 그랜딘 퀸^{Seabury Grandin Quinn, 1889~1969}, 그리고 맨리 웨이드 웰맨^{Manly Wade Wellman, 1903~1986} 등이 있다. 이 중에서 과학소설과 직간접적인 연관이 있는 작가는 덜리스와 블록이다. 오거스트 W. 덜리스는 탐정소설에서부터 지역소설과 환상소설을 아우르는 60여 권의 작품을 창작하였으며 크툴루 신화에도 기여하였다. 또한 러브크래프트의 작품들을 출간하기 위해 설립한 출판사 아캄 하우스^{Arkham House}의 공동 발행인이었다. 아캄 하우스는 러브크래프트의 모든 단편들을 모아 책으로 펴냈으며 다른 작가들의 환상소설들도 다수 출간했다. 로버트 A. 블록도 마찬가지로 크툴루 신화에 기여한 작가로 과학소설을 쓰는 일 외에도 여러 해 동안 할리우드에서 대본을 썼다.

러브크래프트 학파의 본고장 노릇을 했던 『위어드 테일즈』는 1930년대 말 이 잡지에 큰 기여를 했던 일류 작가들이 죽고 나머지 작가들은 원고료가 더 후한 곳으로 옮겨가자 다른 출판사에 매각되었다. 그로부터 2년 후 라잇은 건강이 악화되어 새 경영진에게 해고되자마자 사망하였다. 신임 편집장으로는 스코틀랜드 출신의 중년 여성 도로씨 맥킬레이쓰^{Dorothy McIlwraith}가 부임했다. 그녀는 숙련된 편집자이긴 했지만 환상소설에 대한 식견이 라잇보다 부족했던 모양으로, 『위어드 테일즈』는 예전 같은 매력적인 다양성을 잃고 다른 유사 잡지들과 경쟁하느라 고전을 면치 못했다. 결국 1954년 문을 닫았다.

3. 과학소설 전문잡지 탄생 이후의 미국 과학소설의 역사

1) 과학소설 전문잡지의 탄생에서부터 몰락에 이르기까지의 시대 구분

지금까지 알아보았듯이 과학소설의 역사가 미국에서도 19세기 후반까지 거슬러 올라가지만 미국의 과학소설이 과학소설 역사에서 비중 있게 등장하기 시작한 것은 20세기 초부터 1950년대 후반까지 과학소설 전문잡지들이 번창한 덕분이다. [유럽에서도 1차 세계대전 이전에 다수의 과학소설이 단행본으로 출간되었으며 그 중 일부는 뛰어난 질을 보여주었지만, 미국에서만큼 과학소설 전문잡지의 세분화된 시장이 성장한 적은 없었고 이러한 현상은 지금도 달라지지 않았다.] 이러한 잡지들은 각기 매달 적게는 5만 부에서 많게는 20만 부까지 팔려나갔다.[14] 이러한 변화에는 외부의 두 가지 요인이 크게 기여를 하였다. 하나는 20세기로 들어서면서 잡지 시장 자체가 점차 전문화의 길을 걷기 시작했다는 점이고, 다른 하나는 이 시기에 미국 청소년 독자층의 괄목할 만한 증가가 있었다는 사실이다. 청소년용 소설들은 호화양장본에서부터 페이퍼백 다임소설에 이르기까지 다양했다. 덕분에 처음으로 과학소설만을 써서 먹고사는 직업 작가군이 탄생했고 아울러 이들을 지지하는 팬덤이 형성되었다. 이 무렵 작가들은 우선 잡지에 연재해서 인기를 얻음으로써 자기 작품의 시장성이 입증되면 이후 수정보완을 거쳐 단행본으로 출간할 수 있는 기회를 얻었다. [일찍이 건즈백이 과학소설 단행본 시장을 잡지 운영과는 별도로 동시에 키워보려 한 바 있으나 너무 시기적으로 앞섰는지 별 재미를 보지 못하였다.] 당시 과학소설을 싣는 잡지 가운데에는 과학소설만을 전문적으로 다루는 잡지들이 있는가 하면 환상소설이나 다른 여타 장르문학을 함께 포괄적으로 취급하는 잡지들도 있었다.

---

[14] L. Sprague de Camp & Catherine C. de Camp, "Mordern Imaginative Fiction", *Science Fiction Handbook(revised)*, Owlswick Press, Philadelphia, 1975, p. 52.

그렇다면 총론적으로 이 시기의 과학소설 전문잡지들은 현대적 과학소설의 초창기 발전에 어떤 기여를 했을까? 작가이자 SF 관련 문헌 연구가 마이크 애쉴리Mike Ashley는 과학소설 전문잡지가 첫 창간된 1926년부터 과학소설 전문잡지 붐이 완전히 퇴색한 1950년대 후반까지의 약 4반 세기 동안 과학소설 잡지의 편집자들이 이 장르문학의 발전에 강력한 족적을 남겼다는 사실은 의심할 여지가 없다고 주장한다.[15] 항상 만족스러운 성과를 낸 것은 아니지만 과학소설에서의 중요한 발전들은 다름 아닌 잡지들에서 이뤄졌기 때문이다. 예를 들어 정교한 과학적 지식과 논리적 플롯에 기반을 둔 과학소설의 다채로운 형식실험들은 잡지에서의 검증을 통해 시장경쟁력을 확보할 수 있었다. 덕분에 20세기 전반의 과학소설 잡지들에는 비록 미숙하긴 하지만 크리에이티브한 아이디어들이 속출했다. 이를테면 ESP Extra Sensory Perception: 초감각적 지각능력, 워프와 웜홀 같은 초광속 우주여행을 위한 설정들, 평행세계와 다원우주론, 천체 간의 충돌, 낯선 사고와 생김새의 외계인 또는 외계생명체, 반중력 발생장치, 로봇 등 다종다양한 아이디어들이 과학소설의 광범위한 형이하학적 범위를 확인시켜 주었다. 이러한 것들은 이후 갈수록 정교하고 구체화되면서 설익은 눈요기꺼리가 아니라 내러티브에 필수적인 설정으로 작품 속에 녹아들면서 형이상학적 가치를 더욱 그럴 듯하게 보이도록 해주었다. 마이크 애쉴리는 1926~1950년 사이의 과학소설 잡지 시대를 다음과 같이 7단계로 구분하였다. 이는 물론 애쉴리의 임의적 구분이나 미국에서 과학소설이 자리를 잡아가던 초창기를 이해하는 데는 유익한 구분법이란 생각이 들어 여기에 소개해본다.

---

15 Mike Ashley, *The Time Machine; The Story of the science fiction pulp magazine from the beginning to 1950*, Liverpool univ. press, 2000, p. 231.

(1) 가제트gadget 과학소설의 시대

1926년 휴고 건즈백이 발행인이자 편집장으로서 『어메이징 스토리즈』를 창간함으로써 과학소설 전문잡지 시대가 처음으로 열렸다. 이전에도 이런저런 잡지에 과학소설이 실리기는 했지만 잡지 전체가 과학소설이란 정체성을 내건 것은 『어메이징 스토리즈』가 최초였다. 이 시기를 두고 마이크 애쉴리는 가제트 과학소설 단계라고 이름 붙였는데, 제목 그대로 과학적 발명과 기술의 현재와 미래가 긴밀하게 소설적으로 연관되는 것에 주안점을 두었기 때문이다. 이 시기를 독자적으로 주도하다시피 한 건즈백의 입장은 명확했다. 그는 과학소설이 황당무계하고 제멋대로 전개되는 판타지가 아니라 교육적인 무언가가 되기를 원했다. 그렇다면 굳이 폼나는 스케일을 구사하느라 과학소설이 우주적 규모를 배경으로 삼아야 할 필요도 없었다. 오히려 초점을 좁혀 구체화할수록 더 설득력이 높았다.

한 마디로 건즈백은 교육가치가 있고 미래에 대한 진지한 영감을 불어넣어 줄 수 있는 소설을 원했던 것이다. 이러한 편집방침은 과학소설 독자라면 누구나 창의적인 발명에 관심이 많으리란 전제가 깔려 있었다. 그러나 이처럼 구체적으로 과학적인 사실 기반 위에 미래에 대한 비전을 담아 영감을 주려는 소설 형식으로는 독자들의 시선을 지속적으로 붙들어두는 데 한계가 많았다. 만일 이런 식으로만 과학소설의 내용이 줄곧 전개되었다면 이 장르문학은 지금까지 살아남지 못했을 것이다. 처

최초의 과학소설 전문잡지 『어메이징 스토리즈』

음에는 신기해하던 독자들도 곧 뭔가 더 자극적인 것을 요구했고 그들은 건즈백에게 버로우즈 스타일의 과학소설을 개발해 달라고 촉구했다. 다시 말해서 독자들은 얼마 지나지 않아 이국적인 외계 행성에서 지구 출신의 주인공이 온갖 활약 끝에 미녀까지 꿰차는 행성 간 모험담에 경도되었다. 그래서 2년도 채 되지 않아서 건즈백 류의 과학소설은 스페이스 오페라Space Opera에 그 자리를 내주고 말았다.

(2) 과학소설 잡지의 진화SF Magazine's evolution 시대

마이크 애쉴리가 이름은 그럴 듯하게 붙였지만 실제로 이 시기에는 건즈백의 교훈적이고 도덕적인 과학소설 대신 과학적 근거가 빈약해지는 한이 있어도 우주를 무대로 한 호쾌한 모험이 중심이 되는 과학소설들이 대거 잡지에 연재되었다. 선두주자는 〈우주의 종달새호〉 시리즈

과학소설의 하위 장르 가운데 하나인 '행성 간 로맨스'는 마초 영웅주의에 입각해 섹시한 여주인공을 구원한다는 단조로운 공식에서 벗어나지 못했다.

와 〈렌즈맨Lensman〉 시리즈로 유명한 E. E. 스미스와 〈캡틴 퓨처Captain Future〉 시리즈로 유명한 에드먼드 해밀튼Edmond Hamilton이었지만, 수십 명에 달하는 기회주의적인 작가들이 물타기 작전(?)을 시도하는 탓에 예상보다 이 시기는 급속히 막을 내리고 말았다. 이 무렵에는 스페이스 오페라가 이미 어지간한 과학소설에서는 거의 다 공통분모가 되어 버리다시피 했다. 이 하위 장르는 1930년대 과학소설 시장을 지배하다시피 했는데, 수준작보다는 액션만 앞세운 빈 껍데기 작품들이 양산되어 스페이스 오페라하면 싸구려 오락물이란 오명을 뒤집어쓰게 되는

에드먼드 해밀튼의 〈캡틴 퓨처〉 시리즈 미국판 표지와 일본판 표지

결과를 낳았다. 사실 이 무렵의 스페이스 오페라는 행성 간 로맨스와 뒤섞여 주인공이 괴물 내지 악당들로부터 섹시한 미녀 여주인공을 구한다는 단조로운 공식에서 헤어 나오지 못했으며, 이로 말미암아 이러한 계열의 작품들을 싣는 잡지들의 정체성이 과학소설 잡지인지 영웅물 미화 잡지인지 분간이 가지 않게 되었다.

하지만 스페이스 오페라라는 과학소설의 하위 장르는 비단 이 시기뿐 아니라 이후 언제라도 결코 완전히 시들어 버리는 법은 없었다. 왜냐하면 이 하위 장르는 어떤 작가를 만나느냐에 따라 공허한 쓰레기가 되기도 하고 뛰어난 비전을 담은 활극이 되기도 하기 때문이다.

(3) 시실주의 과학소설 Realist SF 시대

이 시기는 데이비드 래서 David Lasser, 1902~1996 의 등장으로 시작된다. 1930

데이비드 래서의 우주여행을 주제로 한 논픽션 〈우주의 정복〉은 과학소설 작가가 될 꿈나무들에게 깊은 영감을 주었다.

년 미국 행성 간 협회American Interplanetary Society 회장이 되었으며[1932년 미국 로켓 협회(American Rocket Society)로 이름이 바뀌었다.] 이듬해에는 이공계통이었던 전공 경험을 살려 우주비행을 주제로 한 논픽션 〈우주의 정복The Conquest of Space〉을 썼다. 이 논픽션은 후일 아서 C. 클락을 포함해서 앞으로 과학소설 작가가 될 꿈나무들에게 영감을 주었다고 한다. 만일 휴고 건즈백의 잡지들이 나타나지 않았더라면 과학소설의 위상은 한도 끝도 없이 추락했을지 모른다는 데에 동의한다면 데이비드 래서의 공로 또한 간과할 수 없을 것이다. 진지하고 교훈적인 지침을 지향한 건즈백 휘하에서 큰 기여를 한 과학소설 잡지 편집자로서 래서는 잡지에 연재되는 과학소설들이 사실감을 띨 수 있도록 작가들에게 영향력을 행사했다. 1929~1933년 래서는 건즈백이 운영하는 출판사의 책임 편집자로서 촉망받는 작가를 발굴하는 일 외에도 잡지『사이언스 원더 스토리즈』와『원더 스토리즈 쿼터리Wonder Stories Quarterly』의 편집을 맡았으며 평생 과학소설 팬덤의 일원으로 남았다. 특히 1932~1933년 사이 극심한 경제공황을 맞은 미국 사회에서 래서는 과학소설 작가들에게 과학적 성과가 당대 사회를 여러 가지 측면에서[이를테면 경제와 환경 측면에서] 어떻게 바꿔 놓을 수 있는지 논리적인 외삽을 추구하도록 강력히 주문했다. 비록 무척 짧은 기간이지만 마이크 애쉴리는 그 중요성을 고려할 때 '사실주의 과학소설 시대'로 분류할 만하다고 주장한다. 덕분에 이 시기에 쌓인 작가들의 역량은 헛되지 않아 이후 10여 년 동안 곳곳에 스며들었으며 미국 과학소설 초창기의 또 다른 중요 인사인 존 우드 캠벨 2세에게도 영향을 주었다.

여담이지만 데이비드 래서와 휴고 건즈백의 긴밀한 협력관계는 1933년 깨지고 만다. 래서는 대공황의 파고가 높던 1933년 실업자 구제를 위한 '미국 노동자 연대'조직을 설립하는 데 앞장섰고 노동자들의 권익 보호 차원에서 작가들의 권리 보호에도 깊이 관여함으로써 고용주였던 건즈백 소유의 출판사 스텔라 퍼블리싱 코퍼레이션Stellar Publishing Corporation에서 해직되고 말았다.

(4) 우주 과학소설Cosmic SF 시대

이 시기의 스타는 F. 올린 트리메인Orlin Tremaine과 데스먼드 홀Desmond Hall[트리메인은 원래 클레이튼 출판사의 이사였으나 『어스타운딩 스토리즈』가 스트릿 앤드 스미스에게 인수되면서 오히려 동 잡지의 신임 편집자로 취임하게 된다. 하지만 그는 편집상의 온갖 허드렛일과 치다꺼리를 호주 태생의 데스먼드 W. 홀에게 건넸던 모양이다. 홀은 이리하여 아홉 달 동안 클레이튼사의 봉급을 받으면서 『어스타운딩 스토리즈』의 부편집자 노릇을 하게 된다.] 같은 잡지 편집자들이다. 이들의 영도 아래 잡지 『어스타운딩 스토리즈Astounding Stories』는 2대 정책을 내세워 과학소설의 크리에이티브에 관한 모든 장벽을 철폐함으로써 작가들의 사고의 폭을 무제한적으로 확장하고자 한다. 이 잡지의 2대 정책이란 '다종다양한 사고thought variant'와 '무장벽no-hold-bar'이었다. 덕분에 진정으로 우주적인 규모에 걸맞는다고 할 수 있는 이른바 '우주 과학소설들'이 폭발적으로 늘어났다. 이것은 스페이스 오페라를 한층 더 업그레이드한 버전이라 볼 수 있으며, 단지 우주 탐사만이 아니라 시공간과 우주의 성격까지 감안하였다. 작가들이 갖가지 주제와 플롯을 자기 검열 없이 내키는 대로 쏟아내던 이 시기는 과학소설 역사에서 아주 고양된 시기의 하나였다고 볼 수 있다. 사실 이러한 시대는 결코 다시 찾아오지 않았다. 왜냐하면 이후 과학소설이 갈수록 점점 더 자유분방하기보다는 균형감 있는 통제를 추구하게 되기 때문이다.

(5) 테크놀로지 과학소설Technological SF 시대

이 시기는 존 우드 캠벨 2세[1938년부터 1971년까지 『어스타운딩 스토리즈』지의 편집자로서 과학소설계에 막강한 영향력을 행사했다.]란 걸출한 편집자의 지휘 아래 잡지 『어스타운딩 스토리즈』가 주도하였으며, 캠벨을 따르는 작가들은 황당무계해도 눈길을 끌 수만 있다면 팥으로라도 메주를 쑤려 했던 기존의 작품을 내버리고 과학기술적 진보에 대해 진정으로 이성적인 접근법을 시도하였다. 이제 구성이 허술하거나 퉁방울눈을 한 괴물[BEM: Bug-Eyed Monster]이 설치는 이야기는 일언지하에 퇴짜 맞았다. 그 결과 일찍이 데이비드 래서가 의도했던 사실주의 과학소설이 한층 더 세련되고 구체적인 모습으로 자리 잡게 되었다. 이것은 뭐니 뭐니 해도 이제까지의

미국 과학소설의 황금기를 연 과학소설 전문 잡지 『어스타운딩 스토리즈』

편집자 중 어느 누구도 보여주지 못했던 존 우드 캠벨 2세의 확신과 결단 덕분이다. 따라서 이 시기에는 과학소설이 여전히 우주의 특성을 들여다보기는 했지만 종전처럼 제멋대로가 아니라 합리적으로 통제되며 기계주의적인 방식으로 전개되었다. 또한 이러한 편집 방향을 발전적으로 수용하여 뛰어난 작품을 내놓은 작가들의 등장도 빼놓을 수 없다. 특히 1939년경 『어스타운딩 스토리즈』에는 향후 미국 과학소설의 황금시대를 열어나갈 뛰어난 거장들인 밴 보웃^{A. E. van Vogt}, 로버트 A. 하인라인, 아이작 아시모프^{Isaac Asimov}, 그리고 씨어도어 스터전^{Theodore Sturgeon} 등의 작품들이 선보이기 시작했다.

(6) 선험적^{先驗的} 과학소설^{transcendental SF} 시대

테크놀로지 과학소설의 시대는 2차 세계대전 말엽까지 이어지지만 이때쯤 가서부터 과학소설은 또다시 새로운 시도를 모색하기 시작한다. 존 우드 캠벨은 이러한 노선을 A. E. 밴 보웃과 헨리 커트너^{Henry}

A. E. 밴 보웃의 대표작 〈비이글 호의 모험〉과 〈비(非) A의 세계〉

Kuttner 같은 작가들과 함께 이끌었으며, 이들의 활동무대 이외에서도 이러한 경향에서 자유로울 수 있는 편집자들과 작가들은 거의 없었다. 이 시기의 작가들은 인간이 기계로 무엇을 성취할 수 있는가 하는 현상적인 영역에 대한 탐구 대신 인간이 자신의 마음[또는 정신]으로 무엇을 성취할 수 있는지에 관심을 두었다. 그래서 미국의 과학소설 작가이자 평론가인 알렉세이 팬신은 선험적 과학소설 시대라 이름 붙였다.

(7) 원자시대의 과학소설 nuclear SF

과학소설 잡지의 전성기가 저물 무렵 세상은 어느새 또 한 번의 질질 끌던 세계대전을 일거에 매듭지어 버린 원자폭탄의 시대로 접어들었다. 가해자였던 미국의 입장에서 보더라도 원자폭탄의 위력은 가공할 만한 것이었고 그것을 어떻게 이용하느냐에 따라 인류에게 이익이 된다는 사실 또한 어렴풋이나마 알게 된 시기였다. 그 결과 1945~1950년 사이에 나온 과학소설들의 상당수가 원자시대原子時代의 도래가 의미하는 바를 규명하려 애썼다. 아이러니한 일이지만, 이러한 시대상황은 예기치 않게 과학소설의 대중화와 유명세에 도움을 주었다. 즉 원자시대는 온 세상을 대상으로 과학소설의 홍보대사 노릇을 해준 셈이 되었으며, 과학소설 팬덤만이 아니라 일반 독자 대중조차 그들이 과학소설에서 찾아낸 원자시대에 대한 의미심장한 내용을 둘러싸고 수군거리게 해주었다. 그러니 이 시기를 가장 적절하게 표현할 수 있는 명칭이 '원자시대의 과학소설'말고 무엇이 더 있겠는가?

이상에서 보듯이 과학소설 잡지의 탄생에서부터 전성기 그리고 쇠퇴에 이르는 약 25년간의 기간은 마치 인간의 인생을 닮은 듯하다. 유아기가 있으면 유년기가 있고 사춘기를 거쳐 십대와 청소년기 그리고 어른이 되는 식으로 말이다. 펄프잡지의 쇠퇴와 원자력 시대의 여명은 과학소설 잡지의 역사에서 곰곰이 생각해볼 만한 순간이다. 2차 세계대전 이후 특히 『매거진 오브 판타지Magazine of Fantasy』[두 번째 제호부터는 『매거진 오브 판타지 앤 사이언스 픽션(Magazine of Fantasy and Science Fiction)』으로 개칭]와 『갤럭시Galaxy』가 등장한 1950년 이후로 과학소설은 한결 성숙해보였고 외견상 적어도 한동안은 이전보다 더 넓은 독자층을 갖게 된 듯한 인상을 주었다. 특히 캠벨이 오랜 기간 편집장을 맡았던 『어스타운딩 스토리즈』는 『어스타운딩 사이언스 픽션』이란 이름을 거쳐 현재에도 『아날로그 사이언스 픽션Analog Science Fiction』이란 제목으로 간행되고 있다. 이외에도 지금까지 건재한 과학소설 전문잡지로는 앞서 언급한 『갤럭시』와 『매거진 오브 판타지 앤 사이언스 픽션』이 있다. 1950년대 이후 나온 잡지로는 아시모프가 1970년대부터 펴낸 『아시모프의 과학소설 잡지Isaac Asimov's Science Fiction Magazine』가 지금까지 간행되고 있다. 그러나 1950년대 과학소설과

잡지 『어스타운딩 스토리즈』는 『어스타운딩 사이언스 픽션』, 『아날로그 사이언스 픽션』 등으로 제호를 바꾸며 오늘날까지도 발간되고 있다.

현재까지 존속하고 있는 과학소설 전문잡지는 『아날로그』 이외에도 『갤럭시』, 『매거진 오브 판타지 앤 사이언스 픽션』, 『아시모프의 과학소설 잡지』 등이 있다.

일반대중과의 밀월 기간은 그리 오래가지 못했으며 1960년대 중반 이래 과학소설의 위상을 재정립하고자 하는 문학혁명이 전혀 다른 방향에서 움트게 된다. 뉴웨이브로 일컬어지는 과학소설상의 이 문학사조는 여기서 다루고자 하는 범위를 벗어나므로 본서에서는 제외하였음을 양해 바란다.

2) 과학소설 전문잡지의 탄생과 휴고 건즈백

룩셈부르크 태생으로 독일에서 교육받은 젊은 발명가 휴고 건즈백Hugo Gernsback, 1884~1967이 뉴욕으로 건너온 것은 1904년의 일이다. 크고 둥근 머리에 오똑한 코 그리고 작달막한 키의 건즈백은 일렉트리코 임포팅 컴퍼니Electro Importing Company를 세웠고 4년 후 기술공학 관련 전문잡지『모던 일렉트릭스』를 창간했다. 기술관련 기사가 가득한 이 잡지의 1911년 4월호에다 손수 창작한 장편소설 〈랠프 124C 41+, 서기 2660년의 로맨스Ralph 124C 41+, A Romance of the Year 2660〉의 첫 번째 연재분을 끼워 넣었다. 후일 과학소설 전문잡지의 편집장으로 더 알려졌지만, 건즈백은 무선 서비스나 텔레비전 방송 같은 당시 뉴미디어 분야의 발명가이자 사업가였기에 여러 면에서 발명가 에디슨과 유사한 시각으로 세상을 바라본 듯하며, 이러한 성향은 처녀작 장편소설 〈랠프 124C 41+〉에 고스란히 배어 있다. [오죽하면 이 장편의 일본판 제목이 〈27世紀の發明王〉이었을까. 우리나라에는 일본판 제목을 빌려와 〈27세기 발명왕〉으로 번역 출간되었다.]

미국 과학소설의 아버지로 일컬어지는 휴고 건즈백

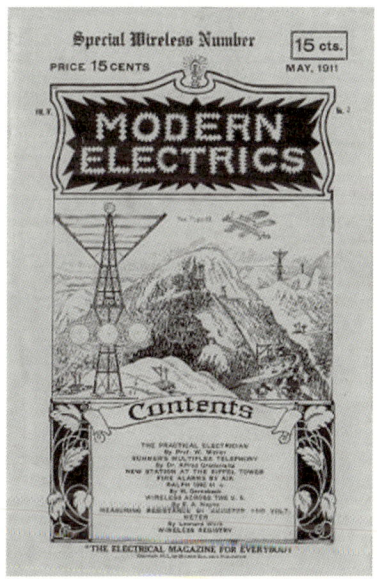

휴고 건즈백이 1911년 창간한 기술공학 관련 잡지『모던 일렉트릭스』

이 작품은 천재적인 발명가인 주인공 랠프가 뉴욕의 연구소에서 화상통화의 혼선 탓에 알프스 산장의 여주인공이 일촉즉발의 눈사태에 직면해 있음을 알게 되는 장면으로 시작된다. 랠프는 실시간으로 원격

휴고 건즈백의 처녀작이자 대표작이 된 장편소설 《랠프 124C 41+, 서기 2660년의 로맨스》에 등장하는 화상전화기

조정해서 자신의 연구소에서 송출한 전파를 열에너지로 전환시켜 눈을 일거에 녹여버린다. 이러한 에피소드는 인류가 과학기술의 발달로 자연환경을 자유자재로 조절할 수 있는 미래에 대한 건즈백식 청사진인 셈이다. 작품 내내 주인공은 온갖 과학기술의 경이를 선보이며 나중에는 아예 자신의 우주선을 타고 우주로 날아가 악당의 손아귀에서 여주인공을 되찾아오기까지 한다. 이 소설은 비록 문학적으로 우수한 평가를 받지는 못하지만 텔레비전, 원격조정 전력송신, 화상전화, 대륙횡단 항공 서비스, 태양 에너지의 실용화, 토오키 영화, 합성 우유와 합성 음식, 인조섬유, 녹음기, 살균력 있는 바실라토리움Baccilatorium, 자는 동안 학습이 되는 최면학습기hypnobioscopes, 그리고 우주비행 등 오늘날 실용화된 기술을 거의 100여 년 전에 대부분 예언하고 있어 놀라움을 자아낸다. 실제로 텔레비전 방송이 일반 시청자들에게 대중화되기도 전에 건즈백이 텔레비전[방송국에 가지 않고도 멀리서 보는 영상]이란 용어를 만들어냈을 정도이니, 당대 사회를 앞서 꿰뚫어 보는 혜안이 있었던 것만은 분명하다.

『모던 일렉트릭스』 이외에도 또 다른 기술공학 관련 잡지들을 발행했으니, 예를 들면 『전기 실험가The Electrical Experimenter』(1913~1920)와 『과학과 발명Science and Invention』(1920~1925) 같은 것들이다. 『모던 일렉트릭스』뿐 아니라 이 잡지들에도 과학소설이 실렸다. 처음에는 실명으로 소설을 써줄 작가를 구하기 어려웠다. 작가들이 과학소설을 쓰는 행위 자체가 자신들의 품위를 떨어뜨린다고 여긴 탓이었다. 다행히 유머가 풍부한 작가 엘리스 파커 버틀러Ellis Parker Butler가 기고를 해 왔고 에디슨의 비서였던 레이 커밍스^{Ray Cummings}와 A. 메릿^{Merritt}의 장편들도 게재할 수 있게 되었다. 커밍스의 〈정복자 타라노^{Tarrano the Conqueror}〉는 당시 건즈백의 기술공학 잡지에 실렸던 과학소설 코너의 성격을 엿볼 수 있게 해준다. 여기서는 한 야심만만한 금성인이 금성과 지구, 화성을 손아귀에 넣을 욕심으로 세 행성의 주민들에게 영원불멸을 약속한다. 단조로운 일련의 쫓고 쫓기기 끝에 타라노는 금성의 극지방에 있는 얼음요새에서 격퇴당하여 소행성으로 망명한다. 스탈린과 히틀러 같은 미치광이 독재자와 과학

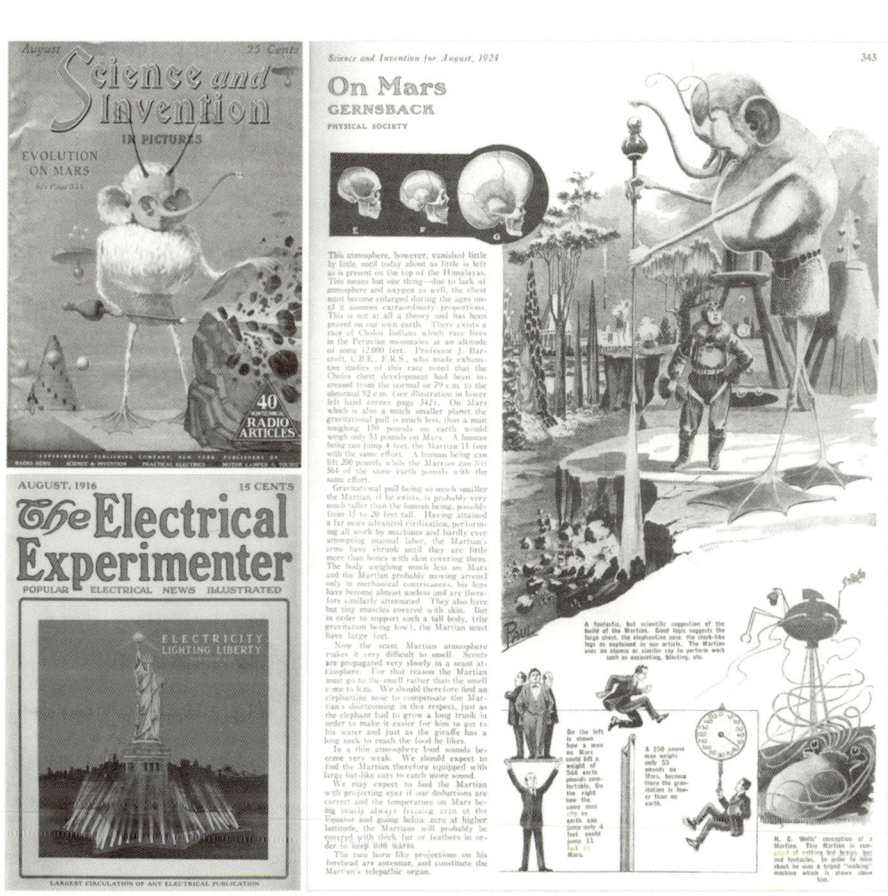

휴고 건즈백이 창간한 또 다른 기술공학 잡지 『전기 실험가』와 『과학과 발명』. 표지 일러스트 속지 기사에서 보듯 『과학과 발명』 1924년 8월호에는 화성인의 실재 여부를 과학적으로 분석한 건즈백의 칼럼 「화성에서의 진화(Evolution on Mars)」가 실렸다.

미국의 초창기 과학소설　235

1927년 『과학과 발명』지에 실린 소설 〈랠프 124C 41+〉의 광고

기술이 접목되었을 때의 가공할 공포를 그리려고 한 의도는 좋았으나 구체적인 묘사에서 설득력이 많이 떨어져 아직 과학소설의 문학적 성숙까지는 갈 길이 멀었음을 드러냈다.

건즈백이 손수 〈랠프 124C 41+〉 같은 소설을 창작하기도 했지만 이보다 훨씬 더 중요한 업적은 1926년 4월 세계에서 가장 오래된 과학소설 전문잡지 『어메이징 스토리즈』를 창간했다는 역사적 사실이다. 일찍이 1911년부터 과학기술 관련 잡지에 과학소설을 연재해 오긴 했지만, 그해 들어 건즈백은 완전히 과학소설만을 담는 잡지로 승부해 볼만한 때가 왔다는 자신감을 얻었던 것이다. 이후 1926년 4월부터 1929년 4월까지 3년 동안 휴고 건즈백은 사실상 미국에서 과학소설 잡지 시장을 독점하다시피 했다. [물론 과학소설 작품의 공급 자체를 독점했다는 뜻은 아니다. 비록 과학소설 전문잡지는 아니었지만 『위어드 테일즈』와 『아고시』 같은 잡지들에도 과학소설이 게재되었다.][16] 아직 과학소설 장르 자체의 개념조차 모호하던 시대에 전기공학자 출신의 휴고 건즈백은 잡지의 창간호에서 '매력적인 로맨스가 과학적 사실 및 예언적 전망과 혼연일체가 된 소설'을 '사이언티픽션Scientifiction'이라 정의하였다. 그는 이미 전에 발표된 쥘 베르느와 H. G. 웰즈의 소설들을 잡지에 재수록하는 한편 이 장르에 관심을 가진 새로운 작가들에게 발표의 기회를 제공했다. 덕분에 현대과학소설의 형성에 기여한 작가들인 로버트 앤슨 하인라인, 아이작 아시모프, 밴 보웃, 스프레이그 디 캠프 등

[16] Mike Ashley, *The Time Machine; The Story of the science fiction pulp magazine from the beginning to 1950*, Liverpool univ. press, 2000, p. 62.

E. E. 스미스의 양대 대표작 〈우주의 종달새〉 시리즈와 〈렌즈맨〉 시리즈

은 소년시절부터 베르느와 웰즈의 작품을 읽으며 자랐다고 한다. 우주활극의 아버지로 불리는 E. E. 스미스의 대표작 〈우주의 종달새〉 시리즈는 발표할 곳을 찾지 못하다가 『어메이징 스토리즈』를 통해 공개되면서 과학소설 팬들의 폭발적인 반향을 얻었다. 건즈백은 과학소설의 '과학' 부분을 강조함으로써, 유쾌하게 읽을 만한 이야기체에다 과학적 사실을 효과적으로 전달할 수 있게 되기를 바랐다. 그가 보기에, 과학소설의 사명은 문학적 흥취를 돋우는 것이 아니라 젊은 독자들이 과학관련 직업에 흥미를 갖게 하고 과학자들과 발명가들에게 지적인 자극을 주어야 했다. 따라서 버로우즈의 〈화성의 존 카터〉 같은 작품에 과학소설이라 이름 붙여 도매급으로 넘기는 것을 거부했다. 그로서는 버로우즈의 작품에 등장하는 의사과학적 가정이나 전제가 피카

레스크적인 모험담에 부수적으로 딸린 장식요소에 지나지 않아 보였던 까닭이다.

하지만 『어메이징 스토리즈』의 창간 초기에는 건즈백으로서도 좋은 작품을 찾는 데 어려움을 겪었다. 고육지책으로 창간호에는 웰즈와 메릿Merritt 같은 당시 기준으로는 꽤 오래된 작가들의 작품을 재수록하지 않을 수 없었으며, 베르느의 작품도 여기에 가세했다. 에이브러햄 메릿Abraham Merritt, 1884~1943은 언론인으로 미 언론재벌 허스트 계열의 『어메리컨 위클리American Weekly』의 편집자였다. 고고학과 마법 그리고 희귀한 독이 든 이국풍 식물 키우기 같은 이색적인 취미를 즐긴 그는 모두 아홉 편의 소설을 썼는데, 하나같이 강렬한 상상력과 생생한 묘사, 복잡한 플롯을 보여주었다. 메릿은 종종 잃어버린 종lost-race이란 과학소설의 하위 장르를 이용했다.

한동안 순항하는 듯 보인 건즈백의 과학소설 잡지를 포함한 여러 사업은 시장의 현실과 맞물려 꼬이면서 1929년 초부터 불길한 조짐을 드러내기 시작했다. 건강과 사회 부문 잡지들로 성공한 출판인 버나 맥패든Bernarr Macfadden은 『어메이징 스토리즈』의 성공을 예의주시하면서 인수 기회를 엿보았다. 특히 건즈백이 1928년 4월 오히려 『유어 바디Your Body』라는 건강잡지를 새로 펴내면서 맥패든의 사업영역으로 침범해 들어오는 바람에 상황은 더 악화일로로 치달았다. 어느덧 버나 맥패든이 발행하는 잡지 『피지컬 컬춰Physical Culture』와 『트루 스토리True Story』에도 과학소설이 실리기 시작했으며 이 중에는 영양학자 마일로 해스팅스Milo Hastings의 미래사회 소설들도 수록되었다. 설상가상으로 건즈백의 출판사 스텔라 퍼블리싱 코퍼레이션Stellar Publishing Corporation의 재무 상태가 급속히 악화되고 있었다. 그 무렵 휴고 건즈백은 출판뿐 아니라 텔레비전 방송 기술을 개발 중이던 자신의 무선 서비스 분야에도 투자를 하고 있었다. 건즈백의 개발팀이 영상을 처음 전송한 때는 1928년 8월 12일이었고, 이후 뉴욕에서 처음으로 텔레비전 방송을 매일 정기적으로 내보내기 시작했다. 이러한 실험은 자금을 하루가 다르게 고갈시켰다. 설상가상으로 형제이자 회사의 재무담당이었던 시드니Sidney와 건즈백 두 사람은 자신들의 월급을 턱없이 높게 책정해서 단기 이익을 개인적으로 챙겼다. 그 결과 건즈백의 총보유자산을 평가한다면 지불능력은 있었지만 일시적으로 현금 유동성이 제약되는 상황을 초래했다. 건즈백의 씀씀이가 헤펐음에도 작가 및 협력업체에 지불하는 결재기일이 자꾸만 늘어나자 이해관계자들의 공분을 사기에 이르렀고, 마침내 1929년 2월 20일 인쇄업자와 종이 공급업자가 파산신청에 들어갔다. 채권단은 피인수된 출판사의 이사들을 전원 해임하되 회사 자체는 되살리기로 결정했다. 이렇게 하여 『어메이징 스토리즈』 및 소속 출판사의 자매지들인 『과학과 발명Science and Invention』, 『라디오 뉴스Radio News』가 복간되었고 대부분의 직원이 고용승계 되었지만 건즈백만은 예외였다. 여러 인수후보자가 나섰고 그 중에는 위에서 이미 언급한 버나 맥패든도 있었지만 최종적으로 출판사업은 B. A. 맥키넌Mackinnon에게 돌아갔다. [방송사업권은 또 다른 회사에 넘어갔다.] 중요한 것은 이러한 분란의 와중에도 『어메이징 스토리즈』 자체는 별 탈 없이 꾸준히 간행되었다는 사실이다.

이에 뒤질세라 휴고 건즈백은 파산절차를 밟은 지 며칠이 되기도 전에 새로운 출판사를 또 세워서 무려 세 종種의 과학잡지들과 한 종의 무선 관련 잡지를 내려는 준비에 착수했다. 건즈백은 『어메이징 스토리즈』를 창간하기 전만 해도 과학기술관련 전문잡지를 펴내는 데 주력했었는데 이 잡지를 운영해 보면서

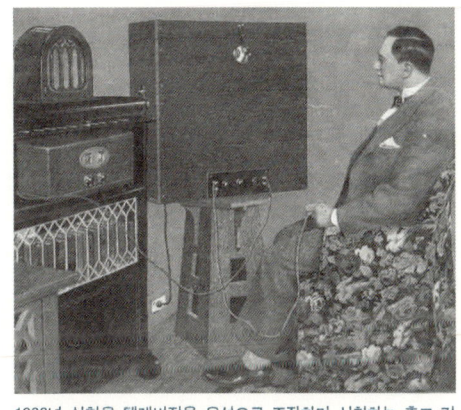
1928년 실험용 텔레비전을 유선으로 조작하며 시청하는 휴고 건즈백

과학소설의 시장잠재력을 알게 되자 이번에는 과학소설 잡지에 더 비중을 두었다. 일찍이 그는 설사 『어메이징 스토리즈』가 폐간되는 일이 생긴다 하더라도 과학소설 장르 자체가 잡지 형태로 존속하리라고 전망한 바 있는데, 이를 몸소 먼저 실천한 셈이다. 다른 누구보다도 과학소설의 향후 성공을 확신하고 있었기에 이 분야에 투자 자산의 대부분을 던지는 도박을 감행한 것이었다. 이렇게 해서 1929년 5월부터 7월 사이 세상에 선보인 건즈백의 세 잡지가 『사이언스 원더 스토리즈』, 『에어 원더 스토리즈』, 그리고 『사이언스 원더 쿼터리』다. 이 잡지들은 『어메이징 스토리즈』와 별로 달라 보이지 않았다. 편집방식이나 작가군도 대동소이했으며[여기에 실린 작품 가운데에는 건즈백이 작가들로부터 투고 받았으나 아직 게재를 결정하지 않은 채 책상에 쌓아두었던 것들도 상당수 차지했다는 후문이다. 물론 게재 전에 건즈백은 작가들에게 애초의 원고를 돌려받고 싶은지 아니면 새로운 잡지에 게재하고 싶은지 물어보았다. 작가들이 보기에 건즈백이 떠난 『어메이징 스토리즈』의 미래가 불투명해보였으므로 흔쾌히 새로운 잡지에 게재를 동의했다. 하지만 『어메이징 스토리즈』 측에서도 같은 작가들을 대상으로 원고 확보에 열심이었으므로, 그들은 하나의 잡지에만 목매던 과거에 비해 시장이 두 배로 커졌음을 깨닫게 되었다. 사실 이처럼 양자 구도의 경쟁이 심화됨에 따라 한 해에 출간되는 과학소설 전문잡지의 발행 호수는 16호에서 44호로 늘어났다.] 표지 일러스트도 『어메이징 스토리즈』의 표지를 단골로 도맡았던 프랭크 R. 폴Frank R. Paul이 그렸다. 폴은 재간꾼이어서 우주선을 그려도 매번 다른 디자인을 창안해냈다. 『사이언스 원더 스토리즈』와 『에어 원더 스토리즈』는 각기 12호와 11호까지 낸 다음 하나로 합쳐져 『원더 스토리즈』라는 제호로 통일되었다. 『원더 스토리즈』의 초기 발행호들은 프랑스어나 독어로 쓰인 유럽의 과학소설 장편들을 번역하여 실었는데, 번역자는 전직 권투선수이자 도서관 사서 그리고 언론인이었던 플래처 프랫Fletcher Pratt이었다. 쥐꼬리만한 돈으로 운영하던 그 무렵의 많은 출판사처럼 건즈백은 지킬 수 없는 약속들을 남발했던 탓에, 프랫은 때때로 밀린 번역료를 받기 위해 연재물의 경우 첫 회가 나가면 중도에 연재를 끊어 버리겠다는 위협을 해야만 했다고 한다.

이처럼 휴고 건즈백은 늘 미국 작가뿐 아니라 유럽 작가의 작품을 발굴하여 번역 소개하는 데 관심이 많았다. 『사이언스 원더 쿼터리』에 독일 작가 오토 윌리 가일Otto Willi Gail의 장편 〈무한을 향해 쏘다The Shot into Infinity〉가 게재된 것이 좋은 예이다. 또한 소설만 유럽에서 가져온 것은 아니었다. 『사이언스 원더 스토리즈』 1929년 7, 8월 합본호에는 헤르만 누르둥Hermann Noordung [본명은 헤

오토 윌리 가일의 장편 〈무한을 향해 쏘다〉가 연재된 휴고 건즈백의 잡지 『사이언스 원더 쿼터리』

르만 포토크닉(Hermann Potocnik, 1892~1929)으로 오스트리아군 기술자. 1929년 우주비행에 관한 초창기 기술논문 「우주비행의 제반문제: 로켓 모터(The Problem of Space Travel: The Rocket Motor)」를 썼으며 우주정거장의 구체적이고 기술적인 얼개를 최초로 창안하였다.]의 기술논문 「우주비행의 제반문제Das Problem der Befahrung des Weltraums」까지 프랜시스 M. 꾸리에Francis M. Currier의 번역으로 실렸다. 논문은 우주에서 인간이 살아갈 경우 직면하게 될 여러 가지 문제들을 놀라우리만치 정교하고 구체적으로 다루었다. 오스트리아 로켓공학 기술자의 이 선구적인 글은 독일문학에 영향을 미치는 데 그치지 않고 건즈백의 부지런함 덕에 미국에까지 그 전문지식이 전수된 것이다. 건즈백의 신종 잡지들은 초과학적인 모험담만이 아니라 행성 간 여행의 현실적인 가능성을 훨씬 더 강조하는 경향이 있었다. 이 잡지들만으로 성이 차지 않았는지 1달러에 12권을 한 패키지로 제공하는 팸플릿 형식의 얇은 단행본 소설 사업을 벌였고 나아가서 과학소설과 추리탐정소설을 한데 수록하는 일종의 퓨전잡지 『사이언티픽 디텍티브 먼쓸리Scientific Detective Monthly』를 펴냈지만 둘다 별 재미를 보지는 못했다. [탐정소설 잡지와 과학소설 잡지는 각기 목표로 하는 층이 명확

하여, 전문잡지가 활성화되던 시절에 퓨전잡지는 어느 쪽도 만족시켜 주지 못하는 결과를 낳았다.] 미국에서 휴고 건즈백을 두고 과학소설의 아버지라고 일컫는 데에는 다 그럴 만한 이유가 있다. 일각에서는 굳이 그가 아니었더라도 과학과 기술의 눈부신 발전이 사람들의 삶 속으로 배어들어오던 과학문명의 여명기에 과학소설이란 문학 장르와 이를 바탕으로 한, 이를테면 영화, 만화, 게임 같은 연관 콘텐츠가 어차피 나타날 수밖에 없었으리라는 주장이 제기된다. 하지만 실제로 휴고 건즈백의 활약이 없었다면 과연 과학소설이 지속적으로 존속 발전하는 장르로 오늘날 뿌리내릴 수 있었을지 장담하기 어렵다는 반박도 만만치 않다. 그 이전의 뛰어난 기량을 보여준 과학소설 작가들은 단지 해당 작품으로만 세상의 평가를 받으려 들었지 그것들을 한데 묶은 장르의 관점에서 고려해본 적이 없었다. 예를 들어 올더스 헉슬리의 〈멋진 신세계〉는 그 자체가 지닌 작품성으로 좋은 평가를 받을지는 몰라도 이후 헉슬리는 물론이고 다른 작가들이 이와 유사한 유형의 틀 안에서 또 다른 작품을 집필해야겠다는 마음을 먹게 하지는 못했다. 심지어 웰즈와 베르느처럼 과학소설로 분류될 수 있는 작품들을 상당수 꾸준히 발표한 작가들조차 해당 작품들을 한데 아우를 수 있는 큰 틀의 그림을 내다보지는 못했으며 그저 자신의 세계관을 전달하는 문학형식이나 수단으로만 과학소설을 이용했을 따름이다. 요약하면, 1926년 『어메이징 스토리즈』를 창간함으로써 휴고 건즈백은 과학소설에 고유의 정체성을 부여했으며 작가들과 독자들이 구체적인 가이드라인 아래 창작하고 독서할 수 있도록 현실적인 분위기를 조성했다는 점에서 그 공로를 평가받을 만하다. 오늘날 과학소설계에서 가장 권위 있는 상 중의 하나가 바로 건즈백의 이름을 딴 '휴고상'이다.

3) 과학소설 잡지 간 경쟁이 심화된 1930년대 이후 주요 작가들

1930년 클레이튼^{Clayton} 출판사는 과학소설 전문잡지 『어스타운딩 스토리즈』를 창간했다. 이렇게 되자 미국에서 과학소설을 다루는 잡지들은 4개로 늘어나 제법 치열한 경쟁구도가 조성되었으니, 『위어드 테일즈』, 『어메이징 스토리즈』, 『원더 스토리즈』 그리고 『어스타운딩 스토리즈』가 바로 그것들이다. [이 중에서 『어메이징 스토리즈』와 『어스타운딩 스토리즈』가 비록 중도에 제호가 바뀌긴 하지만 끝까지 살아남았다.] 설상가상으로 1930년대의 경제불황은 신규 잡지들에 시련을 안겨주었다. 1932년 『어스타운딩 스토리즈』는 격월간으로 바뀌었다가 이듬해 휴간했다. 이 잡지는 스트릿 앤 스미스 출판사에 매각된 다음 신임 편집장 F. 올린 트리메인의 지휘 아래 복간될 수 있었다. 1935년 『원더 스토리즈』도 유사한 위기를 겪었다. 이 잡지는 스탠다드 매거진 배터 출판연합^{Standard Magazine-better Publication Combine}을 위해 모트 와이징어^{Mort Weisinger}가 편집을 맡아 『쓰릴링 원더 스토리즈』라는 이름으로 재등장했다. 1938년에는 시카고의 집데이비스^{Ziff-Davis} 출판사가 『어메이징 스토리즈』를 인수하여 편집자를 레이먼드 A. 팔머^{Raymond A. Palmer}로 교체했다.

이러한 격동기와 맞물려 작가군에도 역량 있는 신인들이 대거 유입되었으니 이앤도 바인더^{Eando Binder, 1911~1974}와 아서 J. 벅스^{Arthur J. Burks, 1898~1974}, 피터 슈일러 밀러^{Peter Schuyler Miller, 1912~1974}, 윌리엄 피츠제럴드 젠킨스^{William Fitzgerald Jenkins, 1896~1975}, 잭 윌리엄슨^{Jack Williamson, 1908~2006}, 에드먼드 해밀튼^{Edmond Hamilton, 1904~1977}, 라잇 브랙킷^{Leigh Brackett, 1915~1978}, 헨리 커트너^{Henry Kuttner, 1914~1958}, 그리고 캐서린 L. 무어^{Catherine L. Moore, 1911~1987} 같은 이들이 대표적이다.

이앤도 바인더는 『어메이징 스토리즈』에 1939년부터 1942년까지 아담 링크^{Adam Link}라는 인간의 형상을 한 선량한 로봇을 주인공으로 한 아홉 편의 단편을 연재하였다. 공교롭게도 첫 에피소드 제목은 〈나, 로봇

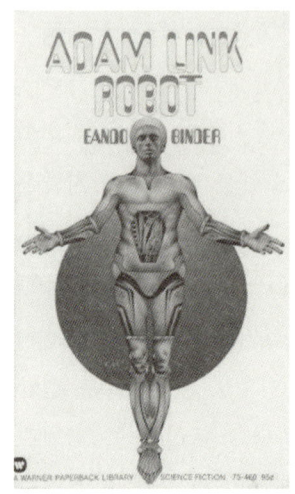  

이앤도 바인더의 〈로봇〉 시리즈 〈아담 링크, 로봇〉

〈아담 링크〉 캐릭터를 소재로 한 미국의 만화들. 하나는 시리즈 중 '아담 링크의 재판'편을 만화화한 것이고 다른 하나는 슈퍼보이[18]가 주인공인 만화에 아담 링크가 게스트로 나온 것이다.

I, Robot〉으로 훗날 아이작 아시모프의 로봇 관련 단편들을 모아 펴낸 단편집 이름과 동일하다. 1970년대에 출판사 워너 북스Warner Books가 〈아담 링크, 로봇Adam Link-Robot〉이란 제목으로 바인더의 단편들을 묶어 페이퍼백 단행본으로 펴냈다.[17] 〈아담 링크〉 시리즈의 에피소드들 가운데 '아담 링크의 재판The Trial of Adam Link'편은 1960년대와 1990년대 두 차례에 걸쳐 방영된 텔레비전용 SF 단편 시리즈 〈아우터 리미츠Outer Limit〉의 〈나, 로봇I, Robot〉편의 원작이 되었으며 만화로도 만들어졌다.

피터 슈일러 밀러는 평생 이로쿼이 인디언 부족에 흥미를 보인 아마추어 고고학자로서 뉴욕주 고고학회 회원이었다. 대학에서 화학을 전공하여 석사학위를 받은 그는 1940~50년대에 제너럴 일렉트릭General Electri

---

[17] 이 단편집에 실린 아홉 편의 작품은 다음과 같다. 〈I, Robot〉(1939), 〈The Trial of Adam Link〉(1939), 〈Adam Link in Business〉(1939), 〈Adam Link's Vengeance〉(1940), 〈Adam Link Fights a War〉(1940), 〈Adam Link, Champion Athlete〉(1940), 〈Adam Link, Robot Detective〉(1940), 〈Adam Link Faces a Revolt〉(1941), 〈Adam Link Saves the World〉(1942).

[18] 미국 초인 만화캐릭터 슈퍼맨의 청소년기를 소재로 한 시리즈물에서는 슈퍼맨을 슈퍼보이라 부른다.

과 피츠버그 소재 피셔 사이언티픽 컴퍼니the Fisher Scientific Company 등에서 기술문건 작가technical writer로 근무했다. 밀러가 과학소설을 쓰기 시작한 것은 1930년대부터로 당시 인기작가 중 한 사람이었다. 그는 『어메이징 스토리즈』와 『어스타운딩 스토리즈』뿐 아니라 십여 곳의 다양한 잡지들에 원고를 게재했으며 고고학적이고 인류학적인 주제를 탐구했다. 밀러는 작가일 뿐 아니라 다른 작가들의 열성팬이기도 해서 로버트 E. 하워드의 〈코난〉 시리즈에 속하는 단편들을 친구인 존 D. 클락John D. Clark과 함께 1930년대에 편찬하기도 했다. 1940년대 후반 들어 점차 창작보다는 비평으로 선회하여 과학소설 잡지들에 다달이 칼럼을 썼다. 밀러는 과학소설 분야에 대한 광범위한 지식섭렵으로 유명해졌고 1963년에는 비평에 대한 공로로 휴고상 특별상a special Hugo Award을 받았다.

1930년대에 눈부신 활약을 보인 과학소설가로서 가장 두각을 나타낸 이로는 아무래도 버지니아주 태생의 윌리엄 피츠제럴드 젠킨스를 빼놓을 수 없다. 1,500여 편이 넘는 단편과 칼럼을 썼으며, 비단 과학소설만이 아니라 서부극, 탐정소설, 모험소설, 러브스토리, 만화책 스토리 원고, 과학적 사실과 기술동향에 관한 보고서 그리고 라디오와 텔레비전 방송대본에 이르기까지 집필 분야가 그야말로 다채로웠다. 젠킨스는 또한 자기 자신이 발명가이기도 했다. 영화 특수효과에 쓰이는 전면투사시스템the front projection process을 개발한 것으로 유명한데, 이것은 후면투사시스템the rear projection proces과 블루스크린bluescreen 합성방식을 대체한 신기술이었다. 그의 과학소설들은 대개 머레이 라인스터Murray Leinster라는 필명으로 발표되었으며 다른 분야의 글은 윌 젠킨스Will Jenkins라는 이름을 사용했다. 1910년대 말 『아고시Argosy』 같은 펄프잡지를 통해 등단했으며 1930년대에는 『어스타운딩 스토리즈』에 정기적으로 원고를 실었다

젠킨스는 과학소설의 초창기에 여러 가지 영역에서 새로운 지평을 연 혁신적인 아이디어맨이었다. 일례로 평행우주parallel universe 이야기라는

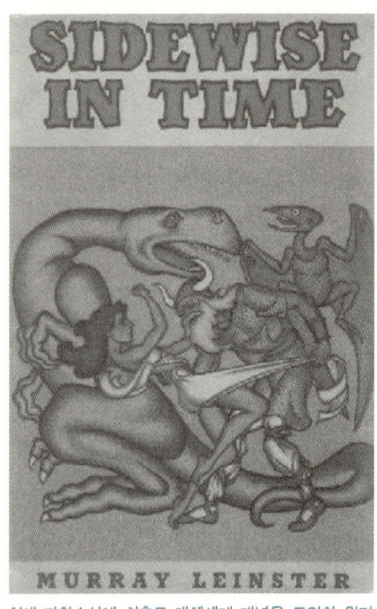

현대 과학소설에 최초로 대체세계 개념을 도입한 윌리엄 피츠제럴드 젠킨스의 〈시간을 비켜서서〉

과학소설 하위 장르를 널리 퍼뜨린 것은 그의 공이 크다. 잭 윌리엄슨의 〈시간군단The Legion of Time〉이 발표되기 4년이나 전에 『어스타운딩 스토리즈』 1934년 6월호에 〈시간을 비켜서서Sidewise in Time〉를 게재했다. 이 단편은 대체세계란 낯선 개념alternate worlds이 현대 과학소설에 처음으로 도입된 사례로서 시간대를 교차하는 주제를 처음으로 대중화시킨 작품이다. 소설은 동일한 우주에서 시간선이 갈라져 나온 갈래 우주에서 우리가 알고 있는 바와는 다른 역사가 생겨나는 현장을 목격하게 되는데, 시간의 요동이 자연계에 미치는 오묘한 효과를 다룬 젠킨스의 비전은 이후 아이작 아시모프의 〈붉은 여왕의 종족The Red Queen's Race〉(1949)[이 단편은 트로이의 헬렌에게 현대 물리학과 화학지식을 전수시킴으로써 인류의 역사를 훨씬 빠른 시간 안에 시행착오 없이 발전시키고자 하는 과학자의 이야기]이나 〈영원의 끝The End of Eternity〉(1954), 〈살아 있는 우주Living Space〉(1956) 등에서 보듯이 후세 작가들에게 오랫동안 영향을 주었다. 1995년에는 대체역사물을 대상으로 시상하는 '시간을 비켜서서Sidewise in Time'상이 제정되었는데, 위의 명칭은 이름 그대로 젠킨스의 동명 단편에서 따온 것이다. 이러한 일화는 그만큼 시간여행물의 활성화에 대한 그의 공로를 인정한 것이라 볼 수 있다.

젠킨스는 또한 과학소설에서 컴퓨터를 제일 먼저 소개한 작가 중 한 사람이었다. 그의 단편 〈조라는 이름의 논리회로A Logic Named Joe〉(1946)에는 일종의 컴퓨터인 조Joe가 등장한다. 이 작품에서 그는 벌써 인터넷을 상상해냈다. 가정마다 비치된 컴퓨터들이 서로 링크되어 서로 커뮤니케이션하고 정보접속 및 전자상거래가 가능한 미래를 꿈꿨다. 젠킨스는 1956년 〈탐사팀Exploration Team〉으로 휴고상 중편 부문 최우수상Best Novelette을 받았으며 1996년에는 이제는 고전이 된 단편 〈최초의 접촉First Contact〉으로 바로 전해 연도가 아니라 그 이전의 고전 걸작들에 수상하는 레트로 휴고상retro-Hugo을 받았다. 오늘날 '최초의 접촉'은 인류가 외계인과 처음 조우하는 상황을 지칭하는 용어로 일반화되었으며 이를 과학소설의 하위 장르 중 하나로 구분하기도 한다. [2000년 젠킨스의 유족은 할리우드 영화 〈스타트랙, 최초의 접촉(Star Trek: First Contact)〉이 권리를 침해했다며 제작사인 파라마운트 픽쳐스(Paramount Pictures)를 상대로 소송을

컴퓨터와 인터넷 상거래를 일찍이 내다본 윌리엄 피츠제럴드 젠킨스의 〈조라는 이름의 논리회로〉

걸었다. '최초의 접촉'이란 용어 자체를 처음 만들어낸 사람이 젠킨스이므로 파라마운트사가 저작권을 침해했다는 것이 사유였다. 이에 대해 관할법원(버지니아 주 동부 지법)은 현재 시점에서 '최초의 접촉'은 더 이상 저작권으로 보호받아야 할 만큼 특별한 개념이 아니라 과학소설계에서 일반화된 용어라며 소송을 기각했다. 이에 불복한 유족이 상급법원에 상고하였으나 같은 이유로 기각하였다.]

잭 윌리엄슨과 에드먼드 해밀튼도 비슷한 시기에 왕성한 작품 활동을 했다. 두 작가는 오랫동안 절친한 친구 사이일 뿐 아니라 작풍도 비슷하다. 윌리엄슨은 키 크고 우람한 체격에다 카우보이처럼 우락부락해 보이는 사내로 1908년 아리조나 주에서 태어났다. 멕시코, 텍사스 주 그리고 마지막에 가서는 동부 뉴멕시코 주에서 자랐으며 거기서 그의 가족은 소 목장을 운영했다. 1920년대 말부터 글을 쓰기 시작한 그는 미국과 남미 일대를 여행했다. 여행을 할 때 때때로 헤밀튼과 함께 다녔다. 두 사람은 허클베리 핀을 흉내 내서 미시시피 강을 따라 뉴 올

잭 윌리엄슨의 우주 서사극 〈우주 군단〉은 총 4부작으로 마지막 권만 제외하고는 모두 1930년대에 발표되었다. 이 시리즈의 최종권 〈우주군단의 여왕(The Queen of the Legion)〉은 1982년에 나왔다.

리언즈시까지 평저선平底船을 타고 간 일도 있다. 윌리엄슨은 1930년대에 〈우주 군단Legion of Space〉 같은 우주 서사극Space Epics을 썼다. 때는 인류가 태양계를 식민화했지만 아직 그 이상은 외부로 나아가지 못한 시대, 버나드 별을 향해 떠난 최초의 항성 간 탐사대는 임무를 실패한 채 귀환한다. 제정신이 아닌 생존자들은 버나드 항성계의 유일한 행성에 사는 영악한 메두사Medusae에 대해 정신없이 떠들어댄다. 제정신이 아니다. 이 괴물은 해파리 모양이지만 덩치가 코끼리만한 데다 눈이 네 개이다. 이것은 말은 하지 못하지만 마이크로파를 이용해 의사소통할 수 있다. 이에 30세기의 우주 군단이 메두사와 일대 전투를 벌인다. 우주군단은 태양계 전체의 치안을 담당하는, 일종의 경찰이자 군대이다. 〈우주 군단〉에다 윌리엄슨은 알렉산더 뒤마Alexandre Dumas의 〈삼총사Three Musketeers〉와 윌리엄 셰익스피어William Shakespeare의 희극 캐릭터를 혼합한 헨릭 셴케비츠Henryk Sienkiewicz의 수법을 과학소설 스타일에 맞게 응용해보려 하였다. 윌리엄슨은 환상소설에도 관심을 보여 늑대인간을 소재로 한 걸작 장편 〈당신 생각보다 더 어두운Darker than You Think〉을 잡지 『언노운Unknown』에 팔았다. 후일 그는 이스턴 뉴멕시코대학 교수가 되었고 2006년 작고할 때까지 과학소설을 정규 강좌로 넣어 가르쳤다.

에드가 라이스 버로우즈나 씨어도어 스터전처럼 갖가지 직업을 전전한 에드먼드 해밀튼은 평생지기인 잭 윌리엄슨과 함께 여행을 가거나 소치는 카우보이 생활을 하지 않을 때에는 과학소설을 썼다. 해밀튼의 데뷔작은 『위어드 테일즈』 1926년 8월호에 실린 단편 〈맥머쓰의 괴물 신The Monster God of Mamurth〉이다. 곧바로 그는 화안워쓰 롸잇Farnsworth Wright이 편집장을 맡고 있는 이 잡지의 핵심작가군에 합류했다. 이는 H. P. 러브크래프트 및 로버트 E. 하워드 같은 작가들과 어깨를 나란히 하게 되었다는 뜻이다. 해밀튼은 1926년부터 1948년까지 『위어드 테일즈』에 79편의 작품을 게재했다. 『위어드 테일즈』에 그보다 더 많은 작품을 실은 작가는 시버리 퀸Seabury Quinn과 오거스트 덜리스August Derleth 정도였으며, 1920년대 말에서 1930년대 초쯤 되면 해밀튼은 시중에 나와 있는 거의 모든 과학소설 잡지들로부터 원고를 청탁받기에 이른다. 그는 과학소설 이외에 공포소설과 스릴러 소설도 집필했다. [이는 미국 경제 대공황기에 과학소설에만 집중해서는 작가가 생계에 곤란을 받았기 때문이다. 대중적으로 인기 있는 장르라면 뭐든지 그에 맞는 작품을 쓰는 편이 경제적으로 이익이었다.] 하지만 뭐니 뭐니 해도 해밀튼은 스페이스 오페라space opera의 달인으로 정평이 나 있었다. E. E. 스미스Smith와 함께 이 하위 장르의 초기 개척에 지대한 기여를 했다. 정형화된 펄프잡지 스타일에 능숙해진 해밀튼은 경제공황기에 먹고살려다 보니 한 달에 네다섯 편씩 단편을 발표하는 괴력을 몇 년이나 보여주었다. [실제로 펄프잡지 『인기 탐정(Popular Detective)』의 1937년 2월호에만 해밀튼의 단편이 무려 세 편이나 실린 적이 있었다. 필자가 한 사람에게 쏠리는 느낌을 차단하기 위해 그는 한 작품만 실명으로 발표하고 나머지 두 작품은 각기 다른 필명을 사용하였다.]

1940년대를 풍미한 해밀튼의 〈캡틴 퓨처〉 시리즈는 많은 청소년팬을 끌어 모으며 상업적으로 큰 성공을 거두었으나 작가로서의 명성은 갉아먹었다. 이 프랜차이즈 소설에서 주인공은 로봇과 앤드로이드 그리고 육체에서 분리된 뇌의 도움을 받아 풍전등화에 놓인 태양계를 구하러 떠난다. 이제 그의 장편 〈별의 제왕The Star Kings〉(1947)에서 보듯이 요란하게 판을 벌이는 동시에 로맨틱한 모험소설이라 하면 과학소실 작가 가운데 그를 떠올리는 게 하등 이상할 게 없어졌다. 과학소설계가 갈수록

초기의 상업적인 작풍을 들어내고 보다 절제되고 사실적인 톤으로 선회한 에드먼드 해밀튼의 후기 경향을 대표하는 걸작 단편 〈저 바깥의 존재는 어떻게 생겼을까?〉

세련되어 감에 따라, 그의 화려한 모험담 또한 전보다 더 기발하고 풍요로워져 갔다. 여러 히트작을 내놓은 뒤, 해밀튼은 그의 초기 소설 특징인 로맨틱하고 환상적인 요소들을 대폭 들어내고 감정이 절제되고 사실적인 작품으로 집필방향을 선회했다. 이렇게 해서 탄생한 작품 중 하나가 〈저 바깥의 존재는 어떻게 생겼을까?What's It Like Out There?〉로 『쓰릴링 원더 스토리즈』 1952년 12월호에 처음 실린 이 단편은 그의 작품 가운데 가장 자주 재간再刊되며 단편집에 꼭 포함되는 걸작이다.

1946년 해밀튼은 동료 작가인 라잇 브래킷Leigh Brackett과 결혼했는데, 그녀 또한 우주모험담을 지어내는 데 일가견이 있는 작가였다. 재미있는 것은 두 사람이 4반세기를 부부로 함께 보냈음에도 좀처럼 공동창작에 열의를 보이지 않았다는 사실이다. 두 사람이 공동의 이름으로 내놓은 작품은 〈스타크와 별의 제왕Stark and the Star Kings〉이 유일하며 그나마 이것은 2005년에 가서야 출간되었다. 해밀튼은 죽기 얼마 전 자신의 프랜차이즈 인기상품 〈캡틴 퓨처〉 시리즈를 각본으로 다듬고 있었다. 이 원고는 일본의 TV 애니메이션용으로 집필된 것이며, 일본에서는 1978년 방영되었고 이후 유럽에서도 방영되었다. 이 애니메이션은 반세기 전에 일으켰던 해밀튼 붐을 다시 일으키면서 전혀 새로운 팬층을 일궈냈다.

해밀튼과 윌리엄슨은 이 세상이 최후의 순간에 가서 구원받거나 파멸에 이르는 이야기들을 둘 다 수십 편씩 썼던 탓에, '세계의 구원자 윌리엄슨World-Saver Williamson'과 '세계의 파괴자 해밀턴World-Destroyer Hamilton'이란 별명까지 붙었다고 한다. 이것은 이들의 작풍作風이 다음과 같이 요약될 수 있다는 의미이다. 세 사람이 세상을 구하러 간다. 한 사람이 미쳐 버린다. 또 한 사람은 괴물들에게 먹혀 버린다. 그리고 최후의 한 사람만이 사건의 전말을 들려주기 위해 돌아온다.

헨리 커트너는 1930년대 말과 1940년대 초 사이에 발군의 성과를 보였는데, 재미있는 것은 이러한 사실은 몇 년 뒤에 가서야 밝혀졌다는 점이다. 이는 커트너가 당시에 적어도 17개 이상의 필명을 썼기 때

에드먼드 해밀튼의 소설 중에서 흥행적으로 가장 성공한 《캡틴 퓨처》 시리즈는 원래 1940년대 미국에서 인기를 끌었지만, 1978년 일본에서 이 작품을 원작으로 한 TV 애니메이션이 방영되면서 새로운 팬들을 끌어들였다.

문이다. 얼마나 다재다능한 작가였는지 과학소설만이 아니라 환상소설과 유머소설에서도 뒤지지 않는 수준의 작품들을 선보였으며, 용도에 따라 싸구려 펄프 잡지용에서부터 고전에 들어갈 법한 품격을 지닌 것에 이르기까지 다양한 작품을 쏟아냈다. 작달막한 키에 어둡고 조용한 성격이었던 커트너는 뛰어난 재능에도 지나치게 시류에 영합하느라 고생한 만큼 보람을 얻지 못했다. 그때마다 어떤 유형의 이야기가 유행한다 싶으면 곧바로 모방하는 성향이 있어 자신만의 고유한 개성을 개발하는 데 실패했던 것이다. 그는 H. P. 러브크래프트의 편지 상대 중 한 사람이었으며, 러브크래프트 서클의 일원이었던 동료 작가 캐서린 L. 무어와 결혼했다. C. L. 무어는 『위어드 테일즈』 1933년 10월호에 실린 화성인 이야기 〈샴블로Shambleau〉로 명성을 얻었으며 과학소설에서 격한 감정을 끌어내는 탁월한 솜씨로 찬사를 받았다. 커트너와 결혼한 뒤 두 사람은 해밀튼 & 브래킷 커플과는 달리 실질적인 공동창작에 적극적이었다.

4) 미국 과학소설의 질적 토대를 다진 존 W. 캠벨 2세

캠벨은 이제까지 과학소설계에서 가장 강력한 인물이었으며 그가 편집장을 맡은 첫 십년 동안은 완전히 그의 세상이었다.[19]

그는 자신이 얼마나 더 오래 『어스타운딩 스토리즈』의 편집 일을 계속할지 확신하지 못했다. 그는 그만두고 과학계로 돌아갈 수도 있어 보였다. 그는 나를 똑바로 바라보면서 이렇게 말했다. '자네도 알다시피, 내가 핵물리학자(nuclear physicist)이지 않은가.'[20]

듀크Duke 대학 출신[캠벨은 원래 MIT에 입학했으나 독일어 과목에서 낙제하자 듀크 대학으로 옮겨 한 해를 더 공부한 끝에 1932년 물리학 학사 학위를 받았다. MIT 재학 당시 훗날 사이버네틱스(인공두뇌학)의 창시자이자 컴퓨터 공학의 대부가 된 노벗 위너(Norbert Wiener)와 친구가 되었다. 아시모프에 따르면, 그 무렵 듀크 대학은 조셉 B. 라인(Joseph B. Rhine) 박사의 초감각 인지(extrasensory perception) 연구로 젊은이들에게 유명했으며 이 분야는 캠벨의 후기 사상에 영향을 주었다고 한다.]의 젊은 과학도 존 우드 캠벨 2세John W. Campbell jr., 1910~1971는 미국 과학소설 잡지 시대의 완성자로서 이른바 과학소설의 황금시대를 꽃피운 인물이다. [혹자는 과학소설의 황금시대는 『어스타운딩 스토리즈』 1939년 7월호부터 시작되었다고 주장한다.] 캠벨은 원래 작가로 출발했다. 18세에 데뷔한 그는 21살 때에 이미 초과학 우주 오페라super-science space opera 장르에서 이름을 얻었으며 많은 단편을 잡지에 팔았다. 캠벨의 데뷔작은 단편 〈원자가 붕괴할 때When the Atoms Failed〉로 『어메이징 스토리즈』 1930년 1월호에 실렸다. [원래 캠벨이 잡지에 처음 실으려 했던 작품은 마찬가지로 『어메이징 스토리즈』에 투고한 〈무한의 세계에서 온 침입자들(Invaders from the Infinite)〉이었

---

19 Isaac Asimov, *I. Asimov—A Memoir*, Doubleday, 1994, p. 74.
20 Brian W. Aldiss and Harry Harrison ed., *Hell's Cartographers; Some Personal Histories of Science Fiction Writers*, Harper and Row, 1976, p. 114.

으나, 당시 편집장 T. 오코너 슬로앤(O'Conor Sloane)이 필사본 원고를 분실하는 바람에 캠벨은 다시 다른 작품을 내놓았던 것이다. 〈무한의 세계에서 온 침입자들〉은 1961년 단행본으로 간행되었다.] 처음에 그는 스페이스 오페라 장르에서 발군의 실력을 보임으로써 명성을 쌓았다. 이렇게 하여 아콧^{Arcot}, 모리^{Morey}와 웨이드^{Wade}가 등장하는 시리즈[21]와 팬튼^{Penton}과 블레이크^{Blake}가 등장하는 시리즈[22]가 탄생했다.

그러나 뭐니 뭐니 해도 그의 진가는 잡지 『어스타운딩 스토리즈』의 편집자로 활동하면서 발휘되었다. 1937년 캠벨은 기존 편집장이었던 F. 올린 트리메인을 대신해서 편집장이 된 이래 죽을 때까지 그 자리에 있었다. 편집장으로 일하던 초기 캠벨은 여전히 돈 A. 스튜어트$^{Don\ A.\ Stuart}$라는 필명으로 창작을 계속했다. 필명은 1934년부터 종횡무

미국 과학소설의 황금기를 일군 존 우드 캠벨 2세

---

[21] 이 캐릭터들이 등장하는 단편을 묶어서 단행본으로 모두 세 권이 나왔다. 〈암흑별 지나가다(The Black Star Passes)〉(1953)와 〈우주의 섬들(Islands of Space)〉(1956), 그리고 〈무한의 세계에서 온 침입자들(Invaders From the Infinite)〉(1961)이 바로 그것들이다. 이 중 단행본 〈암흑별 지나가다〉에는 이 캐릭터들을 주인공으로 삼은, 다음 세 단편이 들어 있다.
- 〈의적(義賊, Piracy Preferred)〉: 『어메이징 스토리즈』 1930년 6월호
- 〈Solarite〉: 『어메이징 스토리즈』 1930년 11월호
- 〈암흑별 지나가다(The Black Star Passes)〉: 『어메이징 스토리즈 쿼터리(Amazing Stories Quarterly)』 1930년 가을호

[22] 팬튼과 블레이크가 등장하는 장편소설과 단편소설은 다음과 같다.
- 〈화성의 두뇌 도둑(The Brain Stealers of Mars)〉: 단편, 『쓰릴링 원더 스토리즈(Thrilling Wonder Stories)』 1936년 12월호
- 〈이중 정신(The Double Minds)〉: 장편, 『쓰릴링 원더 스토리즈』 1937년 8월호
- 〈불사를 찾는 사람들(The Immortality Seekers)〉: 장편, 『쓰릴링 원더 스토리즈』 1937년 10월호
- 〈열 번째 세계(The Tenth World)〉: 단편, 『쓰릴링 원더 스토리즈』 1937년 12월호
- 〈두뇌 약탈자들(The Brain Pirates)〉: 단편, 『쓰릴링 원더 스토리즈』 1938년 10월호
- 〈행성 관리자들(The Planeteers)〉: 단행본, 에이스(Ace) 출판사, 1966년

진하는 스페이스 오페라 작가로 굳어진 기존의 이미지를 탈피하기 위해 캠벨이 아내의 이름 Dona Stuart을 응용하여 만들었다고 한다. [캠벨은 필명이 상대적으로 더 무드가 있고 덜 펄프스러워 보인다는 이유로 사용한 모양이다.]

돈 A. 스튜어트 또한 인기 있는 작가로 이름을 얻었다. 필명으로 발표한 작품 가운데 주요 작품을 고른다면 〈황혼Twilight〉과 〈거기 누구냐? Who Goes There?〉를 꼽을 수 있다. 『어스타운딩 스토리즈』 1934년 11월호에 게재된 〈황혼〉은 필명으로 발표한 첫 작품으로, 단번에 돈 A. 스튜어트를 주목받는 신인작가(?)로 만들어 주었다. 같은 잡지 1938년 8월호에 실린 중편 〈거기 누구냐?〉는 공포 장르와 과학소설을 혼합한 작품이다. 남극대륙에서 탐사대원들은 오래전에 파괴된 외계 우주선을 발견한다. 여기서 독자를 사로잡는 어필 포인트는 죽은 줄로만 알았던 외계인 사체가 되살아나 인간의 모습을 흉내 냄으로써 적과 우리 편이 구분되지 않는 상황에서 하나씩 외계인으로 대치되어 간다는 끔찍한 설정이다. SF 비평가 샘 모스코위츠는 〈거기 누구냐?〉에는 작가 캠벨의 유년기 트라우마가 반영되어 있다고 해석한다.[23] 캠벨에게는 어머니와 일란성 쌍둥이인 이모가 있었는데 집안을 자주 드나드는 그녀와의 사이가 무척 좋지 않았다고 한다. 그로서는 어머니와 똑같이 생겼지만 만날 때마다 불쾌해지는 이모에게 곤혹스러움을 느끼지 않을 수 없었을 것이다. 거기 누구인가? 친구인가, 적인가? 이 중편소설은 1951년과 1982년 두 차례에 걸쳐 영화로 만들어졌을 만큼 주목을 받았다. [1951년 작 영화 제목은 〈외계 괴물(The Thing from Another World)〉이고, 1982년 작의 제목은 〈괴물(The Thing)〉이다.] 이 소설과 1950년대 영화버전은 매카시즘의 광풍이 몰아치던 냉전시대에 공산주의 불순세력의 자본주의 사회 침투에 대한 은유로 읽히기도 했다.

---

[23] Sam Moskowitz, *Seekers of Tomorrow: Masters of Modern Science Fiction*, Hyperion Press, 1974, p. 52.

캠벨은 신임 편집자로서 파격적인 변화를 시도했다. 우선 제호를 바꾸었다. 1938년 그의 잡지는 『어스타운딩 스토리즈』에서 『어스타운딩 사이언스 픽션Astounding Science Fiction』으로 이름이 변경되었다. [이 잡지는 후에 『아날로그(Analog)』로 바꾸었다.] 캠벨은 종국에 가서는 아예 잡지 이름을 단순히 『사이언스 픽션Science Fiction』이라 지을 생각이었지만 블루리번 매거진즈Blue Ribbon Magazines가 이미 그러한 제호의 잡지를 인수하는 바람에 실행에 옮기지 못했다. 1938년 3월 캠벨은 자기

캠벨의 중편 〈거기 누구냐?〉를 원작으로 존 카펜터즈(John Carpenters) 감독이 연출한 영화 〈괴물(The Thing)〉(1982) 포스터

취향에 맞는 첫 신인 작가로 레스터 델 레이Lester del Rey를 찾아냈으며, 이 듬해 되어서는 독특한 신예 작가들 집단이 『어스타운딩 사이언스 픽션』에 포진하게 되었다. 일반적으로 이때부터 미국 과학소설의 황금시대가 개막되었다고 보는 것이 정설이다. [보다 정확히 말하자면 『어스타운딩 사이언스 픽션』 1939년 7월호 이후부터이다. 7월호에는 A. E. 밴 보웃의 데뷔작 〈검은 파괴자(Black Destroyer)〉와 아이작 아시모프의 초기 단편 〈경향(Trends)〉이 실렸고 8월호에는 로버트 앤슨 하인라인의 데뷔작 〈생명선(Lifeline)〉이 게재되었다.] 또한 캠벨은 1939년 창간된 잡지 『언노운Unknown』의 편집도 맡았다. 비록 전시戰時로 인한 용지用紙 부족으로 4년 만에 문을 닫을 수밖에 없었지만, 이 잡지는 환상소설 전문지로서 현대 환상문학의 진화에서 중요한 역할을 했다고 평가된다. 뿐만 아니라 1957년 11월 11일부터 이듬해 6월 13일까지 『내일의 탐구Exploring Tomorrow』라는 제목의 SF 라디오 프로그램을 매주 진행하였다. 당시 방송 대본은 후일 유명 과학소설 작가로 자리 잡은 고든 R. 딕슨과 로버트 실버버이 맡았다.

『어스타운딩 사이언스 픽션』을 통해 활동한 작가들은 하나같이 편집자 캠벨의 영향권 아래 있었으며 양자 간에 얽힌 많은 일화를 남겼다.

그는 아마 과학소설 역사상 전무후무할 만큼 영향력이 지대했던 유일한 편집자였으며 특히 1938~1950년 사이 무소불위의 권력을 행사했다. 이후 『갤럭시』와 『매거진 오브 판타지 앤 사이언스 픽션』Magazine of Fantasy and Science Fiction 같은 새로운 잡지들이 캠벨의 잡지가 쌓아올린 황금시대를 토대로 만개(滿開)함으로써 그의 직접적인 세례를 받지 않은 신인 작가들을 육성하여 과학소설이 추구하는 방향이 보다 다원화된다. 〈과학소설 백과사전Science Fiction Encyclopedia〉(1979)의 공동 편집자 피터 니콜스는 캠벨이야말로 "다른 어떤 사람보다도 현대 과학소설을 형성하는 데 기여했다."고 평했다. 이에 대한 아시모프의 언급은 아래에서 보듯이 보다 구체적이다.

자기 자신이 든 예와 지시를 통해 그리고 흔들리지 않는 일관된 주장을 고집함으로써, 캠벨은 먼저 『어스타운딩 사이언스 픽션』이 그 다음에는 과학소설계 전체가 그의 틀에 맞추도록 만들었다. 그는 이전까지의 과학소설이 지향하던 바를 폐기해 버렸다. 과학소설을 채워온 판에 박힌 캐릭터들을 끝장냈고 짜증 나는 싸구려 플롯들을 뿌리째 들어내 버렸으며 과학이 들러리 서는 구성도 일소(一掃)해 버렸다. 한 마디로 펄프 잡지가 흘린 땟물을 지워버렸다. 대신 캠벨은 과학소설 작가들이 과학을 이해하는 동시에 인간을 이해할 것을 요구했는데, 이것은 1930년대의 기성작가들 대다수가 감당하기 쉽지 않은 창작 좌표였다. 그렇다고 캠벨은 타협하지도 않았다. 그의 기대를 맞추지 못하는 이들은 작품을 팔 수 없었다. 퇴짜맞은 원고들이 산처럼 쌓였는데, 마치 무성영화가 유성영화에 자리를 내준 십년 전의 할리우드 같았다.[24]

캠벨이 작가들에게 요구한 사변적이면서도 진짜 있을 법해 보이는

---

[24] Isaac Asimov, *Introduction: The Father of Science Fiction*, in Astounding edited by Harry Harrison, p. ix~x.

과학소설 유형의 유명한 예가 클리브 캇밀Cleve Cartmill의 단편 〈데드라인Deadline〉(1944)이다. 그 해는 최초의 원자폭탄이 투하되기 바로 일 년 전으로 한창 맨해튼 프로젝트[미정부의 원자탄 개발계획]가 열기를 띠고 있을 때이다. 캠벨의 뒤를 이어 후임 편집자[1960년 『아날로그』로 제호가 바뀌었으며, 벤 보바는 『아날로그』 시대에 신임 편집자로 취임하였다.]가 된 벤 보바Ben Bova는 "〈데드라인〉에는 원자폭탄 제조법에 관한 기본적인 사실들이 기술되어 있었다. 캇밀과 캠벨은 기술관련 전문지에 실린 논문들을 참고하여 이 단편을 공동창작하다

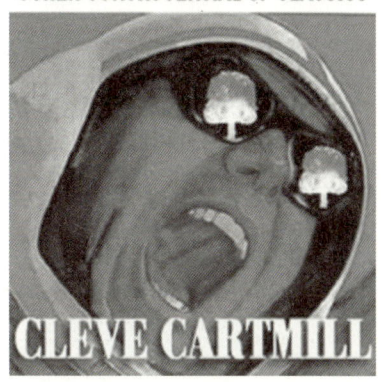

원자폭탄의 제조 메커니즘을 설득력 있게 묘사하여 FBI의 수사를 받은 클리브 캇밀의 『데드라인』. 이 단편은 작가와 존 W. 캠벨 2세 간 공동기획의 산물이었다.

시피 했다. 그들은 우라늄 분열 폭탄의 제조 메커니즘을 명쾌하게 이해하였다."고 회상한다. 이 단편의 내용이 어찌나 그럴 듯했는지 당월 잡지 발간 후 FBI가 캠벨의 사무실을 찾아와 가판대에 깔린 잡지들을 일체 수거해달라고 요구했다. 캠벨은 그렇게 하면 오히려 모든 사람들에게 그러한 프로젝트가 실재함을 만천하에 FBI가 나서서 광고하는 셈 아니겠느냐고 설득하여 사태를 무마했다.

캠벨이 얼마나 사실성을 중시했는지 여기는 일화는 또 있다. 이제는 고전이 된 탐 고드윈Tom Godwin의 단편 〈냉혹한 방정식Cold Equations〉의 경우 캠벨에게 세 번이나 퇴짜를 맞았다.[25] 이것은 무임탑승한 소녀를 경량급 화물 우주선에서 우주공간 밖으로 내보내지 않을 수 없는 상황에 놓인 파일럿의 이야기이다. 여기서 특이한 설정은 밀항한 소녀가 몰래 숨어든 우주선이 아주 소형 화물선이다 보니 조금만 중량이 초과되어

---

[25] Joe Green, "Our Five Days with John W. Campbell", *The Bulletin of the Science Fiction and Fantasy Writers of America*, Fall 2006, No. 171, p. 13.

도 원래 항로를 이탈하게 된다는 점이다. 예기치 못한 소녀의 밀항은 우주선 중량을 증가시킨다. 이대로 같이 타고 가면 목적지인 우덴 행성 상공에서 제대로 된 감속이 불가하여 추락하게 된다. 우주선에는 여분의 연료가 없는 까닭이다. 더구나 이렇게 되면 우주선에 실린 바이러스 혈청을 전달할 수 없어 우덴 기지에 있는 여섯 명이 열병으로 죽게 된다. 그럼에도 고드윈은 어떻게든 이 소녀를 살려보는 엔딩을 짜내보려고 별별 아이디어를 다 냈지만 캠벨은 일언지하에 그러한 플롯을 사절했다. 사실 이 단편이 주는 감동은 한 소녀의 목숨을 구할 것인가, 아니면 화물의 도착을 목매어 기다리는 수많은 사람을 구할 것인가 하는 선택의 문제를 놓고 아슬아슬하게 줄타기하는 데에 있다 해도 과언이 아니다. 만약 여기서 그녀가 끝까지 살아남는다면 이 작품은 고전으로 살아남지 못했을 것이다. 이 단편소설은 1996년 미국 텔레비전 단막극으로 제작, 방영되었다.

마침내 소녀가 입을 열었다.
"연료가 충분하지 않아서. 단지 그 이유로군요."
"그래."
"혼자 죽든지, 아니면 일곱 명의 목숨을 함께 데리고 가든지, 그거로군요."
"그렇지."
"내가 죽기를 바라는 사람은 아무도 없는 거구요."
"아무도."
"저, 정말로 방법이 없는 건가요? 모두 함께 애쓰고 궁리해보면 저를 구할 길이 있는 것 아닌가요?"
"없어."
"정말로 확실한 건가요? 어쩜 그렇게 쉽게 답이 나와요?"
"확실한 거야. 이 근처 사십 광년 안에 다른 우주선은 하나도 없어."

"아무도, 그 누구도 제 운명을 구원할 수 없는 거예요?"[26]

캠벨의 작가들에 대한 영향력이 단순한 편집자 이상이었음을 보여주는 또 다른 사례로는 『어스타운딩 사이언스 픽션』의 편집자 논설란이 있다. 그는 여기에다 때때로 상식을 뛰어넘는 가설들을 제시하곤 했으며 그것들이 소설로 만들어지길 바랐다. 실제로 자신의 아이디어들을 작가들이 소화해서 작품으로 완성해줄 것을 요구했으며 심지어는 그가 구입한 일러스트에 맞는 작품을 써달라고 한 적까지 있다. 『어스타운딩 스토리즈』의 편집자가 되고 나서 몇 년 후 경영진은 캠벨에게 창작은 그만두고 편집에만 매진하라고 강력히 주문하였다. 그 결과 편집자 역할에만 매진하게 되면서 작가들의 창작에 대한 간섭은 더욱 심해지게 되었다. 나중에 아시모프가 캠벨에게 왜 손수 창작하는 일을 그만두었느냐고 묻자 이렇게 대답했다고 한다.

딘 드라이브(Dean Drive)로 화성을 향해 날아가는 미국 잠수함을 묘사한 『어스타운딩 스토리즈』 표지

아이작(Isaac), 내가 창작을 한다고 해서 몇 편이나 써낼 수 있겠어. 하지만 편집자로서 나는 백 명을 부려서 창작을 할 수 있잖아.[27]

1950년대 들어 캠벨은 사이비 과학이론에 유달리 집착함으로써 자신이 길러낸 간판작가들과 등을 지게 되었다. 일례로 캠벨은 '딘 드라이브

[26] 조지 R. R. 마틴 외 지음, 박상준 엮음, 〈SF Horror—미지의 공포〉, 드림북스, 1998, 295~296쪽.
[27] Asimov's introduction to ASTOUNDING: John W. Campbell Memorial Anthology, 1973.

Dean drive'와 '히에로니무스 기계Hieronymus machine' 같은 가상의 장치들에 우호적인 글을 썼다. 딘 드라이브는 일체의 반동이 없이 우주선을 추진시켜 주는 엔진으로 발명가 노먼 L. 딘Norman L. Dean의 이름을 따서 붙여졌다. 이것은 우주선 질량의 대부분을 차지하는 연료의 양을 대폭 줄일 수 있으므로 실현 가능하다면 획기적인 발상이지만 실제로는 뉴튼의 제3법칙작용 반작용의 법칙에 위배되므로 현대물리학에서는 이단시하고 있다. 히에로니무스 기계는 초능력을 증폭시켜 주는 장치이다. 그 결과 이 시기 텔레파시를 비롯한 다양한 정신적 능력을 주 소재로 한 단편들이 『어스타운딩 사이언스 픽션』에 넘쳐나게 된다. 과학소설 작가이자 비평가인 제임스 블리쉬에 따르면, 캠벨에게 원고를 팔고 싶어 몸이 달았던 작가들은 초능력과 초감각에 빠져 있는 편집자의 선입관에 부응하는 작품들을 내밀었지만, 아시모프 같은 당시 간판작가들은 이에 응하지 않았다. 캠벨은 그러한 아이디어들에 대해 손수 과학적 조사까지 나섰던 모양이지만 결국에 가서 말이 되지 않는다는 것을 깨닫자 그냥 소설의 차원으로 남겨두었다. 아마 공학도로서의 야망을 버리지 못하여 자신이 위대하고 저명한 과학자는 되지 못할지라도 적어도 그러한 과학자를 찾아내는 발견자 역할을 할 수 있지 않을까 고대했던 것 같다. 설상가상으로 1949년 캠벨은 의사과학적 궤변 중 하나인 다이어네틱스에까지 관심을 기울이기 시작했다. 그는 『어스타운딩 사이언스 픽션』에 실린 다이어네틱스에 관한 론 허버드Lon Hubbard의 글을 두고 "절대적으로 믿을 만하며 여태껏 실린 글 중 가장 중요하다고 보증한다."며 강력한 지지를 보냈으며 편집자 논설에까지 지지하는 글을 손수 실었다. 심지어 캠벨은 자신이 다이어네틱스 요법을 몸소 익혀 성공했다고까지 주장했다. 과학소설의 거장 알프레드 베스터Alfred Bester에 따르면, 캠벨은 만나자마자 대뜸 그에게 프로이드 이론은 다이어네틱스에 의해 이제 파기되었으며 론 허버드가 노벨 평화상을 받게 될 것이라고 열을 올렸다고 한다.

캠벨은 독재적인 편집자로서 자신의 별난 성격을 유감없이 발휘하여 때로는 괴팍하기 짝이 없는 요구를 남발하였던 까닭에 이를 견디다 못해 아시모프와 하인라인처럼 그가 길러낸 가장 걸출한 작가들조차 점차 그에게 작품을 건네는 것을 꺼리게 되었다. 하인라인의 3번째 아내 버지니아Virginia는 남편의 서간집을 펴내면서 이렇게 언급한 적이 있다. "캠벨은 전광석화처럼 아이디어를 끄집어내는 거구의 사내였다. 그이는 캠벨의 집필 행태를 마음에 들어 하지 않았고 자신의 원고를 즉흥적으로 이리저리 뜯어고치려 들면 격렬하게 반발했다." 하인라인은 자신의 출판 대리인에게 어떤 잡지사로부터 원고 게재를 거절당해도 『어스타운딩 사이언스 픽션』만큼 속을 뒤집어 놓지는 않는다고 피력했을 정도이다. 아시모프가 보기에도 캠벨은 절로 감탄이 나올 만한 아이디어들이 쏟아져 나오도록 질책함으로써 작가들을 괴롭혔지만 그것이 독자들을 위한 자신의 당연한 책무라고 여겼던 모양이다. 작가들 앞에서 말수가 많은 데다 자기주장이 강하고 변덕스러우며 오만했다고 아시모프는 회고한다.

> 그에게 말하는 것은 모놀로그(독백)를 듣는 것과 다를 바 없었다.[28]

이 때문에 데이먼 나잇은 캠벨에게 초대를 받아도 가지 않았고 킹슬리 에이미스는 과학소설에 관한 평론서 〈지옥의 새로운 지도들New Maps of Hell〉(1960)에서 "『어스타운딩 사이언스 픽션』의 그 편집자는 제멋대로인 사이코라서 마치 자신이 정신 기계Psycho Machine라도 발명한 양 굴었다."며 호되게 비판했다. 더욱 심각한 문제는 가끔 이러한 그의 고집이 아예 극우적인 이데올로기로 치달았다는 점이다. 잡지에 고정적으로 마련한

---

[28] Isaac Asimov, *I. Asimov — A Memoir*, Doubleday, 1994, p. 72.

논설란들을 통해 캠벨은 때때로 극우적으로 보이는 사회적 관점을 옹호함으로써 많은 이들의 반발을 샀다. 이러한 주장은 논설을 넘어서 작가들이 집필하는 작품의 주제나 소재 설정에까지 영향을 미쳤다. 유명한 고전 〈파운데이션Foundation〉 시리즈의 플롯 구성을 둘러싼 아시모프와 캠벨 간의 의견대립이 좋은 예이다. 당시 캠벨은 외계인과 인류가 충돌하면 당연히 인류가 승리를 거둬야 하며, 그 인류의 지도세력은 당연히 유색인이 아닌 WASP이어야 한다고 역설했다. 유태계 러시아 이민인 아시모프는 이러한 요구를 받아들이고 싶지 않았기에 궁리 끝에 〈파운

아이작 아시모프와 존 우드 캠벨 2세 간의 인종주의적 갈등은 아예 외계인이 등장하지 않는 우주 대하드라마 〈파운데이션〉을 탄생하게 만들었다. 그림은 〈파운데이션〉에 나오는 은하제국의 수도 트랜터 행성의 모습. 행성 표면 전체가 도시화되어 있다.

데이션)의 골격을 아예 외계인이 등장하지 않는 우주 대하드라마로 짜나가게 되었다고 한다.

존과 나(아시모프) 사이의 줄다리기가 시작되었다. 존은 자기처럼 동북부 유럽인이 인류문명의 최첨단을 걷고 있으며 나머지 민족은 모두 뒤처져 있다고 확신하고 있었다. 그는 이러한 관점을 은하계까지 확장시켜 지구인을 은하계 '동북부 유럽인'으로 보았다. 그는 지구인이 외계인에게 지거나 지구인이 어떤 면에서든 열등하게 묘사되는 것을 용납하지 않았다. 지구인이 (…중략…) 어쨌든 승리해야 했다. 하지만 나는 동북부 유럽인이 아니었고 사실(때는 1940년으로 나치가 유럽의 유태인들을 학살 중이었음을 상기하라.) 그들을 크게 존경하지도 않았다. 캠벨식으로 지구인이 동북부 유럽인을 상징한다면 다른 문명 종족에 비해 여러 면에서 열등하다는 것이 증명되어야 마땅하다고 생각했다. 지구인이 외계인에게 패배해야 한다고, 패배해도 마땅하다고 느꼈다.

그러나 존 W. 캠벨이 이겼다. 그에게는 카리스마와 사람을 압도하는 힘이 있었고 당시 스무 살이었던 나는 그를 매우 두려워하였으며 그에게 소설을 팔고 싶어 안달이 나 있었다. (…중략…) 하지만 계속해서 내 방식대로 초과학소설을 쓰고자 했으며 캠벨식의 저항에 부딪히지 않을 전략을 계속해서 모색했다. 처음으로 〈파운데이션〉 시리즈를 구상했을 때 마침내 해답을 찾았다. (…중략…) 인간만 살게 하면 되었다. 로봇도 포함시키지 않을 계획이었다. 그래서 '인간만이 사는 은하계'가 탄생했다. 내 생각이 딱 들어맞았다. 캠벨은 전혀 반대의사를 제기하지 않았다. 외계인을 몇몇 집어넣어야 한다고 제안하지도 않았다. 외계인이 왜 없냐고 묻지도 않았다. 그는 그 소설의 참뜻에 몰두하여 나의 은하제국을 받아들였고 나는 인종적인 우열 문제를 떠맡지 않아도 되었다.[29]

---

[29] 아이작 아시모프 지음, 김선형 옮김, 〈아이작 아시모프-SF 특강〉, 한뜻, 1996, 68~70쪽.

어찌 되었든 간에 존 우드 캠벨이 작가로서 그리고 편집자로서 오랜 기간 활동하면서 미국 과학소설의 황금시대를 열었고 세계적으로 과학소설이 유럽 지식인들의 방식과는 다른 방향에서 진지한 사색이 가능함을 보여주었다는 점에서 그 공이 결코 작다 할 수 없다. 황금시대의 내로라하는 작가가 그와 기묘한 애증관계에 놓였을 만큼 그의 영향력은 지대했다. 이를 두고 단지 그가 한때 발표지면을 독점하고 있었던 탓이라고만 폄하할 수 있을까? 캠벨은 자신만의 비전과 확신 그리고 그것을 뒷받침해줄 식견과 통찰이 있었기에 다수의 작가들이 그의 요구를 상당 부분 받아들이지 않을 수 없었던 면도 있으리라. 그러나 그 또한 시대적 한계를 지닌 인간이었기에 인종적 편견이나 사상적 이데올로기에 좌우되었다. 더욱이 과학소설계의 요인이다 보니 그의 결함들이 과학소설계에 적지 않은 부작용을 낳았다고 볼 수 있다. 오늘날 캠벨의 공과에 대해 어떤 시시비비를 내리건 간에 한 가지는 분명하다. 편집자로서 캠벨의 생애는 미국 과학소설의 성장기와 궤를 같이 하기에 그를 빼놓고 미국 과학소설의 초기 역사를 논하는 것은 불가능하다. 캠벨은 1999년 과학소설과 환상소설 부문 명예의 전당에 이름이 올랐다. 과학소설 문학상 가운데에는 그의 이름을 딴 존 W. 캠벨 기념상이 있어 최우수 과학소설 장편 부문과 최우수 신인 작가 부문에서 매년 시상이 이뤄진다.

5) 캠벨 학파

존 W. 캠벨 2세는 『어스타운딩 사이언스 픽션』과 그 후신인 『아날로그』의 편집자로 무려 34년간이나 재직하면서 자기 코드에 맞으면서도 뛰어난 역량을 지닌 작가들을 지속적으로 발굴해냈다. 반면 같은 시기에 활발히 활동했던 대작가들 가운데에는 걸작을 꾸준히 쏟아냈음에도 오로지 캠벨과의 궁합이 맞지 않는다는 이유로 이 잡지의 지면을 좀처럼 얻지 못했던 이도 있다. 레스터 델 레이Lester del Rey, 1915~1993와 아이작 아시모프Isaac Asimov, 1920~1992, 로버트 앤슨 하인라인Robert A. Heinlein, 1907~1988, L. 스프레이그 디 캠프Sprague de Camp, 1907~2000, L. 론 허버드Ron Hubbard, 1911~1986 등이 전자의 작가들에 속한다면, 레이 더글라스 브래드버리Ray Douglas Bradbury, 1920~와 데이먼 나잇Damon Knight, 1922~2002은 후자의 작가군에 들어간다. 여기서는 캠벨과 오랜 교류를 나누면서 『어스타운딩 사이언스 픽션』을 무대로 활발히 활동한 작가들을 간략히 살펴보기로 한다.

캠벨 휘하에서 수련을 쌓은 첫 수제자는 레스터 델 레이로, 미국 과학소설 황금기의 여명인 1930년대 말에 데뷔했다. 먼 선조가 스페인 혈통인 그의 실제 이름은 라몬 휄리페 산 후안 마리오 실보 엔리코 알바레즈 델 레이Ramon Felipe San Juan Mario Silvo Enrico Alvarez-del Rey이며 1915년 미네소타에서 태어났다. 그는 카니발 일꾼, 전도사, 벌목꾼, 즉석요리 요리사 등 다양한 직업을 거쳤다. 따뜻한 마음씨에 성격이 좋은 델 레이는 과학소설 작가 가운데 가장 기민하면서도 박학다식한 작가 중 한 사람이다. 1950년대의 청소년용 과학소설 시장에서 로버트 A. 하인라인 및 앤드르 노튼Andre Norton과 함께 가장 잘 나가는 3대 작가 중 한 사람이었다. 델 레이는 18편의 장편을 포함해서 100여 편이 넘는 작품들을 썼는데, 이 중 가장 기억할 만한 작품으로 둘을 꼽을 수 있다. 하나는 장편 〈신경Nerves〉(1956)이고 다른 하나는 단편 〈헬렌 올로이Helen O'Loy〉(1938)다. 페이소스의 달인인 델 레이가 쓴 감동적인 이야기 〈헬렌 올로이〉는 하녀 로봇이지만 인간 주인과 사랑에 빠져 결혼에 골인하는 사랑스럽고 충직한 로봇을 다룬 고전적인 작품으로, 하인 로봇이 인간 여주인과 사랑에 빠져 결혼하는 아시모프의 중편 〈이백 살이 된 사나이The Bicentennial Man〉(1975)와 플롯상의 공통분모를 보인다.

델 레이는 1950년대부터 편집자로 전향하여 펄프 잡지와 단행본을 편집하였으며 4번째 아내이자 발렌타인 북스의 과학소설 편집자였던 주디 린 델 레이$^{Judy-Lynn\ Del\ Rey}$와 함께 1977년부터 '델 레이 북스$^{Del\ Rey\ Books}$' 란 브랜드로 간행되는 과학소설 문고를 펴내어 인기를 모았다. 점차 과학소설에 대한 세간의 평가가 높아지고 대학 강의실에서까지 과학소설에 관한 강좌가 열리게 됨에 따라 델 레이는 과학소설이 아카데미즘에 예속화되는 것을 극도로 경계했다. 심지어 "학계여, 내 게토에서 나가쇼!$^{get\ out\ of\ my\ Ghetto!}$"라고 극언을 서슴지 않았는데, 이는 주류 일반문학의 관점에서 과학소설을 재단하는 방식이 과학소설 자체를 망쳐놓을까 봐 우려한 까닭이다. 델 레이는 1990년 미국 과학소설과 환상소설작가협회$^{the\ Science\ Fiction\ and\ Fantasy\ Writers\ of\ America}$로부터 평생 공로상 성격을 띤 그랜드 마스터 상$^{Grand\ Master\ Award}$을 받았다.

로버트 앤슨 하인라인은 1907년 미주리 주에서 태어나 미해군 사관학교를 졸업했다. 1929년 드디어 해군장교로 임관되어 미국 최초의 항공모함인 USS 렉싱턴호^{Lexington}를 포함하여 여러 군함에서 근무했으나 1934년 지병을 얻어 퇴역하고 말았다. [구축함의 끊임없는 요동은 하인라인에게 오랫동안 뱃멀미를 일으켰다. 1934년 이로 인해 쇠약해진 몸에 폐결핵까지 겹치자 더 이상의 복무가 불가능하다는 판정을 받고 전역했다.] 이후 1939년까지 하인라인은 로스앤젤레스와 콜로라도 스프링 등지에서 여러 직업을 전전했다. 그 무렵 은광을 개발했던 적도 있었던 모양이나 동업자가 기관총으로 난사당하면서 망해 버렸다. 그 뒤 UCLA에서 기계공학과 수학 그리고 건축 등을 공부했으며, 한때나마 부동산업자, 예술가, 사진가, 조각가로도 활동했다. 심지어는 정치인이 되어보려 한 적도 있으나 성공하지 못했다. [하인라인은 1938년 11월 캘리포니아 주의회 선거에서 59번째 선거구에 출마했다. 민주당 내에서는 경쟁자 없이 단독후보로 출마했지만, 공화당 후보 찰스 W. 리온스(Charles W. Lyons)에게 예비선거에서 근소한 차로 고배를 마셨다. 월남전을 강력히 지지한 그가 민주당 후보로 출마했다는 사실이 이채롭다.]

하지만 과학소설 전업 작가로서의 하인라인의 삶은 무척 성공적이었으며 인기는 죽을 때까지 식을 줄 몰랐다. 하인라인 본인의 말에 따르면, 과학소설 작가로 입문하게 된 계기는 1938년 말 과학소설 잡지『쓰릴링 원더 스토리즈』에 실린 창작소설 공모전 광고 덕분이다. 그 무렵 선거에 나섰다가 패배한 뒤 빚만 잔뜩 뒤집어쓴 데다 마침 결혼까지 해서 쥐꼬리만한 해군 연금만으로 감당하기가 힘들던 차에 이 공모전이 그의 시야에 들어왔던 것이다. 신인 작가들을 지속적으로 찾으려 했다기보다는 일회성 공모전의 성격이 짙었기에, 이 잡지는 무명작가라 하더라도 채택되면 원고료 지급 기준을 탄력 있게 적용하겠다고 공표했던 까닭이다. [당시 이 잡지는 신인작가의 원고라 해도 채택만 되면 단어당 1.5센트에서 작품당 50달러까지 지불할 의사가 있다고 밝혔다.] 그러나 1939년 4월 불과 4일 만에 〈생명선 Life-line〉을 탈고한 하인라인은 이 원고를 엉뚱하게도 존 W. 캠벨 2세가 편집자로 있던『어스타운딩 사이언스 픽션』에 들이밀었다. 요란하게 광고해대는『쓰릴링 원더 스토리즈』에 원고를 내봤자 북새통을 이루는 다른 응모작들에 묻혀 버릴까 우려한 까닭이다. 어부지리를 얻은 캠벨은 읽어보자마자 바로 단어당 1센트, 즉 70불에 사들였다. 이렇게 출발한 하인라인의 과학소설 작가로서의 삶은 매우 순탄했으며, 2차 세계대전이 발발하자 필라델피아 해군기지에서 엔지니어로 근무하게 되었다. 재미있는 사실은 당시 같은 부대에서 근무한 동료가 아이작 아시모프와 스프레그 디 캠프같은 과학소설 작가들이었다는 점이다.

종전終戰 후 하인라인이 다시 전업 작가의 삶으로 돌아왔을 즈음, 이미『어스타운딩 사이언스 픽션』에 연재했던 일련의 '미래사' 시리즈로 이름을 얻고 있었다. 그는 청소년용

1944년 필라델피아 해군기지에서 근무하던 세 사람, 하인라인과 디 캠프 그리고 아시모프가 한자리에 모인 모습. 당시 하인라인은 제대한 민간인 엔지니어 신분이라 양복을 입고 있다.

과 성인용 과학소설을 왕성하게 끊임없이 발표했으며 대부분의 작품이 상업적으로 큰 성공을 거두었고 비평적 반향도 거세게 일으켰다. 무엇보다도 그의 주요 작품들은 상호 모순적이고 상반되는 입장에서 씌어지는 경우가 많았기에 늘상 논란의 중심에 서 있었다. 예를 들어 〈달은 무자비한 여주인The Moon Is a Harsh Mistress〉(1966)에서는 달식민지의 독립전쟁을 강력히 지지했고, 〈우주의 전사Starship Troopers〉(1959)에서는 외계종족을 상대로 한 지구 정부의 노골적인 우주팽창정책을 맹목적일 만치 옹호했다. [두 작품 모두 휴고상을 받았다. 〈우주의 전사〉는 1960년, 〈달은 무자비한 여주인〉은 1967년 받았다.] 이는 미국인의 입장에서 미국의 독립전쟁과 제3세계에 대한 미국의 제국주의 정책을 똑같이 지지한다는 의미로 해석되어 하인라인이 단순히 리버테어리언Libertarian[편의상 자유방임주의자나 자유지상주의자로 번역되기도 하는데, 이 정도로는 정확한 번역이라 보기 어렵다. 이들은 사안에 따라 보수적이거나 진보적인 의사결정을 하며, 정확히 말해서 민주당파나 공화당파 둘 다 아니다. 즉 리버테어리언들은 좌파와 우파에 고루 분산되어 있다. 혹자는 촘스키를 두고 좌파 계열의 리버테어리언으로 분류한다. 이들은 게이나 낙태에 찬성한다는 점에서 민주당의 개인적인 자유주의를 지지하기도 하며 공화당의 자유방임형 경제정책에도 찬성한다.]이 아니라 파시스트가 아니냐 하는 논쟁을 불러 일으켰다. 〈우주의 전사〉에는 섹스도 욕설도 나오지 않지만 과학소설 역사상 가장 논란을 불러일으킨 작품 중 하나에 속할 것이다. 이 작품의 세계에서는 투표권은 군복무를 마치고 시민권을 획득한 사람들만이 행사할 수 있다. 군경험이 없는 사람은 정치가가 될 수도, 정치적인 의사표현을 할 수도 없다. 마르크스주의를 쓰레기 이데올로기로 치부해 버리는 주인공

군국주의 과학소설 논쟁을 불러일으킨 하인라인의 장편 〈우주의 전사〉

은 군국주의자 퇴역장교의 세뇌교육에 적극 동조해나간다.

하지만 하인라인은 〈달은 무자비한 여주인〉과 〈프라이데이Friday〉(1982) 그리고 〈낯선 땅의 이방인Stranger in a Strange Land〉(1961) 등에서 급진적인 사회제도와 성적인 라이프스타일을 도입하는 혁신성을 보여주기도 한다. 또한 단편 〈지구의 푸른 언덕The Green Hills of Earth〉(1951)은 하인라인식 과학소설의 문학성이 추구하는 바가 무엇인지를 느끼게 해준다. 상상 속

우주시대의 음유시인을 그린, 하인라인의 문학적 향취가 짙은 단편 〈지구의 푸른 언덕〉

의 주제들이 정말 현실 속에 실현될 것처럼 보이게 만드는 글재주로 정평이 나 있는 하인라인의 작품들은 영화로도 만들어졌다. 〈우주의 전사〉와 〈우주선 갈릴레오호Rocket Ship Galileo〉(1947)가 그러한 예로, 후자의 경우에는 약간의 수정을 거쳐 〈목적지 달Destination Moon〉(1950)이란 제목으로 개봉되었다. 특히 그는 후자의 영화를 제작하는 과정에서 기술고문으로 참여하였다.

유태계인 아이작 아시모프는 1920년 소련에서 태어나 3살 때 미국으로 건너왔다. 12살 때부터 소설을 썼다는 일화를 남긴 과학소설 작가이자 편집자로서 500권 이상을 펴낸 엄청난 다작가로 유명하다. 또한 작가인 동시에 실제로 과학자였다. 2차 세계대전 중에 해군에서 화학자로 근무했고, 칼럼비아대학에서 화학 박사학위를 취득한 뒤 보스턴대학에 생화학 교수로 부임했다. 이러한 이력 덕분에 과학소설만이 아니라 대중을 위한 과학 교양서도 다수 집필했다. 〈성서에 대한 아시모프의 가이드Asimov's Guide to the Bible〉(1968)가 좋은 예다. 강의가 없는 저녁과 주말에 글

을 썼으며 쓰는 족족 그 원고는 잡지사에 팔려나갔다. 아시모프는 로버트 A. 하인라인 및 아서 C. 클락 등과 함께 과학소설 황금기를 일군 빅 3$^{Big\ Three}$ 중 한 사람이며, 세 사람 모두 평생토록 과학소설의 주류작가로서 인기를 구가했다는 공통점을 지니고 있다.

과학소설 작가 중에서 로봇의 개념을 아시모프만큼 깊이 있고 끈기 있게 사색한 작가도 드물 것이다. 작가로서의 초기 시절 로봇을 소재로 한 단편들에 주력하면서 이것들을 한데 묶을 수 있는 공학적 전제인 로봇공학의 3원칙$^{three\ laws\ of\ robotics}$을 고안해냈다. 이 원칙은 오늘날의 로봇공학에 개념적인 영향을 주었다. 〈전설의 밤^{NightFall}〉(1941)과 〈신들 자신$^{Gods\ Themselves}$〉(1972) 등 다수의 걸작이 있지만 그 중에서 아시모프의 가장 유명한 대표작을 단 하나만 고르라면 대하 서사극 〈파운데이션〉 시리즈를 빼놓을 수 없을 것이다. 이것은 은하제국이 등장하는 과학소설의 전형을 수립했다. 또한 과학소설 이외에 추리소설과 환상소설도 집필했다. 아시모프는 아이큐 높은 이들만 가입할 수 있는 멘사 인터내셔널$^{Mensa\ International}$의 오랜 회원으로 부회장을 맡기도 했다. 그렇지만 그가 가장 자랑스러워 한 직책은 미국 휴머니스트 협회$^{American\ Humanist\ Association}$ 회장 자리였다. 그의 이름은 『아시모프의 과학소설$^{Asimov's\ Science\ Fiction}$』이란 잡지 제목에 남아 있을 뿐만 아니라 소행성 5020의 새로운 명칭이 되었다. 오늘날 그의 이름을 딴 과학소설 상이 2개나 있다.

캠벨의 후원을 받은 또 다른 작가로 스프레이그 디 캠프가 있다. 1907년 뉴욕시에서 태어난 디 캠프는 캘리포니아 기술

과학소설의 사고실험이 어디까지 나아갈 수 있는가를 극명하게 보여준 아이작 아시모프의 걸작 단편 〈전설의 밤〉. 태양이 여섯 개나 되는 연성계에 있는 한 행성의 주민들은 천 년마다 한 번씩 밤을 경험하는 바람에 사회 질서가 일거에 무너져 버리는 파국을 천 년마다 반복한다.

연구소^{California Institute of Technology}에서 공학 학사학위를 받고 졸업한 뒤 스티븐스 기술연구소^{Stevens Institute of Technology}에서 석사학위를 받았다. 과학소설 작가로서의 그의 경력은 2차 세계대전 당시 미해군 예비군 장교로 복무하느라 잠시 휴지기를 가졌지만 종전 후 디 캠프는 필라델피아에 살면서 100권 이상의 책을 써냈다. 그는 '문짝 거미떼^{Trap Door Spiders}'라는 이름의 남성 전용 문학클럽의 회원이었는데, 이 클럽은 아시모프가 결성한 추리소설 문학클럽 '흑거미떼^{Black Widowers}'를 흉내 낸 단체였다. 또한 1960년대에 만들어진 영웅 판타지 작가들의 친목단체인 '미국의 검객과 마법사 길드^{Swordsmen and Sorcerers' Guild of America}' 소속이었다.

디 캠프는 사회와 역사, 기술 그리고 신화를 검증하는 서적들을 쓴 유물론자로서 과학소설만이 아니라 환상소설과 논픽션, 시 그리고 특히 역사소설을 쓰는 데 관심을 보였다. 〈고대의 엔지니어들^{Ancient Engineers}〉(1963)과 〈고대 세계의 위대한 도시들^{Great Cities of the Ancient World}〉(1972) 같은 저서들에서 보듯이, 디 캠프는 널리 여행을 다니며 역사적이고 고고학적인 주제들에 몰두했다. 따라서 그의 과학소설에는 언어학과 역사적 동인에 대한 관심이 배어 있다. 데뷔작은 『어스타운딩 사이언스 픽션』 1937년 9월호에 실린 단편 〈The Isolinguals〉이지만, 과학소설 역사에서 그의 걸작으로 꼽히는 것들은 대개 시간여행과 대체역사를 다룬 작품들로 〈어두워지지 않도록^{Lest Darkness Fall}〉(1939), 〈만일이란 가정의 수레바퀴^{The Wheels of If}〉(1940), 〈공룡 사냥용 총^{A Gun for Dinosaur}〉(1956), 〈아리스토텔레스와 총^{Aristotle and the Gun}〉(1958), 그리고 〈그때의 영광^{The Glory That Was}〉(1960) 등이

스프레이그 디 캠프의 대체역사소설이자 대표작인 〈어두워지지 않도록〉

있다.

마지막으로 캠벨의 총애를 받았지만 다른 작가들로부터는 이단아 취급을 받은 L. 론 허버드는 과학소설 작가로서의 삶에 그치지 않고 훗날 사이언톨로지라는 사이비 종교로 진화한 대체의학 다이어네틱스^{Dianetics}를 창시하였다. 1911년 네브라스카 주에서 태어난 허버드는 서부극과 바다를 무대로 한 모험담으로 대중 소설 분야에서 기반을 다졌으며 과학소설은 1938년부터 발표하기 시작했다. 그로부터 1942년까지 현대판 검과 마법류라 볼 수 있는 몇 편의 흥겨운 모험 환상 장편소설들과 무지몽매한 대중을 선의를 갖고 인도하고자 하는 외롭고 귀족적인 풍모의 지도자가 주인공으로 나오는 비교적 진지한 작품들을 썼다. 그는 과학소설계와 환상소설계의 유명작가가 되었으며, 비평가들은 종종 그의 작품 중 걸작으로 전쟁터가 된 미래의 유럽을 무대로 한 〈최후의 등화관제^{Final Blackout}〉와 심리학적 공포소설인 〈공포^{Fear}〉를 꼽는다. 그가 1938년 집필한 필사본 〈엑스칼리버^{Excalibur}〉에는 뒤에 가서 사이언톨로지 종교에서 발현하게 되는 개념들과 아이디어들이 무수히 담겨 있다. 2차 세계대전 동안 미해군 소속 예비군 장교로 해상작전을 치른 후 제대한 허버드는 과학소설 작가로 복귀했다.

국내에도 번역 발간된 론 허버드의 대하 장편 〈전쟁터 지구(Battlefield Earth)〉(1982)는 할리우드 영화로도 제작되었다.

허버드를 논의할 때는 단지 작가로서의 입지 못지않게 다이어네틱스와 사이언톨로지로 집약되는 사이비 사상을 거론하지 않을 수 없다. 『어스타운딩 사이언스 픽션』 1950년 5월호에 실린 허버드의 기사 '다이어네틱스, 과학의 진화^{Dianetics, the Evolution of a}

Science'는 캠벨의 열띤 호응을 받았으며, 이후 단행본으로 《다이어네틱스, 정신건강의 현대과학 Dianetics, the Modern Science of Mental health》까지 나오면서 과학소설 작가에서 대체의학 선전가를 거쳐 점차 사이비 종교 교주가 되어 갔다. 이 책은 다음과 같은 주장으로 시작된다. "다이어네틱스의 창안은 인류의 불의 발견에 비견할 만한 이정표로서 수레바퀴나 아치의 발명도 여기에 미치지 못한다." 이 책은 의학계의 비난을 산 데다 공감하지 못하는 독자들에게는 무슨 소리인지 영문을 모르겠다는 평가를 받았음에도 베스트셀러가 되었다. 캠벨도 일 년 이상 다이어네틱스에 매료되었을 정도다. 허버드는 계속해서 부활과 인류의 외계 기원설을 포함한 새로운 교리를 개발해냈고 마침내 사이언톨로지 종교의 지도자로 부상하기에 이르렀다.

    허버드의 세세한 삶과 경력은 논란으로 점철되어 있다. 사이언톨로지 교회는 허버드의 성격과 다방면에 걸친 업적을 열성적으로 찬미하는 공식 전기를 무수히 펴냈다. 하지만 중립적인 언론인들과 사이언톨로지를 탈퇴한 사람들이 집필한 전기들은 허버드의 훨씬 더 어두운 측면을 그리고 있어 교회의 공식판과는 많은 면에서 모순을 일으킨다. 그는 조지 워싱턴 대학에서 토목공학을 전공할 당시 '원자와 분자 현상'이란 과목을 수강한 사실을 근거 삼아 자신이 핵물리학자였다고 주장했다지만, 사실은 학점이 늘 시원치 않아서 2년간 다니다 결국 유급당하고 말았다. 성적표를 뒤져보면 위의 과목조차 F학점을 받았다는 것을 알 수 있다. 또 자신이 캘리포니아 소재 시쿼이아 대학 Sequoia University에서 박사학위를 받았다고 자랑했다. 그러나 이 의심스러운 학위는 캘리포니아 주당국의 조사 결과, 돈 내고 메일로 주문하면 학위를 남발하는 삼류대학 졸업장임이 드러났고 영국 언론에서 이를 문제 삼자 허버드는 공개직으로 해당 학위를 포기했다. 실제 군경력과 정부 문서 기록 간의 행적도 일치하지 않았다. 예를 들어 허버드는 자바 섬에서 전투를 치르다 부상을 당했다고 주장했지만 그의 복무기록을 보면 자바 근처에도 가본 적이 없음을 확인할 수 있다. 또한 21개의 메달과 포상을 받았으며 그 중에는 퍼플 하츠$^{Purple\ Hearts}$ 훈장 2개와 유닛 사이테이션$^{Unit\ Citation}$ 기장 한 개가 들어 있다고 주장했다. [퍼플 하츠는 2차 세계대전 당시 참전용사 중 탁월한 역량을 보인 군인에게 수여하는 명예 훈장으로 미중부군 사령관 타미 프랭크스(Tommy Franks) 대장이 2003년 전역하면서 받은 바 있다. 유닛 사이테이션은 타의 모범이 될 만한 성과를 보인 부대와 부대원에게 부여하는 기장이다.] 사이언톨로지 교회는 그의 전투 참가 증거로 미해군의 제대 양식을 배포했다. 그러나 미해군이 소장하고 있는 허버드의 제대 증명서 DD 214를 보면 완전 딴판으로 별로 특기할 만한 전과를 기록하고 있지 않다. 실존하지 않는 가공인물 하워드 D. 톰슨$^{Howard\ D.\ Thompson}$ 중위가 서명한 것으로 되어 있는 사이언톨로지 교회측 문서를 보면 군에서는 실제로 있지도 않은 메달을 받았다고 기록하고 있거나 허버드가 했던 행적을 사실 이상으로 대단하게 부풀려 놓았다.

6) 과학소설 잡지 시대의 황혼녘

과학소설과 환상소설을 하나로 묶어 영미권에서는 상상소설$^{Imaginative\ Fiction}$이라 부른다. 미국의 상상소설은 1939년에서 1941년 사이에 대중화되기 시작하여 이러한 경향의 소설들을 게재하는 잡지 수가 한때 20개 이상으로 증가했다. 어떤 잡지는 과학소설과 환상소설 중 한 분야만을 다루었고 또 다른 잡지는 구분 없이 다 다루었다. 이러한 잡지 수의 증가는 많은 신인작가를 고무시켰는데, 이들 가운데 다수는 하인라인과 아시모프처럼 과학적이거나 기술적인 훈련을 거쳤다. 새로운 작가들은 이 장르를 과학과 기술 측면에서 좀 더 사실적으로 묘사하고자 했을 뿐 아니라 등장인물과 사건의 동기를 묘사하는 데에도 발군의 실력을 보여주었다. 이것은 초창기 펄프 잡지 시대에 비하면 큰 변화였다. 과학소설이 나이를 먹어가고 있었던 것이다.

불행히도 진주만 사건은 출판사들과 작가들 그리고 종이의 부족을 수반하여 이러한 붐을 식혀 버렸다. 『어스타운딩 사이언스 픽션』은 펄프 규격[6.5인치 × 9인치]에서 플랫^{Flat} 규격[8.5인치 × 11.5인치]으로 커졌다가 이 사건 이후 오히려 다이제스트 규격[5.5인치 × 7.75인치]으로 줄어들었다. 캠벨이 창간한 환상소설 전문잡지 『언노운 월즈$^{Unknown\ Worlds}$』는 아예 폐간되어 버렸다. 다른 잡지들도 추풍낙엽처럼 쓰러져나간 끝에 아홉 개의 잡지만 살아남았다. 영국의 2대 상상소설 잡지 『테일즈 오브 원더$^{Tales\ of\ Wonder}$』와 『판타지^{Fantasy}』도 사라지는 운명을 피할 수 없었다. 전시戰時 종이 사용량 통제는 잡지 대신 포켓북의 보급을 부채질했다. 포켓북은 휴대하기 간편해서 군인들에게까지 인기를 끌어 널리 보급되었다. 원래 2차 세계대전 전만 해도 포켓북[페이퍼백] 판형은 유럽에서의 인기와는 달리 미국에서는 거의 알려지지 않았다. 이 판형을 이용하면 종이 원료가 덜 들고 선적 공간도 덜 필요했다. 이런 이유로 포켓북이 미국 시장에 도입되자 급속히 인기를 끌면서 출판산업의 주류가 되었다. 출판사들은 이러한 판형을 이용해서 오래된 과학소설을 재발간하였으며 신작 소설, 특히 길이가 긴 장편소설도 소화할 수 있는 시장이 열렸다. [전후 몇 년 사이에 포켓북 판형 단행본들이 대중적인 읽을거리로서 펄프 잡지들과 고급 잡지들을 대체해 버리자 공교롭게도 미국 단편소설 시장이 극단적으로 축소되는 결과를 낳았다. 오늘날까지 살아남은 몇몇 과학소설 전문 잡지들이 없었다면 중단편을 발표할 마땅한 시장이 없었을 수 있다. 다시 말해서 과학소설 시장에서 장편 위주의 유통망은 단편 및 중편 유통망을 희생시키기 쉽다.]

다행히 문을 닫았던 잡지 가운데 상당수가 전쟁이 끝나갈 무렵 부활하였고 신규 잡지들까지 가세하여 1950년경 미국에서 상상소설을 다루는 잡지들의 숫자는 다시 약 25개를 넘어섰다. 하지만 시장 수요는 궁극적으로 이러한 정기간행물들을 다 먹여 살릴 만한 규모가 되지 못했다. 더욱이 잡지를 대체할 다양한 매체들이 지속적으로 개발됨에 따라

레이 브래드버리의 대표작 〈화성연대기〉는 TV 드라마 3부작으로 제작되었다.

미국판 초인소설의 효시가 된 A. E. 밴 보웃의 〈슬랜〉. 이 장편소설은 J. D. 버레스포드의 〈햄덴셔의 경이(The Hampdenshire Wonder)〉(1911)와 올라프 스태플든의 〈이상한 존〉에서처럼 초인들이 주류사회로부터 소외를 당하다 못해 탄압을 받는다는 설정을 공통적으로 채택하고 있다.

이들 또한 소비자를 확보하기 위한 경쟁에 뛰어들었다. 잡지들은 라디오와 영화 그리고 텔레비전의 연이은 등장으로부터 넋을 잃은 독자들을 지켜 내기 위해 지질과 내용 면에서 고급화를 모색했지만 전반적으로 힘이 부쳤다. 비록 다이제스트 판형으로 바뀌긴 했지만 당시 충분한 이윤을 내면서 버틸 수 있었던 잡지는 『어스타운딩 사이언스 픽션』이 유일했다. 2005년도를 보면, 현재 과학소설을 전문적으로 또는 부분적으로 다루는 잡지들로는 『아날로그^{Analog}』, 『아시모프의 과학소설 잡지$^{Asimov's\ Science\ Magazine}$』, 『판타지와 과학소설 잡지$^{The\ Magazine\ of\ Fantasy\ and\ Science\ Fiction}$』, 그리고 『환상 영역$^{Realms\ of\ Fantasy}$』 등이 남아 있을 뿐이다.

지금까지 열거한 주로 캠벨과 친분관계에 놓였던 작가들 외에도 많은 재주꾼이 펄프 잡지와 부침을 함께하며 자신의 재능을 선보였다. 예를 들면 『위어드 테일즈』를 초기 근거지로 활동했던 레이 브래드버리 Ray Bradbury[과학과 기술을 거의 이용하지 않지만 뛰어난 스타일리스트여서, 그의 단편들 대다수는 어떤 독자이든 감상적으로 동조할 수 있는 분위기를 자아낸다.]와 황금시대 3대 거목으로 우뚝 선 아서 C. 클락[영국 작가이지만 미국의 과학소설계에서 활발히 활동하였다.] 이외에도 앨프레드 베스터, A. E. 밴 보옷, 제임스 블리쉬, 윌리엄 텐William Tenn, 그리고 잭 밴스Jack Vance 같은 작가들이 이 시기를 풍요롭게 빛내주었다. 잡지의 전성기가 저물어가던 1950년대 무렵부터는 과학소설 작가 가운데 상당수가 영화계의 유혹을 받아 시나리오 창작을 겸업하게 되었는데, 과학소설의 대중적 인기가 높아감에 따라 이러한 유형의 내러티브를 영화나 방송 드라마로 만들려는 산업자본이 나타났기 때문이다.

세계과학소설사

남한의 과학소설 출판산업,
한계와 희망을 이야기하다!

남한의 과학소설 출판산업, 한계와 희망을 이야기하다!

1. 무엇이 문제인가?

우리나라에 과학소설이 처음 소개된 시기는 20세기 초까지 거슬러 올라가건만 100년의 세월을 훌쩍 뛰어넘고서도 여전히 과학소설이 국내 출판시장에서 양적으로나 질적으로 양지바른 자리를 잡지 못하고 있는 까닭은 무엇일까? 단순히 신출내기 문학 장르가 도입된 역사적 시점만 놓고 따진다면 서구는 물론이거니와 가까운 일본보다 대단히 늦은 때문이라고만 볼 수도 없다.

미국 SF의 아버지로 불리는 휴고 건즈백이 자신이 창간한 과학기술잡지 『모던 일렉트릭스』에다 자작 소설 〈랠프 124C 41+〉를 연재한 때가 1911년의 일이며, 일본에서도 비록 1870년대부터 쥘 베르느의 작품들이 번역 소개되기는 했으나 과학소설이 본격적으로 발전하게 된 시기는 2차 세계대전 이후부터라는 것이 중론이다.

∗∗ 이 글은 2008년 월간 『판타스틱』 2월호와 3월호에 나뉘 연재되었던 글이다. 당시 잡지매체의 사정상 필자의 원고는 대폭 축약 게재되었으나, 여기에는 그 원문을 전부 싣는다.

이로 미루어 보건대 우리나라에 과학소설의 도입 자체가 지체되어서라기보다는 그 이후 전개 양상에서 다른 나라들에 비해 뒤처지게 된 탓으로 해석하는 편이 더 설득력이 있으리라.

2007년 말 대한민국은 국내 총생산^{GDP} 규모가 약 8,880억 달러로 세계 11위로 올라섰을 뿐만 아니라 이미 우주개발에도 깊숙이 관여해 왔다. 1992년 발사된 우리별 1호 이래 지금까지 우리나라 국적의 인공위성 수는 9개에 이르며 2008년 4월에는 최초의 한국인 우주비행사가 러시아의 소유즈 우주선을 타고 국제우주정거장^{ISS}에 다녀왔다. 위성발사체 기술의 자체 보유 일정은 애초 정부 계획보다 지체되고 있지만 [언론보도에 따르면, 위성발사체 기술 개발일정은 언제라도 전쟁무기로 돌변할 가능성을 우려하는 미국 정부의 압력을 받고 있다 한다. 이로 인해 원래 2007년 10월 전남 고흥군 외나로도 우주센터에서 예정되어 있던 한국우주발사체(KSLV-I) 발사는 계속 지연되어 왔다.][1] 늦어도 올해 안으로는 전남 고흥 나로 우주센터 발사장에서 국산기술로 만든 과학기술위성 2호가 소형 위성발사체[KSLV-1]에 실려 발사될 전망이다. 이는 우리나라가 발사체와 위성 그리고 발사장이라는 우주개발의 세 요소를 자족할 수 있는, 세계 9번째의 '인공위성 자력 발사국'이 된다는 뜻이다. 어디 그뿐인가. 생명공학 분야에서의 장족의 발전은 선진국이 탐낼 만한 결실을 연이어 내놓고 있다. 이처럼 '과학소설'이란 비교적 젊은 문학 장르가 우리나라에 알려진지도 어느덧 한 세기가 지났고 대한민국의 경제력이나 과학기술력이 세계적인 기준에서 보더라도 나무랄 데가 없다면, 과학을 근간으로 가상의 이야기를 펼쳐 나가는 과학소설이 유독 이 땅에서만 일반 독자 대중과 출판산업의 관심을 크게 끌어 모으지 못하는 까닭은 무엇일까?

사실 이러한 문제 제기는 이번이 처음은 아니다. 1980~90년대 태동

---

[1] 이정내, 「인공위성 자력발사 지연은 미국 때문: 보고서 나와」, 한겨레신문, 2006. 10. 19. http://www.hani.co.kr/arti/science/science_general/165702.html

한 이런저런 SF 관련 커뮤니티들에서 이미 수차례 논의가 이뤄진 바 있다. 하지만 당시 그러한 논의들은 온오프라인의 열린 광장을 무대로 간헐적으로 다뤄지다 보니 명료하게 정리되어 누구나 쉽게 열람할 수 있는 기록으로 남지 못했다. 따라서 이 글은 동일한 문제 제기에 대한 필자 나름대로의 개인적인 견해를 정리해서 기록으로 남기려는 작은 시도이며, 이 글을 읽게 될 독자들과 SF애호가들에게 향후 국내 과학소설 발전을 위한 구체적이고 실질적인 논의를 위한 단초인 셈이다.

2. 남한의 과학소설 출판현황

미국의 과학소설 작가이자 이 분야의 교육자인 마이클 맥컬럼이 분류한 바에 따르면, 대체로 과학소설의 세계는 프로페셔널 집단과 팬층 그리고 일반 독자층의 세 그룹으로 나뉠 수 있다.[2]

프로페셔널 집단에는 작가, 일러스트레이터, 출판사, 편집자, 출판대리인, 홍보관계자 등에서 보듯이 과학소설 작품의 출간을 통해 먹고사는 부류가 속한다. 한편 팬층은 일종의 조직화된 열성파 마니아들로서 과학소설 자체를 자신들의 문화생활을 구성하는 주요 요소로 여기는 사람들이다. 이른바 '팬덤Fandom'이라고도 불리는 팬들의 공동체는 저마다 고유한 언어체계와 문화, 관습을 지니고 있으며 자주 모임을 갖는다. [과학소설 관련 문학 클럽들이 처음으로 결성된 시기는 금세기 초부터의 일이다. 미국 최초의 SF 문학클럽은 1923년 프랭크 벨크냅 롱이 두 친구와 함께 뉴욕에서 결성한 칼렘 클럽으로, 이듬해 여기에 H. P. 러브크래프트가 가세함으로써 탄력을 받아 한때 회원이 수십 명으로까지 불어났다. 팬클럽 가운데 가장 오래되었고 1970년대 중반까지 존속한 것들로는 1934년부터 활동해 온 L. A. 과학판타지 협회(Los Angeles Science Fantasy

---

[2] Michael McCollum, *The Art of Science Fiction*, Vol. I, Sci-Fi Arizona, 1998, p. 139.

1972년 LA에서 개최된 월드콘(세계 SF대회; World Science Fiction Convention)에서 만난 SF계의 빅네임 팬 포레스트 J. 애커맨(Forrest J. Ackerman; 맨 왼쪽)과 SF작가 데이브 카일(Dave Kyle; 가운데). 월드콘은 주로 미국의 주요 도시를 순회하며 매년 개최되는 SF계의 최대잔치로서 주요 문학상 시상은 물론이고 작가와 팬덤 간의 다양한 상호작용이 직접적으로 이뤄진다.

Society)와 1935년 결성된 필라델피아 과학소설 협회(Philadelphia Science Fiction Society)가 있다. 이러한 클럽들은 대개 미국의 대도시에 분포하고 있다.] 이들은 원하기만 한다면 언제든 매년 매주마다 어디선가 열리고 있을 SF 컨벤션에 참석할 수 있다. 팬덤에 속하는 이들은 일반 독자층과 자신들을 따로 구분지어 생각한다는 점에서 아이덴티티가 분명한 집단이다. [미국의 경우, 과학소설 팬덤은 분류기준을 어떻게 잡느냐에 따라 다시 일련의 이익집단들로 세분화가 가능하다. 이를테면 〈스타트랙〉 마니아들인 트레키(Trekkie), 영국의 SF 텔레비전 프로그램 〈닥터 후〉 열광자들 그리고 심지어는 '창의적인 시대착오주의 협회(the Society for Creative Anachronism)' 같은 그룹들이 여기에 속한다. 일찍이 미국의 과학소설 작가 스프레이그 디 캠프는 팬덤에 대해 이렇게 설명한 바 있다. "어떤 이유에선지 상상소설을 읽는 독자들은 상대적으로 일반 독자들보다 자의식이 강하고 목소리를 키우며 그들이 선호하는 문학에 대해 몰려다니며 떠들어대는 경향이 있다. 그들 대부분이 말없이 구입해서 좋아하는 잡지들을 읽지만, 수천 명에 이르는 일부 소수 독자는 상상소설에 대해 역동적이고 조직화된 취미를 즐긴다. 이러한 사람들을 일컬어 팬이라고 한다. 그들은 잡지사에 편지를 보낸다. 팬클럽에 속해 있고 자기들 힘으로 손수 아마추어 팬진을 출간하며 자기네들끼리 컨퍼런스와 컨벤션을 연다. 그리고 팬 활동에 참여하지 않을 때조차 일반 독자들과는 많이 다른 삶을 영위한다."][3] 과학소설 팬이 된다는 것은 최근 구입해서 읽은 책을 놓고 몇몇 친구들과 토론을 하는 수준을 훨씬 넘어선다. 이들에게는 과학소설이야말로 모든 것을 희생하는 대신 열정을 바칠 만한 대상인 동시에 나아가서 인생을 살아가는 또 하나의 방식이다. [미국의 과학소설 팬덤에서는 과연 과학소설이 개인의 삶에 얼마만큼의 비중을 차지할 수 있는가를 두고 오랫동안 논쟁이 벌어진 바 있다. 한쪽은 팬덤이란 인생을 살아가

---

[3] L. Sprague de Camp & Catherine C. de Camp, "Those Crazy Ideas", *Science Fiction Handbook revised*, Owlswick Press, Philadelphia, 1975, p. 70.

는 하나의 방식이라고 여기는 반면, 다른 한쪽은 팬덤이란 그저 일상의 시시콜콜한 취미 가운데 하나에 지나지 않는다고 본다.] 그러나 팬들의 헌신에도 이들은 과학소설계에서 가장 영향력 있는 집단은 아니다. 오히려 시장을 움직이는 이들은 조직화되어 있지 않은 과학소설 애호가들로서 SF 컨벤션에 굳이 참가하지 않더라도 꾸준히 과학소설을 즐기는 일반 독자층이다. 지금까지 소개한 세 집단 유형 간의 영향력을 구체적으로 비교해보려면 이들의 상대적인 크기를 각기 가늠해보면 된다. 전 세계에서 과학소설을 집필하거나 유통시키는 프로페셔널 집단은 고작해야 수천 명에 불과하다. 이에 비해 팬층은 수만 명에 달하는 규모로 추정되며, 일반 독자층의 경우에는 무려 수백만을 넘어선다. 이러한 수치는 과학소설 세계가 실제로 돌아가도록 해주는 시장의 토대는 이렇다 할 불평불만 없이 꾸준히 구입해 온 방대한 다수의 독자임을 새삼스레 인정하지 않을 수 없게 해준다. 결과적으로 이것은 극렬 팬들이 절대적으로 지지하는 작품이라고 해서 상업적으로 반드시 성공한다는 보장은 없으며, 오히려 그보다는 관련 커뮤니티에 들어가 시끄러운 목소리를 내는 법은 거의 없지만 이따금 개인적인 테두리 안에서 과학소설을 사서 즐기는 일반 독자층의 상상력을 도발해야 한다는 뜻이다.

맥컬럼의 이 같은 전제를 받아들인다면, 우리나라 과학소설계의 규모는 과연 어느 정도로 가늠해볼 수 있을까? 또한 이러한 규모는 과학소설의 본바닥이라 해도 과언이 아닌 미국과 얼마만큼의 차이가 나는 것일까? 과학소설의 시장규모를 판단하는 방법은 크게 두 가지가 있다고 생각된다. 하나는 간접적인 방법으로, 해당 시장에 수요와 공급을 제공하는 관련 인력의 수효를 유추하는 것이다. 다른 하나는 보다 직접적인 방법으로 최근 몇 년간 과학소설의 실제 출간 작품 수와 판매 가능한 평균 부수를 따져보는 것이다.

먼저 관련 인력의 수효 예측을 통해 시장 규모를 어림잡아 보기로

2007년 제65회 월드콘은 사상 처음으로 대서양 건너 일본 요코하마에서 8월 30일부터 9월 5일까지 열렸다. 이 대회에 참여한 유명인사로는 일본작가 가운데에는 코마츠 사쿄(Sakyo Komatsu), 미국작가 가운데에는 데이빗 브린(David Brin)이 참석했다. 위의 그림은 행사 영문 포스터

하자. 사실 국내에서 과학소설 관련 프로페셔널 집단의 숫자를 논하는 자체가 쑥스러운 면이 없지 않지만, 내일의 전망을 그려내기 위해 오늘을 현실적으로 되돌아본다는 측면에서 생각을 가다듬어 보기로 하자. 일단 우리나라의 과학소설 관련 인력 또한 맥컬럼이 정의한 대로 프로페셔널 집단, 팬층, 일반 독자층 등으로 구분해볼 수 있다.

첫 번째로 프로페셔널 집단부터 규모를 알아보자. 앞서 말했듯이 이 집단에는 창작 작가, 번역가, 출판사 관계자들이 속한다. 현역 작가군부터 헤아려보면 21세기에도 어쨌거나 꾸준히(?) 활동하고 있거나 활동이 예상되는 작가들로 복거일, 이영수[듀나], 이한음 등을 꼽는 것이 고작이다. 1960년대 말에 결성되었던 한국 SF작가 클럽은 1970년대 후반 들어 유명무실해졌고 그 이후 현재까지의 공백기에 문윤성, 이성수, 노성래, 김호진, 이영, 김종철, 김진우, 김형균, 김지훈, 김영래, 이문영,

이신조, 김지훈, 김성규, 김용규, 임영태 등 여러 작가가 산발적으로 등장했지만 대부분 한두 작품을 발표하고는 소리 소문 없이 사라지거나 더 이상 과학소설 쪽으로 활동을 하지 않고 있다. [이들이 펴낸 작품들을 구체적으로 열거하면 문윤성의 〈완전사회〉(1965, 1985), 이성수의 〈아틀란티스 광시곡〉(1991)과 〈스핑크스의 저주〉(1993), 〈장미 소나타〉(1993), 노성래의 〈바이너리 코드〉(1999), 김호진의 〈인디케이터〉(1999), 이영의 〈신화의 끝〉(1999), 김진우의 〈밀양림〉(2001), 김형균의 〈스페이스 오페라〉(2001), 김종철의 〈그들〉(2001), 김지훈의 〈L함수의 연산법〉(2002), 김영래의 〈씨앗〉(2003), 이문영의 〈미래경찰 피그로이드〉(2003), 이신조의 〈가상도시 백서〉(2004), 김지훈의 〈스키마〉(2004), 김성규·김용규의 〈다니〉(2005), 임영태의 〈여기부터 천국입니다〉(2005) 등이다. 특히 이 중에서 문윤성의 〈완전사회〉는 주간한국이 주최한 제1회 추리소설 공모 당선작이며, 김종철의 〈그들〉은 동아닷컴이 주최하고 동아일보사와 문화관광부가 후원한 제1회 디지털 문학 공모전의 SF소설 부문 당선작이다.] 다행히 2004년부터 3년 동안 과학문화재단 후원으로 '과학기술창작문예' 공모전이 열렸던 덕에 역량뿐 아니라 장르에 대한 애정이 높은 신예 과학소설 작가들이 2006년까지 9명이 등단하기에 이르렀다. [이 수치는 매년 선정하는 중편소설, 단편소설, 아동소설 부문의 당선자 1인씩을 3년간 합산한 것이다.] 그러나 2007년부터는 공모전이 예산 미확보로 폐지되어 버려 이를 통한 작가 공급통로마저 차단되고 말았다. 결과적으로 자신이 과학소설을 쓴 적이 있거나 앞으로도 쓸 의사가 있다고 여겨지는 창작 작가들은 현재 시점에서 10명을 간신히 넘어서는 수준이다. 번역가 인력 풀^{Pool} 또한 사정이 별반 다르지 않다. 단순히 그동안 과학소설을 번역 출간해본 유경험자들의 수만 집계하면 적지 않은 수가 될지 모르나, 출판사에 고용되어 해당 내용이나 소재가 무엇이건 간에 받는 대로 번역을 해온 이들은 계산에서 제외하도록 하자. 소위 과학소설 전문 번역자라는 타이틀에 무색하지 않으려면 번역 일을 단순 하청 의뢰받는 것이 아니라 출판사들을 상대로 일종의 컨설팅과 비전을 제시해 줄 수 있어야 한다. 이렇게 놓고 보면 홍인기, 박상준, 김상훈, 이수현, 최용준 정도가 나름대로의 장르의식을 갖고 과학소설 번역에 애정을 보인

20~30대 성인들이 즐겨찾는 국내 SF 커뮤니티인 '카페 안드로메다'. 네이버에 개설되어 있으며 필자가 시삽을 맡고 있다. 카페 주소는 http://cafe.naver.com/sfreview. cafe이다.

번역가들이라 볼 수 있다. 그렇다면 국내에서 과학소설 전문 번역가층은 아무리 넓게 잡아도 10명이 채 되지 않음을 짐작할 수 있다. 출판유통 종사자들의 경우에는 황금가지, 행복한 책읽기, 시공사, 열린책들, 그리고 그 외 단발적으로 과학소설을 펴낸 십여 군데의 출판사를 고려할 수 있다. 이들 중에서 과학소설 전문 출판사는 전무하며 출판사마다 과학소설을 부수적인 일로 맡는 담당자가 한두 명에 그치는 정도이다. 이를 기준으로 어림잡으면 우리나라 과학소설 출판유통관련 종사자는 많아야 20여 명, 적게는 10명 이하라고 추정된다. 그러므로 위에서 추정한 수치들을 한데 합산하면 우리나라에서 과학소설과 관련된 프로페셔널 인력은 대략 삼사십여 명 선이라고 판단된다.

두 번째로 국내 과학소설 팬층은 어느 정도 규모로 예상할 수 있을까? 이러한 질문에 답하는 것은 과학소설 출판 유통과 관련하여 계량적인 추적이 여의치 않은 국내 현실에서 쉬운 일이 아니다. 하지만 최근 몇 년 사이 꾸준하게 과학소설 총서를 펴내온 '행복한 책읽기' 출판사 임형욱 대표의 추론은 현업에 종사하고 있는 사업자의 관점에 바탕을 두고 있다는 점에서 참고할 만하다고 본다.[4] 그에 따르면, 2004년 현재 우리나라에서 자신이 팬덤의 일원이라는 소속의식을 강하

---

[4] 임형욱, 「절반의 성공, 절반의 실패를 넘어서-행복한 책읽기 SF총서에 대한 모든 것」, 계간 『장르문학』, 2004년 여름호, http://happysf.net/zeroboard/zboard.php?id=column&page=1&sn1=&divpage=1&sn=off&ss=on&sc=on&select_arrange=headnum&desc=asc&no=55

든 약하든 지니고 있으면서 어떤 출판사든 간에 과학소설을 출간하면 개인적인 구매를 통해 지지하겠다는 입장을 보이는 이른바 열혈 팬층이 약 2,000~3,000명쯤 될 것으로 추정된다. 여기에는 과학소설이란 표지만 달고 나오면 무슨 책이든 구입하겠다는 의사를 지닌 500~1,000명 사이의 절대적 지지층이 포함되어 있다. [이처럼 국내 과학소설 시장의 협소로 인해 번역물의 합법적 공급이 출판사들을 통해 왕성하게 이뤄지지 못하다 보니, 품절되거나 절판된 번역판들을 찾아 개인적으로 헌책방을 전전하다 못해 몇 년 전에는 아예 팬덤의 일부 인사들이 모여 일명 '과학소설 자가 출판단'을 꾸리기까지 했었다. 그러나 이러한 시도는 아마추어적인 기획 수준을 넘지 못해 실제 비즈니스로 옮겨지지는 못했다.] 물론 이러한 수치는 해당 작품이나 작가에 따라 차이가 날 수 있으므로 어디까지나 평균치 개념으로 이해해야 한다. 이것은 우리나라에서 아직까지 과학소설 단행본의 비교적 안정적인 시장 크기는 대략 초판 3,000부 수준이라는 뜻이다. 왜냐하면 우리나라에서는 일반 독자층이 아직 미성숙 상태에 있다 해도 과언이 아니기 때문이다.

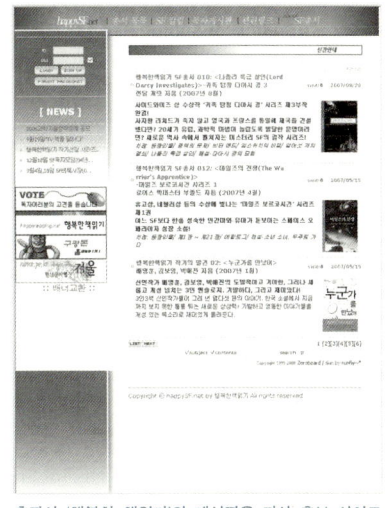

출판사 '행복한 책읽기'의 게시판은 자사 홍보 사이트 구실뿐 아니라 국내 SF팬들을 위한 커뮤니티 역할까지 병행하고 있다(http://happysf.net/intro.html).

세 번째로 일반 독자층, 다시 말해서 과학소설에 대해서 깊이 있게 알고 있지는 않으나 자기 취향에 맞는 괜찮은 작품이라면 구입할 의사가 있는 독자층 규모는 바로 앞에서 말했듯이 우리나라의 경우 맥컬럼의 예측과는 크게 빗나간다. 임형욱 대표의 주장에 따르면 이러한 독자층은 그야말로 작품의 대중적 매력이나 작가의 지명도 내지 인기도에 따라 천차만별이리 기의 0~2,000명 사이를 오산다. 이는 국내 과학소설 독자층의 경우 열성적인 팬층을 제외한다면 안정된 시장이 존재하지 않음을 시사한다. 임형욱의 경우 과학소설뿐 아니라 추리소설과 환상소설, 스릴러 소설 등을 하나로 묶은 장르문학 독자들까지 잠재시장으로 본다면 추가로 0~5,000명을 더 계상(計上)할 수 있다고 주장하였으나, 필자가 보기에 환상소설 독자나 추리 소설 독자라고 해서 일반 주류문학 독자보다 과학소설 구입에 더 적극적일 것이란 계량적 근거가 없는 상황에서 다소 기대감이 반영된 무리한 수치란 생각이다. 일부 주류문학 평론가들은 장르문학 자체를 하나의 울타리로 묶어 전체 문학시장을 마치 일반 주류문학 대비 나머지 문학(?)이란 도식으로 단순하게 이분법화하여 보는 경향이 있다. 이는 장르문학에 대한 이해가 많이 부족한 데서 기인한 시각이라고 해석된다. 장르문학은 대중문학의 주요 특성이긴 하지만 그렇다고 해서 추리, 판타지, 스릴러, 공포, SF, 하이틴 로맨스 같은 각 하위 장르 문학의 추종자들이 단지 장르 문학에 속하는 작품이라고 해서 그 울타리 안에만 들어오면 어떤 작품이든 크로스 오버해서 읽을 것이란 기대는 섣부른 속단이다. 물론 장르 경계를 크로스 오버하는 도전적이고 적극적인 독자들도 있긴 있을 테지만 과연 출판시장의 주요 동인으로 파악할 만큼의 규모이냐는 전혀 별개의 문제이다. 특히 과학소설은 독서에 앞서 과학에 대한 최소한의 지식이 요구될 것이란 선입관이 이 하위 장르에 낯선 독자들에게 일종의 장벽으로 작용할 가능성이 높기 때문에, 독자가 의학 스릴러 소설을 읽은 다음 연이어 공포소설을 집어드는 행위처럼 만만하지가 않다. 이는 SF 영화나 SF 만화를 많이 본다고 해서 과학소설을 읽을 가능성이 반드시 높아지지는 않는다는 해외사례에서 보듯이 독자층의 독서 행동 패턴에 대한 보다 심층적이고 체계적인 분석을 전제로 시장규모를 예측할 필요가 있음을 시사한다.

지금까지 위에서 열거한 세 집단의 국내 시장 규모를 합산하면 대략 어림잡아서 5,000명 플러스 알파 수준임을 알 수 있다. [여기서 30~40명 수준의 프로페셔널 시장은 수적으로 의미가 없을 뿐만 아니라 시장 장악력도 미미하므로 자세히 논의할 필요를 느끼지 못한다.] 이는 거의 100만 명에 육박하는 일반 독자층은 고사하고라도 팬층만 약 수만 명에 육박하는 영어권 과학소설 시장에 비해 한글로 인쇄되어 유통되는 국내 과학소설 출판시장이 얼마나 열악하고 불리한 환경에 놓여 있는가를 단적으로 깨우쳐준다. 더군다나 5,000명 플러스 알파라는 규모는 국내 과학소설 출판시장의 규모를 나타냈을 뿐이지 출판사에서 내놓는 작품마다 이만큼씩 팔린다는 뜻은 전혀 아니다. 개별 작품마다 판매량은 작품 자체가 보유한 매력도와 더불어 작가의 인기도[또는 인지도]의 영향을 받기 때문에 기복이 심할 것이며, 따라서 아무리 좋은 작품이라도 특별한 예외가 아닌 이상 5,000명 플러스 알파 시장을 대상으로 유통될 수밖에 없다.

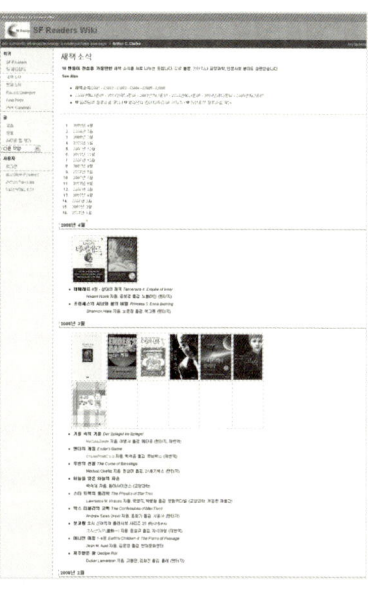

국내 출간되는 과학소설의 신작 동향을 가장 체계적으로 알아보기 쉽게 검색할 수 있는 온라인 사이트 'SF Readers Wiki'의 새책 소식란(http://wiki.sfreaders.org/%ec%83%88%ec%b1%85%ec%86%8c%ec%8b%9d)

　이번에는 실제로 우리나라에서 과학소설 작품들이 얼마나 출판되었는지를 알아보기로 하자. 이를 알아보기 위한 계량적인 근거자료로는 'SF Readers Wiki' 사이트를 참고하였다.[5] 동 사이트에는 2000년부터 2006년 11월에 이르기까지 그동안 출간된 과학소설 및 과학동화, 환상소설 그리고 과학 관련 교양서에 관한 서지목록이 데이터베이스화되어 있다. 필자는 이 서지목록에서 환상소설과 과학교양서를 제외하는 대신 과학동화는 과학소설과 같은 범주에 넣어 연간 과학소설 출간작품

---

[5] http://wiki.sfreaders.org/SFReaders

수의 추이를 살펴보고자 하였다.[6] 이 조사에서는 연간 출간 작품 수를 유의미한 기준으로 삼았으므로, 출판사가 그동안 절판되었던 작품을, 표지 디자인을 리뉴얼하여 다시 재간행하는 경우도 통계에 포함시켰다. 또한 같은 해에 동일 작품을 각기 다른 출판사에서 간행한 경우에도 복수로 인정하였다. 단, 한 작품이 여러 권으로 나눠 간행되거나 시리즈인 경우에는 한 작품으로 집계하였다.

이러한 집계자료를 통해 분석한 결과, 우리나라의 과학소설 출간 작품 수는 2000년에서부터 2006년에 이르는 사이에 전년대비 완만한 상승세를 보이고 있으나 그래 봤자 절대적인 수치가 연간 30여 편에 불과하다[《표 1》 참조]. 이는 아직 우리나라 과학소설 출판시장이 절대적인 규모가 협소하고 성장세도 기대에 미치지 못하고 있음을 의미한다. 또한 우리나라에서 이 시기 동안 출간된 과학소설 중에서 해외 번역물과 순수 창작물의 비중을 비교해보면 순수 창작물의 비중이 대단히 낮다는 사실을 확인할 수 있다. 7년 동안 과학소설 총 출간 작품 수 대비 순수 창작물 수를 비교해보면 연평균 약 12%에 그치고 있다. 2000년보다 2006년의 경우에 창작 작품 수가 상대적으로 늘기는 했으나 절대적인 숫자가 너무 적어서 유의미한 지표라 보기 어렵다. 다만 한 해도 거르지 않고 비록 서너 작품에 지나지 않지만 창작 과학소설이 꾸준히 출간되고 있다는 사실은 위안이 된다. 그러나 이마저도 보다 심층적으

---

[6] 이러한 기준에 입각하여 다음 작품들은 집계 대상에서 제외하였다.
- 2000년도: 시공사의 〈그의 이름은 나호라 한다〉, 열린책들의 〈천사들의 제국〉은 환상소설이므로, 그리고 전파과학사의 〈화염검의 언저리에〉는 과학교양서인 까닭에 과학소설 서지목록에서 제외.
- 2001년도: 시공사의 〈추락하는 여인〉은 환상소설이므로 제외.
- 2003년도: 시공사의 〈멋진 징조들〉과 북하우스의 〈제인에어 납치사건〉은 환상소설이므로 제외.
- 2004년도: 현대문화센터의 〈호박 속의 잠자리〉는 판타지 로맨스 소설이므로 제외.
- 2006년도: 북스피어의 〈두개골의 서〉와 열린책들의 〈백년보다 긴 하루〉, 그리고 황매의 〈스킵〉은 과학소설이라 보기 어려우므로 제외.

≪표 1≫ 우리나라 과학소설의 연간 출간 작품 수 및 창작물 대 번역물의 비중
(단위: 권)

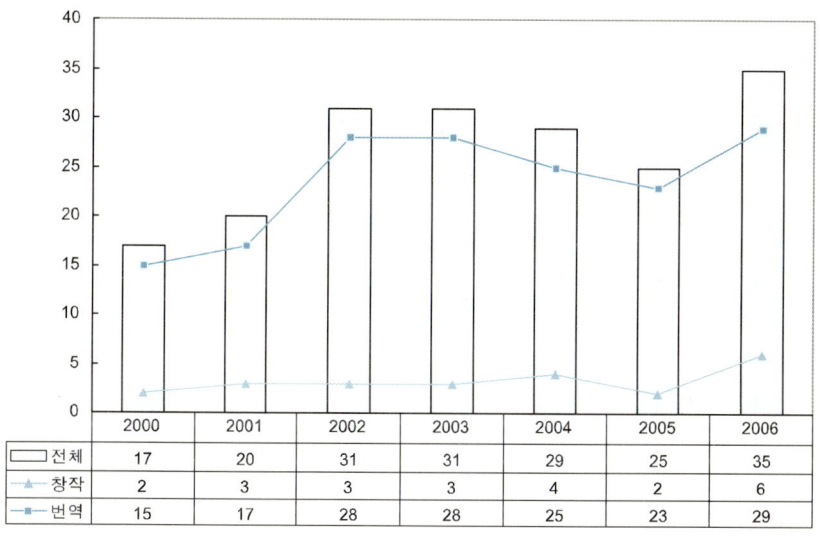

로 들여다보면 대부분의 창작 작품이 과학소설에 대한 장르적 인식이 확고한 상태에서 집필되었다기보다는 주류 작가들의 경계 허물기 성격을 띠고 있는 경우가 많다. 그 결과 해당 작가들이 과학소설을 꾸준히 집필하기를 기대하기 어렵고 단지 특정 작가의 다양성을 넓히는 실험의 결과물로만 국한되는 양상이다. 한마디로 말해서 아직까지 우리나라에서 창작 과학소설은 일천하다고 보아도 과언이 아니다.

≪표 2≫는 2000년부터 2006년 11월까지 과학소설을 많이 출간한 순서대로 국내 출판사들을 나열한 것이다. 여기서 동 기간 4편 이하를 출간한 출판사들은 편의상 생략하였다. 이 표를 보면 국내 출판사 가운데 과학소설 출간에 가장 애정과 관심을 기울이고 있는 곳들로는 황금가지, 시공사, 행복한 책읽기[표에서 '행책'으로 표기], 열린책들 등을 꼽을 수 있다. 가장 많은 작품을 출간한 곳은 황금가지로 2001년부터 과학소설을 출간하기 시작하여 2006년 11월까지 모두 22권을 펴냈다. 행복한 책읽

≪표 2≫ 국내 과학소설 출판사별 출간 작품 수 (단위: 권)

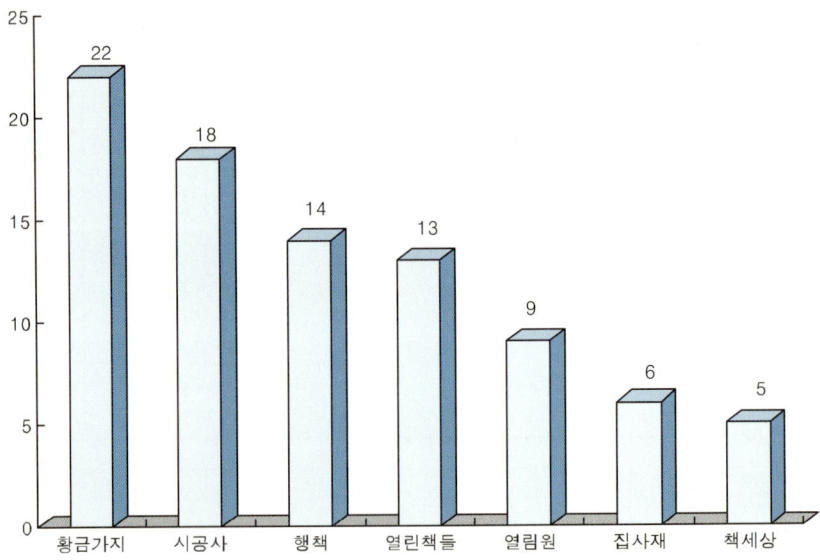

기의 경우에는 2003년부터 뒤늦게 출발했음에도 2006년 11월까지 무려 18권을 시장에 내놓는 의욕을 보여주었다. [물론 여기에는 재간행 횟수도 포함되어 있지만, 재간행 또한 과학소설 출간에 대한 해당 출판사의 의지나 관심으로 해석할 수 있어 집계에 포함시켰다.]

이보다 중요한 지표를 보여주는 것은 ≪표 3≫으로, 국내 출판사들이 지난 6년 동안 얼마만큼의 과학소설을 펴냈는가를 나타내고 있다. 이 표를 보면 2000년부터 2006년 11월까지 1편만 출간한 출판사들이 전체 출판사 수의 68%를 차지하는 반면, 10편 이상 적극적으로 출간한 출판사들은 고작해야 5.1%에 불과하다. 더욱이 2편 이하로 범위를 늘리면 무려 86.1%의 출판사들이 여기에 해당된다. 반대로 5편 이상의 경우에는 10.2%의 출판사들이 이 범주에 들어간다. 이것은 여전히 우리나라의 출판계에서 과학소설을 전문적으로 기획하여 장기적으로 유통하는, 이른바 프로페셔널한 출판사는 5% 안팎에 지나지 않음을 시사한다. 다시 말해서 국내 출판사들의 과학소설 기획 출판 경험은 여전히

≪표 3≫ 국내 출판사들의 6년간 과학소설 출판 편수 (단위: %)

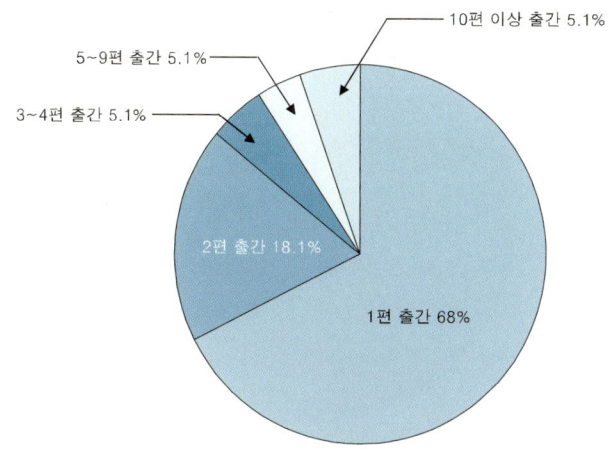

(위 표에서 통계의 모수가 된 출판사 총수, 즉 2000년부터 2006년 11월까지 과학소설을 펴낸 출판사들의 총수는 77개사이며 이를 모수로 하여 %를 산정하였음)

일천한 수준인 셈이다. [이러한 통계지표는 홍인기의 다음과 같은 지적과도 일맥상통한다. "출판사마다 군침을 삼키고는 있지만, 실제로 정말 SF라는 장르에 대해서 속된 말로 빠삭하게 알고 있는 출판인은 거의 전무한 편입니다. 출판사에서 작품을 받아주기를 원하는 창작 작가 그룹도 마찬가지입니다."][7]

위 자료 분석은 국내 과학소설 출판시장 현황을 개략적으로 이해할 수 있게 해주지만 실제 매출 데이터와 연동되어 있지 않다는 점에서 한계가 있다. 만일 판매실적과 연계해서 독자층의 인구통계학적 지표를 입수할 수 있다면 이 시장을 심층적으로 이해하는 데 도움이 될 것이다. 이와 관련하여서는 행복한 책읽기의 2003년 출간 작품들이 온라인 서점 알라딘에서 판매된 실적 공개 자료를 참고할 만하다.[8] 아쉽게도 이 자료는 몇 가지 제약을 안고 있음을 먼저 전제해둘 필요가 있다.

[7] 홍인기, 「재미로 계산해 본 한국의 창작 과학소설 시장규모」, The 3rd Eye, 2001. 01. http://inkeehong.com/articles/07_studies_on_the_fantastic/206_acii_eecoe_cnac_aau_uco_aao.html
[8] 임혁욱, 「누가 SF를 사는가?」, 알라딘 통세사료, 2003. 08. 28. http://happysf.net/zeroboard/zboard.php?id=column&page=1&sn1=&divpage=1&sn=off&ss=on&sc=on&select_arrange=hit&desc=desc&no=50

≪표 4≫ 과학소설 구매시 성별 차이 (단위: %)

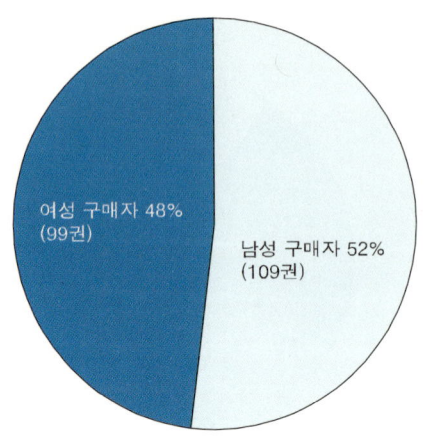

우선 이 분석 자료는 온라인 서점, 그것도 알라딘 서점의 영업 환경에서 판매된 208권을 대상으로 입수된 것이며, 조사대상이 된 작품들은 모두 행복한 책읽기에서 펴낸 과학소설 총서류에 국한되어 있다. 조사 기간은 연간 기준이 아니라 2003년 8월 1일부터 27일까지의 한 달 남짓한 기간에 한정되어 있어 데이터 대표성에 한계가 있을 수 있다. 이 외에 행복한 책읽기 측은 동 자료에 지역별 판매현황에서 약간의 오차가 있을 수 있다고 밝혔는데, 전체 상황을 이해하는 데는 별문제가 되지 않는다고 보인다.

≪표 4≫에서 보면 비록 제한된 수량의 판매실적을 근거로 한 것이기는 하지만, 남녀 간에 과학소설을 구매할 때 큰 편차가 없는 것으로 나타났다. 남성의 구매량이 여성의 경우보다 근소하게 높으나 조사표본 수를 고려할 때 무시할 만한 수준이라고 생각된다. ≪표 5≫는 연령별로 과학소설 구매량의 차이를 비교해서 보여준다. 이에 따르면, 20대가 압도적으로 많이 구매하고 있으며 30대도 비교적 많이 구매하는 편임을 알 수 있다. 의외로 과학소설의 주구매층으로 예상되는 청소년층

《표 5》 연령별 과학소설 구매 빈도 (단위: 권)

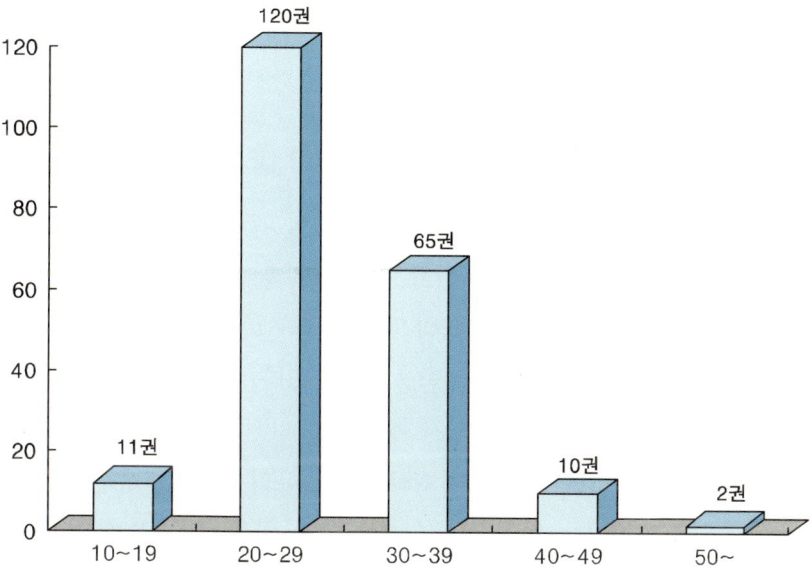

의 구매실적이 저조한 것은 행복한 책읽기에서 펴낸 과학소설 총서의 출간 작품들이 지향하는 바가 청소년용보다는 일반 성인에게 맞춰져 있기 때문으로 풀이된다. 만일 청소년용 과학소설을 주로 펴내는 도서출판 옹기장이의 데이터를 근거로 했다면 마찬가지로 편향된 분석 결과가 나왔을 것이다. 따라서 이 자료는 청소년층을 제외한 성인층의 연령대별 판매량 비교에 의의가 있다고 볼 수 있다. 지역별 판매량에서는 서울 및 수도권이 압도적 우위에 있고 부산 및 영남권이 그 다음을 차지하며 그 외의 지역은 미미한 수준으로 나타났다.

한편 우리나라에 비해 세계 과학소설 시장에서 질적으로나 양적으로 가장 큰 비중을 차지하는 미국의 상황은 어떠할까? 미국에서 한 해에 출판되는 과학소설들의 타이틀 수는 단행본만을 기준으로 삼을 때 미국의 과학소설 작가이자 편집자 그리고 SF 교육자인 제임스 건은 2,000권,[9] 과학소설 작가 마이클 캐섯Michael Cassutt은 약 1,000권, 홍인기는 약 700권으로 추정한다.[10] 1972년 미국 출판시장에서 출간된 과학소설과 환상소설을 다 합해도 300권 남짓이었던 것에 비하면 장족의 발전을 한 셈이다. 이를 매출 크기로 환산해보면 2006년 7월 미국 출판시장에서 과학소설이 매출에서 차지하는 비중은 6~8% 사이로 추정된다.[11] 매출 규모의 비교는 고사하고 연간 출판 종수種數로만 따져 봐도 미국 시장의 규모는 우리나라의 약 57~20배 크기인 셈이다. 설사 미국 인구가 2006년 10월 3억 명을 넘어섰고 우리나라 총인구[4,800만 명]의 대략 7배쯤 된다는 사실을 감안한다 하더라도 한국과 미국 간 연간 과학소설 출간 편수의 차이는 상당한 수준임을 알 수 있다. 아무리 국민소득에서 미국이 높다 한들 한국 국민 역시 생계유지 차원의 삶은 이미 오래전에 졸업한지라 이러한 편차를 설명하기에는 무리가 있다. 아무튼 가시적인 결과가 이러하다면 그 까닭은 어디에서 찾을 수 있을까?

3. 남한의 과학소설 출판산업이 기대에 미치지 못하는 이유

흔히 국내 과학소설이 조기에 미국의 펄프 잡지 시장이나 일본의 시리즈 문고판 시장으로 발전하지 못한 이유로 일제 강점기와 6.25 한국전쟁을 드는 사람들이 있다. 그러나 필자는 일견 이러한 지적에 수긍하는 한편으로 과연 그러한 논리가 실제로 얼마만큼이나 타당한 것일까 하는 의구심을 완전히 떨쳐내지 못한다. 비록 가해자이냐 피해자이냐의 차이는 있을 수 있으나, 20세기에 미국과 일본 그리고 우리나라는

---

9 James Gunn, *The Science of Science-Fiction Writing*, The Scarecrow Press. Inc., London, 2000, p. viii.
10 http://inkeehong.com/articles/07_studies_on_the_fantastic/206_acii_eecoe_cnac_aau_uco_aao.html
11 http://mundane-sf.blogspot.com/2006/07/state-of-novel.html

모두 저마다 크나큰 전화戰禍를 겪었다. 하지만 그렇다고 해서 미국과 일본에서 과학소설에 대한 관심이나 출판산업이 일시적으로 정체된 적은 있어도 근본적으로 뒷걸음질친 적은 없다. 일례로 일본의 과학소설 평론가 이시카와교 츠카사에 따르면, 일본 과학소설은 제2차 세계대전의 패전을 같이 체험한 세대에 의해 본격화되었다.[12] 일본의 과학소설 전문잡지『SF 매거진』의 초대 편집장 후쿠시마 타다시미 노루와 작가 고마츠 사쿄 같은 이들은 주축국主軸國의 일원이었던 자국의 패전 탓에 가치관의 변화를 겪으며 과학소설 작품 속에 뿌리 깊은 영향을 남겼다. 특히 원자폭탄까지 자국 영토에 투하되는 아픔을

하야카와 서점이 발행하고 있는 월간지『SF 매거진』은 일본에서 가장 오래된 전통 있는 SF 전문잡지다. 이 잡지는 1959년 12월 미국의 SF 전문지『판타지 앤 사이언스 픽션(Fantasy and Science Fiction)』과 제휴하여 창간되었다. 일본 SF의 황금기를 여는데 크게 기여한 이 잡지의 창간호에는 아이작 아시모프의 〈전설의 밤 Nightfall〉과 아서 C. 클락의 〈태양계 최후의 날〉 그리고 레이 브래드버리의 〈7년에 한 번 있는 여름〉 등이 실렸다.

겪었던 일본인에게 과학소설은 핵개발의 위험성을 경고하는 현실적인 메시지로 읽힐 수 있었다. 그럼에도 유독 우리나라에서만 과학소설 출판산업이 그 태동기에서부터 현재에 이르기까지 산업다운 산업으로 성장하지 못하는 까닭을 어떻게 이해해야 옳을까? 이에 대해 필자는 그동안 나름대로 느낀 생각을 토대로 관련 자료를 덧붙여서 분석을 시도하고자 한다.

---

12 이시키와교 츠카사,「SF의 시대」(떡잎문고, 1996. 11. 15)의 해설. http://www2.ocn.ne.jp/~nukunuku/MyPage/SFAGE.HTM

1) 과학에 대한 관심과 과학소설에 대한 관심을 한데 엮어내는 계기나 기회의 부족

국내 과학소설 출판시장이 부진한 이유로 사람들은 흔히 우리나라 국민이 과학기술 또는 관련 문화 내지 정보에 대해 관심이 낮기 때문이라고 풀이한다. 물론 한일합방과 한국전쟁을 겪으면서 일반 대중이 과학문화를 친숙하게 접할 환경이 되지 못하던 시절이 분명히 있었다. 해방 이전의 일제 암흑기에는 국민의 80% 이상이 문맹인 데다 당시 조선의 얼마 되지 않는 지식인층마저 실질적인 자생력을 확보할 수 없도록 문과文科 중심의 고등교육을 받도록 유도하고 이공계통의 과학기술교육을 허용하는 데에는 지극히 인색했다.[13] 문제는 21세기 현재에 들어와서도 이러한 전제가 여전히 우리나라 일반 국민에게 유효한가에 달려 있다. 과학기술문화가 서구 선진국에서 일반인의 주류문화가 된 시기가 20세기 중반인 데 비해 우리나라의 경우에는 20세기 말에 와서야 주류문화의 한 갈래로 편입되었다고 평가된다.[14]

그렇다면 반세기의 차이가 21세기에까지 큰 여파를 미치고 있다는 뜻으로 해석해도 좋다는 뜻일까? 그러나 1990년대 후반 한국학술진흥재단의 후원으로 김학수를 위시한 6명의 연구자가 한국인의 과학기술문화 이해 및 수용 수준을 미국인과 비교해서 계량적으로 조사 연구한 바에 따르면, 두 나라 국민 사이에 절대적으로 유의미한 차이가 밝혀지지 않았다.[15] 오히려 한국인은 환경문제가 심각한 상황이라서인지 미국인보다도 환경 관련 용어를 좀 더 잘 이해하고 있는 것으로 나타났다. [예를 들어, 한국인은 오존층의 파괴가 피부암을 유발하고 온실효과가 해수면을 높여준다는 사실을 미국인보

---

[13] 김학수, 〈과학문화의 이해〉, 일진사, 2000, 24쪽.
[14] 위의 책, 14쪽.
[15] 김학수, 「현대생활 속의 과학문화」, 위의 책, 81~82쪽.

≪표 6≫ 과학기술 용어 이해 정도에 대한 한국인(95년)과 미국인(92년)의 응답분포[16]

(단위: %)	명확한 이해		일반적인 이해		거의 이해 못함	
	한국	미국	한국	미국	한국	미국
산성비	35.3	32	49.9	38	14.8	15
지구온난화	33	28	45	38	22	34
오존층파괴	35.1	30	43.5	40	21.4	30
온실효과	29.7	28	42	40	28.4	32
소프트웨어	19	25	39.9	32	41	42

다 더 잘 알고 있는 것으로 나타났다.] 반면 소프트웨어에 대해서는 미국인이 보다 많이 명확하게 이해하고 있다고 응답하였다. 보다 중요한 것은 동 조사 결과 전반적으로 한미 양국 국민 간에 과학기술 이해도에서 유의미할 만큼의 큰 차이가 없었다는 사실이다.

오히려 한국인은 미국인보다 과학기술에 대해 훨씬 더 긍정적으로 생각하며 과학기술 관련 주장에 상대적으로 더욱 지지를 보내는 것으로 조사되었다. 단적인 예가 동물실험에 대한 자세이다. 미국인은 동물 연구에 상당히 유보적 입장을 견지한 반면 한국인은 그렇지 않았다. 한국인은 일상생활에 과학기술이 별로 관계가 없다는 입장이면서도 과학기술의 기여에 대해서는 전반적으로 높은 평가를 내렸다. 물론 양 국민 간의 과학기술을 바라보는 시각차도 확인되었다. 한국인은 과학기술의 간접적이고 장기적인 영향 측면에서 긍정적 평가를 내렸지만, 미국인은 보다 직접적이고 구체적인 측면에서 긍정적인 평가를 내렸다. 단, 환경문제에 한해서만은 한국인이 미국인보다 훨씬 더 민감하고 구체적인 반응을 보였다.

이러한 조사결과를 참고할 때, 위의 연구에서 도출된 세세한 주장들 하나하나에 연연할 필요는 없지만 적어도 한 가지만은 분명해진다. 우

[16] 위의 글, 위의 책, 82쪽.

리나라 국민이, 세계 최초로 달에 유인 우주선을 보낸 의사결정을 지지한, 미국 국민보다 20세기 말에서 21세기 초엽 시점에서 과학기술 및 그 관련 문화에 대한 관심이나 이해수준이 결코 떨어지지 않는다는 사실이다. 그렇다면 우리나라 국민이 과학기술문화에 둔감하기 때문에 과학소설도 잘 읽지 않는다는 주장은 객관적 사실에 근거한 것이 아님이 자명해지지 않는가? 정작 문제는 국민의 과학기술 이해 수준이나 관심도가 아니라 평균 수준의 미국인 못지않게 과학교양을 갖춘 우리나라 국민에게 과학소설이 대체 무엇인지 그리고 그것의 가치가 어떠한 것인지에 대해 제대로 전달할 기회와 노력이 부족했던 데 있었던 것은 아닐까?

이러한 맥락에서 문제의식을 가진다면 어째서 이공계통 출신들이 과학소설을 잘 읽지 않는가 하는 의문도 풀리게 된다. 그들로서는 과학소설이 어떠한 문학인지 잘 알지도 못하고 그로 인해 얻는 혜택도 명확하지 않은데 지갑을 열 리 없지 않은가. 다시 말해서 과학소설을 독자들이 즐겨 읽도록 하기 위해서는 이러한 문학 장르가 우리 삶에 어떤 기여를 하며 우리와 무슨 상관이 있는지가 독자들의 머릿속에서 자연스레 저도 모르는 사이 연결되어야 한다. 더욱이 그러한 메시지를 전달하는 표현양식은 될수록 대중적이고 친근해야 한다. 미국의 펄프 과학소설이 그러했고 일본의 문고판 과학소설들이 그러했듯이 말이다. 그리고 이것만으로 부족하다. 단지 작품을 시장에 내놓는 수동적 행위만으로는 이러한 인식을 전환하는 데 한계가 있으며, 과학관련 문화기관, 출판사, 과학전문가, 과학소설가 등이 한자리에 모여 과학소설이 과학문화 창달에 기여할 수 있는 가능성을 극대화하기 위한 커뮤니케이션 마당이 필요하다. 이를테면 과학관련 잡지에서 과학소설을 비중 있게 다뤄준다든가 나아가서 아예 과학소설 전문잡지가 꾸준히 발간될 수 있는 환경을 마련하는 것이 구체적인 대안이 될 수 있을 것이다.

2) 과학기술문화에 대한 언론 미디어의 안목 부족과 확산에 대한 소극적인 자세

시쳇말로 알아야 면장을 한다는 말이 있다. 과학소설이 아무리 흥미진진하고 세상을 바라보는 남다른 시각을 제공한다 한들 그러한 문학 장르가 존재하는지, 이 분야에서 주목할 만한 신작이 나왔는지에 대해 일반 독자들이 눈뜬장님 처지와 비슷하다면 무엇을 어찌할 수 있겠는가. 복잡다단한 대중사회가 좌판을 벌여 놓은 출판시장 한구석에서 사람들이 과학소설을 알아보고 그것에 의미를 부여하여 구입을 하자면 먼저 그와 관련한 정보를 알려주고 아울러 그 정보의 가치까지 부각시켜 줄 커뮤니케이션 채널이 절실하다. 현대 대중사회에서는 이를 매스미디어 또는 언론이라고 한다. 인터넷과 모바일의 등장으로 퍼스널 미디어의 잠재력이 새롭게 부상하고 있지만 넓은 의미에서 보면 매스미디어가 변화하는 소비자 시장에 맞게 적응한 데 지나지 않는다. 매스Mass를 상대로 하건 개인을 상대로 하건 간에 사람들과 정보 사이에는 징검다리, 즉 의사소통의 채널이 필요하다. 문제는 언론매체 종사자 대다수가 과학소설에 대해 무지하며 기껏해야 SF영화와 특수효과를 연관시켜 독자들의 흥미를 유도하는 얄팍한 지식수준에 머물러 있다는 사실이다.

언론인들의 과학소설에 대한 이러한 인식은 더 나아가 과학 자체에 대한 낮은 인식 수준과 궤를 같이한다. 과학자들과 기술자들이 일방적으로 과학기술 정보를 만들어낸다 해서 일반 대중이 무조건 수용하는 것은 아니다. 사람들은 해당 정보에 대한 욕구와 소망이 있어야만 상호작용할 마음이 생긴다. 여기서 간과할 수 없는 포인트는 이러한 욕구가 본원적일 수도 있지만 상당수는 후천적으로 만들어진다는 점이다. 환경문제를 예로 들어보자. 보통 사람들이 다 환경운동가는 아니며 이로 인한 첨예한 이해갈등의 입장에 놓여 있는 것도 아니다. 하지만 앞서 김학수의 조사에서 보듯이 한국인은 미국인보다도 이 이슈에 관한 한 높은 관심을 보였다. 이를 두고 한국인이 미국인보다 유전적으로 환경에 민감하기 때문이라고 단정 지을 수 있을까. 환경에 대한 일반인의 관심은 경제적으로 먹고 살만해지면서 해당 사회가 윤리경영이나 기업윤리를 따지게 되는 시점에서 높아지기 마련이다. 미국도 1979년 쓰리마일 섬에서 핵폐기물 누출 사고가 일어났을 무렵에는 환경에 대한 경각심이 높았었다. 미국에서는 그러한 이슈가 상당 부분 해결되어 논란이 되지 않을 즈음에 우리나라에서 동일한 이슈가 불거져 나와 김학수의 조사 시점[1990년대 전반 자료 참고]에서는 한국인이 환경에 더 관심을 보인 것으로 비춰졌을 수 있다. 그러나 필자가 여기서 말하고자 하는 것은 한국과 미국 간 차이가 아니다. 오히려 그보다 중요한 것은 한국이건 미국이건 간에 과학으로 인한 긍정적 또는 부정적 영향에 대한 이슈는 언론을 통해서 확대 증폭되어 왔다는 사실이다. 다시 말해서 과학기술자 그룹과 일반인 간의 관계를 돈독히 해주는 중개자가 바로 언론매체이다. 텔레비전이든 인터넷이든 언론이 없었다면 사람들은 현재와 같은 수준으로 환경에 대한 이슈를 이해하고 공감하지 못했을 것이다. 하지만 국내 언론은 정치, 경제, 연예 기사와는 달리 과학기술과 관련된 기사에 대해서는 아직까지 구색 맞추기식 이상으로 대응하고 있지 않은 게 현실이다. 설사 과학관련 기사를 다룬다 해도 모바일과 인터넷 관련 기사가 다수를 차지하며 정작 기초과학 관련 기사는 그 카테고리 안에서도 비주류이다. 과학전문저널들이 존재하긴 하지만 유의미한 독자 수를 확보하고 있지 못한 현실에서 주류 언론의 이 같은 무관심이야말로 국내 과학기술문화 전파는 물론이고 과학소설에 대한 인식 제고를 위해 넘어야 할 당면과제다.

3) 과학소설을 일반 문학의 한 갈래로 인정하지 않은 사회적 선입관

우리나라의 주류문단과 일반 독자들은 대부분 과학소설을 문학의 한 장르라기보다는 문학 외적인 대중문화의 한 경향으로 여긴다. 이들이 보기에 추리소설과 공포소설, 환상소설 그리고 과학소설 같은 장르들은 문학이라기보다는 글로 씌어졌을 뿐인 대중문화 콘텐츠이며 문학성의 잣대로 평가하는 것이 적절하지 않은 분야이다. 그 결과 설사 과학소설 장르에 관심을 지닌 작가라 해도 이른바 정통(!) 과학소설로 승부하기보다는 기존 주류문학의 연장선상에서 약간의 낯설게 하기 요소가 접목된 특이한 소설, 즉 과학소설계에서는 '경계소설'이라 부르는 일종의 눈치 보기 장르로 백스탭을 밟는 신중함을 보이게 된다. 실제로 앞에서 언급한 매년 국내에서 출간되는 서너 편의 창작 과학소설 가운데에는 전형적인 과학소설이라기보다는 과학소설의 흉내를 낸 주류 문학 작가의 작품들이 상당수 포함되어 있다. 이마저 출신성분과 이전 작품 경력을 따져가며 가려내면 우리나라에서 꾸준히 과학소설을 발표하는 작가들의 수는 정말로 열 손가락으로 꼽기에도 모자랄 판이다. 이 같은 과학소설에 대한 무관심과 편견은 국내 과학소설의 발전을 저해하는 요인으로 작용했음은 물론이거니와 서구의 과학소설을 번안할 때에도 완역이 아닌 초역(抄譯)이나 졸속 번역의 수준으로 머물게 만들었다. 한마디로 말해서 우리나라에서 과학소설은 잘못된 편견과 무관심으로 인해 영양실조에 걸린 아이처럼 제대로 성

복거일의 《파란 달 아래》는 분단문학이란 해방 후 민족문학의 주요한 흐름을 SF 형식 안에 담아낸 국내 과학소설사에서의 한 획을 긋는 장편소설이다.

장하지 못했고, 제대로 성장하지 못했기 때문에 정당한 대우를 받지 못하는 악순환의 늪에서 헤어나지 못했다.[17]

사정이 이러한 까닭에는 단순히 문학의 테두리 안에서만 따질 수 없는 한반도 남녘 땅 근대사의 정치사회적 환경이 맞물려 있다. 일제 치하와 한국 전쟁, 그리고 이를 뒤이은 혼란을 종식시킨다는 명분을 내걸고 등장한 군사정권의 장기집권은 결과적으로 문학계에 시대와 현실에 발을 딛고 고민하는 현실문학 이외의 문학형식들은 일체 무가치하다는 인식을 심어 주게 되었다. 특히 1970~1980년대에 군사정권들이 연이어 등장하면서 민중문학과 민족문학이란 거대담론에 충실한 작품이 아니고서는 평론가들은 물론이고 독자들에게 문학으로서의 대접다운 대접을 받기 어려웠으며 기타 장르들은 취미실용서와 다를 바 없는 수준으로 치부되었다. 이러한 문학적 엄숙주의는 1990년대를 거쳐 21세기로 넘어서면서 군사정권이 종식되고 인터넷을 위시한 다양한 언로(言路)가 열리게 되면서 애초의 강건함을 잃게 되었으며 독자 대중 또한 장르문학을 위시한 다양한 분야의 독서에 대한 관심이 높아지기에 이르렀다.

4) 해외의 우수작품들을 선별해서 다수 번역 출간해 낼 수 있는 국내 번역가들이 부족

우리나라 주류문단과 일반 독자들이 과학소설을 문학이 아닌 별종 취급을 하다 보니 창작뿐 아니라 번역에도 우수인력이 유입되는 데 어려움을 겪고 있다. 백문이 불여일견이라고 해외에서 이미 인정받은 훌륭한 작품들이 대거 소개된다면 과학소설에 대한 국내의 편협한 인식을 개선하는 것은 물론이요 창작 과학소설계에 훌륭한 자극제가 되어 줄

---

[17] 이정옥, 「과학소설, 새로운 문학적 영토」, 한국중국소설학회, 『중국소설논총』 제13집, 2001년 2월, 211쪽.

것이다. 하지만 국내에서 현재 과학소설 전문 번역자라고는 김상훈을 위시해서 이수현, 최용준, 박상준 정도가 전부라 해도 과언이 아니며 나머지는 장르에 별다른 충성심이 없는 일회성 번역자들에 가깝다. 그동안 앞장서서 과학소설 번역에 모범을 보였던 김상훈은 "제대로 된 SF 번역자 한 명을 양성한다는 것은 전투기 조종사 양성만큼 기나긴 기간 노력과 자본을 투자해야 한다."고 주장한다. 왜냐하면 과학소설 번역자는 단지 외국어와 우리말을 매끄럽게 호환시키는 역량뿐 아니라, 과학에 대한 사전 지식 및 과학소설에 대한 장르적 이해를 겸비하고 있어야 하기 때문이다. 그렇지 않은 상태에서는 부실 번역이 속출하고 원서와 툭하면 비교 대조해보는 팬덤으로부터 부끄러운 질책을 받기 십상이다. 따라서 우리나라의 과학소설 번역 시장이 본격적으로 성장하자면 무엇보다 번역자로서의 자질이 검증된 기존 문단에서 선뜻 손을 내밀어야 하는데, 비단 과학소설에 대한 편견뿐 아니라 앞서 말했듯이 국내 과학소설 출판시장의 영세한 규모 탓에 그에 상응하는 대가를 보상하기가 쉽지 않다 보니 인력 풀^{Pool} 확보에 어려움이 큰 상황이다.

5) SF를 소재로 한 영화와 애니메이션, 만화 같은 시지각 예술형식이 과학소설 시장 확대에는 별다른 기여를 못함

1980~90년대 미국에서는 할리우드의 SF 블록버스터 영화들이 연이어 성공을 거두자[할리우드 영화계에서 SF 장르는 꾸준히 위상을 높여왔다. 1971년에는 SF와 공포, 판타지 장르를 다 합쳐 보았자 미국 극장 흥행수익의 겨우 5%를 점유했을 뿐이지만, 1982년에는 수치가 50%에 육박했다. 할리우드 영화 흥행 TOP 10의 반수 이상이 언제나 SF다. 1억 달러에 육박하거나 심지어는 이 금액을 초과하는 할리우드의 대자본들이 너나 할 것 없이 〈터미네이터 2〉와 〈수상세계(Waterworld)〉 같은 SF영화들에 아낌없이 투입된다. 최수되는 수익은 투자에 비례한다. /천만 달러를 들인 〈미독립기념일(Independence day)〉의 경우 국내 흥행수익만 3억 달러를 벌어들였다.] 수익다각화 머천다이징

의 일환으로 이른바 타이인[Tie-in] 소설류가 유행한 적이 있었다. 통상적으로 영화가 소설을 원작으로 삼는 경우가 많은 데 비해, 타이인 소설은 영화를 원작으로 해서 그 내용을 글로 담은 표현양식이다. 이러한 유형의 소설이 비단 과학소설계에서만 활용되는 것은 아니지만, 당시 이 같은 타이인 방식이 출판유통 시장에 과연 얼마나 기여할 것인지 논란이 인 적 있다.

> 〈스타트랙〉의 인기가 SF 커뮤니티 밖으로 번져나가자, 우리는 과학소설이 신규 독자층을 끌어들이게 될 것이라고 열광했고 〈스타워즈(Star Wars)〉는 그 약속을 지키는 듯 보였다. 그러나 우리가 깨달은 것은 뒤늦게 동참한 독자들은 오리지널 작품들보다는 스팍(Spock)과 핸 솔로(Han Solo)의 앞으로의 모험을 읽는 데만 정신이 팔려 있다는 사실이었다.[18]

구태여 〈스타트랙〉과 〈스타워즈〉 같은 빅 히트 할리우드 영화가 아니더라도 SF 소재의 타이인 소설류는 〈바빌론 5[Babylon 5]〉와 〈양자 도약[Quantum Leap]〉, 그리고 〈모크와 민디[Mork and Mindy]〉 등에서 보듯이 텔레비전 시리즈에서 또한 발견된다. 심지어는 SF 장르의 컴퓨터 게임이나 카드 게임과도 소설이 연계되는 판국이다. 일본이라고 해서 사정이 그다지 다르지 않은 모양이다. 미국의 물리학자이자 과학소설가인 존 크레이머[John Cramer]는 1990년대 초 일본에서 열린 SF 컨벤션에 초청을 받아 이 나라의 과학소설 시장을 둘러볼 기회가 있었다. 당시 그의 회고에 따르면, 일본에서도 SF 장르가 만화책 형태로는 대중적인 인기를 누리고 있으나 소설 형식으로는 훨씬 기대에 미치지 못하는 형국이다. [물론 그의 견해는 어디까지나 상대적인 견지에서 받아들여야 한다. 일본의 과학소설 문학시장을 단지 우리나라와 맞비교한다면 이렇게

---

18 Don D'Ammassa, "Literary SF Today—One Man's View", 인터넷 SF평론 사이트, *Weeklies —A periodic bit of SF insight*, 1997. www.delphi.com/sflist/archives/dondammassa01.html

간단히 대답할 수 없을 것이다.] 나아가서 SF 만화책을 보는 청소년들이 어른이 된다 해서 과학소설이나 SF 잡지로 시야를 넓히리라고는 기대하지 않는 편이 좋을 듯하다고 토로했다.[19]

타이인 소설은 우리나라에서도 심심치 않게 찾아볼 수 있으며 개중에는 SF영화를 원작으로 삼은 것도

2007년 일본에서 열린 월드콘에서는 일본에서 가장 권위 있는 SF상인 '성운상' 시상식이 열렸다.

더러 나온다. 그러나 미국과 일본의 현실이 이러할진대 유달리 한국에서만 타이인 소설이 과학소설 출판시장에 기여를 하는 의미 있는 변인이 되리라고 기대하기는 어렵다. 물론 이처럼 미리 설정된 세계관을 배경으로 그럴싸해 보이는 장편소설을 쓰는 일이 아예 불가능하지는 않을 것이다. 출판사 입장에서는 안정적인 매출을 기대할 수 있으니 금상첨화랄까. 하지만 이런 방식은 과학소설이 아닌 멀티미디어 문화상품의 패키지 판매 전략의 일환에 불과할 따름이라 작가의 내면적 고민 속에서 우러난 혁신적인 작품을 쓰는 것 자체가 불가능해진다. 이는 궁극에 가서 과학소설 출판시장의 파이를 키우는 데 별반 도움이 되지 않는다는 뜻이다. 어차피 SF영화를 보거나 SF 컴퓨터 게임을 즐기는 사람들은 과학소설을 읽어도 원작 콘텐츠의 연계 이미지를 뒤쫓는 것이지 과학소설 장르 자체가 주는 경이감을 기대하지 않는다. 물론 과학소설과 다른 SF 콘텐츠를 크로스오버 하며 즐기는 사람들도 있겠지만 이들은 상대적으로 소수이다. 만일 타이인 소설류가 서점에 넘쳐나는 데에도 정작 작가의 치열한 도전정신이 빛을 발하는 재기발랄한 작품들을 찾아보기 어렵게 된다면, 과학소설을 통해 미래와 현재를 잇는 다

---

[19] John G. Cramer, "SF in Japan", 잡지 『Analog』의 칼럼 "The Alternate View" columns AV-58, 1992. 09. 17. http://www.npl.washington.edu/cgi-bin/counter.cgi?av_58

양한 비전을 공유하고자 하는 진정한 과학소설 독자층은 구매의욕을 상실하게 될 것이다.

> 매체가 뒷받침해주는 책들은 대량 판매가 아주 수월하며, 그렇기 때문에 성공하고 있는 텔레비전 시리즈와 연계한 작품들은 최고의 판매 상품이 될 수밖에 없다. 〈스타트랙〉 프랜차이즈는 이와 관련된 사람들 거의 모두에게 금광 노릇을 해 왔다. (…중략…) 이러한 경향이 이 장르의 현재와 앞으로 있을 법한 미래에 관해 시사하고 있는 바는 과학소설들이 갈수록 그 나물에 그 밥처럼 닮아가게 될 것이란 점이다.[20]

4. 우리나라 과학소설 출판산업의 활성화 방안

이번에는 이제까지 논의한 국내 과학소설 시장 현황과 문제점 분석을 바탕으로 필자 나름대로의 과학소설 출판산업 활성화 방안들을 소개하고자 한다. 이것들은 어디까지나 필자 개인의 견해에 불과하며, 이외에도 더 좋은 방안들이 쏟아져 나와서 그러한 방안들이 오픈된 공간에서 교차검증을 통해 현실화될 수 있는 길을 찾게 되길 바라마지 않는 바이다.

1) 단발적인 출간보다 장기간에 걸친 대규모 시리즈 기획이 시장부양에 기여

어느 나라나 출판도 하나의 산업인 이상 시장 수요와 공급의 논리를 충실하게 반영할 수밖에 없다. 그 결과 가장 많은 수의 창작소설이 매

---

[20] Thomas M. Disch, *The Dreams our stuff is made of*, the Free Press, New York, 1998, pp. 208~226.

년 쏟아져 나오는 미국에서조차 신구작을 포함한 과학소설 출판의 다양성이 갈수록 퇴색하고 몇몇 베스트셀러 위주로만 시장이 재편되는 현상을 우려하는 목소리가 나오고 있다.[21] 하물며 우리나라처럼 아직 과학소설의 장르 시장이 제대로 뿌리내리지도 못한 상태에서 간헐적으로 일부 출판사들의 단발적이고 근시안적인 기획에 의한 주먹구구식 과학소설 출판행태를 반복하다가는 이미 주류문학 시장조차 베스트셀러 중심으로 흘러가고 있는 현실에서 과학소설만의 안정된 둥지를 틀기란 요원해 보인다. 더욱이 시류를 좇는 출판산업의 속성이 과학소설의 독자 수용방식과 딱히 맞아떨어지지 않는다는 점에서 과학소설 출판업계는 과학소설만의 독자적인 시장생존방식을 고민할 필요가 있다.

사실 과학소설은 일반소설과 달리 반드시 최신작이어야 많은 판매부수를 보장하는 것이 아니다. 또 해외의 인기작가라고 해서 국내에서도 마찬가지로 큰 반향을 일으킬 가능성도 크지 않다. 앞서 언급했듯이 어차피 우리나라와 미국의 일반대중은 과학에 대한 관심분야와 대응방식이 총론에서는 비슷해도 각론에서는 사뭇 다르기 때문에, 과학소설에 대한 취향 역시 획일화해서 재단하기 어렵다. 이러한 난제를 풀어나가자면 주식이나 부동산에 대한 투자와 마찬가지로 과학소설 출판 또한 포트폴리오로 당면 상황을 돌파해나가야 한다. 다시 말해서 다양한 입맛의 과학소설들을 장기간에 걸쳐 방대한 시리즈 문고판으로 누적시켜가면서 시장에 접근하는 방법론이 훨씬 더 실전적이고 안정적이다. 어차피 국내 과학소설 출판 시장 규모가 협소한 이상, 이러한 방식으로 접근하면 분에 넘치는 홍보 마케팅비를 쓰지 않아도 될 것이고 재고 부담도 덜 수 있을 것으로 예상된다.

일본의 예를 보면, 2차 세계대전 종전 무렵만 해도 당시 점령군이었던

---

[21] Don D'Ammassa, "Literary SF Today—One Man's View", 인터넷 SF평론 사이트, *Weeklies—A periodic bit of SF insight*, 1997. www.delphi.com/sflist/archives/ dondammassa01.html

미군 측에서 흘러나온 문고판 과학소설을 번역해내는 데 그쳤지만 일부 출판사들이 서구의 근현대 과학소설들을 백 권에서 수백 권에 이르는 문고판으로 연이어 출간하면서 과학소설 출판시장은 질적 양적으로 성공적인 정착을 했다고 평가된다. 하야카와^{早川} SF 시리즈나 소우겐^{創元} 추리문고의 SF 시리즈가 대표적인 사례이다. 이처럼 풍부하게 갖춰진 작품 라이브러리는 1960년대부터 야노 데스 같은 과학소설 전문 번역가와 이시카와교 츠카사 같은 평론가들이 활동할 수 있는 무대를 제공해주었고 서구에서 유입된 과학소설 문학을 츠츠이 야스타카, 고마츠 사쿄, 호시 신이치 같은 우수한 작가들이 일본 풍토에 맞게 토착화할 수 있는 지적인 토양을 제공했다. 우리나라에서는 과학소설 기획자 겸 번역자인 김상훈이 문고판 시리즈의 효용성을 정확히 인식한 상태에서 시공사 그리고 뒤이어 행복한 책읽기를 파트너 삼아 총서 출간을 진행해 왔다.

> 10년 전 보다는 팬들의 수가 늘었지만, 좀 더 다양하고 많은 수의 과학소설을 접하려면 반드시 제대로 번역된 '총서'가 있어야 한다고 생각했어요. 일단 '총서'가 자리를 잡으면, 시리즈 자체가 생명력을 갖게 됩니다. 다양한 1차 자료들을 제공해 줌으로써, 독자들에게 독서의 폭을 넓혀나갈 자유를 주는 거죠. (…중략…) 총서가 100권을 넘긴 후에는 충분한 상업성을 갖춘 창작 과학소설들이 나올 환경이 생성되리라고 봅니다. 모든 창작은 독서에서 시작되는 법인데, 지금까지는 독서할 수 있는 작품 자체가 별로 없었거든요.[22]

우리나라에서 과학소설 문고판으로 오늘날의 과학소설 성인 독자층을 형성하는 데 가장 큰 기여를 한 사례를 꼽으라면 1970년대에 60권까지 나온 아이디어 회관의 과학소설 문고가 있다. 하지만 이것은 저작

---

[22] 박하영·박지영, 「알라딘이 만난 작가들: 김상훈 또는 강수백—한국 SF의 미래를 위하여」, 온라인 서점 알라딘, 2003. 05. 06. http://aladdin.co.kr/artist/wmeet.aspx?pn=20030506_kimsanghoon

권에 대한 인식이 부재하던 시절 그나마 원본이 아니라 일본어 축약판을 표지 일러스트까지 고스란히 베낀 중역본이란 치명적인 한계를 안고 있었다. 2000년경 이 문고판이 온라인상에 '직지 프로젝트'라는 거창한 이름으로 무료 다운로드 서비스가 제공된 적이 있었는데, 이 내용을 접한 일본의 과학소설 팬들이 원래 일본 판본과 나란히 비교해 놓은 사진을 붙여 놓고 우리나라의 척박한 과학소설 환경을 비아냥거렸다는 후문까지 들린다.[23] 결국 이러한 과제 해결의 관건은 공감하고 나설 출판사들이 얼마나 있느냐에 달려 있다. 당장 눈에 보이는 수익으로 꼬박꼬박 돌아오는 것이 아닌 데에도 수십 권에서 수백 권에 이르는 과학소설 문고판을 간행하자면 해당 프로젝트에 대한 장기적인 안목과 시장에 대한 통찰만으로는 부족하며 출판사 대표의 개인적인 선호 내지 의지가 중요할 수밖에 없다. 실제로 시공사와 행복한 책읽기의 대표는 과학소설을 개인적으로 즐긴다는 공통점을 지녔다.[24]

2) 독자들이 시장에 유입되는 학습곡선을 고려하여 성인뿐 아니라 청소년 대상 과학소설 출간을 독려하고 지원할 필요

처음부터 하늘에서 뚝하고 떨어지는 시장은 없다. 기본 생리 욕구가 아닌 이상 사람들의 수요는 학습을 통해 생겨난다. 우리가 언제부터 인터넷과 휴대폰을 썼는가. 하지만 이제 이런 것들 없는 세상은 생각조차 할 수 없지 않은가. 출판시장도 다르지 않다. 과학소설 소비인구를 획

---

[23] 임형욱, 「절반의 성공, 절반의 실패를 넘어서-행복한 책읽기 SF총서에 대한 모든 것」, 계간 『장르문학』, 2004년 여름, http://happysf.net/zeroboard/zboard.php?id=column&page=1&sn1=&divpage=1&sn=off&ss=on&sc=on&select_arrange=headnum&desc=asc&no=55

[24] '행복한 책읽기'의 대표 임형욱은 다음과 같이 말한다. "출판사 대표가 SF를 좋아하고, 영업부장이 웬만한 SF 희귀본을 다 소장하고 있을 정도인 데다, 거기다가 자타가 공인하는 최고의 기획자가 있으니 이야기는 끝난 거지요, 뭐."

기적으로 키우고자 한다면 바쁜 일상에 쫓기는, 고정관념으로 가득 찬 성인층 못지않게 상대적으로 여가가 풍부하고 새로운 것에 대한 사고가 열려 있는 청소년층 시장의 육성 및 확대에 관심을 가져야 한다. 미국의 과학소설가 토마스 M. 디쉬에 따르면, 미국에서조차 과학소설을 즐기는 황금기의 나이는 12살이란 속설이 있다고 한다.[25] 그 근거로 흔히 이 나이 무렵이 되면 경이감에 잘 사로잡힌다는 이유를 댄다. 여기서 한 발 더 나아가서 이러한 주장이 1960년대에나 통용될법한 낡은 관념이며 이제는 SF 콘텐츠가 소설뿐 아니라 다양한 멀티미디어로 발빠르게 분화·진화하고 있기에 유치원생의 일상에 표준 아이템으로 녹아들 정도라고 여긴다. 그의 지적은 우리나라의 청소년들과 어린이들에게도 그대로 적용된다. 과학기술이 단지 미래에 실현될 무엇이라는 막연한 대상이 아니라 하루하루의 현실임을 피부로 느끼는 아이들에게 과학소설을 비롯한 다양한 매체형식에 담긴 SF 콘텐츠는 삶에 흥미를 북돋워주는 활력소가 될 수 있다.[26]

2차 세계대전이 일어나기 전 미국의 과학소설 편집자 존 W. 캠벨 2세는 자신이 편집장으로 재직하던 잡지 『어스타운딩 스토리즈』에 게재한 설문을 통해 독자층의 나이와 직업을 물은 바 있다. 그 결과 응답자의 1/3이 학생으로 나타났다.[27] [또 다른 1/3은 과학자, 엔지니어 그리고 이외의 기술관련 분

---

[25] Thomas M. Disch, *The Dreams our stuff is made of*, the Free Press, New York, 1998, p. 1.
[26] "하긴 그네들이 즐기는 것이 종이에 인쇄된 과학소설은 아니다. 오늘날의 12살짜리들은 구텐베르크가 살던 은하계로부터 훌쩍 워프해 버렸으니 말이다. 내 어린 시절에는 만화책에서 시작해 펄프잡지로 수준을 높여갔지만, 1990년대의 보다 발랄한 어린이들은 성장하면서 텔레비전 스크린에서 컴퓨터 모니터로 관심을 옮겨간다. 이 두 매체에서 과학소설과 잡다한 주변 현실들을 분간해내기란 점차 어려워지는 추세다. 영화에 등장하는 공룡들은 코끼리나 낙타처럼 생기가 넘쳐 보이고, 이제 걸음마를 막 시작한 아기의 장난감은 무기 모양을 하고 있는가 하면 토크쇼에 나오는 어른들은 UFO 납치에 대해 떠들어댄다. 한편 바로 옆 채널에서는 우주탐험의 역사를 설명해주는 지루한 다큐멘터리가 방영된다. 무엇이 진품이고 무엇이 할리우드 산(産)인지 구분하자면 따로 학교에 가서 배워야 할 판이다."(토마스 M. 디쉬)
[27] L. Sprague de Camp & Catherine C. de Camp, "Those Crazy Ideas", *Science Fiction Handbook (revised)*, Owlswick Press, Philadelphia, 1975, p. 69.

야 종사자들이었고 마지막 1/3은 그 외의 온갖 다종다양한 사람들이었다.] 해외사례를 곧이곧대로 받아들여서는 곤란하겠지만, 적어도 미국에서는 학생들이 과학소설 고정 독자층에서 유의미한 비중을 차지함을 알 수 있다. 이러한 배경 아래 과학소설계의 거두인 빅 3^{Big Three}[아서 C. 클락, 아이작 아시모프, 로버트 앤슨 하인라인 등 미국 과학소설계의 거두 3인방을 총칭하는 용어] 또한 청소년용 과학소설을 많이 썼으며 다른 많은 작가도 이 틈새시장의 잠재력을 고려하지 않을 수 없었다.

청소년 고객의 지속적인 발굴이 과학소설 출판시장의 확장에 얼마나 실질적인 기여를 할 수 있는가를 보여주는 예로 일본 과학소설계의 발전과정을 거론하지 않을 수 없다. SF작가 아라마키 요시오는 1980년 3월 호시 신이치 단편집 〈한 줌의 미래〉 권말에 수록된 해설에서 다음과 같이 언급한 바 있다.

(일본 과학소설 시장의) 초기에는 우주소설이나 미래소설을 19세기의 문학 스타일에서 도습해 쓰고 있었다. 우리는 미국 SF를 모방하여 기묘한 괴물을 등장시키거나 하면서 적은 고료를 받고 있었다. 아직 일본의 SF시장이 협소하고 독자들 또한 연소자들로 한정되어 있었기 때문이다. 그러나 1970년대 들어서자 상황은 많이 변했다. 필자가 SF의 세계로 들어선 때도 딱 이 경계였는데 확실하게 그 변화를 볼 수 있었다. 즉 SF독자들이 성장한 것이다. SF가 등장한 시대에 초등학생, 중학생이었던 그들이 10년 후 대학생이 되고 사회인이 되었던 것이다. 그렇게 성장한 독자의 지지로 일본 SF는 1970년대 10년간 큰 성장을 보였다.²⁸

1970년대 아이디어 회관 SF 전집 출간 당시 신문광고

1970년대 아이디어 회관 SF 전집 60권에는 10권의 국내 창작소설이 포함되어 있었으며 이 중 서광운은 〈우주함대의 최후〉, 〈관제탑을 폭파하라〉, 〈4차원의 전쟁〉 등 3권이나 집필했다.

    사실 따지고 보면 21세기 현재 국내 과학소설 성인 독자층이 그나마 5,000명 플러스 알파 수준에 육박하는 것도 일본과 마찬가지로 1970년대에 무려 60권짜리 아이디어 회관 SF문고를 비롯해서 많은 청소년[또는 어린이용] 과학소설 문고판들이 쏟아져 나온 덕분이다. 그 당시의 문화충격이 없었던들 오늘날과 같은 과학소설 번역가들과 출판관계자, 비평가 그리고 뭐니 뭐니 해도 성인 팬덤이 나타날 수 없었을 것이다. 그러나 안타깝게도 1990년대 이후 현재까지 청소년층을 대상으로 한 과학소설의 창작 내지 번역 출간 작업은 불모지에 가까웠다 해도 과언이 아니다. 청소년 대상의 과학소설 문고판 하나 제대로 된 것이 없는 형편이니 말이다. 그러므로 미래의 성인 과학소설 독자들을 일궈내자면 출판업계는 당장의 어른 독자들뿐 아니라 청소년 독자들을 위한 작품 소개를 게을리 해서는 아니 될 것이다. 문제는 이러한 사실을 깨닫는다 해도, 청소년용 작품이라 해서 기존의 아동문학가들이 집필하면 되는 일이 아니라는 데에 있다. 어린이와 청소년을 위한 과학소설을 쓰려고

---

28 호시 신이치 지음, 윤성규 옮김, 〈한 줌의 미래〉, 지식여행, 2008, 222쪽.

해도 과학기술문명에 대한 비전을 공유하면서 아동문학에 대한 감수성을 겸비해야 한다. 그런 맥락에서 과학문화재단이 후원하고 동아사이언스가 2004년부터 연례로 주최해 온 '과학기술창작문예' 공모전에 아동문학 부문이 들어 있었던 것으로 이해된다. 이제 그나마 이 공모전마저 폐지되었으니 이 공백을 메울 뿐 아니라 실질적인 틈새시장을 발굴하고자 하는 출판사의 등장이 절실한 상황이다.

3) 출판산업의 자생력 확보를 위한 사업자들의 노력에 정부의 재정적 지원 필요

과학소설 출간 사업, 특히 청소년 대상의 과학소설 출간 사업을 단지 개별 상업적 출판사의 영리 차원으로만 보는 것은 지극히 편협한 시각이라고 필자는 생각한다. 과학소설은 청소년과 일반인들에게 과학기술이 우리의 삶에 어떤 변화를 일으키며 그것이 의미하는 바가 무엇인지를 생각해보도록 자연스런 기회를 유도한다. 미항공우주국에 근무하는 과학자 가운데 상당수가 유년시절 과학소설에 큰 감흥을 받았다는 사실은 유명하다. 물론 과학소설 자체는 어디까지나 엔터테인먼트 여흥임에 틀림없다. 하지만 이러한 엔터테인먼트적인 속성이 과학과 기술에 대한 일반 독자 대중의 인식의 지평을 넓히는 데 기여하는 것 또한 사실이다. 과학소설은 청소년들에게 과학자가 되겠다는 꿈을 심어 줄 뿐만 아니라 일반 대중이 과학기술의 긍정적인 면과 부정적인 면을 단지 과학기술 그 자체가 아니라 정치사회경제학적인 측면에서 입체적으로 바라볼 수 있도록 도와준다. 과학 강국이 되기 위해서는 국민 대다수가 과학기술 전반에 대한 지식과 이해가 높아 적극적인 지지를 해줄 수 있어야 하고 때로는 정부의 과학기술 정책이나 기업의 과학관련 비즈니스에 정당한 이유로 제동을 걸 수 있는 안목을 지녀야 한다. 그렇

출판사 행복한 책읽기가 과학문화재단의 일부 자금지원을 받아 펴낸 SF무크집 『Happy SF』 2호

다고 일반 국민을 강의실로 초대할 수도 없는 노릇이고 보면 과학교양에 대한 언론 매체의 역할과 엔터테인먼트와 과학을 잘 혼합한 콘텐츠 체계가 필요하다. 과학소설은 이러한 목적을 달성하는 데 기여할 수 있는 하나의 후보인 셈이다.

이와 관련하여 최근 교육과학기술부 산하 과학문화재단이 동아사이언스의 과학기술창작문예 공모전과 행복한 책읽기 출판사의 과학소설 무크지 『Happy SF』 2호의 발간에 전액 또는 일부 지원을 한 사실은 고무적이다. 앞으로의 과제는 이러한 시도가 단발적 내지 산발적이기보다는 장기적이고 체계적인 투자로 진일보하도록 체계화하는 일이다. 예컨대 지원에 나서는 정부 기관도 과학문화재단뿐 아니라 그 주무부서인 교육과학기술부와 지식경제부, 환경부로까지 확대되면 좋을 것이다. 지원 대상의 경우 일반 성인보다는 초중고생을 겨냥한 과학소설 창작 및 번역 사업이 더 취지에도 맞고 명분이 설 것이다. 이러한 제안을 현실화하자면 정부 측에서 먼저 이러한 상황을 파악하고 움직이길 기대하기보다는 관련 분야의 기획출판을 고려하는 출판사들이 나서서 선제안을 하는 편이 더 실현 가능성을 높여줄 것이다. "우는 아이 떡 하나 더 준다."고 하지 않던가.

4) 과학소설을 고정적으로 실을 수 있는 매체 지면의 확보

"구슬이 서 말이라도 꿰어야 보배"라는 속담이 있듯이, 국내에 아무리 많은 창작 소설가와 번역가들이 과학소설계에 등장한다 해도 정작 그들

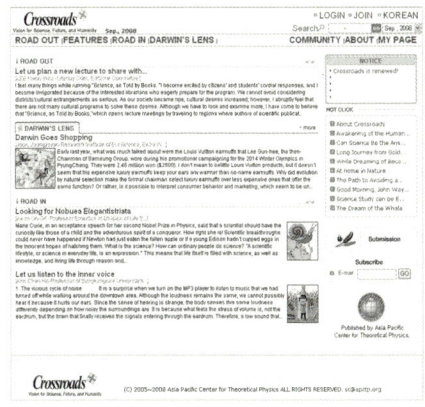 

국내 창작 과학소설에 일부 고정지면을 할애하는 아시아 태평양 이론 물리학 센터가 운영하는 온라인 잡지 『크로스로즈(Crossroads)』(http://crossroads.apctp.org/)

2007년 5월 창간된 장르문학 오프라인 월간지 『판타스틱』은 여타 장르뿐 아니라 국내외 과학소설의 소개에도 꾸준한 관심을 보여준다(사진은 온라인 홍보 페이지).

의 작품을 담을 공간이 넉넉지 않다면 아무리 떠들어 봐야 입만 아플 뿐이다. 2006년 말까지만 해도 우리나라에서 연간 30권 내외로 출간되는 단행본 과학소설을 제외하고 과학소설을 정기적 또는 부정기적으로 싣는 지면은 아시아 태평양 이론물리학 센터에서 펴내는 온라인 잡지 『크로스로즈Crossroads』와 행복한 책읽기가 펴내는 오프라인 무크지 『Happy SF』가 고작이었다. 그 외의 지면誌面에서도 과학소설 중단편이 이따금 실릴지 모르나 그러한 사례는 어디까지나 예외에 속하며 그러한 지면들은 과학소설을 일관되게 할애하고 있지 않으므로 논의의 가치가 별로 크지 않다. 이러한 상황에서 하나의 반가운 전기를 마련해준 것은 과학소설 출판기획자 박상준을 편집장으로 한 종이잡지 『판타스틱』이 2007년 5월 창간된 소식이었다. 이 잡지는 비록 과학소설 전문잡지가 아니라 공포와 스릴러, 판타지 등을 한데 아우르는 버라이어티 장르 잡지를 지향하고 있지만, 매달 과학소설 관련 신작을 만나볼 수 있는 고정적인 지면이란 점에서 의의가 크다. 『판타스틱』의 추구방향은 국내 장르문학 시장 규모를 고려할 때 현실적인 편집 정책으로 이해되며, 과학소설 또한 창작이든 번역이든 간에 이러한 울타리 안에서 일정 지분(?)을 확보하면서 안정적인 성장의 기틀을 마련할 수 있게 되길 바란다.

5) 과학소설의 질적 향상을 도모하고 작가들의 창작 의욕을 북돋워주기 위한 SF 작가클럽의 결성 필요성

과학기술창작문예 공모전의 소설 부문 심사위원장을 맡았던 복거일이 개인적으로 제안했듯이, SF 작가클럽이 결성된다면 국내 과학소설 시장이 발전할 수 있는 또 하나의 축이 될 수 있을 것이다. 우리나라에서 매년 서너 편의 창작 과학소설이 발표되고 있지만 솔직히 말해 아직까지는 전반적으로 보아[모두는 아니지만] 구미의 과학소설에 비해 과학과 문명에 대한 통찰을 균형 있게 접목한 깊이 있는 창작 과학소설을 접하기 쉽지 않다. 미국의 경우에는 유명 대학에서 워크숍이나 정규 강좌를 개설하여 과학소설의 창작 및 출판유통 노하우를 전수함으로써 관련업계의 인력을 양성하는 데 크게 기여해 왔다. 대표적인 예로는 1974년 이래 미시건 주립대학에서 매년 여름학기 강좌로 개설되는 클래리온Clarion 워크숍과 1970년부터 지금까지 캔자스대학 영문학과에서 매년 정규 강좌로 진행해 온 사례를 들 수 있다. [동 대학은 1982년부터는 과학소설 센터라는 일종의 과학소설 전문 라이브러리를 운영해 오고 있다.] 그러나 국내에서는 저변 환경이 미국 사례를 곧이곧대로 따라 하기에는 무리가 많다. 대신 일본의 SF 작가클럽 사례를 참고할 만하지 않을까. 일본에서는 1963년 3월 5일 도쿄 신주쿠의 모 음식점에서 11명의 과학소설 작가와 평론가, 편집자 등이 모여 이른바 일본 SF 작가클럽을 발족시켰다.[29] 그 후 성장을 거듭하며 클럽 회장직은 호시 신이치와 츠츠이 야스타카 그리고 코마츠

---

[29] www.sfwj.or.jp/club.html

사쿄 같은 이미 우리나라의 과학소설 독자들에게도 낯이 익은 작가들이 돌아가며 맡았는데, 9대 회장직의 경우에는 〈마징가 Z〉와 〈데빌맨〉으로 유명한 만화가 나가이 고가 선출된 바 있다. 이들은 그들만의 문학적 교류를 나누는 데 그치지 않고 일본의 SF잡지 『SF 매거진』의

2003년 7월 미시건 주립대에서 열린 클래리온 워크샵 참가자들

후원으로 매년 SF 문학 공모전을 주최한다. [2006년에는 12월 상순에 당선작이 발표되었다. 이 공모전에는 프로와 아마추어를 불문하고 누구나 응모할 수 있다.]

우리나라의 경우에도 기존의 작가들과 과학기술창작문예를 통해 새롭게 등장한 신인 작가들 그리고 일부 번역가들과 평론가들을 한데 끌어 모으면 십여 명이 넘는 아담한(?) 규모의 SF 작가클럽을 결성할 수 있을 것이다. 우선 이들은 저마다 작가로서의 개별 활동뿐 아니라 하나의 문학단체로서 작품집을 내고 정기적 또는 부정기적인 워크숍을 갖는 등 소박한 수준에서 한배를 탄 동업자 집단으로 출발할 수 있다. 그 다음에는 시장에서 자리를 잡아가고 차차 명예를 얻어 감에 따라 일본의 SF 작가클럽처럼 뜻있는 후원자의 도움으로 SF 문학상을 제정 및 운영한다거나 여러 작가의 작품들을 한꺼번에 기획하는 포트폴리오 제안을 통해 출판사들과도 보다 적극적이고 상업성이 향상된 기획출판을 논의할 수 있는 입지를 확보할 수 있을 것이다.

세계과학소설사

남한의 과학기술창작문예 공모전,
3년간의 결실을 돌아보다!

남한의 과학기술창작문예 공모전, 3년간의 결실을 돌아보다!

1. 과학기술창작문예 공모전의 의의

2004년 가을 동아사이언스로부터 과학기술창작문예 공모전 심사위원으로 위촉받았을 때의 반가운 심정을 필자는 지금도 생생히 기억한다. 한국의 과학소설 문단이 처한 상황을 고려하건대 과학기술창작문예라는 다소 낯선 느낌의 이름으로 다가온 공모전은 가뭄 끝에 맞이한 단비나 진배없었다. 모름지기 특정 분야의 문화 콘텐츠가 융성하려면 어느 나라에서나 그 분야의 창작물들이 서로 어깨를 부대끼며 치열하

** 이 글은 애초에 2006년 10월 과학문화재단이 후원하고 동아사이언스가 주최한 과학기술창작문예 공모전 심사평으로 공모전 사이트에 게재되었지만, 이 책에 수록된 원고는 행복한 책읽기 출판사의 요청으로 그 다음 달 출간된 오프라인 무크지 『해피 SF』 2호에 수정·보완되어 실렸던 버전이다. 아울러 국내 최초의 과학소설에 관한 언급에서의 오류는 이 책에서 다시 바로잡았다.
이 글을 여기에 재수록하면서 한 가지 안타까운 사실은 이 공모전이 애초의 구상을 불과 3년밖에 지켜내지 못하고 좌초하고 말았다는 점이다. 이것은 SF에 대한 명확한 이해와 일관된 지지가 부족한 정부 유관 기관의 공적 자금에만 기대 문학공모전을 추진해 온 데 따른 한계이다. 우스꽝스럽게도, 이 책을 처음 기획할 때만 해도 이 글을 여기에 재수록하려 한 뜻은 이 공모전의 의의를 기리는 데 있었지만, 결과적으로는 국내 과학소설 역사의 아쉬운 한 페이지를 추억하는 자리가 되고 말았다. 하지만 최소한 이 글이 향후 창작과학소설을 집필하려는 신인 작가들에게 일종의 가이드라인 내지 힌트를 제공해 줄 수 있다면, 그것만으로도 여기에 재수록할 만한 의의는 있을 것이다.

게 앞서거니 뒤서거니 하면서 소비대중에게 선보일 공개적인 마당이 필요하다. 일례로 1990년대 후반부터 현재까지 이어진 국내영화산업의 눈부신 성장은 무엇보다도 우리 손으로 만든 한국영화가 전 세계 영화관을 좌지우지해 온 할리우드 영화들을 한켠으로 밀어내고 관객의 크나큰 호응을 얻어낸 덕분이 아니던가.

안타깝게도 아직 국내 과학소설 출판업계의 사정은 한국영화의 발치도 쫓아가지 못하고 있는 형국이다. 과학소설은 단지 문학의 한 장르로서만 그 소임을 다하는 것이 아니다. 그것은 해당 사회에 과학과 기술문명의 밝고 어두운 양면을 엔터테인먼트 이야기체 안에 담아냄으로써 우리가 세상 속에서 어떤 시공간 좌표에 있는지를 되돌아보게 해준다. 이는 영국 소설가 브라이언 올디스의 말마따나 '과학소설이 진보하고 있긴 하지만 여전히 혼란스런 상태인 지식[과학] 속에 발을 딛고 서 있는 인류 및 우주에서의 인류의 위상에 대한 정의를 찾는 길'이기 때문이다.

하지만 아무리 유용하고 가치 있는 콘텐츠라 해도 우리의 것으로 자연스럽게 소화되지 못한다면 큰 반향을 불러일으키기 어렵다. 이것은 이태리식 스파게티나 베트남 쌀국수가 본고장 맛을 잃지 않으면서도 새로 정착한 나라마다 그곳 사람들의 구미를 고려한 조리법과 접목되는 것과 같은 이치다. 과학소설도 하등 이와 다를 바 없다. 1907년 박용희의 번안소설 〈해저여행기담〉이 과학소설로서 국내 처음 소개된 이래[이것은 쥘 베르느의 〈해저 2만 리그〉를 당대 정치상황에 맞게 윤색 내지 번안한 작품이었다.] 오늘날에 이르기까지 우리나라 과학소설계가 쏟아낸 결과물은 번역 소설 일색이라 해도 과언이 아닌 탓에 독자들은 우리의 감수성과 관심사를 십분 반영한 작품을 만나기가 쉽지 않아 국내 과학소설에 대한 열기는 환협지나 추리소설보다도 한참 떨어지는 것이 작금의 현실이다. 이른바 과학소설이라는 문학 장르가 국내에 신고식을 치른 지 어느덧 100년이 넘었다는 사실을 감안할 때 참으로 부끄럽고 안타까운 일이 아닐

수 없다. 물론 그동안 우리나라 과학소설 역사에서 중요하게 언급할 만한 작가가 아예 없었던 것은 아니지만, 출판산업이라는 측면에서 바라볼 때 몇몇 선구적인 작가들의 분투(?)만으로 국내창작 과학소설을 하나의 상업적인 시장으로 키우기에는 개인으로서의 한계에 당면할 수밖에 없었다. 아직까지도 그 수효가 한 줌이 채 되지 않는 국내 작가들의 과학소설 집필 성과는 그나마 산발적이고 독립적인 활동에 그치고 있어 국내 창작과학소설의 지속적인 흐름을 형성하기에는 역부족이다. 더욱이 과학소설 출판에 관심을 간헐적으로나마 보여 온 출판사들마저 현재로서는 해외의 유명 작품을 번역해 펴내는 데에만 치우쳐 있는데, 이는 척박한 국내 과학소설 여건을 감안할 때 불모지나 다름없는 창작 과학소설에 투자한다는 것은 상당한 위험을 수반하기 때문이다.

이러한 현실에서 과학문화재단의 재정적 후원을 받아 동아일보와 동아사이언스가 주관하는 과학기술창작문예 공모전은 비록 3년 동안의 짧은 기간에 그치기는 했지만, 그동안 영세한 출판사들이 과감히 뛰어

≪표 1≫ 과학기술창작문예 심사위원 명단

구분	2004년	2005년	2006년	경력
소설(본심)		복거일		소설가, 심사위원장
	김성곤	–		서울대 교수, 문학평론가, 심사위원장
	–	–	윤후명	소설가, 한국문학원 원장, 심사위원장
소설(예심)		이한음		SF소설가
		고장원		SF평론가
		박상준		SF출판기획자
아동문학		김이구		소설가, 창비 어린이 편집이사
		안미란		아동문학가
논픽션	최재천	이충호	–	과학서적 번역가
	–	–	이용수	과학독서아카데미 회장
만화	이두호		박인하	만화가 / 청강문화산업대 만화창작과 교수
시나리오	–	김지운	–	영화감독
	–	–	임재철	영화사 시네마테크 대표

들지 못했던 국내 창작 과학소설이 정상궤도에 들어설 수 있도록 이슈를 제기하고 구체적인 뒷받침을 해주었다는 점에서 국내 과학소설 역사에서 적지 않은 의의를 지녔다고 본다.

2. 과학기술창작문예 공모전이 3년간 이룬 성과

과학기술창작문예는 비단 소설[중편, 단편]뿐 아니라 아동문학, 만화, 과학에세이, 영화 시나리오 등 다방면에서 작품을 공모하지만, 여기서는 필자가 직접 심사위원을 맡은 소설 부문만 국한하여 이야기하기로 한다.

2004년 가을 처음 과학기술창작문예가 신인 작가들의 공모에 착수했을 때 심사위원들은 실로 우리나라 아마추어 작가들이 과학소설에 대한 관심 및 작품 창작 수준이 어느 정도 될지에 관해 기대보다는 우려가 많았다. 이제까지 스포츠 신문 등에서 주최한 환상 문학상 또는 추리소설 문학상에 과학소설로 분류될 만한 작품이 수상한 적이 있었으나, 그야말로 예외에 속하는 사건으로 치부되었으며 과학소설을 전면에 표방하면서 문학상 공모를 추진한 것은 과학기술창작문예가 처음이었다. 심사위원들과 주최 측은 과연 제1회 공모전에서부터 기존 주류 문학의 문학상들에 비해 손색이 없는 문학성과 과학소설로서의 고유 특성을 함께 보듬은 작품이 나올 수 있을지 반신반의했다. 솔직히 말해서 국내에 전업 과학소설 작가가 전무한 상황에서 과학소설을 기치로 내건 문학 공모전에 작품을 낼 만한 작가층이 얼마나 존재하는지에 대해서조차 전혀 정보가 없었던 상황이었다.

제1회 공모전 응모작들의 뚜껑을 열어본 결과, 양적으로는 충분히 의미 있는 수치를 보여주었다. ≪표 2≫에서 보듯이 2004년 치러진 제1회 공모전에서부터 2005년 제2회, 2006년 제3회에 이르기까지 매년

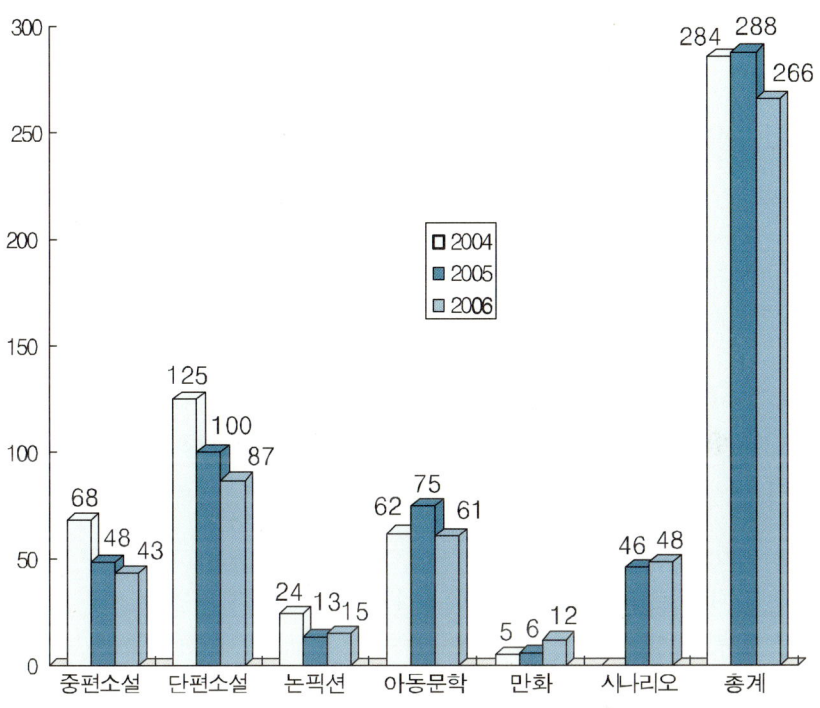

《표 2》 과학기술창작문예 공모전 출품작 연간 추이

응시작들은 소설의 경우 약 190~130편 사이를 오감으로써 적어도 문학상 공모가 많은 아마추어 작가들에게 비교적 폭넓은 관심을 불러일으키고 있다는 사실은 확인되었다. 하지만 아쉽게도 양적인 풍성함에도 3년간 3회에 걸쳐 공력(?)을 쌓은 과학기술창작문예는 출품작들의 대다수가 수상작 후보의 반열에 오르기에는 상당히 미흡한 것이 또한 사실이다. 이것은 매년 수상작이 수많은 경쟁작을 아슬아슬하게 물리치고 영광의 자리에 오른다기보다는 몇 편 되지 않는 우수작 중에서 가려진다는 뜻이다. 이 몇몇 작품들과 나머지 다수의 작품 간의 수준 차이는 하늘과 땅 차이라 해도 과언이 아니다. 이는 어찌 보면 3살의 나이를 먹은 과학기술창작문예 문학상이 아직도 실력이 쟁쟁한 아마추어 작가군단의 열렬한 호응을 받기에는 보이지 않는 장벽이 존재한다는 뜻이 었을까? 사실 일반문학상과 달리 과학기술창작문예에 출품되는 중단편은 과학소설로서의 기본기를 갖추고 있어야 하기에 단지 글 솜씨가 뛰어나고 사람과 사회를 보는 눈이 예사롭지 않다고 해서 해결될 일이 아니다. 사정이 이러하다 보니 수백 수십 편이 넘는 출품작 중 대부분이 만화 시나리오나 게임 시나리오에 어울릴법한 것들이었고[그렇다고 해서 이것들이 그쪽 분야 기준에서 보면 우수하다는 뜻은 결코 아니다.] 문학작품으로서의 최소한의 기본을 갖춘 작품들은 매년 열 손가락으로 꼽기도 힘겨울 정도였다.

그나마 한 가지 다행스러운 경향은 대다수 작품의 수준이 매년 조금씩 향상되었다는 점이다. 제1회 공모전의 경우에는 통신언어의 무분별한 남용으로 말미암아 우리말을 파괴하는 정도를 넘어서 무슨 말인지 독해가 되지 않은 문장을 남발하는 무성의한 작품들도 적잖이 출품되어 혀를 내두르게 만들었다. 중고생의 습작으로 이해되는 이러한 작품들은 과학소설에 대한 열기 차원에서는 긍정적으로 이해할 수 있으되, 문학상 자체를 기름지게 하는 데에는 별 도움이 되지 못하였다. 또한 무협지에다 광선총과 외계인만을 가미시킨, 이른바 로버트 앤슨 하인라인이 비판한 바와 같은 '서부극 SF'들도 부지기수였다. 문장의 기본을 갖춘 작품들의 경우에는 주제의 참신성에서 심각한 취약점이 노출되었다. 상당수의 작품이 작가 자신을 에워싼 사회나 환경에 대한 주체적인 각성이 없이 할리우드 영화나 일본 애니메이션 또는 컴퓨터 게임의 유행에 편승한 소재와 주제를 독창성 없이 반복하여 이목을 끌지 못했다. 이러한 집필 경향은 제1회의 공모전이었음을 감안할 때 출품응모자의 대부분이 과학소설에 대한 개념조차 모호하거나 아예 전무했음을 반증한다. 2회와 3회를 거치면서 이처럼 경박한 글 솜씨에 작가의 지식이 일천함을 드러내는 수준 이하의 작품들은 많이 줄어들었으며, 출품작들의 수준이 전반적으로 향상되는 경향을 보였다.

3년간의 단명으로 끝난 공모전에서 우리가 얻은 가장 소중한 결실은 비록 한줌이나마 이른바 검증된(?) 프로페셔널 과학소설 작가들을 얻게 되었다는 데 있다. 제1회 공모전 중편 수상자 김보영과 단편 수상자 박성환은 수준 미달이 대부분이었던 여타의 출품작들과는 격을 달리하는 격조 높은 문학성과 과학소설 고유의 깊이 있는 성찰이 담긴 비전을 제시함으로써 우리나라 장르문학의 잠재력을 보여주었다. 이후 김보영은 온라인 개인 작품집 〈다섯 번째 감각〉을 펴냈을 뿐 아니라 다양한 지면에 과학소설을 발표하고 있으며, 박성환의 수상작 〈레디메이드 보살〉은 〈천상의 피조물〉이란 제목의 영화로 제작되어 2009년 개봉예정이다. 제2회 공모전에서 중편은 김창규의 〈별상〉이, 단편은 배명훈의 〈SmartD〉가 수상하였다. 제3회 공모전의 경우 중편은 배지훈의 〈유니크〉가, 단편은 장호진의 〈은하수를 건너가는 이삿집을 위한 그림 이야기〉가 수상하였다. 3회를 맞이한 2006년에는 전반적으로 출품작들의 평균적인 수준은 가장 높았다고 평가되지만 막상 심사위원들이 누구나 선뜻 치켜세울 만한 수상작이 쉽사리 눈에 띄지 않아 아쉬웠다. 이는 과학소설 작가 지망생이면서 문학성이 뛰어난 인재나 주류문학을 창작하는 동시에 과학소설에도 관심이 있는 예비작가군의 유입이 활발하지 않았다는 반증이다.

 과학기술창작문예가 장르문학과 주류문학을 불문하고 가장 큰 수상금을 지급해왔다는 점에서, 만일 이 공모전이 꾸준히 지속되었더라면 과학소설 팬덤만이 아니라 프로페셔널을 지향하는 예비작가들을 대상으로 보다 적극적인 홍보가 되어 갈수록 양질의 작품들이 들어왔을 것 같아 아쉬움을 남긴다. 향후 유사한 성격의 공모전이 다시 생겨난다면 단지 창작 부문만이 아니라 번역 부문까지 수상 분야를 신설함으로써 더 나은 결실을 맺을 수 있지 않을까? 번역 부문을 신설하게 되면 아직까지 국내에 소개되지 않은 해외의 유명 작품들과 우수 작가들의 세계까지 엿볼 수 있게 될 뿐만 아니라, 이에 그치지 않고 창작 출품작들의 질을 향상시키는 데에도 실질적인 영향을 미칠 것으로 본다. 아직까지 과학소설 출판기획자들과 극소수의 열혈 마니아들을 제외하고는 과학소설을 원서로 읽는 독자층이 미미한 현실에서 공모전에 번역상 부문을 신설하면 시장에 긍정적인 효과를 미칠 것이다. 마지막으로 욕심을 한 가지 더 부린다면, 3회까지의 수상 작가들과 심사위원진을 포함한 국내 SF 관련인사들이 합심하여 조만간 '한국 SF작가 클럽'을 결성하는 날이 왔으면 한다. 그리되면 국내 창작 과학소설이 본격적으로 활성화되는 데 자그마한 거름이 될 수 있지 않을까 기대해본다.

3. 과학기술창작문예 공모전에서 수상하는 길?

3년간 해마다 과학기술창작문예에 수십~수백 편의 작품들이 출품되었다. 하지만 소설 분야의 당선작은 단편에 하나, 중편에 하나 해서 딱 두 편뿐이다. 그렇다면 이 두 편 안에 포함되기 위해서는 어떤 작품이어야 유리할까? 제1회부터 제3회까지 소설 예심 부문 심사위원을 담당한 본인의 경험을 되살려 앞으로 과학기술창작문예 공모전과 유사한 문학상이 생겨났을 때 도전하고픈 예비 작가들을 위해 몇 가지 조언을 감히 드리고자 한다.

우선, 과학소설은 과학적 기반이 탄탄해야 한다. 과학기술창작문예 응모작들의 80~90% 이상이 이 부분에 대해 지나치게 소홀한 바람에 예심에서 바로 탈락해 버렸다. 과학소설은 문학인 동시에 논리와 과학적 사실에 기반 해야 하며, 상상력을 발휘할 때도 그 논리의 연장선상에 있어야 한다. 설사 아직까지는 과학적으로 또는 물리학적으로 존재하지 않는 상황이나 가정이라 해도 그러한 상상이 가능하도록 해주는 그럴 듯한 논리적 뒷받침이 반드시 있어야 한다. 이러한 부분을 사소하게 얕보다가는 과학소설 독자들의 비웃음을 사는 치명적인 실수를 저지르기 쉽다. 일례로 제3회 공모전에 출품된 단편 〈레테의 링〉을 읽다 보면 지구에서 1광년 거리에 있는 드로안 행성이 나온다. 하지만 태양계에서 가장 가까운 항성계는 4.3광년 떨어진 알파 켄타우리다. 개중에는 안드로메다 성운이 우리 은하계에서 불과 22만 광년 떨어져 있다고 설정한 작품도 있었다. [실제로는 그 10배에 가까운 200만 광년이다.] 또 다른 출품작 〈웨스트 스페이스〉는 아예 아인슈타인의 상대성이론을 완전히 무시한 채 항성 간 여행을 마치 옆집 드나드는 듯한 시간개념으로 묘사하고 있어 실소를 자아낸다. [비록 2류 과학소설이지만 론 허버드의 〈투 더 스타〉에서조차 이러한 상대성 이론의 효과 때문에 항성 간 우주 여행하는 방법이 어떻게 개인과 사회의 삶에 지대한 영향을 줄 수 있는지 자세히 묘사하고 있다.] 심지어 〈시공간 여행자〉에서는 시간여행을 하게 되면 텔레파시나 염력 같은 초능력을 갖게 된다는, 말도 안 되는 설정이 버젓이 작품의 주요한 복선으로 등장한다. 대체역사소설을 시도한 출품작의 경우에는 부정확한 역사지식으로 성의 부족을 여실히 드러냈는데, 〈태종 이방원이 외적을 숙청했던 이유〉가 그러한 예라 하겠다.

   이러한 지적에 대해 혹자는 과학소설의 핵심 아이디어가 중요하지 세부 디테일에서의 허점이 큰 허물이냐고 되물을지 모르겠으나, 사소하지만 명명백백한 사실에서 오류가 드러나면 독자들은 아무래도 그 작품의 전반적인 내용과 해당 작가를 신뢰하기 어렵게 될 것이다. 그러므로 예비 작가들이 특히 염두에 두어야 할 것은 굳이 과학소설 형식을 빌리지 않아도 충분히 스토리 전개가 가능한 작품이라면 억지로 과학소설로 만들려고 할 필요가 없다는 점이다. 매년 공모전에 출품된 작품 가운데에는 그냥 추리소설이나 치정(癡情)소설, 모험소설, 무협소설로만 써도 충분한데 부득불 우주선과 로봇을 등상시키는 무리수를 남발한 작품이 다수 발견된다. 과학소설은 과학과 기술이 인간사회와 이를 둘러싼 물리적 환경에 미치는 변화를 타당한 근거 위에서 예측해보는 사고실험 문학이다. 따라서 과학소설의 주제와 소재는 철저하게 과학소설에 적합한 울타리 안에서 모색하여야 제대로 된 감동을 자아낼 수 있다.

둘째로, 과학소설은 독창적이어야 한다. 이를 위해서는 시류에 영합하지 않는 작가 자신만의 색깔이 필요하다. 시류에 휩쓸리다 보면 자기 기량을 제대로 발휘하지 못한 채, 남들을 지나치게 의식하여 이도 저도 아닌 작품이 되고 만다. 예를 들어 2005년에는 응모작의 70% 이상이 유전공학을 소재로 한 작품이었다. 이것은 유전공학을 소재로 한 출품작들이 심사위원들을 지루하고 피로하게 하여 후보작 선정에서 불리해질 수 있음을 시사한다. 그나마 똑같이 유전공학을 소재로 삼았다 해도 다양한 접근과 시각을 보여주었으면 좋았을 텐데, 제2회 출품작들의 경우 너나 할 것 없이 복제인간의 인권문제를 천편일률적으로 다뤄 실망을 안겨 주었다. 과학소설 작가라면 과학계의 흐름과 사회적 시의성을 감안하여 한발 앞서 세상을 보는 통찰력이 경쟁력이다. 할리우드 영화와 일본 만화, 애니메이션에서 수없이 우려먹은 소재와 주제를 조금 각색한다고 해서 남다른 감흥을 안겨주기는 어렵다. 영화와 애니메이션 그리고 만화는 굳이 독창적인 오리지널 스크립트가 아니어도 무방하며, 과학소설을 원작으로 삼아 얼마든지 변주가 가능하다고 사회통념상 용인되어 왔다. 하지만 과학소설의 경우에는 그 역이 성립되지 않는다. 따라서 영화 〈스타워즈〉나 〈스타트랙〉의 외전 격으로 창작되는 소위 타이인Tie-in 소설은 일반적으로 정통 과학소설의 범주 안에서 취급되지 않는다. 비전을 담은 훌륭한 과학소설을 쓰기 위해서는 영화, 애니메이션, 만화, 컴퓨터 게임 같은 대중문화로서의 전파력이 큰 엔터테인먼트 콘텐츠보다는 과학잡지나 저널, 논문, 과학관련 텔레비전 교양 프로그램, 신문 등을 평소에 꾸준히 읽는 편이 더 낫다. [인문과학과 사회과학

적 소양 또한 과학소설을 쓰는 데 중요한 필요역량이지만 글의 성격상 여기서는 언급하지 않고 넘어가겠다.]

셋째로 과학소설 또한 문학이란 점을 잊어서는 안 된다. 과학소설은 학자들 대상의 논문이나 과학에세이가 아니라 독자 대중을 위한 즐거운 읽을거리이다. 따라서 등장인물의 심리와 주변 정황을 깔끔하고 매끄럽게 전달하는 문장력은 기본이다. 어떻게 보면 과학소설은 과학에 대한 지식과 논리적 사고능력을 기반으로 하면서도 문장력이 중요한 문학이란 점에서 일반 주류문학 작품을 창작할 때보다 투입해야 할 공력이 훨씬 더 크다고 할 수 있다. 그럼에도 대부분의 사람은 이와 반대로 과학소설이 희한한 아이디어를 대충 글로 풀어쓰면 되는 장르라고 오해하는 경향이 있다. 과학소설은 아이디어 노트가 아니라 아이디어 문학이다. 그러나 그동안 과학기술창작문예에 출품된 작품 대부분은 인물의 심리나 그를 둘러싼 상황에 대한 자연스런 묘사나 서술을 통해 독자가 절로 이입하게 만들기보다는 마치 시나리오나 장편소설의 시놉시스를 요약해 놓은 듯한 인상을 주었다. 다시 말해서 문학 소설이 아니라 오히려 설명문을 읽는 듯한 느낌이 강하다. 이것은 아마추어 작가들이 스토리의 설정에만 신경 쓴 나머지 독자들이 편안하게 젖어들 수 있는 문학적 향취를 돋워내는 데까지는 아직 여력이 닿지 않았다는 뜻이다. 같은 맥락에서 스토리 전개상 지나친 우연의 일치와 그러한 인연을 통한 억지 반전을 노리는 안이한 꼼수(!)를 부리는 작품들 또한 공모전에서 논외가 될 수밖에 없다.

넷째, 이것은 예비 작가들에게 다소 낯선 개념일지 모르겠으나 과학소설의 주인공은 인간 개개인이 아니라 그들을 에워싼 세계 또는 세계관이란 사실이다. 미래를 배경으로 하든 특정한 조건을 부여한 상황을 상징하든 간에, 과학소설에서 주인공은 작가가 그려내고자 하는 세계 또는 그 세계의 가치관을 드러내는 도구로 쓰일 뿐이다. 과학소설에 내재한 이러한 본질을 유의하지 않으면 무늬만 과학소설이지 실제로는 순정만화에다 우주복 입혀 놓은 것과 다름없어질 가능성이 무척 높다. 예를 들어 외계인과 지구인의 사랑을 다룬다고 가정하자. 이 경우 일반 소설에서 중요한 관점은 두 개인 간의 지구 대기권(?)을 넘나드는 사랑에 대한 열정일 것이다. 물론 과학소설에서도 이러한 요소는 극적 재미를 위해 비중 있게 취급되긴 한다. 하지만 그보다 과학소설에서 중요한 것은 외계 지성체와 지구 영장류의 최고봉이 만났을 때 개인적인 차원뿐 아니라 두 세계가 사회, 경제, 정치적으로 서로 어떤 영향을 미치는지에 관해 사려 깊게 따져보는 일이다. 따라서 외계인을 지나치게 낭만적으로 그린 나머지 사실상 캐릭터를 외계인이 아니고 그냥 다른 먼 동네에서 온 사람 정도로 바꾸어도 극적 진행에 별 무리가 없다면 그것은 제대로 된 과학소설이 아니란 뜻이다. 이 경우 진정한 과학소설이라면 두 개인 간의 사랑보다는 두 개인이 속한 문명 간의 조우가 빚어내는 예기치 못한 다양한 물리적 사회심리적 상황에 지대한 관심을 기울일 것이다.

마지막으로, 이것은 과학소설 자체에 대해서라기보다는 공모전이란 성격을 감안한 작은 테크닉에 대한 귀띔이다. 동아사이언스 주최 과학기술창작문예 공모전의 소설 부문에서는 매년 150편 내외의 출품작들이 3명의 예심위원의 심의를 거쳐 최종적으로 중편과 단편 각 영역별로 서너 편씩 후보가 좁혀진 다음 1~2명의 본심위원께 상정되었다. 이것은 예심위원 한 사람이 적게는 50~60편 많게는 80여 편의 중단편을 읽어야 한다는 의미이다. 이러한 정황을 감안한다면 단편이든 중편이든 간에 전체 줄거리를 간명하게 1쪽으로 요약한 시놉시스를 출품한 작품 맨 앞에 붙이는 성의가 필요하지 않을까. 함량 미달이 대부분이고 글 솜씨가 들쑥날쑥한 아마추어 작가들의 작품들을 심사위원들이 처음부터 끝까지 일일이 꼼꼼하게 읽어 주리라 기대하는 것은 현실적으로 무리이다. 따라서 일단 눈에 띄자면 작가는 자신의 작품 컨셉과 시놉시스를 명쾌하게 정리한 개요서를 맨 앞에 첨부하는 편이 유리할 것이다.

* *덧붙이는 말*

위와 같은 조언을 들어봤자 예비 작가들이 투고할 마땅한 과학소설 공모전이 없지 않느냐고 실망하기에는 좀 이르지 않을까? 2007년 5월 창간된 장르잡지 『판타스틱』은 기성과 신인을 막론하고 국내 작가들의 과학소설을 실어 줄 지면을 제공하고 있다. 그리고 행복한 책읽기 출판사와 웅진 임프린트로 2008년 6월 출범한 오멜라스 SF전문 출판사는 단지 해외번역물의 소개뿐 아니라 국내 작가들의 양성에도 관심을 기울일 것으로 기대된다. 게다가 이후 또 다른 공모전 스폰서가 나서지 말란 법도 없지 않은가. 따라서 과학소설에 대한 이해가 아직 태부족한 국내 현실에서 이 장르문학의 부흥에 동참하고자 하는 예비 작가들의 건투를 빌며, 위와 같은 필자의 조언이 작게나마 실질적인 도움이 되기를 바라는 바이다.

세계과학소설사

북한 과학소설의 이해 1

북한 과학소설의 이해 1

프로파겐다 문학의 현실과 그 한계

실용주의에 젖은 서구 어용 과학소설가들은 미래의 사람들이 평화적 노동에 종사하며 과학과 기술의 진보를 위해 헌신하기는커녕 먼 별나라 주민들에게 화학로켓, 원자로켓, 플라즈마 로켓, 이온 로켓뿐 아니라 광량자 로켓에 살인폭탄을 실어 발사하는 유혈전쟁을 벌이며 변태성욕자들이 다른 별나라를 정복하고 그곳 부녀자들을 겁탈, 윤간하는 따위의 동물적 만행들을 되는대로 써내고 있다.[1]

1. 북한의 과학소설 현황, 어디까지 접근할 수 있나?

우리나라에 과학소설이 비록 순수 창작은 아니었지만 우리 글로 처음 소개된 것은 박용희의 〈해저여행기담〉(1907)이다. [대중문학연구회 소속의 김창식

** 이 글은 2006년 11월 행복한 책읽기 출판사에서 펴낸 무크지 『해피 SF』 2호에 처음 실렸다. 이 글의 내용은 전적으로 통일원 북한자료실에서 입수한 문헌들을 기초로 작성되었음을 미리 밝혀둔다.
1 황정상, 〈과학환상문학창작〉, 문학예술종합출판사, 1993, 32쪽.

에 따르면, 세간에 알려져 있는 바와는 달리 이해조의 〈철세계〉(1908)는 국내에서 발표된 두 번째 과학소설이다. 특기할 만한 사실은 〈철세계〉 또한 쥘 베르느의 또 다른 장편 〈인도 왕녀의 유산(Les Cinq Cents Millions de la Begum)〉(1879)을 번안한 작품이란 점이다. 이것은 개화기 당시 일본을 거쳐 우리나라에 소개된 대표적인 과학소설가가 쥘 베르느였음을 짐작하게 한다. 그러나 만일 완성된 작품을 기준으로 해서 따진다면 1908년 발표된 〈철세계〉가 여전히 국내 최초의 과학소설인 셈이다. 〈해저여행기담〉의 경우 재일 유학생들이 주체가 되어 발간한 학술잡지 『태극학보』에 총 11회 연재되었으나 아쉽게도 원작인 쥘 베르느의 〈해저 2만 리그〉를 1/2밖에 번안하지 않은 채로 중단되었기 때문이다.] 이것은 쥘 베르느의 소설 〈해저 2만 리그Vingt Mile Lieues Sour Les Mers〉를 우리 실정에 맞게 번역이라기보다는 번안한 작품이었다. 1920년대 들어서서는 극작가 김우진[1897~1926]이 카렐 차펙의 〈로섬의 유니버설사 로봇〉(1925)을 번역 출간했다. 그 후 H. G. 웰즈와 쥘 베르느의 작품들이 일제 강점기에 몇 편 더 출간되었다고 하니 세계적인 기준으로 보건대 과학소설에 대한 소개에 우리나라가 그다지 뒤처졌다고 보기는 어렵다. 하지만 정작 해방 이후 21세기 초엽에 이르기까지 남한에서의 과학소설은 튼실하게 뿌리를 내리지 못하고 있는 실정이다. 반세기가 넘는 이 시기 동안 순수 창작 과학소설로서 남한에서 발표된 얼마 되지 않는 작품 가운데 필자 개인적으로 역사적으로 언급할 만한 가치가 있는 작가들을 고르라 한다면 1965년 〈완전사회〉를 발표한 문윤성과 1980년대 후반 이후 과학소설로 분류될 수 있는 문제작들을 꾸준히 발표해 온 복거일 그리고 1990년대 이후 등장한 포스트모던 작가 이영수를 꼽는 정도랄까. [이러한 잣대는 전적으로 필자의 주관적 판단이지만 결정형이 아니라 현재형이란 점에서 앞으로 전개될 상황에 따라 얼마든지 새롭게·바뀌어 나갈 수 있다고 본다.]

그렇다면 남북 간에 철의 장막이 들어선 이래 같은 한반도의 북쪽에서는 과학소설계 상황이 어떠했을까? 남쪽의 경우 역사적으로 되짚어 볼 만한 창작물의 수가 절대적으로 부족해서 역사적 기록을 정리하기 어렵고, 북쪽의 경우에도 자료의 제한적 접근이란 측면에서 체계적이고 종합적인 이해가 어려울 수밖에 없다. 더구나 1990년대 이후 북한학이 신중한 행보이긴 하지만 꾸준히 발전해 왔으나 과학소설 분야에까지 진지한 관심을 기울일 만큼 풍부한 커버리지를 보유하고 있지 못한 것으로 보인다. 같은 맥락에서 필자는 북한학 전문가가 아닐뿐더러 관심을 두고 있는 분야가 북한의 전반적인 상황이 아니라 북한의 과학소설계에 한정되어 있다는 점에서 관련 연구의 근본적인 한계를 안고 있다. 따라서 이 글을 구성하는데 통일원 산하 북한열람실에서 공식적으로(?) 입수한 문헌에 99% 의존할 수밖에 없었으며, 여기에다 우연치 않게 러시아의 SF 커뮤니티로부터 전해 들은 단편적인 정보와 국내 인터넷에 산재한 얼마 되지 않는 관련 정보[이 또한 연합통신이나 내외통신의 공식적 루트를 통해 언론에 공개된 것이다.]를 참고하였음을 사전에 솔직히 전제해두는 바이다. [≪표 1≫은 북한열람실에서 필자가 구체적으로 접할 수 있었던 작품들의 목록이며, 이 중 황정상의 장편 과학소설 〈푸른 이삭〉은 1995년 '기획출판한'이란 출판사를 통해 남한에서도 출간된 바 있다. 〈푸른 이삭〉은 1999년 코엑스에서 개최된 SF도서전에서 '한국에서 출판된 북한의 SF'로서 특별히 별도 전시된 바 있다.] 향후 남과 북이 보다 다양한 문화교류를 하게 되면서 북한 과학소설계의 지난 역사와 현황에 대해서도 활발한 공유가 이뤄지게 되면 훨씬 더 객관적인 분석을 담은 글이 씌어지는 날이 올 것으로 기대한다.

남한에도 출간된 바 있는 북한 과학소설 황정상의 〈푸른 이삭〉

북한의 SF만화 〈하늘나라 먼곳에서〉

≪표 1≫ 통일원 북한자료실에서 열람할 수 있는 북한의 과학소설 목록

	글쓴이	작품 제목	출판사	출판년도
평론집	황정상	과학환상문학창작	문학예술종합출판사	1993년
소설	양택룡 옮김	혹성 간 비행선 달 1호 (러시아 과학소설 단편 번역집)	국립출판사	1955년
	공저	새벽 운석 탐사대	금성청년출판사	1979년
	황정상	별나라에서의 축구경기	금성청년출판사	1983년
	허봉남	까불이 모험기	연변인민출판사	1987년
	김정희 편저	번개잡이 비행선	금성청년출판사	1988년
	황정상	푸른 이삭	금성청년출판사	1988년
	김재화 편저	지구 밖으로	금성청년출판사	1990년
만화	황정상 글/ 만화가 미상	하늘나라 먼곳에서	금성청년출판사	1986년

2. 북한의 과학소설 역사의 시기별 구분

앞서 제기한 문제에 대해 결론부터 내리자면, 북한의 과학소설은 남한과는 달리 대중문학적으로 크게 융성할 수 있는 토대를 갖추고 있다. 그러나 이를 두고 무조건 복(?)에 겨워만 할 수는 없는 것이 이러한 여건은 무엇보다도 과학소설을 체제 수호에 유용한 선전선동 도구로 활용하고자 하는 북한 정부의 확고한 입장 덕분이다. 모든 문화 콘텐츠가 당과 주체사상의 노선을 철저하게 담아내야 하는 북한에서 과학소설이라고 해서 예외가 될 수 없으며, 그 결과 자본주의 경쟁 속에서 자생해야 하는 남쪽의 과학소설 산업과는 물적 지원 토대가 근본적으로 다르다. 이러한 근거는 북한의 정치·군사적 최고 지도자의 과학소설에 대한 견해에서도 노골적으로 찾아볼 수 있다.

"과학적인 환상, 다시 말해 현실에 튼튼히 발붙인 상상의 힘 없이 과학의 장래를 그려볼 수 없으며 과학 자체를 빨리 발전시킬 수 없습니다."

"과학적인 환상은 과학자나 작가들만이 아니라 누구에게나 다 필요하며 과학적인 환상, 탐구적인 사색을 불러일으키는 좋은 책들도 많아야 합니다."[2]

북한의 과학소설은 중국의 영향을 받아서인지 '과환소설科幻小說'이라 불리는데, 이러한 명칭은 서구식 표현을 빌리면 사이언스 판타지Science Fantasy의 개념에 가깝다. 자료의 부족으로 정확한 연대를 가늠하기는 어려우나 북한의 과학소설은 크게 두 시기로 나눠볼 수 있다. 첫 번째 시기는 북한정권 수립 후 1960년대까지로, 이 기간에는 해외의 과학소설들이 번역 출간되면서 이에 자극받은 순수 창작 작품들이 조악하나마 선보이기 시작하였다. 이 시기에 번역된 해외 작품 가운데 언급할 만한 것들로는 양택룡이 옮긴이로 되어 있는 〈혹성 간 비행선 달 1호〉와 이반 에프레모프Ivan A. Yefremov의 〈안드로메다 성운〉, 〈별나라에서 온 손님〉, 〈깔리스또인들〉 등이 있다. 〈혹성 간 비행선 달 1호〉는 동명의 중편 이외에 몇 개의 단편이 함께 실려 있는 중단편집으로 모두 러시아 작가들에 의해 집필되었다. [이 중단편집에는 유 노워셸리쩨브의 〈새형의 날개〉와 웨 로쏴호브스끼의 〈금강석〉, 그 오르므의 〈벼락〉 등이 함께 실려 있다.] 〈혹성 간 비행선 달 1호〉는 1954년 소비에트 치하의 러시아에서 잡지 『아는 것이 힘이다』의 편집진이 각계의 지식인들을 끌어 모아 엮은 가상 르포르타주다. 이 작품은 소련의 우주비행사들이 세계 최초로 1974년 달에 발을 딛게 되기까지의 준비와 실현 과정을 생생한 인터뷰 형식을 빌려 들려준다. [실제 현실에서는 미국의 아폴로 11호가 1969년 7월 20일 인류 최초로 달 착륙에 성공했지만, 오륙십 년대만 해도 미국과 소련이 한 치 앞을 예상할 수 없을 만큼 치열하게 우주개발 경쟁에 뛰어들던 터라 미국의 과학소설 잡지의 표지에도 러시아인들이 달에 먼저 국기를 꽂는 일러스트가 우려 섞인 시각에서 종종 실리곤 했다.] 1950년대 중반까지의 우주과학 전반에 관한 지식의 집대성이라 해도 과언

2 위의 책, 11·18쪽.

이 아닐 이 중편은 실제 출간 시점보다 20년 뒤인 1974년 11월 26일 잡지 『아는 것이 힘이다』에 실린 내용인양 가장하여 극적 현장감을 더해준다. [작품 말미에 가면 지금까지의 모든 내용이 전문가들의 자문을 통해 과학적인 바탕 위에서 씌어진 가상 시나리오임이 밝혀진다.] 또한 러시아 과학소설의 선구자라 할 이반 예프레모프(1907~1972)의 장편소설 〈안드로메다 성운 ТУМАННОСТЬ АНДРОМЕДЫ〉(1947)은 1960년대 초 이미 북한에서 한글로 번역 출간된 바 있다. 이 장편이 모스크바 외국어 출판사에서 영문판으로 처음 펴낸 시기가 1959년이므로, 당시 러시아 과학소설 최신작이 북한으로 꾸준히 유입되고 있었음을 짐작할 수 있다. 현재 한글 번역본이 북한에 아직까지 남아 있는지는 알 길이 없으나 모스크바 소재 레닌 도서관에는 한글 출간본이 1부 비치되어 있다고 한다. [2000년경 모스크바 출장길에 들려보려 했으나, 레닌 도서관은 외국인의 출입이 자유롭지 않다 하여 안타깝게도 직접 눈으로 확인할 수는 없었다.] 이러한 사례들로부터 미루어 보건대 분단 초기부터 상당 기간 북한에서 과학소설은 주로 동구권, 특히 러시아 작가들의 작품들이 번역 소개되면서 그 인식의 지평을 넓혀갔을 것으로 예상된다. 이러한 정황은 마치 1970년대 초 남한 사회에 이런저런 어린이 문고판으로 소개된 미국과 유럽의 과학소설들을 연상시킨다. 순수 창작물이 북한에서 출간되기 시작한 것은 1950년대 말엽부터이며, 이 시기에 발표된 작품들로는 〈별나라로 가자〉, 〈속도를 위한 투쟁〉, 〈네메지다의 운행〉, 〈저축되는 태양열〉, 〈얼음의 힘〉, 〈미래의 려행〉, 〈전분합성공장〉, 〈동해에 원유가 있다〉 등이 있다. 이것들은 남한과 마찬가지로 주로 청소년 독자를 타깃으로 삼아 창작된 계몽문학이었으며 객관적 이론과 과학지식을 단순한 이야기 틀 속에서 전개한 탓에 독자들의 큰 반향을 얻는 데는 실패했다고 평가된다.[3]

---

[3] 위의 책, 108쪽.

1960년대 들어서서는 과학소설 창작이 더욱 활기를 띠어 남궁손의 단편집 〈바다 속의 궁전〉, 김동섭의 중편 〈소년우주탐험대〉, 〈레일의 언덕〉, 〈들리지 않는 노래의 비밀〉, 차용구의 〈포보수의 지하궁전에서〉, 홍순원의 〈장수못의 비밀〉, 〈마지막 생명선〉 같은 작품들이 나왔다. 하지만 1960년대의 작품들 또한 과학자나 탐험가의 탐구정신과 도전을 미화한 이야기를 전달하거나 그로 인해 파생된 흥미 위주의 사건들을 나열하는 것으로만 그치고 체제에 기여하는 이른바 '사상적 알맹이'를 깊이 있게 묘사하지 못했다는 비판을 받았다.[4]

　두 번째 시기는 1970년대 주체사상이 등장한 이래 지금까지의 기간으로, 무려 36년에 이르는 기간을 하나로 묶기에는 무리가 따를 수 있으나 이는 단지 자료수집의 제약 때문만이 아니라 북한의 특수한 상황을 고려한 것이다. 북한의 정치뿐 아니라 일반생활 전반을 지배하는 주체사상이 공개적으로 등장한 것은 1970년 노동당 제5차 대회 때부터다. 이후 체제 옹호 이데올로기는 해가 갈수록 이론무장을 공고히 하면서 1978년부터는 해외친북단체인 주체사상국제연구소를 세워 주체사상의 국제적 보급까지 추진해 왔다. 이러한 정황 속에서 북한의 과학소설 작가들은 단지 문학적 완성도 달성 이상의 목표와 과업을 받게 되었으며, 이러한 노선에 벗어나는 작품은 독자들과 만날 수 있는 길이 원천적으로 봉쇄되기에 이르렀다. 실제로 1970년대 이후 북한의 순수 창작 과학소설은 단지 과학적 비전을 전달하는 차원을 뛰어넘어 등장인물의 구체적인 성격 창조를 통해 독자들의 설득력을 얻는 수준으로 도약하기 시작했다. 그러나 1990년대 초반에 간행된 비평서 〈과학환상문학창작〉의 저자 황정상은 그 자신이 작가이자 비평가인 입장에 서서 반동주의 문학인 서구의 과학소설은 물론이거니와 동구권 문학조차 수정주

---

4 위의 책, 126쪽.

의라고 매도하면서 이러한 영향에서 벗어나지 못한 일부 작가들을 가차 없이 비판한 바 있다. 〈별은 돌아오리라〉라는 북한의 과학소설을 예로 들면서 이 작품이 과학환상 내용도 흥미진진하고 과학적 가설에 기초하여 작가적 환상을 펼치기는 했지만 작품을 이끌어 가는 주인공이 북한사회가 모범으로 삼아야 할 이념적 인간형으로서 부각되는 데 실패했다는 점에서 출간 가치가 없다고 호되게 비판하였다. 황정상은 과학소설을 창작하는 작가들이 작품 구성상의 오류를 범하지 않기 위해서는 사상적 알맹이, 또는 종자를 제대로 골라 키워내야 한다고 주장한다.

> 김정일 동지는 다음과 같이 지적하셨다. "종자를 옳게 골라잡는 것은 창작에서 가장 중요한 일이다. 작가는 시대와 혁명의 요구에 맞는 종자를 탐구하는데 언제나 깊은 관심을 돌려야 한다. 작가가 우리 혁명과 건설을 전진시키는 데 적극 이바지할 수 있는 의의 있는 종자를 찾아내어 생동하게 형상해낼 때에만 작품의 인식 교양적 역할을 높일 수 있다. (…중략…) 종자는 무엇보다도 당정책의 요구에 맞게 잡아야 한다."[5]

사실 1990년대 초반에 발간된 황정상의 비평서 〈과학환상문학창작〉은 서구의 과학소설가들이 아마추어 또는 예비 작가들을 위한 서비스로 집필하곤 하던 창작 가이드북과는 집필 취지가 근본적으로 다르다. 서구의 과학소설작가들 그리고 평론가들은 십인십색의 창작론과 작품 비평을 담은 문헌을 수없이 쏟아내지만 그것들은 어디까지나 개인의 취향을 담은 참고자료에 불과할 뿐이다. 하지만 황정상이 위의 비평서를 출간하게 된 배경은 그러한 의도와는 전혀 상관이 없다. 〈과학환상

---

[5] 위의 책, 128~132쪽.

문학창작)은 개인적인 비평서나 문예론과는 거리가 멀며, 오히려 당의 입장 그리고 주체사상의 입장에서 북한의 모든 과학소설 작가들의 사고와 입을 한 줄로 세우려는 시도와 다름없다. 이처럼 하나의 목소리로 북한의 과학소설 문단이 통일되고 나면, 흥미 위주의 모험담이나 기발한 발명담 따위만으로는 어떤 작가도 원고를 내밀 수 없으며 나아가서 기성체제에 대한 회의적 시선이 담긴 디스토피아 문학은 아예 싹을 틔울 수조차 없게 된다. 이러한 관점은 2002년 북한의 월간지 『청년문학』 3월호에서도 재차 확인된다. 잡지는 과학소설의 필요성을 역설하면서, 과학소설을 넓은 의미에서 "최신과학기술의 연구 성과를 인민경제 여러 부문과 인민들의 복리증진에 도입하여 실리를 얻기 위하여 투쟁하는 모습을 그린 작품"으로 정의하였다. 또한 이 잡지는 과학소설이 문학의 한 장르로서의 고유 가치뿐만 아니라 과학문명이 사회의 경쟁력을 좌우하는 시대의 흐름에 부응한다는 점을 높이 평가하였다. 실제로 이러한 집필 방침은 문학이론이나 주의주장으로 끝나지 않고 청소년들이 주 타깃이 되는 북한 과학소설의 현실에서 비단 과학소설 전문 작가들만이 아니라 이러한 타깃과 긴밀하게 연관되는 교사와 학생을 대상으로 구체적으로 적용되어 왔다. 예를 들어 2004년 11월 평안남도 평성시 소재 영재교육기관인 제1중학교에서는 학생 과학착상경연이 열렸다.[6] 이 경연에는 도별 예선을 거친 제1중학교[성적 우수 학생을 뽑아 교육시키는 학교로 1984년 9월 평양 제1중학교가 처음 설립된 이래 북한 각지에 세워지기 시작했다.] 학생 400여 명이 참여하여 과학환상소설과 과학환상그림, 과학소논문, 과학관련 프로그램 등 640여 작품을 출품했으며, 이듬해 9월에는 북한교육신문사가 각급학교교원을 대상으로 문예작품을 공모했는데 출품 장르에는 과환소실, 즉 과희소설도 포함되어 있었다.[7] 여기서 중요한 사실은 과학

---

[6] 연합뉴스, 2004. 11. 06.
[7] KEDI 북한교육동향, 2005년 1월.

소설의 주제와 소재가 강성대국 건설이나 조국 통일 또는 김일성, 김정일, 김정숙 등의 고위 지도층에 대한 찬양을 근간으로 삼아야 한다는 점이다.

3. 북한 과학소설의 존재 이유 두 가지

이상과 같이 북한 과학소설의 역사를 간략하게 훑어본 결과, 북한 사회, 더 정확히 말해서 북한 정권의 입장에서 과학소설이 존재해야 하는 이유는 크게 두 가지로 요약된다. 하나는 과학소설이 북한 사회의 가치와 미래에 대해 긍정적인 비전을 제시해야 한다는 것이다.

> 작가들이 작품에서 근거 있는 과학적 환상, 현실에 발붙인 상상을 펼쳐보임으로써 근로자들과 청소년들을 과학탐구에로 적극 이끌어 갈 수 있으며 그들로 하여금 나라의 과학발전에 기여하도록 적극 고무 추동할 수 있다. 우리식의 과학환상문학은 근거 있는 과학환상을 펼쳐보이는 것을 기본 요구로 하고 있다. 바로 여기에 종래의 과학환상문학이나 부르조아적이며 수정주의적인 과학환상문학에서 취급하고 있는 막연한 과학환상, 아무런 생활적 타당성도 없는 흥미본위의 과학환상과는 구별되는 우리식 과학환상의 본질적 차이가 있다.[8]

다시 말해서 북한의 과학소설에서 과학환상이라 할 때 '환상'이란 개념은 작가 개인의 허무맹랑한 아이디어라기보다는 체제의 이데올로기를 대중에게 더욱 공감할 수 있게 전달해주는 표현형식이다. 이러한 맥락에서 황정상은 "그 어떤 사소한 부르조아적인 요소도 허용해서는 안

---

[8] 황정상, 앞의 책, 10쪽.

되며 당성과 노동계급성의 원칙을 철칙으로 삼는 것이 과학환상문학의 가장 중요한 본성"이라고 주장한다. 여기서 한 발 더 나아가서 자본주의 과학소설이 내거는 문학의 순수성, 초당성超黨性, 무계급성이야말로 사회주의 사회를 약화시키기 위한 악랄한 책동이라고 규정한다. 일례로 황정상은 서구 과학소설에서 자주 거론되는 플롯인 뛰어난 인공지능을 지닌 로봇들 때문에 인간들이 일자리에서 쫓겨나 실업자와 거지가 될 것이란 전망의 이면에는 인민들의 혁명정신과 계급적 각성을 무디게 하려는 의도가 숨어 있다고 본다. 특히 일찍이 카렐 차펙이 〈로섬의 유니버설사 로봇〉에서 간파했듯이, 의도하든 의도하지 않든 간에 로봇을 소재로 한 작품이 계급문학적 성격을 띠고 있다는 사실을 황정상 또한 정확히 파악하고 있다. 그는 로봇을 소재로 한 서구의 과학소설에는 "인민들의 혁명투쟁에 대한 공포가 역력히 드러나 있다."고 주장한다. 이러한 관점에서 줄 베르느의 〈해저 2만 리그〉 같은 과학소설의 고전조차 문제투성이 작품으로 비판받는다. 황정상은 〈해저 2만 리그〉에서 주인공 네모 선장을 수수께끼 같은 인물로 설정한 탓에 작가가 전달하려는 주제사상이 뚜렷하지 않으며, 과학과 그 발전 전망에 대해 거론하면서도 다른 한편으로는 신 앞에서 무릎을 꿇는 상반된 태도를 보임으로써 여전히 종교적 굴레에서 벗어나지 못하는 심각한 한계를 안고 있다고 지적한다. 그는 H. G. 웰즈의 경우에도 갑자기 닥쳐온 인류의 위기에 대해 무력한 영국 사회를 묘사함으로써 자본주의 사회의 위선을 폭로하고는 있지만 스스로의 계급모순을 각성하거나 해결할 방안을 제시하지 않았으며 오히려 염세주의와 비관주의로 흘렀다고 꼬집는다.

북한 정권이 그들의 사회 안에 과학소설이 존재해야 한다고 보는 또다른 이유는 첫 번째 이유와 연관성을 갖고 있되 보나 실질적이다. 과학소설이 체제 이데올로기의 공고화를 위해 기여하는 도구라고 전제할 경우 이러한 문학 장르에 등장하는 주인공의 구체적인 언행은 무척 중요하다. 주인공의 생각과 행동거지는 단지 흥밋거리가 아니라 청소년들과 나아가서는 북한 대중의 사표師表가 될 것이기 때문이다. 그래서 북한 과학소설에 등장하는 주인공 내지 주요 등장인물들은 하나같이 앞뒤가 똑같은 선구자적이고 이상적인 인간형 일색이다. 이것은 갈수록 선악의 이분법적 가치관에서 벗어난 주인공들이 등장하는 서구의 후기 과학소설들과는 정반대의 경향이다. 단적인 예로 사이버펑크 과학소설에 등장하는 주인공들은 북한 과학소설 이론에 입각해서 보면 사회가 어떻게 되거나 말거나 도덕불감증에 걸린 미치광이 정신병자들에 지나지 않아 보일 것이다.

> 과학환상문학에 반영되는 과학환상적 내용이 아무리 기발하고 독특한 것이라고 할지라도 그것을 실현해나가는 주인공을 비롯한 등장인물들의 행동과 생활에 대한 긍정과 지지, 례찬으로 충만된 환상적 화폭을 훌륭히 펼쳐 나갈 때 강렬한 미학적 공감을 불러일으킬 수 있다.[9]

다시 말해서 황정상은 과학소설이 "자연정복의 길로·인도할 뿐 아니라 그 속에서 발현되는 인간들의 고상한 정신도덕적 풍모에서 자기들의 미래를 내다보게 해야 한다."고 주장한다. 과학소설에서 과학기술적 내용보다 사람을 그려야 하며 과학기술탐구 자체가 아니라 과학탐구를 하는 사람을 그려야 한다는 그의 주장은 일견 그럴 듯해 보인다. 하지만 그렇다면 래리 니븐의 〈링월드〉나 아서 C. 클락의 〈낙원의 샘〉, 〈라마와의 랑데뷰〉 그리고 수많은 서구 과학소설들에서 제시된 우주에서의 거대한 규모의 인공거주구들은 하나같이 허장성세에 불과한 것일

[9] 위의 책, 8쪽.

까. 물론 거대 인공건축물을 다룬 서구 작품들에도 드라마가 있고 공감할 수 있는 인간군상이 나온다. 그럼에도 이러한 유형의 작품을 쓰는 작가의 초점은 주인공 개인의 활약보다는 인류의 인식의 지평을 넓히거나 아예 넘어서는 낯선 세계에 대한 경이감에 맞춰져 있으며 이러한 조우를 통해 생활 주변의 일상으로부터 독자들을 분리시킴으로써 우주 속에서 자신의 위치를 새삼 곱씹어보도록 철학적 사색을 유도한다. 결과적으로 북한 과학소설가들의 머릿속에서 다이슨 환천체를 소재로 한 작품이 나오길 기대하는 것은 요원한 일일 것이다.

4. 북한 과학소설의 특징

지금까지 북한 과학소설의 체제 안에서의 위상, 시기별 경향, 정권이 바라보는 과학소설의 가치 등에 대해 약술하였다. 마지막으로 북한 과학소설의 특징을 다음과 같이 몇 가지 꼽아보고자 한다.

1) 북한의 정치 지도자와 정부권력은 과학소설에 대한 관심이 높다

북한의 최고 권력자인 김정일이 과학소설의 이념적 문예적 방향성에 관한 여러 차례 구체적인 표명을 할 정도로 북한의 정치 지도자들과 정권은 과학소설의 잠재력과 활용성에 지대한 관심을 갖고 있다.

2) 북한의 과학소설은 최고 권력자의 개인 우상화와 직간접적으로 관련되어 있다

황정상은 문예비평서 〈과학환상문학창작〉의 서문에서 "최근 연간 과학환상문학 작가들이 여러 편의 작품을 창작하여 친애하는 지도자 동지께 기쁨을 드리고 문학발전과 과학기술발전에 일정하게 기여할 수 있게 된 것은 전적으로 주체의 과학환상문학 창작이론을 지침으로 삼았기 때문"이라고 주장한다. 심지어 같은 책에서 "위대한 수령님의 교시와 친애하는 지도자 동지"의 말씀은 과학소설에다 과학기술적인 내용을 담기 위한 옳은 길을 밝혀 줌으로써 작가들에게 높은 식견과 안목을 준다고 치켜세운다.

3) 북한의 과학소설은 반드시 당과 정부의 심의를 통과해야 출판이 가능하다

북한의 과학소설은 독자 대중을 위해서가 아니라 당과 정권의 선전선동 도구로서의 역할이 기대된다. 그 결과 북한에서 과학소설은 다른 문학 장르와 마찬가지로 반드시 당의 지도 아래 창작되어야 하며 창작된 모든 작품은 개인의 작품인 동시에 당의 작품이 된다.

4) 주체사상을 100% 소화해낸 북한의 과학소설이야말로 과학소설 역사에서 궁극의 진화형이라고 주장한다

북한에서는 주체적인 과학환상문학, 다시 말해서 주체사상을 제대로 반영한 과학소설이야말로 과학소설 역사에서 가장 높은 단계에 도달한 것이라고 평가된다. 이는 주체적인 과학환상문학만이 비로소 이제까지의 과학소설 문학이 지닌 시대적 계급적 한계와 작가들의 세계관 및 창작방법상의 제한을 완전히 극복한 문학양식이라고 자체적으로 평가하고 있는 까닭이다. 따라서 북한 과학소설계는 소비에트 러시아 시기에 창작된 과학소설들에 대해서도 자본주의 과학소설의 탐미성에 놀아

나는 수정주의 과학소설이라고 비판의 날을 거두지 않는다.

> 똘스또이의 〈가린 기사의 쌍곡선체〉, 깐듸바의 〈불타는 대지〉, 베리야에프의 〈양서인간〉, 〈무(無) 속으로의 도약〉, 까잔쩨브의 〈북방의 방파제〉 같은 장편들과 오호뜨니꼬브의 〈깊은 곳으로 가는 길〉, 넴쪼브의 〈황금의 밑바닥〉, 〈무지개의 일곱 가지 색〉, 쁘드쏘쏘브의 〈신 골리프쓰트림〉 같은 단편들은 산 인간을 진실하게 그려내지 못하였으며, 종자가 명백하게 심어지지 않아 흡사 과학탐험기나 다름없는 인상을 자아낸다.[10]

5) 북한의 과학소설은 황당무계한 낯선 세계의 경험담을 배척하고 인민경제에 실질적인 도움을 주는 생활문학을 높이 평가한다

이것은 오랫동안 세계 외교 무대에서 정치경제적으로 고립노선을 견디어 올 수밖에 없었던 북한의 현실을 반영한 것이라 해석된다. 북한 과학소설들을 읽어보면 과학기술 개발 자체를 처음부터 끝까지 자주적으로 해내야 한다는 당위론과 이러한 과업에 대한 극복의지가 넘쳐나는 작품들이 태반이다. 그래서 우주나 미지의 세계에서의 탐험과 경이에 초점을 맞추기보다는 과학기술이 실용화되었을 때 사람들의 삶이 어떻게 혜택을 받을지에 더 가치를 부여한다. 현실적으로 자원부족으로 고통 받고 있는 북한 주민들의 실상과 그로 인한 소망을 고려할 때 서구 과학소설식의 화려하고 허구적인 이야기는 대중에게 삶의 의지를 긍정적으로 고양시켜 주기보다는 현실도피처로서 오인 받을 소지가 없지 않다.

---

[10] 위의 책, 125쪽.

인민경제 각 분야에서 해결을 요하는 절실한 문제부터 풀어나가는 것은 당의 요구이며, 그것은 또한 우리 과학환상문학의 기본 지향으로 되어야 한다.[11]

실례로 2000년 발표된 조희건의 단편 〈번개잡이 비행선〉을 보면 북한 사회의 전기 부족실태가 여실히 반영되어 있음을 짐작할 수 있다. 그 결과 〈번개잡이 비행선〉처럼 북한의 과학소설 가운데에는 대체 에너지 개발에 애쓰는 과학도를 소재로 한 작품이 상당히 많으며, 김동섭의 단편 〈바다 속으로 가자〉(1990)도 그러한 전형적인 유형에 속한다. 여기서는 고등중학교를 갓 졸업한 사회의 초년병들이 자신들을 길러준 조국에 보답하기 위해 해저 양식에 젊음을 바친다는 계몽론적인 입장에서 이상적인 청소년 상을 부각시킨다. 아울러 자연을 정복해서 충분히 자원을 얻어내면[그것이 식량이든 연료든 간에] 강대국의 제국주의적인 침탈로부터 굳건히 국가와 사회를 지켜 낼 수 있음을 역설한다.

"어떤 사람은 지구상에서 인구가 자꾸 불어나고 자원은 줄어들어 식량위기, 에네르기 위기로 더는 살아나갈 수 없게 될 것이라고 떠들어대고 있다는데 그게 얼마나 황당한 소린가 보라구."

현철은 팔을 휘휘 둘러 보이며 웃었습니다.

"맞았어, 제국주의자들이 인민들을 타락시키고 저들의 침략전쟁 책동을 감추기 위해 그 따위 수작을 하는 거지. 하지만 자연을 정복하는 인간의 힘에는 끝이 없다는 것을 깨닫지 못하는 어리석은 사람들이나 그 속임수에 넘어가겠지."[12]

---

11 위의 책, 63쪽.
12 김동섭, 〈바다 속으로 가자〉, 〈지구 밖으로〉, 금성청년출판사, 1990, 74~75쪽.

6) 북한 과학소설의 주인공은 대개 과학자이거나 과학도이며 이들은 너나 할 것 없이 전인적인 인격을 지닌 인간형으로 제시된다

북한 과학소설에서는 신발명이나 기술개발의 결과 및 효과 측면에서만이 아니라 그것을 개발하는 과정 속에서의 인화관계를 무척 중시한다. 〈번개잡이 비행선〉의 경우 주인공 용이는 과학자 집안의 고교생으로 구름 속의 번개 에너지를 실용 전기로 저장하려는 연구를 하고 있었는데 자신의 출신성분에 득의양양한 나머지 다른 팀원들과의 협력에 소홀해지고 교만에 빠진다. 이에 저명한 과학자인 용이 아버지는 어리석은 아들을 다음과 같이 타이른다. 아들 용이는 아버지의 전인적인 인간상에 다시 느끼는 바가 있어 사회에서 필요한 인재로 재탄생한다.

> 용이야 내 말을 명심해 들거라.
> 과학과 기술이 발전할수록 과학탐구분야는 더욱 세밀해지고 뭘 하나 새로운 걸 만들자구 하면 그만큼 더 여러 부문 과학자들의 지혜와 힘이 합쳐져야 한다. 지금에 와선 집단의 힘에 의거하지 않으면 과학연구사업은 그만큼 빛을 볼 시간이 늦어지는 법이란다.[13]

조희건의 또 다른 작품 〈인공뿌리선광〉에서는 새로운 과학발명에 맞물려 과학자의 올바른 양식이 얼마나 중요한지를 직접 등장인물의 입을 빌려 피력한다.

> 윤아 동무의 비판을 받고서야 전 참된 과학자가 되려면 먼저 제 나라를 심장으로 사랑하는 애국의 마음을 가져야 한다는 것을 느꼈습니다.[14]

---

[13] 조희건, 〈번개잡이 비행선〉, 금성청년출판사, 1990, 37쪽.
[14] 조희건, 〈인공뿌리선광〉, 〈지구 밖으로〉, 금성청년출판사, 1990, 17쪽.

조국애와 과학기술 개발의 중요성을 직접적으로 결부시킨 작가는 과학자를 사회의 모범이 되어야 할 이상적인 엘리트로 그린다. 그래서 작품의 말미는 개인의 눈앞의 명예보다는 조국의 명예를 위해 100% 신뢰도 있는 논문을 만들려고 하며 개인의 영달보다는 아무런 대가 없는 선의의 협조에 익숙한 조선의 어린 학생들의 바른생활에 외국인 학자가 감동하는 장면으로 마무리된다. 라경호의 단편 〈지구 밖으로〉에서는 우주기지 개발을 위해 오랫동안 지구 궤도에 파견되어 있는 과학자 부모를 원망하던 지구의 아들이 노력영웅이자 원사로까지 진급하게 된 아버지의 모습을 보고 감동받아 "아버지, 나는 아버지가 제일이야요. 나는 5년이 아니라 50년을 아버지와 떨어져 있어도 좋아요. 어머니도 남아 열심히 일해주세요."라고 격려한다. 그리고 아들 또한 조국강산을 꽃피우는 훌륭한 과학자가 될 결심을 굳힌다.

같은 맥락에서 김동섭의 〈바다 속으로 가자〉에 등장하는 정부 소속 연구원들 또한 지나치게 비장할 정도로 밤낮으로 오로지 사회와 국가가 잘되기만을 바라며 이를 위해서는 뭐든지 희생하는 사람들로 그려지며, 리광근의 단편 〈만능 보약풀밭은 설레인다〉(1990)에서는 신약재료 개발을 둘러싸고 과학도 간에도 개인보다는 집단과 사회의 이익을 위해 과제를 풀어나가는 자세가 중요하다는 점이 강조된다.

7) 북한의 과학소설은 본질적으로 디스토피아 문학에 대해 불쾌감을 갖고 있다

인류위기설을 제창하는 과학환상문학 작가들은 핵전쟁에 의한 인류의 멸망에 대해 요란스레 떠들며 제3차 세계대전에 대한 과학환상소설을 두껍게 써내는가 하면, 여러 가지 과학환상문학 형식을 통하여 핵전쟁의 불가피성과 그로 인한 인류의 멸망을 역설하고 있다.[15]

북한의 과학소설은 예외 없이 과학기술의 미래를 긍정적이다 못해 낙관적으로 바라본다. 이러한 관점에서는 "과학기술은 인간의 벗인가 필요악인가?" 또는 "인간과 과학기술의 만남이 빚은 비극적 결말" 같은 주제를 다룬 서구의 과학소설들은 대중을 근거 없는 불안에 빠져들게 만드는 마약과 다름없다. 유물론적 진보 이데올로기를 신봉하는 북한 사회에서 인구폭발이나 공해 같은 환경의 열악화로 인해 인류가 암울한 미래를 맞이하리라는 식의 전망은 도저히 받아들여질 수 없는 패배주의적 발상인 셈이다. 황정상은 "제국주의자들과 현대 부르조아 어용 과학환상문학가들이 이러한 이른바 인류위기설을 유포함으로써 대중을 비관주의와 염세주의에 빠뜨리다 못해 삶의 주인으로서 제 몫을 다하지 못하도록 투쟁의욕과 혁명의식을 마비시킨다."고 주장한다. 나아가 조지 오웰과 올더스 헉슬리같이 사회주의 또는 전체주의를 신랄하게 풍자한 작가들에 대해서는 '반동작가'라는 수식어를 붙여가며 이들이 "민족해방투쟁을 중상모독하고 공산주의자들을 색정적인 집단적 잠재의식을 구현한 패덕한 이들로 그려냄으로써 저속한 흥미를 돋우는 잡문에 골몰하고 있다."고 비난한다.

5. 맺음말: 득보다 실이 많은 프로파겐다 문학의 한계

　정보라면 그것이 뭐든지 간에 되도록 많은 사람에게 유포되어 객관적인 옥석이 가려질 수 있도록 공정한 시장이 형성되어야 사회의 문화가 건강하다고 보는 것이 근대 이래 서구의 합리론적 견해이다. 하지만 사회주의 또는 공산주의 체제에서는 복수 개념이나 주장의 경쟁을 선

[15] 황정상, 앞의 책, 31쪽.

호하지 않으며 언제나 옳다고 주장되는 독재권력의 입맛에 맞는 정보만을 반복 재생산 및 유통하고자 한다. 물론 자본주의 사회에서도 정부권력이나 권력화된 언론에 의해 정보가 자주 윤색되고 왜곡되기 일쑤이다. 하지만 사회주의 또는 공산주의 체제가 지향하는 정보유통 길목의 독점은 누가 보더라도 공공연하고 노골적이라는 점에서 어설픈 비교조차 의미 없게 만들어 버린다. 북한의 과학소설계 현황 또한 이러한 맥락에서 조금도 벗어나 있지 않으며 오히려 소비에트 러시아나 공산정권 시절의 동구권 과학소설 문학보다도 훨씬 더 열악한 처지에 놓여 있다 해도 과언이 아니다. 독재적인 지배체제의 이데올로기에 철저히 봉사하지 않으면 발표의 기회조차 봉쇄되는 북한의 과학소설계 현실에서 자유분방하고 다양한 작가들의 통찰과 사유가 얼마나 가능할 수 있겠는가? 과학소설은 단지 과학지식과 기술발달의 비전을 이야기체 형식을 빌어 전달하는 데 급급한 문학 장르가 아니다. 삼사십 년대 미국의 펄프잡지를 주요 무대로 삼은 삼류 과학소설들조차도 독자들의 눈길을 끌기 위한 해프닝만 주워담은 나머지 사회와 문명에 대한 통찰에 장님이었다고 단언하기 어렵다.

원래 과학소설은 과학이란 빌미를 빌어 인간사회의 부조리함과 모순을 짚어내는 풍자문학으로서의 탁월한 잠재력을 지니고 있다. 자신이 발 디딘 사회의 긍정적인 면만 그려내고 또 그 사회를 이끌어가는 이념적인 이상적 인간형만을 고집하는 식으로는 과학소설 본연의 역량을 제대로 발휘하기 어렵다. 과학문명의 비전은 단지 과학지식을 미래 생활에 접목하는 것으로 끝나는 것이 아니라 그로 인한 긍정적인 면과 부정적인 면을 동시에 곱씹어 볼 수 있는 사회과학적인 성찰이 겸비되어야만 대중의 진정한 공감을 얻어낼 수 있다고 본다.

과학소설은 우리 자신의 편안한 사회를 파괴한다. 과학소설은 질서의 회복이 아니라 변화를, 게다가 가능한 한 지속적인 변화를 다룬다. (…중략…) 우리는 우리의 사회를 떠나며 결코 되돌아오지 않는다.[16]

위에서 아이작 아시모프가 규정한 과학소설의 성격은 서구 과학소설을 근본적으로 특징짓는다. 진정한 과학소설이라면 체제나 지배 이데올로기에 안주하지 않는 새로운 사상을 새로운 소재에 담아 표현한다. 그러나 북한의 과학소설은 변증법적 유물론 사관을 신봉하면서도 정작 현재의 지배 이데올로기에 대해서는 추호의 의심도 없이 영원히 충성을 바쳐야 하는 북한의 창작 상황을 반영하는 모순된 현실의 예이다. 그 결과 현재의 북한 과학소설은 일방적인 계몽문학에서 한 치도 벗어나 있지 않은 탓에 폭넓은 독자층을 끌어안기 위해 엔터테인먼트와 인간학적 또는 사회과학적 성찰을 접목한 과학소설로 나아가는 데 심각한 장벽에 직면해 있다고 생각된다.

---

[16] Richard Treitel, "What is Science Fiction?", http://www.treitel.org/Richard/sf/sf.html

세계과학소설사

북한 과학소설의 이해 2

북한 과학소설의 이해 2

실제 작품 독해를 통한 구체적인 이해

1. 소련의 달착륙선이 미국보다 먼저 달에 도착한다?: <혹성 간 비행선 달 1호>

 전형적인 소설이라기보다는 허구의 르포르타주에 가까운 중편 〈혹성 간 비행선 달 1호〉(1954)는 초창기 우주 탐사 경쟁에서 미국의 코를 납작하게 만들었던 소비에트 러시아가 1950년대 중반까지 끌어 모은 우주과학 전반에 대한 지식의 집대성이라 해도 과언이 아니다. 작품은 미국의 아폴로 11호 선장 암스트롱이 아니라 소련의 우주비행사들이 세계 최초로 달에 착륙했다는 가정 아래 그 준비과정과 착륙 현장을 인터뷰 방식을 빌려 마치 실제 일어나고 있는 일처럼 그럴 듯하게 묘사한다. 물론 잡지 『아는 것은 힘이다』의 편집진이 각계의 지식인들을 끌어 모아 엮은 가상 시나리오에 불과하며, 정작 1969년 7월 20일 인

** 이 글은 바로 앞의 글 「북한 과학소설의 이해 I－프로파겐디 문학의 현실과 그 한계」의 연장선상에서 실제 작품들의 주요 내용과 주제를 알아봄으로써, 남쪽 독자들의 북한 과학소설 세계에 대한 이해를 보다 구체적으로 돕고자 하는 취지로 작성되었다. 아울러 본 자료 역시 앞의 글과 마찬가지로 통일원 북한자료실에서 입수한 문헌에 근거한 것임을 밝혀둔다.

소련 우주비행사들의 달 정복을 묘사한 1950년대 미국 과학소설잡지의 삽화. 이것은 당시 미국인이 소비에트 러시아가 달에 인간을 먼저 보낼까 봐 얼마나 노심초사 했는지를 보여주는 반증이다.

1969년 미국의 달착륙 성공 25주년을 기념하여 발행한 우표

류 최초로 달에 발을 디딘 쪽은 미국의 아폴로 11호였다. 하지만 1950~1960년대만 해도 미국과 소련이 한 치 앞을 예상할 수 없을 만큼 치열하게 우주개발 경쟁에 나서던 때였고 미국의 과학소설 잡지 표지에서조차 러시아인들이 달에 먼저 국기를 꽂는 불길한(?) 일러스트가 심심찮게 실릴 정도였으니 〈혹성 간 비행선 달 1호〉의 내용에 허풍이나 과장이 섞였다고 보기 어렵다. [사실 미국은 우주개발 경쟁 초기 소련에 비해 로켓 발사체 기술에서 뒤져 절치부심하는 상황이 상당 기간 지속되었다. 소련은 1957년 10월 4일 세계 최초로 인공위성을 발사한 데 이어 1959년 9월 15일 처음으로 달에 인공위성을 명중시켰다. 또한 최초의 유인우주비행도 1961년 4월 12일 소련의 보스토크 1호 우주비행사 유리 가가린이 해냈다. 이에 비해 미국은 새턴 5호 로켓이 완성되기 전까지만 해도 늘 한 걸음 늦은 상황이었다.] 오히려 우주개발에서 일찌감치 선도적인 입지를 확보하여 자신감이 충만했던 소련 국민의 자부심이 자연스레 배어난 작품인 셈이다.

이 중편은 바로 이듬해인 1955년 북한의 국립출판사에서 소련의 다른 과학소설 중단편들과 함께 묶여 〈혹성 간 비행선 달 1호〉라는 이름으로 번역 출간되었으며, 같은 책에 유 노워셸리쩨브의 〈새형의 날개〉와 웨 로쏴호브스끼의 〈금강석〉, 그 오르므의 〈벼락〉 등이 함께 수록되었다.

이 선집에서 단연 돋보이는 것은 역시 책 제목으로도 쓰인 〈혹성 간 비행선 달 1호〉[원래 혹성(惑星)은 일본식 조어이며 현재 남한 사회에서는 행성(行星)이란 표기를 권장하고 있다. 따라서 이러한 명칭과 관련해서는 작품이 출간된 시기가 1950년대임을 감안할 필요가 있다.]이다.

이 작품에는 인류 최초의 경사인 달 착륙에 이르기까지 기여한 각 분야의 전문가들이 차례로 나와 인터뷰에 응하는데, 예컨대 로켓 이륙장 책임자, 천체과학자이자 선장, 조종 파일럿, 선의(船醫), 로켓 설계 책임자이자 동승 엔지니어, 재료 실험소 소장, 지상 관제소 엔지니어, 비행기 공장 선반공, 행성 간 비행협회 회장, 천문대 소장 같은 이들이 등장한다. 독자는 이들의 인터뷰를 따라가면서 로켓의 제작에서부터 발사 그리고 탐사여행에 이르는 온갖 경이로운 의문들을 하나씩 풀어나가게 된다. 또한 중간 중간 일러스트가 들어 있어 이해를 돕는다.

1950~1960년대 미국과 소련 간의 달착륙 경쟁을 2차 세계대전의 유황도 전투에 빗댄 잡지 일러스트. 당시 양국 간의 우주개발 경쟁은 과학기술 영역에서의 선의의 경쟁을 넘어선 초강대국으로서의 패권 다툼 양상을 띠었다.

이 작품은 잡지 『아는 것이 힘이다』의 1974년 11월 26일자 판이라는 미래 시점에 나온 것인 양 가장하여 '쏘련 과학 아까데미야의 보도: 〈혹성 간 비행선 달 1호〉의 출발에 관하여'라는 제하의 특집 기획기사 형식으로 시작하여 사실감을 더하고 있으며, 마지막에 가서야 지금까지의 모든 내용은 전문가들의 자문을 통해 과학적인 바탕 위에서 쓰여진 가상 시나리오임이 밝혀진다. 소련 작가들의 작품을 북한 번역자들이 한글로 옮긴 과학소설 선집 〈혹성 간 비행선 달 1호〉는 〈안드로메다 성운〉 번역판과 마찬가지로 휴전 후 북한사회에서 과학소설이 소비에트, 러시아 작가들의 작품들을 번역 소개히는 단계를 거쳐 전파되었음을 시사한다. 더 많은 자료가 있으면 하는 아쉬움이 남긴 하지만, 〈혹성 간 비행선 달 1호〉는 초창기 북한 과학소설계를 엿볼 수 있는 작품

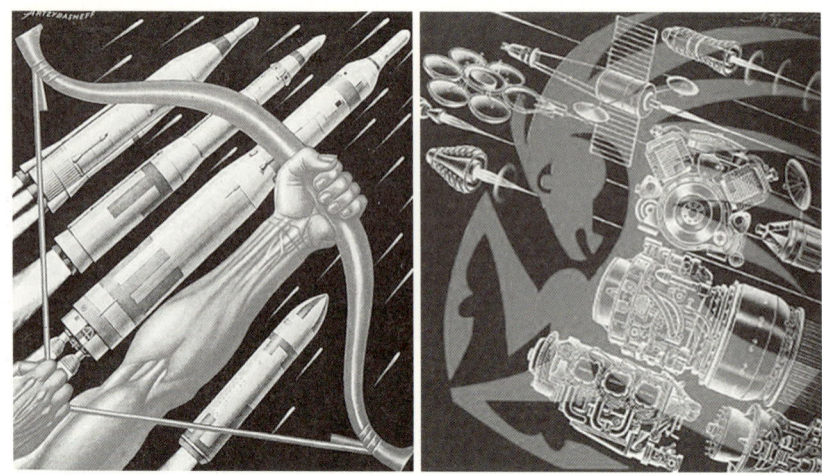

1960년대 미소 냉전기에 그려진 소련 방위산업체 아프코(Avco)사의 PR 일러스트. 소련 일러스트레이터 보리스 아르찌바쉐프(Boris Artzybasheff, 1899~1965)가 그린 것으로, 미국과 소련이 치열하게 우주개발 경쟁을 거듭하던 당시 상황을 암묵적으로 반영하고 있다. 하나는 원시인의 수렵에 쓰던 활의 이미지와 첨단 로켓제조회사의 이미지를 연계하여 역사적이고 상징적인 정통성을 강조하였으며, 다른 하나는 펄펄 뛰는 말을 상징화한 이미지와 우주선과 인공위성의 제트추진 기관을 개발하던 아프코사의 주력업종을 연계시키고자 하였다.

이란 점에서 비록 외국 작품의 번역물이긴 하지만 역사적 가치를 지니고 있다고 본다.

2. 실생활에 써먹지 못하는 과학은 과학이 아니다?: 단편집 〈번개잡이 비행선〉

1988년 출간된 과학소설 단편집 〈번개잡이 비행선〉은 북한 과학소설의 비교적 최근 모습을 엿볼 수 있다는 점에서 의미가 있으나, 주제뿐 아니라 표현 스타일 면에서 이전까지의 북한 과학소설과 근본적으로 별다른 차이를 보이지 않는다. 이 단편집에 실린 6개의 작품은 모두 청소년들을 대상으로 북한체제의 우월성을 끊임없이 반복한다는 공통된 특징을 갖고 있다. 아울러 여기에 실린 작품들은 청소년들에게 과학기술의 중요성을 이해시킴으로써 북한을 과학강국이자 부강한 나라로 만들겠다는 이데올로기가 충만해 있다. 청소년을 주 독자층으로 겨냥해 씌어지다 보니 작품들에 등장하는 주인공은 죄다 소년소녀이지만 으레 뛰어난 발명가이자 전문 과학자 뺨치는 솜씨를 지녔다고 전제되어 있다. 이 같은 주인공들의 스테레오 타입화 현상은 이들이 대개 고등중학교의 과학연구팀 소속이라고 설정되어 있는 데서도 알아차릴 수 있다.

단편집 〈번개잡이 비행선〉의 표제^{標題}에도 드러나 있듯이, 북한 과학소설은 서구의 초창기 과학소설이나 청소년용 작품에서처럼 우주나 미지의 세계에서의 탐험과 경이에 초점을 맞추기보다는 실제로 과학기술이 실용화되었을 때 인민 대중의 삶이 어떻게 개선되고 혜택을 받게 될지에 강하게 집착한다는 것이 주요한 특징이다. 필자가 여기서 '집착' 이란 표현을 굳이 쓴 것은 북한 과학소설에서는 실사구시^{實事求是} 내지 실용주의 정신이 유독 강조되다 보니 과학기술에 기댄 물질문명의 번영 속에서 그 부산물로서 수반되는 일부 부조리나 모순 그리고 그러한 환경에서 고뇌하는 인간의 내면세계를 깊이 있게 들여다볼 여력이 없기 때문이다. 이러한 환경에서는 서구세계에서와 같이 검과 마법류가 적당히 섞인 과학판타지^{Science Fantasy}나 행성 간 로맨스^{Planetary Romance}, 디스토피

 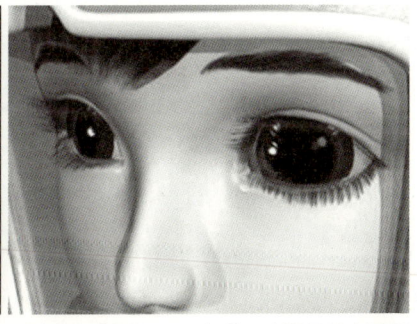

단편소설 〈번개잡이 비행선〉을 원작으로 한 SF 애니메이션 〈환상 속의 세 동무〉. 2002년 6월 조선 중앙TV에서 방영된 북한 최초의 컴퓨터 그래픽 애니메이션이다. 제작은 '4.26 아동영화촬영소'가 맡아 8개월의 제작 기간을 거친 20분짜리다.

아Distopia, 사이버펑크Cyberpunk 같은 과학소설의 인기 하위 장르들이 발붙일 구석이 있을 리 없다. 이 같은 북한 과학소설의 특징은 속내를 한 꺼풀 벗겨보면 국제 정치경제에서 장기간 고립된 독자노선을 걸어온 결과 각종 경제제재와 금수조치에서 비롯된 자원부족을 감내해내야 하는 북한 주민들의 실상과 그로 인한 소망을 반영한 까닭이 아닐까 풀이된다. 대표적인 예가 북한의 전기 부족실태를 반영한 단편 〈번개잡이 비행선〉(2000)이다.

아울러 〈번개잡이 비행선〉에 실린 작품들은 하나같이 개인의 명예보다는 집단과 사회의 명예를 더 중시한다. 물론 이 작품들 하나하나를 이끌어가는 구체적인 주인공들이 존재하지만 그들은 자신들의 성과에 대해 돌아온 명예와 보상을 소속 집단, 해당 사회와 함께 나누려는 자세를 견지한다. 혼자 잘난 척하는 인물보다는 함께 팀워크로 값진 성과를 일궈 나가는 캐릭터에게 더 후한 점수를 주는 것이다. 마치 세르게이 미하일로비치 에이젠슈테인Sergei Mikhailovich Eizenshtein, 1898~1948[소비에트 러시아 형성기의 영화감독이자 영화이론가로서, 집단 주인공과 몽타쥐 편집으로 자신만의 독특한 영화미학을 구축했다. 주요 작품으로 〈파업〉(1925), 〈전함 포템킨〉(1925), 〈오래된 것과 새로운 것〉(1929), 〈10월〉(1927), 〈알렉산드르 네브스키〉(1938), 〈이반 뇌제(雷帝) 시리즈〉(1944~45) 등이 있다.]이 연출한 〈전함 포템킨〉에서처럼 집단이 주인공으로 등장하는 영화들을 연상시키지만, 문제는 누구나 마음만 먹는다고 에이젠슈테인의 미학을 구현할 수는 없다는 데에 있다. 이 단편집에 실린 작품들은 이야기의 극적인 갈등이나 반전 같은 엔터테인먼트 요소가 미약하며 과학적인 기반에서건 내러티브 전개상에서건 독창적인 아이디어도 빈곤하다. 반면 과학기술문명에 대한 막연한 이상理想을 피상적이고 장밋빛으로 도배한 내용 일색인 데다 아무리 청소년용 작품이라고는 해도 노골적이고 유치하고 감동을 부추기는 직설적인 표현 탓에 오히려 제때 감정이입이 어려울 정도여서 선전문학宣傳文學의 견고한 이념체계가 작가들의 사고를 유연하게 하는 데 장애가 되고 있는 듯하다. 여기에서는 여섯 편의 단편들 가운데 상대적으로 독창성과 완성도가 있어 보이는 〈로케트를 부르는 전파〉와 〈번개잡이 비행선〉 그리고 〈사시절 입는 옷〉 등 3편을 요약하여 소개하기로 한다.

1) 해양 생물의 커뮤니케이션 연구를 통한 어획 사업의 새로운 도약을 모색한 〈로케트를 부르는 전파〉[1]

〈로케트를 부르는 전파〉는 어류의 손쉬운 대량 포획을 위해 그들의 커뮤니케이션 방법을 연구하는 해양 고등중학교 학생들의 이야기이다. 낙지들은 초음파로 서로 의사소통을 하기 때문에, 주인공 일행은 낙지떼를 어부들이 쉽게 잡을 수 있도록 낙지 말로 낙지 동료를 유인하는[이를 테면, "먹을 게 많으니 이리로 모이라!"] 초음파 신호 해독을 시도한다. 이 과정에서 곧이곧대로 해저에서 낙지떼와 맞부딪쳐 알아내야 한다는 생각을 지닌 수남과 그보다는 다양한 동물의 습성 연구를 통해 체계적인 지식을 축적해 추론해내자는 영철과 봄순이의 생각이 충돌을 일으킨다. 여기서 수남이는 혼자 낙지떼 탐사에 나섰다가 사고를 당하는 성급한 행동주의자다. 반면 친구 영철이와 봄순이는 닭과 병아리 관계를 관찰해서 낙지 어미가 낙지 새끼를 부르는 신호를 녹음해 해저에서 방송하면 대량의 낙지떼를 유인 및 포획할 수 있으리라는 유추를 해낸다. 결국 두 사람의 아이디어는 실험을 거쳐 입증되고 수남은 성급한 행동보다는 신중한 준비가 과학을 이용한 산업 육성에 필수적임을 깨닫고 자신의 부족함을 뉘우친다. 한편 〈로케트를 부르는 전파〉에는 약간 앞선 시점의 미래임을 연상시키는 SF적 소도구들이 사용되고 있는데, 해양

---

[1] 리광근, 〈로케트를 부르는 전파〉, 김정회 편집, 〈번개잡이 비행선〉(과학환상소설집), 평양: 금성청년출판사, 1988, 2~23쪽.

어류의 언어 해독기인 곰등어 말사전과 낙지말사전, 자동텔리비전 전화기, 원자력 만능가공모선 그리고 레이저포 같은 것들이 그러한 예들이다.

이 단편에서 보듯이 과학을 이용해 문제에 제대로 접근하는 입장과 눈앞의 가시적인 것에만 매달리는 행동주의자의 조급함을 대조시키는 경향은 작가 리광근이 이로부터 2년 후 출간한 또 다른 과학소설 〈만능 보약풀밭은 설레인다〉에서도 같은 패턴을 반복하고 있다.[2] 이 작품은 나름대로의 긴장과 복선을 만들어내려고 노력한 흔적이 보이지만 청소년을 주인공으로 내세워 뭔가 큰일을 성취하게 하려 하다 보니 기본 설정에서 무리수를 두고 있다. 이를테면 고등학생들이 어떻게 자기네 힘만으로 잠수함을 몰 수 있는지 그리고 아예 한 술 더 떠서 해양생물의 언어를 판독하는 장치를 만들어낼 수 있는지에 대한 세부적인 근거가 허술하기 짝이 없다. 결과적으로 청소년들이 어른 뺨치는 과학기술 개발 능력을 발휘한다는 억지 설정 자체가 청소년 독자층의 감정이입이나 감동으로 자연스레 이어질 것이란 안이한 계산과 맞물려 설득력을 떨어뜨리고 말았다.

2) 청소년판 에디소네이드, 〈번개잡이 비행선〉[3]

외견상 청소년용판 에디소네이드^{Edisonade}[에디슨처럼 재능이 뛰어난 발명가인 주인공이 모험을 겪으면서 적들을 만나 물리치고 마침내 새로운 영역을 정복한다는 공식에 입각한 이야기들을 지칭하는 용어이다. 여기서는 뛰어난 발명가가 문제상황에 지혜롭게 대처해서 결국 해결해내는 이야기라는 의미로 사용하였다.]라 할 수 있는 〈번개잡이 비행선〉이 남다른 관심을 보이는 소재는 전기가 부족한 북한의 현실을 반영한 대체 에너지 개발이다. 번개잡이

2 김재화 편집, 〈지구 밖으로〉(과학환상소설집), 평양: 금성청년출판사, 1990, 83~100쪽.
3 조희건, 〈번개잡이 비행선〉, 김정회 편집, 앞의 책, 24~43쪽.

비행선을 전국 청소년 발명품 전시회에 출품하려는 고등중학교 수재 용이는 번개구름 탐지기 제작에 어려움을 겪고 있던 차에 같은 연구팀원 성혁으로부터 생물연구팀의 정희가 두 사람의 로켓 연구팀에 합류하겠다는 의사를 밝혔다고 일러준다. 나아가 정희가 로켓연구팀에 합류하려는 것은 그녀가 개구리 눈알 모양의 탐지기를 통해 먹구름을 쉽게 찾아낼 수 있어 그 능력을 발휘하기 위해서란 이야기까지 덧붙인다. 그러나 용이는 예술가 집안 출신인 데다 생물학이나 공부하던 정희가 어떻게 과학자 집안 출신에 과학영재인 자신의 팀에서 함께 일할 수 있겠냐며 회의적으로 받아들인다. 그는 차라리 유명한 과학자인 아버지에게서 힌트를 얻을 수 있으리라 기대한다. 그러나 알고 보니 정희의 아이디어는 과학자인 아버지가 생각하고 있던 것과 같은 것이었고 용이는 자기가 얼마나 자기만의 세상에서 잘난 척하며 살았던가를 깨닫고 참회한다. 또한 로켓연구 팀원들도 비행선 제작에 실질적인 공이 컸던 용이의 기여도를 인정하여 그가 저지른 그간의 속 좁은 언행을 용서하고 하나의 팀으로 거듭나도록 마음을 활짝 연다. 마침내 이들은 마음을 합쳐 번개잡이 비행선을 완성한다. 번개잡이 비행선은 구름 속의 번개를 비행선 안의 전기저장고에 끌어들여 전기에너지를 저장하는 데 성공한다.

조희건의 〈번개잡이 비행선〉은 리광근의 작품들과 마찬가지로 고등학생들이 비행선 및 구름 탐지기를 설계, 제작, 조종해서 구름 속의 전기를 끌어온다는 설정을 근간으로 함으로써 무리한 상황전개를 무릅쓴다. 더욱이 로켓 비행선을 제작하고 그것을 발사해서 구름 속에서 전기에너지를 채취해 오는 방식은 수익보다 원가가 더 많이 드는 방식이 아닌가 생각된다. 배보다 배꼽이 더 큰 형국이니 어디까지나 아이디어를 위한 아이디어의 차원에 머무를 수밖에 없지 과학적인 사고와 실용성을 합리적으로 접목시켰다고 보기 어렵다. 다만 에너지원 확보를 위한 기술개발 측면뿐만 아니라 그것을 개발하는 과정 속에서의 연구원들의 인화관계를 중시한 것은 교훈성을 우위에 두는 청소년용 작품으로서는 의의가 있다 하겠다. 그러나 이러한 경향성이 조희건의 단편뿐 아니라 여러 작가의 작품에서 시대를 막론하고 다수 발견되는 것으로 보아 개인주의적 업적보다는 집단주의 내지 커뮤니티의 화합을 통한 성과 창출에 보다 큰 의미를 두는 해당 사회체제의 철학을 충실히 반영한 때문으로 풀이할 여지가 더 많아 보인다.

3) 소비자의 취향보다는 공급자 관점에서만 기술한 〈사시절 입는 옷〉[4]

라경호의 〈사시절 입는 옷〉은 첨단의복을 개발하는 이야기라는 점에서 실생활과 연계된 과학기술의 기여라는 주제가 다시 한 번 변주되고 있다. 작품 속에 등장하는 사철 옷은 겨울에는 따듯하게 여름에는 서늘하게 체온을 유지시켜 준다. 예컨대 옷을 입고서 옷에 달린 첫째 단추를 누르고 왼쪽으로 돌리면 서늘한 바람이 나오고 오른쪽으로 돌리면 더운 바람이 나온다. 둘째 단추를 누르고 돌리면 원하는 빛깔의 의상으로 바꿀 수 있으며, 셋째 단추를 누르면 입는 사람의 체형에 맞게 옷의 형태와 크기가 조절된다. 그러나 이러한 설명을 읽어 나가다 보면 필자로서는 살아온 환경이 달라서인지 선뜻 공감하기가 어려워진다. 아마 사회주의 사회에서 살아가는 작가의 머릿속에서는 시장의 수요와 공급의 균형점이란 개념을 떠올리기가 힘들었던 모양이다.

사철 옷이 얼마나 첨단의복이냐는 둘째 치고 그것을 입겠다는 것은 인간으로서 의상을 통한 무언의 커뮤니케이션을 하겠다는 의미이다. 패션이라는 용어는 단지 '의상의 유행'이라는 표피적 의미 외에 디자이너들과 소비자들 간에, 그리고 소비자와 소비자들 간에 옷에 대한 생각

---

[4] 라경호, 〈사시절 입는 옷〉, 김재화 편집, 위의 책, 44~61쪽.

과 주장을 주고받는다는 심층적 의미를 품고 있다. 따라서 소비자들의 기호에는 아랑곳없이 오로지 온도조절과 반영구성이란 기능성에만 초점을 맞춰 옷을 기획하고 제작한다는 것은 시장 수요, 다시 말해서 옷을 직접 몸에 걸치는 사람들의 심리에 대한 고려가 없이 배급제 사회에서만 생각 가능한 발상이 아닐까 하는 생각이 든다. [단적인 예로, 일회성 의복을 연구개발하고 있는 자본주의 사회의 패션산업과 비교해보시라!]

3. 북한 과학소설의 1990년대 경향: 단편집 〈지구 밖으로〉

1990년 출간된 과학소설 단편집 〈지구 밖으로〉는 위에서 예로 든 단편집 〈번개잡이 비행선〉과 별반 다르지 않은 시각에서 작품들을 선별 취합하였다. 단편집 〈지구 밖으로〉 또한 청소년 타깃을 대상으로 집필되었으며 북한체제의 우월성을 고취시키기 위한 선봉대로서 프로페셔널이라 해도 전혀 손색이 없는 청소년 발명가들이 주인공으로 등장한다. 단편집에는 모두 6편이 실려 있는데 체제에 대한 맹목적인 충성을 미화하고 이를 위해 멸사봉공하는 청소년들의 활약상이 전개된다. 여기서는 그 여섯 편 중 다섯 편의 내용을 짧게 요약하여 살펴봄으로써 북한 과학소설의 1990년대 경향을 짚어보기로 한다.

1) 이상적인 과학도의 도덕적 양식을 다룬 〈인공뿌리선광〉[5]

해외의 관록 있는 선광학자 마르쉐는 국제소년과학토론회에 참가한 북한의 열일곱 살짜리 고등중학생 영재 강혁의 새로운 아이디어 제안

---

5 조희건, 〈인공뿌리선광〉, 김재화 편집, 위의 책, 2~21쪽.

에 매혹된다. 왜냐하면 강혁은 선광학 분야에서 어느 누구도 생각하지 못한 신기술을 제창했기 때문이다. 선광학選鑛學이란 광석에서 우리 생활에 필요한 원소만 뽑아내는 기술을 연구하는 학문으로, 기존의 선광학에서는 미생물을 이용하여 광물 속 원소를 녹여 내는 기술 중심이었는데 반해 강혁은 식물 뿌리가 흙 속의 영양분을 선별해서 빨아 먹듯 인공 뿌리를 만들어 광물 원소들을 선별 채취하는 방법을 제안함으로써 학계의 센세이션을 불러일으킨다.

마르쉐는 강혁의 주장이 정리된 정식 논문을 그가 다니는 학교인 평양 고등학교 광업 연구소 측에 요청한다. 그러나 학교 측으로부터 의외의 답변이 돌아온다. 같은 학교 여학생 조윤아의 비판으로 강혁의 논문이 완성되지 못하고 취소되었다는 것이다. 도무지 이해가 되지 않은 마르쉐는 북한을 직접 방문한다. 그러나 조윤아와 강혁을 각기 만나 사정을 들어보니 논문이 취소된 것이 아니라 조윤아가 논문의 완성도를 높이기 위해 중요한 결점을 지적한 결과 강혁이 논문의 완성을 뒤로 미룬 것이었다. 조윤아는 현재 강혁이 제시한 선광법으로는 셀렌을 유황과 구별하여 추출할 수 없는 한계를 지적하면서 보완을 요구했던 것이다. 강혁은 이러한 충고를 흔쾌히 받아들여 논문 완성을 미루었다. 마르쉐는 조윤아의 지적이 아주 사소한 부분이며 현재 강혁이 주장하는 수준만으로도 훌륭한 박사 논문감이므로 나중에 가서 보완해도 되니까 지금 당장 학계에 발표하라고 권한다. 그러나 강혁은 이렇게 답변한다.

"강혁이, 논문을 학위심사 위원회에 제출한 뒤에도 셀렌용 인공뿌리를 연구할 수 있지 않나, 응? 과학자가 되려면 자기의 명예를 소중히 여길 줄도 알아야 해!"

"선생님, 전 바로 그 명예 때문에 윤아 동무에게서 '타격'을 받았습니다."

"엉?"

"명예에 앞서 조국의 자원을 제 살처럼 아끼고 사랑할 줄 아는 애국자의 마음을 논문에 심어 주어야 한다는 윤아의 비판을 받고서야 전…"

"애국자의 마음?"

"네, 솔직히 전 논문을 쓰면서 셀렌을 빨아먹는 인공뿌리에 대해 전혀 생각 안한 건 아닙니다. 그러나 선생님도 아시다시피 거의 모든 식물들이 유황과 셀렌을 잘 분간 못하지 않습니까."

"그럼, 그만큼 셀렌용 인공뿌리를 만들기가 어렵지."

"그래서 전 셀렌용 인공뿌리에 대한 연구를 중도에서 그만두었댔습니다. 그런 미흡한 논문을 갖고 토론회에도 참가했구…"

— 본문 16~17쪽

그로부터 반년 후 드디어 모든 광물을 다 선별 채취할 수 있는 방법을 완성한 강혁의 논문이 마르쉐에게 전달되었다. 그동안 강혁이 보내온 편지에 따르면 셀렌용 인공뿌리 개발에는 조윤아의 아이디어와 지원이 큰 도움이 되었다고 하였다. 그러나 완성된 논문 표지를 보고 마르쉐는 의아해하지 않을 수 없었는데, 공동연구로 완성한 논문의 작성자가 오로지 강혁 한 사람 이름으로만 되어 있었기 때문이었다. 강혁의 품성으로 보아 있을 법 하지 않은 일이라 여긴 마르쉐는 논문 첫 갈피에 끼워져 있는 교장 선생의 편지를 읽고 감동을 받지 않을 수 없었다.

"존경하는 마르쉐 선생, 인공뿌리선광법에 대한 논문은 강혁 학생 혼자 힘으로 완성되지는 않았습니다. 때문에 강혁 학생은 논문 집필자 이름란에 조윤아 학생 이름도 함께 밝힐 것을 요구하였습니다. 그러나 조윤아 학생은 그걸 반대했습니다. 마르쉐 선생, 이런 일은 우리 학교 학생들 속에서 너무도 흔연히 벌어지는 범상한 일입니다…."

마르쉐는 한동안 깊은 생각에 잠겨 있었다. (아, 조선의 학생들. 나이 어린

과학자들… 정녕 그 애들이야말로 조국을 참답게 받들어가는 미래들이다.)

— 본문 21쪽

    이 작품은 개인의 눈앞의 명예보다는 조국의 명예를 위해 100% 신뢰도 있는 논문을 만들려고 하며 개인의 영달보다는 아무런 대가 없는 선의의 협조에 익숙한 조선의 어린 학생들의 바른생활에 감동한 학자 마르쉐가 다시 한 번 평양을 방문할 마음을 다져 먹는 것으로 마무리 된다. 〈인공뿌리선광〉에는 과학소설이란 장르에 걸맞게 다채로운 설정과 소도구들이 등장하는데, 국제 소년 과학 토론회란 설정뿐만 아니라 햇빛을 따라 자동 회전하는 평양의 아파트촌을 질주하는 뜰차^{비행차}, 인체의 발열량을 감지하여 절로 작동하는 선풍기, 국제공항의 안내 로봇 그리고 천연색 입체영화 등이 바로 그러한 예들이다.

    이 단편은 조국애와 작품의 주제를 직설적으로 결부시켜 과학자를 사회의 모범이 되어야 할 이상적인 엘리트로 묘사하는데, 이러한 특징은 조희건의 〈인공뿌리선광〉에서뿐만 아니라 대부분의 북한과학소설에서 어렵지 않게 찾아볼 수 있는 공통된 경향이다. 북한 문단에서 창작 과학소설이 높은 평가를 받으려면 단지 과학기술의 발달과 전망에 대한 통찰 못지않게 과학계 종사자, 즉 과학자들의 도덕과 양식 있는 생활을 강조해야 한다.

2) 북한식 우주 과학소설, 〈지구 밖으로〉[6]

    북한의 과학소설은 현실의 삶과 밀착된 실용성을 유독 선호하다 보니 막상 우주공간을 무대로 한 스케일 큰 작품을 만나기가 쉽지 않다.

---

  6 라경호, 〈지구 밖으로〉, 김재화 편집, 위의 책, 41~58쪽.

자칫 스페이스 오페라 스타일로 나갔다가는 공허하고 황당한 자본주의 과학소설의 판박이라고 비판받을 가능성이 높기 때문이다. 하지만 라경호의 〈지구 밖으로〉는 유전공학과 우주공학적 지식에 근거한 나름대로 비전을 보여주고자 시도한다. 유전공학을 이용해서 솔개를 말만큼 덩치를 키운 동시에 성격은 비둘기처럼 온순하게 만들어 공중교통수단으로 이용하는 근미래의 북한사회에서 북한 정부는 더 이상의 환경오염과 공해를 막기 위해 야금공장과 화학공장을 우주로 이전하려는 계획을 추진한다. 이를 위해 서해 바다 한가운데 자리 잡은 우주역에 우주로켓이 뜨고 내리며, 공장들이 건설되는 우주정거장은 지구와 태양 사이의 인력이 상쇄되는 라그랑주 포인트에 위치하게 된다. 이 무중력 포인트에서 제련을 하게 되면 지구의 환경보호는 물론이고 불순물이 거의 없는 강철을 제련할 수 있다는 장점이 있다.

주인공 세철이의 아버지와 어머니는 우주기지에서 야금공장을 건설하는 과학자 부부이다. 지구에서 돌아올 날만 기다리던 세철이는 막상 공장건설이 다 되었어도 돌아오지 못하는 부모를 원망한다. 또 다른 우주기지에 과학자로 파견 나갔던 친구 녀석의 아빠는 돌아와 극진한 환영을 받았는데 말이다. 심지어 같은 반 급우들은 세철이의 부모가 과업을 다 성취하지 못해서 귀환하지 못한 것은 아닌가 하고 뒤에서 수군거린다. 복잡한 심경의 세철이는 여름방학을 맞아 우주기지를 방문하는데 거기서 그는 아버지가 공장건설의 공로로 노력영웅과 원사라는 명예까지 얻었지만 아직 원자재의 자급자족 문제를 해결하지 못했다는 책임감 때문에 스스로 눌러앉아 문제해결에 고심하고 있다는 사실을 알고 감동한다. 이제껏 작은 성과에도 남들에게 자랑하느라 여념이 없었던 자기 자신과 아버지가 너무나 내비되어 보인 탓이다. 세철이 아버지는 지구에서 철광석을 운반해 오는 대신 우주의 운석이나 소행성 등을 이용하여 광석을 제련할 계획을 구상 중이었고 여기에 세철이가 이런저런 아이디어를 추가하여 기지의 과학자 협의회의 인가를 받는다. 새로운 광산을 찾아 나선 이들은 마침내 화성 너머의 소행성 가운데서 순금으로 되어 있는 황금별을 찾아낸다. 이제 방학을 마치고 지구로 돌아가야 하는 세철이에게 아버지는 자신이 소행성 탐사용 로켓 제작에 참여하느라 5년 이상 걸릴 것으로 보여 앞으로도 오랫동안 지구에 돌아가지 못할 것 같아 양해를 구한다. 자기 고향, 자기 조국을 더 아름다운 낙원으로 가꾸기 위해 자진해 어려운 길을 나서는 아버지의 숭고한 애국심에 세철은 가슴이 미어지고 자신 또한 조국강산을 꽃피우는 훌륭한 과학자가 될 결심을 굳힌다.

〈지구 밖으로〉는 우주로 무대를 바꾸었을 뿐 북한체제의 이데올로기를 대변하는 노력영웅[원사]을 주요한 역할 모델로 내세운다는 점에서 프로파겐다 문학의 전형을 보여준다. 북한의 과학소설은 과학의 경이감이나 신기술 발명 내지 발견을 통해 변모하게 될 사회상보다는 그러한 과학기술을 이끌어 나가는 과학자 집단의 충성심과 이에 대한 인민대중의 전폭적인 지지에 더 큰 관심을 보인다. 다른 한편으로 이 작품은 발표 시점(1990)을 고려하건대 1990년대 말 실제로 인공위성 발사체 기술에서 국제적인 수준에 오른 북한의 여건상 북한의 어린이들과 청소년들에게 허황되지 않고 보다 현실적인 미래에 대한 비전으로 읽힐 수도 있을 것이다.

3) 수중도시를 무대로 한 해양 개발 이야기, 〈바다 속으로 가자〉[7]

해저에서 양식을 하면 식물들이 지상보다 훨씬 크고 빨리 자란다. 이유는 땅 위에서는 식물이 비바람과 제 무게를 견디기 위해 줄기와

---

7 김동섭, 〈바다 속으로 가자〉, 김재화 편집, 위의 책, 59~82쪽.

가지 그리고 뿌리 같은 구조물을 뻗치는 데 많은 영양분을 소비하지만 물속에서는 그런 소비가 거의 필요 없기 때문이다. 또한 사철 온도가 거의 같고 여러 가지 영양물질도 많이 섞여 있어 빨리 자랄 수 있는 것이다. 〈바다 속으로 가자〉의 주인공 준호는 이러한 통찰 아래 고등중학교를 마치자 어머니의 만류에도 친구 현철과 함께 수중도시에서의 해저 개발 프로젝트에 참여한다. 어느 날 해저농장의 무한한 미래에 감동하던 준호에게 어머니의 연락이 온다. 어머니는 준호가 힘들고 위험한 그런 일보다 안정되고 존경받는 직장을 알아 놓았다면서 회유한다. 하지만 준호는 해저농장의 선구자들과 친구 현철에게 이미 감화를 받아 어머니의 이기적이고 개인주의적인 태도에 부끄러움을 느낀다. 준호는 어머니에게 남들보다 더 좋은 지위와 재물을 탐하여 사는 인생보다는 어떤 명예와 향락보다 조국의 번영과 인민의 행복을 위한 창조와 개척의 결전장에서 생명까지 서슴없이 바치겠다는 뜻을 담은 편지를 보낸다. [이처럼 지식인이 고상한 자리에 연연하지 않고 몸소 앞장서서 고난의 길이나 실험적인 도전에 나서는 내용은 비단 북한의 과학소설 문학에서만 찾아볼 수 있는 것이 아니다. 북한사회에서 소설은 사상교육을 목적으로 삼고 있기 때문에, 〈해주-하성'서 온 편지〉(1960) 같은 주류문학 작품에서도 대학 진학을 포기하고 해주와 하성을 잇는 철도공사에 자진 참여하는 주인공이 등장한다. 이 단편은 청년들의 공사를 앞당기는 헌신을 통해 실천적인 지식인의 모습을 형상화하고 있다.][8]

어머니에게 편지를 띄우는 1인칭 시점에서 서술된 〈바다 속으로 가자〉는 고등중학교를 졸업한 사회의 초년병들이 자신들을 길러준 조국에 보답하기 위해 뭔가 보람되고 진취적인 분야에 일로매진해야 하지 않겠는가라는 계몽론적인 입장에서 이상적인 청소년상을 부각시킨다. 작품에 등장하는 주요 인물들을 통해 작가는 해저개발에 참여하려면 임무수행을 위해 과학기술적으로 준비된 지식을 갖고 있어야 할 뿐 아

---

8 전성희, 〈남북한 대중문화 비교 리포트〉, 이대 북한문화, 2004.

니라 목숨을 기꺼이 바칠 수 있거니와 어떠한 정신적 육체적 곤란도 이겨낼 수 있는 사람만이 자격이 있다고 주장한다. 따라서 정부에서 일하는 연구원들은 밤이나 낮이나 오로지 사회와 국가가 잘되기만을 바라고 그를 위해 모든 것을 희생하는 사람들로 그려진다. 새로운 분야에서 성공을 거두기 위해 진취적인 참여 자세가 필요하다는 주장은 이해되지만 그러한 준비 자세가 지나치게 비장해서 이른바 '산업전사'라는 표현이 딱 맞을 것 같은 분위기다.

〈바다 속으로 가자〉는 북한의 과학소설이 외계에서 외계인들과 전쟁을 벌인다는 일견 도피주의적 망상보다는 수중 자원의 개발과 활용을 통해 인민대중의 현실의 삶이 개선되는 데에 큰 관심을 갖고 있음을 보여주는 사례이다. 북한 과학소설의 이 같은 실사구시實事求是 철학은 이 작품 속에서 언급된 바 있는 해저농장에서의 양식업이 갖는 의미에 대한 평가에서도 찾아볼 수 있다.

"여기서 소출이 얼마나 납니까?"
"정보당 300톤 이상을 예견하고 있다. 우리나라 바다에는 다시마나 미역 같은 갈조류나 김 같은 홍조류를 비롯하여 약 700여 종의 바다 나물이 있는데 거기에는 땅 위에 없는 원소를 포함하여 사람의 물질대사에서 중요한 역할을 하는 효소들도 들어 있어 모두가 경제적으로 쓸모가 있다."
우리는 선생님이 자료상으로 알려주는 그 엄청난 숫자에 놀라지 않을 수 없었습니다. 땅 위 농사에서는 그런 기적적인 소출을 내지 못하는 것이 현실 아닙니까?
"맛 좋은 기호식료품과 영양재들, 불로장수약을 비롯한 효능 높은 약재들, 여러 가지 화학제와 심지어 자동차 연유 같은 공업원료에 이르기까지 대량으로 얻을 수 있는 바다 농사는 그야말로 판을 크게 벌릴 만한 대상이지요."

— 본문 73쪽

북한 과학소설의 이러한 실용주의는 장기간 국제사회에서의 고립으로 인해 국민경제가 피폐해진 북한 사회 내부에 대한 사상적 단속의 자연스런 반영으로 읽힐 수 있다. 이는 작가가 만일 북한이 독자적으로 자연을 정복해서 그로부터 충분한 자원을 얻어낼 수만 있다면[그것이 식량이든 연료이든 간에 상관없이] 강대국의 제국주의적인 침탈을 예방하는 효과가 있을 것이라고 역설하는 데에서도 알 수 있다.

> "바다 속에서는 추위나 더위도 모르고 제 무게를 이겨내야 할 에네르기 소비도 없다. 그러니 살이 찔 수밖에 없다. 세계에서 가장 큰 동물인 흰 수염고래는 길이 33미터에 무게가 150톤이나 나간다. 이런 큰 고기가 삼사 년 동안에 자라나니 그 성장속도는 일 년에 50톤인 셈이다."
> "그렇다면 고래 한 마리 키우는 게 황소 500마리 키우는 것만 하군요. 그러니 여기에 자연먹이로 운영하는 곱등어 공장과 문어 공장이 생기게 될 날도 멀지 않았습니다."
> "이 바다 속을 개척하면 1억이 넘는 인구라도 풍족하게 잘 살 수 있다. 이것이 바로 우리 손에 달려 있다."
> 선생님은 두 팔로 우리의 손을 잡고 거닐면서 감명 깊게 말하였습니다.
> ― 본문 80~81쪽

4) 신약재료 개발 이야기, 〈만능 보약풀밭은 설레인다〉[9]

달메 고등중학교의 박사 선생은 10여 년의 연구 끝에 마침내 160여 종의 약초와 맞먹는 약효과를 내는 보약풀, 이름하여 '만능보약풀'을 육종하는 데 성공한다. 아울러 이것으로 병을 예방할 수 있고 건강을 증

---

9 리광근, 〈만능 보약풀밭은 설레인다〉, 김재화 편집, 앞의 책, 83~100쪽.

진시켜 수명을 150년으로 늘릴 수 있다는 컴퓨터 분석이 나온다. 이 학교에서 장래 식물학자를 꿈꾸는 15세의 두 소년 광호, 은별과 소녀 레민이는 박사 선생의 연구를 돕기 위해 팔을 걷어붙이고 나선다. 그러나 레민이와 은별이가 보약풀이 잡초의 침투에도 잘 견딜 수 있는 방법을 찾느라 고민하는 사이 광호가 전자공학에 미쳐 전기소자 류 따위나 온종일 주무르고 있어 레민이의 분노를 산다. 레민이와 은별이의 연구과제는 보약풀이 다른 주변의 잡풀들을 죽일 수 있도록 뿜어내는 화학성분을 강화시키는 방법이었다. 그들은 보약풀이 그러한 화학물질을 81가지나 뿜어냄을 알아냈지만 그 힘이 미약해서 잡초를 죽이는 데는 별 효과가 없었다. 그 사이 광호는 전자기기를 통해 그 화학물질의 힘을 수백 배 강화시키는 길을 찾아냈고 마침내 박사와 친구들이 보는 앞에서 실험에 성공한다. 레민이는 사람을 겉만 보고 판단한 데에 대해 반성을 하며 자신도 편협한 식물학자가 아니라 크로스 오버하는 진정한 유전공학자가 되기로 마음을 다진다.

리광근의 〈만능 보약풀밭은 설레인다〉는 조희건의 〈번개잡이 비행선〉과 마찬가지로 소년 과학도들을 등장시켜 과학자 개개인의 이해관계보다는 집단과 사회의 이익을 우선시하는 과학자 집단의 팀웍을 강조한다. 처음에는 집단 내에 수행 프로젝트의 본뜻을 제대로 이해하지 못한 나머지 일탈자가 발생하는 것으로 오해를 하게 했다가 나중에 가서 알고 보니 그 일탈자 또한 숨은 공로자였음이 밝혀지는 복선도 유사하다.

5) 항성 간 로켓 재료의 생산을 위한 여정, 〈룡궁기지로 가는 길에서〉[10]

광수는 고등중학교 4학년 때 소행성에서 채취한 경도 높은 금속으로

---

10 림희철, 〈룡궁기지로 가는 길에서〉, 김재화 편집, 위의 책, 59~82쪽.

연구를 거듭하여 우주에서 특수합금강을 시험생산하는 데 성공한다. 이 합금의 발명은 세계적인 화제가 되는데, 이것은 항성 간 여행을 가능하게 할 광속 로켓 재료가 되기 때문이다. 한편 친구 정민이는 그 특수합금이 소행성에서 생산될 수 있도록 자동공장을 설계한다. 그리고 이름을 '룡궁기지'라 붙인다. 이제 공장 건설이 마감 단계에 이르자 지구에 있던 이들은 작업 현장에 가서 검수를 해달라는 요청을 받는다. 이에 다혈질인 광수는 우주선 '새별'호를 타고 직선항행을 주장하지만 정민은 소행성대에 즐비한 운석떼와 마주칠 위험을 거론하며 정기 우주 항로대로 가자고 타이른다. 광수는 비록 직선 우주항행이 아직 아무도 시도해본 적이 없고 위험한 일이기는 하나 우주에서는 어차피 위험이 상존하는 법인데 맞서보지도 않고 후퇴하는 정민이의 태도에 실망한다. 더구나 정기 우주항로를 이용하자면 앞으로 52일 이후에나 출발하게 되는데 광수는 고등중학교 졸업을 불과 2달 앞둔 상태에서 졸업하기 전에 학교 연구소에 적을 둔 상태에서 이 성과를 완수함으로써 학위 칭호를 얻고 싶었던 것이다. 두 사람 사이가 시들해질 무렵 어느 날 정민은 광수를 불러 직선항행을 가자고 한다. 광수는 영문을 모른 채 신이 나서 정민과 목적지로 향해 떠난다. 마침내 우주선을 몰고 가던 그들은 운석떼에 휘말려 큰 위험에 처하게 된다. 광수는 자신의 경솔함을 그제야 후회했으나 이제는 되돌릴 수 없는 일… 그러나 우주선은 뜻밖에도 운석떼의 공격을 번번이 잘 막아낸다. 사실 정민은 운석떼와 우주에서 만났을 때 이것을 효과적으로 파괴하는 방법을 연구하고 있었던 것이다. 연구가 완성되지 않은 상태에서 이를 모르는 광수의 몰아붙임에 정민이 곤란을 겪었으리라는 것을 깨닫고 광수는 자신의 무책임에 고개를 떨군다.

"정민아, 나는 욕망이나 용감성 하나만을 갖고서는 과학의 요새를 점령할 수 없다는 것을 이번에 똑똑히 알았어. 네가 그렇게 좋은 동무인 걸 모르고… 난…"

— 본문 중에서

〈룡궁기지로 가는 길에서〉가 지닌 의의는 북한 과학소설에서 찾아보기 힘든 항성 간 광속 여행이 언급되고 있다는 점이다. 하지만 아쉽게도 이 작품은 광속 우주선을 타고 주인공이 은하 이곳저곳을 가로지르는 내용과는 거리가 멀며 그 전 단계, 즉 광속 우주선 제작을 위한 과정에서 벌어지는 에피소드를 다루고 있다. 무모한 용기보다는 과학지식에 기반을 둔 신중한 처신이 현실적으로 도움이 된다는 교훈을 주려한, 이 작품은 아무리 청소년용 과학소설이라고는 하지만 고등중학교 학생이 광속 우주선의 재료가 될 특수합금법을 개발해내 세상을 놀라게 하고 동급생이 그 대량생산 공장을 설계하며, 그들이 우주선을 조종하고 운석떼를 파괴할 장치[이 작품 속에서 우주선 '새별'호는 운석 및 소행성 파괴장치를 장착하게 되는데, 작가의 설명에 따르면 이것은 전자포와 자석을 연동시킨 시스템이다.]를 발명한다는 발상의 무분별한 나열은 독자의 공감을 사기 어려울 듯하다. [청소년 대상 작품이 범하기 쉬운 이 같은 무리한 설정은 단편집 〈번개잡이 비행선〉에 수록된 신승구의 단편 〈무중력 비행선〉에서도 발견된다.]

세계과학소설사 연표

아래 표는 이 책에서 다룬 과학소설의 역사적 주요사건들(고대부터 1960년까지)을 정리한 것이다. 우리나라와 중국의 과학소설 근현대사는 이 책의 본문에서는 다루고 있지 않지만 표에 별도로 추가하여 넣었다. 과학소설 역사의 전체적 맥락을 손쉽게 파악하는 데 도움이 되었으면 한다.

1. 서양

시대		내용
고대	그리스	◇ 다이달로스와 이카루스의 비행신화: 이야기에 등장하는 최초의 우주비행사 사례 ◇ 거대로봇 탈로스의 신화 ◇ BC 900년 〈일리아드〉에 로봇과 자동기계 등장 ◇ BC 8세기 헤시오도스의 서사시 〈노동과 나날(Erga kai Hemerai)〉에서 황금시대 유토피아 언급 ◇ BC 8세기 말 〈오디세이아〉, 슈퍼 영웅들과 악당 괴물들 등장 ◇ BC 5세기 테시아스의 고대 인도 역사서 〈인도(India)〉에 다양한 괴물들의 행태 수록 ◇ BC 5세기 아리스토파네스의 코믹한 유토피아 연극 〈새들(The Birds)〉 발표 ◇ BC 4세기 테오폼푸스의 역사서에 유토피아와 괴이한 피조물 언급. 동시대인 헤로도루스는 달에 사는 여인들은 지구의 아이들보다 15배 큰 아이를 알로 낳는다고 기술 ◇ 피타고라스 학파의 철학자 필롤라우스(BC 470~BC 385)는 달에 사는 동식물은 지구의 종(種)들보다 15배 더 크다고 추산 ◇ BC 4세기 플라톤은 실존했던 유토피아로서 아틀란티스를 언급 ◇ BC 4세기 아리스토텔레스는 독수리가 달에서 온다는 헤로도루스의 견해를 동물학에 수용 ◇ BC 2세기 이암불루스의 〈태양의 섬들 또는 남쪽 해에서 이암불루스의 여러 가지 모험(Islands of the Sun or possibly The Adventures of Iambulus in the Southern Ocean)〉에 기이한 유토피아 등장
	로마	◇ BC 1세기 루크레티우스의 시 〈사물의 본성에 관하여(On The Nature Of Things)〉에 '외계의 지적 존재' 개념 등장 ◇ AD 1세기 세네카는 태양에 주민이 살고 있다고 믿는 동료 스토아 철학자들의 견해 언급 ◇ AD 72년 플루타크의 에세이 〈달의 얼굴(The Face In The Moon)〉, 고대에 떠돌던 달에 관한 온갖 이론 요약 정리 ◇ AD 2세기 시리아의 풍자작가 루키아누스, 〈참된 역사(True History)〉와 〈날개 단 메니푸스(Icaromenippus)〉 발표. 둘 다 우주여행을 다룬 소설 가운데 현존하는 가장 오래된 작품 ◇ 작자 미상의 고대소설 〈알렉산더 로망스(Alexander Romance)〉에 호전적인 괴물종족인 식물인간 언급

중세	16세기	◇ 1516년 토마스 모어의 〈유토피아(Utopia)〉 출간 ◇ 체코 프라하의 유태인 사회에서 흙으로 빚은 거대 자동인형 골렘의 민간 전설 전승 ◇ 1532년 루도비코 아리오스토의 장편 서사시 〈격분한 올란도(Orlando Furioso)〉에서 달로의 우주여행 묘사
	17세기	◇ 1602년 토마소 캄파넬라의 〈태양의 도시(La Citta del sole)〉 출간 ◇ 1626년 프랜시스 베이컨의 중편소설 〈새로운 아틀란티스(New Atlantis)〉 발표. 과학자 집단이 지배하는 유토피아 ◇ 프랜시스 고드윈의 〈달세계 인간(The Man in the Moone)〉(1638)과 〈눈시우스 이나니마투스 유토피아(Nuncius inanimatus Utopiae)〉(1629) 출간 ◇ 1634년 케플러의 〈꿈(Somnium)〉 출간. 달의 생태계와 우주여행시 조우하는 무중력 지대 묘사 ◇ 시라노 드 벨주락의 〈달세계 여행(Voyage dans la Lune)〉과 〈태양의 나라들과 제국들의 역사(L'histoire des Etats et Empires du Soleil)〉 출간. 최초로 로켓 개념 도입 ◇ 1656년 아타나시우스 커셔의 〈세계여행(Ecstatic Journey)〉은 최초로 달 밖의 태양계 행성 여행담 기술
근대	18세기	◇ 1705년 대니얼 디포의 〈통솔자 또는 달세계에서의 잡다한 거래에 관한 회고록(The Consolidator or Memoirs of Sundry Transactions from the World in the Moon)〉(1705)에 달로 가는 우주선의 부력을 일으키는 내연기관 등장 ◇ 1726년 조나단 스위프트의 〈걸리버 여행기(Gulliver's Travels)〉 출간. 최초의 반중력 장치의 가능성 암시 ◇ 1728년 머택 맥더못(Murtagh McDermot)의 〈달세계 여행(A Trip to the Moon)〉 출간. 달세계 여행을 통한 사회풍자 ◇ 1741년 루드비히 홀베르그의 〈닐스 클림의 지저세계 여행(the Journey of Niels Klim to the World Underground)〉 출간. 지구 내부로의 여행담 ◇ 1752년 볼테르의 〈마이크로메가(Micromegas)〉 출간. 외계지성과의 최초의 접촉 이야기 ◇ 1758년 에마누엘 스웨덴보그의 논문 〈다른 세상에 관하여(De telluribus)〉 출간. 소설은 아니지만 외계인과의 세 번째 유형의 근접조우를 한 실제 목격담 기록 ◇ 1765년 〈세똥 경의 일곱 행성 여행기(Voyage de Milord Ceton dans les Sept Planetes)〉 출간. 〈아라비안나이트〉에 영향을 받은 환상적 태양계 여행담 ◇ 1771년 루이 세바스티앙 메르시에의 〈서기 2440년 또는 미래를 꿈꾸며(L'An 2440, reve s'il en fut jamais)〉 출간. 미래사회를 무대로 한 최초의 유토피아 이야기 ◇ 1781년 니콜라스 에드므 레스티 드 라 브르똥느의 〈프랑스의 미로 위를 비행하던 한 남자가 남쪽 땅을 발견한 이야기(La Decouverte Australe Par un Homme-volant, ou le Dedale Francais)〉 출간 ◇ 1781년 레스티 드 라 브르똥느의 〈하늘을 나는 인간의 남반구 발견(La Decouverte australe par un homme volant)〉 출간. 지구에 남은 미지의 비경을 찾아나서는 이야기

19세기	◇ 1818년 메리 쉘리 〈프랑켄슈타인: 또는 현대의 프로메테우스(Frankenstein, or, The Modern Prometheus)〉 출간. 현대적 의미에서의 과학소설의 효시 ◇ 1819년 워싱턴 어빙의 〈립 밴 윙클(Rip van Winkle)〉 발표. 선구적인 시간여행 단편소설 ◇ 1826년 메리 쉘리의 〈최후의 인간(The Last Man)〉 출간. 종말론을 다룬 과학소설의 효시 ◇ 1827년 조지 터커의 〈달로의 여행(A Voyage to the Moon)〉 출간. 미국 최초의 과학소설 ◇ 1835년 에드거 앨런 포의 달 여행기 〈한스 팔(Hans Phaal)〉 출간 ◇ 1837년 에드거 앨런 포의 〈아서 고든 핌 이야기(The Narrative of A. Gordon Pym)〉 출간. 지구공동설과 연계 ◇ 내써니얼 호쏜의 〈태어났을 때부터 있던 점(Birthmark)〉(1843)과 〈라파씨니의 딸(Rappaccini's Daughter)〉(1844) 발표. 과학만능주의의 만연과 그 편협함을 개탄하는 회의주의적 시각이 담긴 작품들 ◇ 1845년 내써니얼 호쏜의 〈P의 서신(P's Correspondence)〉 발표. 세계 최초의 대체역사물 ◇ 1847년 제임스 페니모어 쿠퍼의 〈분화구(The Crater)〉 출간. 현대적인 농업기술에 기반한 미국식 유토피아 소설 ◇ 1850년 R. H. 혼의 〈불쌍한 예술가(The Poor Artist)〉 출간. 다른 생물들의 시선을 통해 세상의 경이로움을 발견하는 예술가의 이야기 ◇ 1851년 영국인 윌리엄 윌슨의 저서 〈어떤 위대한 옛 주제를 분량은 짧지만 성의 있게 다룬 책(A Little Earnest Book upon a Great Old Subject)〉에서 세계 최초로 '과학소설'이란 용어 언급 ◇ 1858년 피츠 제임스 오브라이언의 〈다이아몬드 렌즈(The Diamond Lens)〉 발표 ◇ 1859년 헤르만 랑의 〈공중전: 미래에 대한 전망(The Air Battle: A Vision of the Future)〉 출간. 유럽을 풍미한 미래전쟁 소설의 초기 대표작 ◇ 1865년 쥘 베르느의 〈지구에서 달까지(De la terre a la lune)〉 출간 ◇ 1863년 쥘 베르느의 〈지구 중심으로의 여행(Voyage au centre de la terre)〉 출간 ◇ 1864년 크라이소스텀 트루먼의 〈달 여행의 역사(The History of a Voyage to the Moon)〉 출간. 영국 최초로 반중력 장치 본격 묘사 ◇ 1865년 에드워드 S. 엘리스의 〈대평원의 증기인간(The Steam Man of Prairies)〉 연재 시작. 미국의 펄프잡지에 연재되기 시작한 최초의 과학소설 ◇ 1869년 에드워드 에버렛 헤일의 〈벽돌로 만든 달(The Brick Moon)〉에 소설사상 세계최초로 인공위성 등장 ◇ 1870년 쥘 베르느의 〈해저 2만 리그(Vingt mille lieues sous les mers)〉 출간 ◇ 1871년 조지 T. 체스니(George T. Chesney)의 〈도킹 전투(The Battle of Dorking)〉 잡지 연재. 영국식 미래전쟁담 ◇ 1871년 불워 리튼 경의 〈차세대 종(種)(The Coming Race)〉 출간. 진화와 유토피아 사회를 맞물려 놓은 이야기 ◇ 1872년 까밀 플라마리옹의 〈무한의 이야기들(Recits de l'infini)〉 출간. 외계 지적생명과 대화하는 형식의 이야기 ◇ 1872년 사무엘 버틀러의 〈이리훤(Erewhon)〉 출간. 다윈의 진화론을 기계류에 적용한, 황당무계한 유토피아 풍자극 ◇ 1874년 프랭크 R. 스톡튼의 〈수중 악마(The Water-Devil)〉 출간. 가상의

즐거운 비행담으로 미국의 대중 과학소설 보급에 기여
◇ 1876년 해리 엔튼의 〈프랭크 리드와 대평원의 증기인간(Frank Reade and His Steam Man of the Plains)〉 시리즈 시작. 〈증기인간〉 시리즈의 아류이나 장기간에 걸쳐 대중적인 성공을 거둠
◇ 1885년 리차드 제퍼리스의 〈런던 이후(After London)〉 출간. 영국식 대재앙 이후의 사회 이야기
◇ 1886년 영국의 찰스 하워드 힌튼이 '과학적 로망스'라는 용어 사용
◇ 1887년 에드워드 벨라미의 〈뒤돌아보면, 2000년에서 1887년까지(Looking Backward 2000~1887)〉 발표. 과학기술의 발전으로 온 인류가 혜택을 누리는 낙관적인 유토피아 전망
◇ 1889년 마크 트웨인의 〈아서 왕궁의 코넷티컷 양키(A Connecticut Yankee in King Arthur's Court)〉 발표. 초기 시간여행물의 대표작
◇ 1891년 윌리엄 모리스의 〈어디에도 없는 곳으로부터 온 소식(News from Nowhere)〉 출간. 기존 유토피아 소설의 전통을 계승한 작품
◇ 1893년 조지 그리피스의 〈혁명의 천사(The Angel of the Revolution)〉가 베스트셀러 되다. 첨단과학무기로 무장한 영웅들의 활약상
◇ 1893년 까밀 플라마리옹의 〈오메가, 세상의 마지막 나날(Omega, The Last Days of the World)〉 출간. 장구한 세월 동안 인류가 진화하는 이야기
◇ 1895년 H. G. 웰즈의 〈타임머신(The Time Machine)〉 출간
◇ 1898년 H. G. 웰즈의 〈세계들 간의 전쟁(The War of the Worlds)〉
◇ 1898년 치올코프스키의 우주여행 소설 〈지구의 바깥〉 발표
◇ 1898년 M. P. 쉴의 〈지구의 여제(女帝)(The Empress of the Earth)〉 연재. 대중적으로 성공한 초기 과학적 로망스

| 현대 | 20세기 | ◇ 1900년 가렛 P. 서비스의 〈달의 금속(The Moon Metal)〉이 미국의 과학소설 대중화에 기여
◇ 1901년 H. G. 웰즈의 〈달세계 최초의 인간들(The First Men in the Moon)〉 출간. 반중력 장치 등장
◇ 1905년 러드야드 키플링의 〈야간 우편으로, 서기 2000년의 이야기(With the Night Mail, A Story of 2000 AD)〉 출간. 근미래의 비행시대 예고
◇ 1908년 잭 런던의 〈강철군화(The Iron Heel)〉 출간. 수탈적 자본주의의 폐해가 극에 달했던 미국에서 계급갈등이 불거지도록 방치하면 또 다른 볼셰비키 혁명을 초래할 것임을 미래에 대한 외삽 형식을 빌려 경고
◇ 1909년 앰브로즈 비어스의 〈목슨의 주인(Moxon's Master)〉 발표. 로봇이 자신의 창조주와의 승부에서 이겨 그를 살해하는 이야기
◇ 1911년 휴고 건즈백이 공학 관련 전문지 『모던 일렉트릭스(Modern Electrics)』에다 손수 창작한 장편 〈랠프 124C 41+, 서기 2660년의 로맨스(Ralph 124C 41+, A Romance of the Year 2660)〉를 연재시작
◇ 1912년 아서 코난 도일의 〈잃어버린 세계(The Lost World)〉 출간
◇ 1912년 에드가 라이스 버로우즈의 〈화성의 존 카터(John Carter of Mars)〉 시리즈 1부인 '화성의 공주'가 잡지 『올 스토리』에 연재 시작
◇ 1915년 잭 런던의 〈우주 방랑자(The Star Rover)〉 출간
◇ 1920년대 『아고시(Argosy)』와 『올 스토리 위클리(All-Story Weekly)』 같은 미국의 펄프잡지들이 과학소설을 싣기 시작
◇ E. E. 스미스가 1920년대부터 1950년대까지 〈우주의 종달새호(The Skylark |

of Space)》 시리즈와 〈렌즈맨(Lensman)〉 시리즈로 인기몰이
◇ 1921년 카렐 차펙의 희곡 〈로섬의 유니버설사 로봇(Rossum's Universal Robots)〉 발표. 로봇에 인간 노동자를 비유
◇ 1924년 예프게니 이바노비치 자먀찐의 〈우리(We)〉 출간. 소비에트 러시아의 전체주의를 비판한 디스토피아 소설
◇ 1926년 휴고 건즈백이 세계최초로 과학소설 전문잡지 『어메이징 스토리즈(Amazing Stories)』를 창간
◇ 1926년 휴고 건즈백이 과학소설의 이름을 사이언티픽션(Scientifiction)으로 호칭
◇ 1926년 러드야드 키플링의 〈알라의 눈(The Eye of Allah)〉 출간. 진보된 기술이 중세사회에 도입되는 일종의 대체역사 이야기
◇ 1929년 휴고 건즈백이 3종의 신규 과학소설 전문잡지 창간. 『사이언스 원더 스토리즈(Science Wonder Stories)』, 『에어 원더 스토리즈(Air Wonder Stories)』 그리고 『사이언스 원더 쿼터리(Science Wonder Quarterly)』
◇ 『사이언스 원더 스토리즈』 1929년 7, 8월 합본호에서는 헤르만 누르둥의 기술논문 〈우주비행의 제반문제(Das Problem der Befahrung des Weltraums)〉 게재
◇ 1929년 6월부터 휴고 건즈백이 '과학소설(Science Fiction)'이란 용어의 대중화에 주력
◇ 1929년 데이빗 래서, 잡지 『사이언스 원더 스토리즈(Science Wonder Stories)』와 『원더 스토리즈 쿼터리(Wonder Stories Quarterly)』의 편집자로 취임
◇ 1930년 클레이튼 출판사가 과학소설 전문잡지 『어스타운딩 스토리즈(Astounding Stories)』 창간. 초대 편집자는 해리 베이츠
◇ 1930년 올라프 스태플든의 〈최후이자 최초의 인간들(The Last and First Men)〉 출간. 인류의 장대한 진화론
◇ 1931년 H. P. 러브크래프트의 크툴루 신화 연작의 첫 작품 〈광기의 산맥에서(At the Mountains of Madness)〉를 잡지 연재분과 묶어 출간
◇ 1932년 올더스 헉슬리의 〈멋진 신세계(Brave New World)〉 출간. 과학기술만능사회가 디스토피아로 돌변할 수 있음을 경고한 작품
◇ 1933년 H. G. 웰즈의 〈다가올 세상의 모습(The Shape of Things to Come)〉 출간. 과학기술 기반의 무장 엘리트 집단이 지배하는 유토피아적 전체주의 사회의 미래상
◇ 1930년대를 풍미한 잭 윌리엄슨의 〈우주 군단(Legion of Space)〉 시리즈가 발표됨. 우주 서사극(Space Epics)의 전형을 보여줌
◇ 1933년 F. 올린 트리메인이 미국의 과학소설잡지 『어스타운딩 스토리즈(Astounding Science Fiction)』 2대 편집자로 취임
◇ 머레이 라인스터가 『어스타운딩 스토리즈』 1934년 6월호에 〈시간을 비껴서(Sidewise in Time)〉 게재. 이 단편은 대체세계 개념이 현대 과학소설에 처음으로 도입된 사례
◇ 1937년 올라프 스태플든의 〈별의 창조자(The Star Maker)〉 출간. 우주의 거시적인 변화와 맞물린 인류의 진화사
◇ 1937년 존 우드 캠벨이 『어스타운딩 스토리즈』의 3대 편집장으로 취임
◇ 1938년 레스터 델 레이의 단편 〈헬렌 올로이(Helen O'Loy)〉 발표. 주인과 사랑에 빠져 결혼하는 로봇의 이야기
◇ 캠벨의 『어스타운딩 스토리즈』를 통해 하인라인, 스터전, 밴 보웃, 아시

모프, 디 캠프 등이 데뷔
◇ 1939년 단편 〈생명선(Life-line)〉으로 로벗 앤슨 하인라인의 작가 데뷔
◇ 1940년대 에드먼드 해밀튼이 〈캡틴 퓨처〉 프랜차이즈로 청소년 SF시장을 석권
◇ 2차 세계대전의 발발로 미국 내 종이 사용량이 통제되어 잡지 대신 포켓북의 보급이 늘어남
◇ 1941년 아이작 아시모프의 〈전설의 밤(NightFall)〉 출간
◇ 1943년 C. W. 루이스의 〈침묵의 행성 탈출(Out of the Silent Planet)〉 출간. 과학소설의 무용성을 꼬집은 반과학소설
◇ 1944년 존 W. 캠벨이 자문한 클리브 캇밀의 단편 〈데드라인(Deadline)〉이 원자폭탄의 얼개를 너무 리얼하게 묘사하여 FBI의 조사를 받음
◇ 1946년 향후 SF 뉴웨이브 운동의 거점이 된 영국 과학소설 잡지『뉴 월즈(new Worlds)』창간
◇ 1949년 조지 오웰의 〈1984년(Nineteen Eighty-Four)〉 출간. 공산주의 사회 비판을 목적으로 쓰여진 근미래 디스토피아 소설
◇ 1949년 캠벨이 의사과학적 궤변인 다이어네틱스에 경도되기 시작
◇ 1950년 2차 세계대전의 종전으로 미국의 과학소설 잡지들의 재창간 붐
◇ 1950년 과학소설 전문잡지『매거진 어브 환타지 앤 사이언스 픽션(Magazine of Fantasy and Science Fiction)』과 『갤럭시(Galaxy)』창간. 이 해에만 미국에서 15종의 과학소설 잡지 등장
◇ 1950년대 과학소설 작가들이 각본가로서 할리웃 진출 시작
◇ 1951년 하인라인 식 과학소설의 문학성을 보여준 단편 〈지구의 푸른 언덕(The Green Hills of Earth)〉 발표
◇ 에드먼드 해밀튼의 진지하고 절제된 작풍으로의 선회를 보여준 단편 〈저 바깥의 존재는 어떻게 생겼을까?(What's It Like Out There?)〉가 『쓰릴링 원더 스토리즈』1952년 12월호에 게재
◇ 1953년 『갤럭시』의 프랑스어판 발간
◇ 1956년 독일 최초의 과학소설 잡지 『유토피아 매거진(Utopia Magazine)』창간
◇ 1956년 주요 SF잡지들에 알프레드 베스터의 〈별들은 나의 목적지〉, 아이작 아시모프의 〈벌거벗은 태양〉, 로벗 앤슨 하인라인의 〈여름으로 가는 문〉 같은 황금시대의 주요 걸작들이 연재
◇ 1957년 프레드 호일의 소설 〈검은 구름(The Black Cloud)〉 출간. 인류보다 지적인 사고를 하는 거대한 성간구름과의 만남
◇ 1957년 우주선 스푸트니크 2호에 개 라이카 탑승
◇ 1957년 『갤럭시』의 독일어판 발간
◇ 1959년 로벗 앤슨 하인라인의 〈우주의 전사(Starship Troopers)〉 출간. 외계인 상대로 지구 정부의 노골적인 우주팽창정책을 맹목적일만치 옹호

2. 한국

시대	내용
고대	◇단군신화에 등장하는 신시(神市)는 우리나라 최초의 유토피아
중세	◇13세기 고려시대 들어서는 무신의 난 직후 몸을 피한 문신 이인로(李仁老, 1152~1220)가 지리산 어디엔가 있다고 전해지던 청학동을 찾아 헤맸다는 일화 ◇허균(許筠)의 〈홍길동전〉에서 우리나라 소설 사상 최초로 유토피아(율도국) 묘사
근대	◇작자 미상의 〈옹고집전〉, 복제인간 묘사
현대	◇1907년 김광수(金光洙)의 한문소설 〈만하몽유록(晚河夢遊錄)〉 출간. 일제강점을 눈앞에 두고 백성의 이상향에 대한 갈망 묘사 ◇1907년 박용희의 번안소설 〈해저여행기담〉이 재일유학생 학술지 『태극학보』에 연재. 원본은 쥘 베르느의 〈해저 2만 리그〉 ◇1908년 이해조의 번안소설 〈철세계〉 출간. 원본은 쥘 베르느의 〈인도왕녀의 5억 프랑〉 ◇1912년 김교제의 번안소설 〈비행선〉 출간. 원본은 쥘 베르느의 〈기구를 타고 5주간〉 ◇1924년 신일용의 번안소설 〈월세계 여행〉 출간. 원본은 쥘 베르느의 〈지구에서 달까지〉 ◇1925년 박영희의 〈인조노동자〉 출간. 원본은 카렐 차펙의 〈R.U.R.〉 ◇1926년 이원모의 〈일신양인기(一身兩人記)〉 출간. 원본은 스티븐슨의 〈지킬박사와 하이드〉 ◇1939년 방인근의 〈여신〉 발표 ◇1955년 제임스 힐튼의 〈잃어버린 지평선〉 번역 출간 / 역자 안동민, 신태양사. ◇1957년 한낙원의 〈금성탐험대〉 출간 / 삼지사 ◇1959년 쥘 베르느의 〈80일간의 세계일주〉 번역 출간 / 역자 김사향, 삼중당 & 역자 오유권, 자유공론사 ◇1959년 H.G. 웰즈의 〈투명인간〉 번역 출간 / 역자 박기준, 양문사 ◇1959년 올더스 헉슬리의 〈멋진 신세계〉 번역 출간 / 역자 권세호, 양문사 ◇1959년 아데네사에서 〈소년소녀세계과학모험전집〉 출간. 총 19권

3. 중국

시대	내용
고대	◇복희씨의 탄생설화에 '화서씨(華胥氏)의 나라'라는 유토피아 등장 ◇BC 5세기 〈열자(列子)〉 '탕문편(湯問篇)'에 인조인간 언급 ◇BC 4세기 〈산해경〉에 기기묘묘한 동식물과 인간들을 묘사 ◇BC 3세기 진나라의 전승설화에 봉래산의 무릉도원(武陵桃源) 언급 ◇BC 3세기 굴원(屈原)의 시 〈천문(天問)〉에서 우주의 이치에 관해 질문 ◇AD 4세기 서진(西晉)의 장화(張華)가 저술한 〈박물지(博物志)〉에 불로장수약과 우주여행 기술 ◇AD 6~7세기 양(梁)나라 임방(任昉)의 기담설화집 〈술이기(述異記)〉에서 공중비행, X레이 묘사 ◇AD 9세기 당나라 희종 시대 배종(裵)의 기담소설집 〈전기(傳奇)〉에서 불사약과 시간여행 묘사

근대	◇ 1766년 청나라 포송령(蒲松齡)의 기담설화집 〈요재지이(聊齋志異)〉 출간. 안기도(安期島)라는 유토피아 섬 언급
현대	◇ 1847년 유만춘의 〈탕구지〉 출간. 〈수호지〉적인 설정에 과학기술 기반의 첨단 전쟁무기들을 다수 응용해서 도입 ◇ 1899년 〈연대장군평서전(年大將軍平西傳)〉 출간. 과학과 신괴(神塊)를 융합하여 주인공이 서장을 평정하는 이야기 ◇ 1900년 쥘 베르느의 〈80일간의 세계일주〉가 중국어로 번역 소개. 제목은 〈80일 환유기〉로 변경. (일어 중역판) ◇ 1902년 양계초의 〈신중국미래기〉 발표. 입헌군주제의 미래를 장밋빛으로 그린 미완성 소설. 선구적 과학소설로 분류 가능 ◇ 1904년 황강조의 〈월구식민지소설〉 출간. 달나라 여행기. 비록 미완성이나 중국 최초의 현대과학소설. ◇ 1904년 해천독소자의 〈여쇄석〉 출간. 여권지상의 여인국 이야기로 남성 없이 여성들이 인공수정으로 존속하는 사회 ◇ 쥘 베르느의 〈지구에서 달까지〉를 노신이 번역 소개 ◇ 1905년 서념자의 〈신법라선생담(神法螺先生譚)〉 출간. 태양계 여행기 ◇ 1905년 사이먼 뉴컴의 〈암흑성(The End of the World)〉이 서념자에 의해 번역 소개. (일어 중역판) ◇ 1906년 소연울생의 〈오탁방유기(烏托邦遊記)〉 출간. 유토피아 이야기 ◇ 1907년 춘마풍의 〈미래세계〉, 오견인의 〈광서만년(光緒萬年)〉 출간 ◇ 오견인이 주계생 등과 잡지 『월월소설(月月小說)』을 통해 서구의 과학소설들을 다수 소개 ◇ 1908년 오견인의 〈신석두기〉 출간. 현대 중국 과학소설의 초기 대표작 ◇ 1908년 벽하관주의 〈신기원(新紀元)〉 출간. 중국이 패권국가로 재등장하는 근미래상 묘사 ◇ 1909년 〈뇌세계(雷世界)〉 출간 ◇ 1919년 캉 유웨이(康有爲)의 정치철학서 〈대동서(大同書)〉 출간. 소설은 아니지만 유가(儒家)의 이상세계를 유럽식의 근대사상으로 재해석한 유토피아 상 제시 ◇ 중국 현대 과학소설의 2대 걸작으로 꼽히는 노사의 〈묘성기〉(1932)와 고균정의 〈화평의 꿈〉(1940) 출간 ◇ 초기에 베르느와 웰즈의 영향을 크게 받았던 중국의 과학소설은 1950년대부터 소련의 과학소설에 경도되기 시작 ◇ 1954년 정문광의 〈지구에서 화성으로〉 출간

참고문헌

http://en.wikipedia.org/wiki/History_of_science_fiction

http://www.daviddarling.info/encyclopedia/T/Tsiolkovsky.html

http://www.gaytrek.com/history.html

http://www.hani.co.kr/section-003100000/2002/02/003100000200202122353251.html

http://www.treitel.org/Richard/sf/sf.html

http://en.wikipedia.org/wiki/Scientific_romance

http://open.kedi.re.kr/Knowledge/Open/Knowledge1Viw.php?LstNum1=3130

http://scifipedia.scifi.com/index.php/Scientifiction

http://www.depauw.edu/sfs/backissues/77/pearson77.htm

http://www.magazineart.org/publishers/gernsback.html

http://www.wegrokit.com/rah_faq.htm

Barry Baldwin, "Ancient Science Fiction", 2006, http://www.shattercolors.com/nonfiction/baldwin_ancientscifi.htm

Cheryl Morgan, "Myths of Origin", *Strange Horizons*, 9 Feb. 2004.

David Winston, Iambulus'Islands of the Sun and Hellenistic Literary Utopias, *Science Fiction Studies*, November 1976, Volume 3, Part 3.

Don D'Ammassa, "Literary SF Today - One Man's View", 인터넷 SF평론 사이트 [Weeklies - A periodic bit of SF insight], 1997. www.delphi.com/sflist/archives/dondammassa01.html

Edward James & Farth Mendlesohn, *The Cambridge Companion to Science Fiction*, Cambridge Univ., UK, 2003, pp. 15~31(Brian Stableford의 "Science Fiction before the genre"에 수록).

Fred Lerner, "A MASTER OF OUR ART; RUDYARD KIPLING AND MODERN SCIENCE FICTION", http://www.kipling.org.uk/facts_scifi.htm

Gary Westfahl, "Inspired by Science Fiction", PBS Site, http://www.pbs.org/

H. Bruce Franklin, Science Fiction: The Early History, http://andromeda.rutgers.edu/~hbf/sfhist.html

Isaac Asimov, *I. Asimov - A Memoir*, Doubleday, 1994.

James Fieser ed., *The Life of George Tucker*, Thoemmes Continuum, 2004.

James Gifford, "The Nature of Federal Service in Robert A. Heinlein's Starship Troopers, http://www.nitrosyncretic.com/rah/ftp/fedrlsvc.pdf

John Clute & Peter Nicholls, *The Encyclopedia of Science Fiction*, Orbit, London, 1999, pp. 968~971.

John Clute, *SF : The Illustrated Encyclopedia*, Dorling Kindersley, London, 1995.

John G. Cramer, "SF in Japan", 잡지 『Analog』의 컬럼 "The Alternate View" columns AV-58, 1992. 09. 17. http://www.npl.washington.edu/cgi-bin/counter.cgi?av_58

L. Sprague de Camp & Catherine C. de Camp, "Mordern Imaginative Fiction", *Science Fiction Handbook (revised)*, Owlswick Press, Philadelphia, 1975.

Lou Anders 외 10명, "State of Novel", Mundane-SF reviews & science news, 2006. 07. 18. http://mundane-sf.blogspot.com/2006/07/state-of-novel.html

Michael McCollum, *The Art of Science Fiction* Vol I, Sci-Fi Arizona, 1998, pp. 138~145.

Mike Ashley, *The Time Machine: The Story of the science fiction pulp magazine from the beginning to 1950*, Liverpool univ. press, 2000.

Robert Silverberg, *Reflections & Refraction*, Underwood Books, Grass Valley, California, 1997, pp. 1~4.

Stanislaw Lem, *Microworlds: Writings on Science Fiction and Fantasy?*, ed. by Franz Rottensteiner, Harcourt Brace & Company, Orlando, Florida, 1984.

Steven P. Harthorn, "James Fenimore Cooper, Agriculture, and The Crater", (Hugh C. MacDougall, edit., James Fenimore Cooper: His Country and His Art, Papers from the 2001 Cooper Seminar; No. 13), The State Univ. of New York College, 2001, pp. 57~61.

Thomas M. Disch, *The Dreams our stuff is made of*, the Free Press, New York, 1998, pp. 1~14, 208~226.

Wendy Pearson, Alien Cryptographies: The View from Queer, *Science Fiction Studies*, Volume 26, March 1999.

William H. Gravely, Jr., "A Note on the Composition of Poe's 'Hans Pfaal'", *from Poe Newsletter*, vol. III, no. 1, June 1970, pp. 2~5.

국제협력팀, "북, 교원대상 문예작품 공모", 〈KEDI 북한교육동향〉, 2005년 1월.

김금수, 〈세계노동운동사: 유토피아 사회주의의 등장〉, 월간 노동사회, 2002년 7월 66호.

김상훈, "해설/ 젤라즈니의 영광과 비극", 〈내 이름은 콘라드, 그리폰북스〉, 시공사, 1995, 320~339쪽.

김재화 편집, 과학환상소설집 〈지구 밖으로〉, 금성청년출판사, 평양, 1990.

김정회 편집, 과학환상소설집 〈번개잡이 비행선〉, 금성청년출판사, 평양, 1988.

김학수 외 5인, 〈과학문화의 이해-커뮤니케이션 관점〉, 일진사, 2000.

J. F. 비얼레인 지음, 현순만 옮김, 〈세계의 유사신화〉, 세종서적, 1996.

라프카디오 헌 지음, 심정명 옮김, 〈괴담〉, 생각의나무, 2007.

로벗 스콜즈 & 에릭 랩킨 지음, 김정수 & 박오복 옮김, 〈SF의 이해〉, 평민사,

1993.

미치오 가쿠 지음, 박병철 옮김, 〈평행우주〉, 김영사, 2006, 97쪽.

박하영 & 박지영, "알라딘이 만난 작가들: 김상훈 또는 강수백─한국 SF의 미래를 위하여", 온라인 서점 알라딘, 2003. 05. 06. http://aladdin.co.kr/artist/wmeet.aspx?pn=20030506_kimsanghoon

배형 지음, 최진아 옮김, 〈전기(傳奇)〉, 푸른숲, 2006.

아이작 아시모프 지음, 김선형 옮김, 〈아이작 아시모프─SF 특강〉, 한뜻, 1996.

양택룡 옮김, 〈혹성간 비행선 달 1호〉, 국립출판사, 1955.

어슐러 르 귄, 〈어둠의 왼손〉 머리말, 그리폰북스, 시공사, 1995, 5~11쪽.

오가사와라 유타카, "버로우즈의 이상이 구현된 〈화성〉 시리즈", 일본 웹사이트, 1967년 7월.

오양열, "북한문화: 낡은 선동구호에 갇혀 있는 북한 문화예술계", 한국문화예술진흥원, http://www.kcaf.or.kr/yearbook/2003/ilban/7-06.html

원가 지음, 전인초 & 김선자 옮김, 〈중국신화전설〉 I, 민음사, 1998.

이시카와교 츠카사, "〈SF의 시대〉(떡잎문고, 1996. 11, 15간)의 해설", http://www2.ocn.ne.jp/~nukunuku/MyPage/SFAGE.HTM

이정옥, "과학소설, 새로운 문학적 영토", 한국중국소설학회 〈중국소설논총〉, 제13집, 2001년 2월, 211~230쪽.

일본 SF작가 클럽 연혁, www.sfwj.or.jp/club.html

임형욱, 「누가 SF를 사는가?」, 알라딘 통계자료, 2003. 08. 28. http://happysf.net/zeroboard/zboard.php?id=column&page=1&sn1=&divpage=1&sn= off&ss=on&sc=on&select_arrange=hit&desc=desc&no=50

임형욱, "절반의 성공, 절반의 실패를 넘어서─행복한 책읽기 SF총서에 대한 모든 것", 계간 『장르문학』 2004년 여름호, http://happysf.net/zeroboard/zboard.php?id=column&page=1&sn1=&divpage=1&sn=off&ss=on&sc=on&select_arrange=headnum&desc=asc&no=55

전성희, 〈남북한 대중문화 비교 리포트〉, 이대 북한문화, 2004.

정민, 「슬픈 유토피아」, 문화일보, 2006년 11월 23일.

조셉 캠벨 & 빌 모이어스 지음, 이윤기 옮김, 〈신화의 힘〉, 고려원, 1992.

조지 R. R. 마틴 외 지음, 박상준 엮음, 〈SF Horror―미지의 공포〉, 드림북스, 1998, 299~322쪽.

줄 베르느 지음, 김석희 옮김, 〈지구에서 달까지〉, 열림원, 2005.

크리스토프 칸토 & 오딜 팔리우 지음, 김승욱 옮김, 〈인간은 미래를 어떻게 상상해왔는가〉, 자작나무, 1997.

타카이 마코토, "에드가 라이스 버로우즈는 SF작가인가?", 일본 웹사이트.

토마스 불핀치 지음, 정종국 옮김, 〈전설의 시대〉, 삼문당, 1987.

통일원 산하 북한열람실 소장 도서.

포송령 지음, 김혜경 옮김, 〈요재지이〉 4, 민음사, 2002, 424~427쪽.

홍인기, "재미로 계산해 본 한국의 창작 과학소설 시장규모", The 3rd Eye, 2001. 01. http://inkeehong.com/articles/07_studies_on_the_fantastic/206_acii_eecoe_cnac_aau_uco_aao.html

홍인기, "프로토 에스에프 1(Proto SF 1)", The 3rd Eye, http://inkeehong.com/articles/09_themes_terminologie_of_the_fantastic/1168_caiae_ca_1_proto_sf_1.html

찾아보기

[저자, 인명, 캐릭터명]

가렛 P. 서비스   199
가브리엘 드 프와니   133
가이우스 페트로니우스 아르비테르   95
가이우스 플리니우스 세쿤두스   96
가이우스 플리니우스 콜로노스코피 세쿤두스   96
건즈백   38, 40, 41
고든 R. 딕슨   166, 255
고마츠 사쿄   297, 310
골렘   78
구스타브 르 루즈   147
그 오르므   339, 358
그래엄 앤더슨   70
그랜드 앨런   157
그레이엄 밸러드   44
금성의 이브   171
김광수   176
김동섭   341, 350, 352
김보영   327
김상훈   285, 305, 310
김성규   285
김영래   284
김용규   285
김우진   336
김일성   344
김정숙   344
김정일   342, 344, 347
김종철   284
김지훈   284, 285
김진우   284
김창규   327
김창식   57
김태은   59
김학수   298, 302
김형균   284
김호진   284
까밀 플라마리옹   23, 140
까잔쩨브   349
깐디바   349
나가이 고   319
남궁손   341
내써니얼 호쏜   168, 186~188
네모 선장   345
넴쪼브   349
노먼 빈   202
노먼 L. 딘   260
노반   99
노벗 위너   252
노성래   284
니콜라스 에드므 레스티 드 라 브르똥느   112, 120, 133
대니얼 디포   132
대중문학연구회   56
더글라스 애덤스   84

던세이니 경 216
데스먼드 홀 227
데이먼 나잇 35, 261, 265
데이비드 래서 225, 227, 228
데이비드 이니스 205
데이빗 브런 284
데자 쏘리스 81, 95, 203
도로씨 맥킬레이쓰 220
도밍고 곤잘레스 115
돈 A. 스튜어트 253
딕 이니 28
라경호 352
라블레 84
라잇 브랙킷 243, 250
래리 니븐 346
랠프 M. 활리 206
러드야드 키플링 161, 166
레스터 델 레이 255, 265
레이 (더글라스) 브래드버리 172, 265, 277
레이 커밍스 235
레이먼드 A. 팔머 243
로버트 실버벅 15, 18, 36, 42, 255
로버트 앤슨 하인라인 43, 168, 229, 236, 255, 265, 266, 270, 326
로버트 앨버트 블록 220
로버트 앨빈 하워드 219
로버트 헌트 140
로버트 E. 스콜즈 21, 54
로버트 E. 하워드 245, 249
로버트 W. 체임버스 216
로베르트 크라프트 147
로봇 태권 V 78
로저 젤러즈니 44, 65
론 허버드 32, 33, 260, 265, 272, 329
루도비코 아리오스토 121

루드비히 홀베르그 133, 135
루이 세바스티앙 메르시에 112, 117, 119
루이스 캐롤 31
루이스 트레이시 149
루이스 필립 세나렌즈 197
루이지 갈바니 66
루키아누스 70, 71, 80, 84, 87, 90, 91, 93, 94, 96, 125
리광근 352, 364, 365, 376
리차드 제퍼리스 139
마르케스나 보르헤스 114
마리안느 드 루미에 로베르 132
마이크 애쉴리 28, 222, 226
마이클 맥컬럼 281
마이클 캐섯 295
마일로 해스팅스 238
마징가 Z 78
마크 트웨인 73, 168, 186, 191
마테오 마리아 보야르도 121
마틴 가드너 31
매튜 리차드슨 73
맨리 웨이드 웰맨 220
머레이 라인스터 245
머택 맥더못 131
메니푸스 93
메두사 80, 81
메르시에 118
메리 쉘리 15, 21, 22, 49, 63, 65, 67, 89, 114, 129, 136~138, 183
모리 253
모어 113
모트 와이징어 243
몰록 족 87
문윤성 284, 336
미셸 베르느 145
박상준 52, 53, 55, 59, 285, 305

박성환　327
박용희　57, 322, 335
박지원　106
배리 볼드윈　84, 87
배명훈　327
배종　98
배지훈　327
밴 보웃　229, 236
버나 맥패든　238, 239
베르나르 드 퐁뜨넬　129
베리야에프　349
벤 보바　257
복거일　284, 336
볼테르　123, 125, 126
불워 리튼　150
브라이언 리어든　70
브라이언 스태이블포드　24, 69, 148
브라이언 올디스　49, 64, 69, 70, 137, 322
브루스 프랭클린　186
블레이크　253
뽀드쏘쏘브　349
삐에르 들브와　147
삐에르 보렐　129
사무엘 버틀러　150, 173
샘 모스코위츠　28, 254
샤를 보들레르　140
세네카　94
세르게이 미하일로비치 에이젠슈테인　362
소냐 하프트 그린　214
스타니스와프 렘　16, 18
스태이블포드　26
스탠 리　80
스탠리 큐브릭　16
스팍　14, 306
스프레이그 디 캠프　36, 217, 236, 267, 270, 282
슬로앤　41
시라노 드 벨주락　71, 116, 129
시버리 (그랜딘) 퀸　220, 249
신승구　378
쏘스타인 베블렌　192
씨어도어 스터전　65, 204, 229, 248
아나똘르 프랑스　156
아라마키 요시오　313
아리스토파네스　84
아리오스토　121, 123
아서 매첸　216
아서 코난 도일　161
아서 쾨스틀러　69, 125
아서 C. 클락　16, 128, 129, 226, 270, 277, 346
아서 J. 벅스　243
아울루스 겔리우스　96
아이작 아시모프　35, 229, 236, 244, 246, 255, 265, 267, 355
아인슈타인　329
아콧　253
아타나시우스 커셔　131
알렉세이 팬신　230
알프레드 베스터　260
압둘 알하즈레드　216
애덤 팍스　170
앤드류 블레어　151
앤드르 노튼　265
앨프레드 베스터　277
앰브로즈 비어스　188, 189, 216
앤뜨완 갈랑　132
야노 데스　310
양택룡　339
어슐러 르 귄　42, 44, 175
언사　99

에드가 라이스 버로우즈 24, 81, 93, 95, 166, 202, 211, 212, 248
에드가 앨런 포 73, 140, 141, 150, 151, 154, 185~187, 200, 216
에드먼드 해밀튼 224, 243, 247, 248
에드워드 메잇랜드 151
에드워드 벨라미 24, 124, 173, 186, 191
에드워드 에버렛 헤일 186, 190
에드워드 S. 엘리스 194, 197
에드윈 F. 베어드 218
에릭 프랭크 러셀 26
에릭 S. 랩킨 21, 54
에마누엘 스웨덴보그 130
에이미스 71
에이브러햄 메릿 238
엔디미온 91, 92
엘딜 171
엘로이 족 87
엘리스 파커 버틀러 234
예프게니 이바노비치 자먀찐 161, 173
오거스트 W. 덜리스 220, 249
오딜 팔리우 55
오웬 바필드 170
오웰 161
오토 윌리 가일 241
오티스 A. 클라인 206
오호뜨니꼬브 349
올더스 헉슬리 52, 106, 114, 172, 173, 242, 353
올라프 스태플든 22, 24, 141, 161, 162
요하네스 케플러 69, 123
요힌 발렌틴 안드르애 112
워싱턴 어빙 98, 186, 187
월터 밀러 172
웨 로쏴호브스끼 339, 358
웨스턴 171

웨이드 36, 253
윌리엄 골딩 114
윌리엄 깁슨 127
윌리엄 리 쿡스 149
윌리엄 모리스 173
윌리엄 앨런 화이트 192
윌리엄 윌슨 140, 160
윌리엄 텐 277
윌리엄 (피츠제럴드) 젠킨스 243, 245
유 노워셀리쩨브 339, 358
이마누엘 벨리코프스키 30
이문영 284
이반 예프레모프 339, 340
이성수 284
이수현 285, 305
이시카와교 츠카사 297, 310
이신조 284
이암불루스 87~89, 91
이앤도 바인더 243
이영 284
이영수 284, 336
이청준 107
이탈로 칼비노 123
이한음 284
이해조 53, 57, 336
임성래 57
임영태 285
임종기 59
임형욱 286
자끄 귀땡 118
장호진 327
잭 런던 161, 192
잭 밴스 277
잭 윌리엄슨 243, 246~248
제인 웹 루든 139
제임스 건 50, 295

제임스 블리쉬　35, 172, 260, 277
제임스 페니모어 쿠퍼　186, 187
조나단 스위프트　70, 84, 93, 112, 116, 132, 182
조르다노 브루노　123, 131
조르쥬 자끄 당통　119
조셉 애털리　183
조셉 캠벨　76
조셉 B. 라인　252
조지 그리피스　149, 150, 154
조지 루카스　93
조지 산타야나　75
조지 오웰　114, 173, 353
조지 터커　154, 182, 183
조지 C. 윌리스　147
조지 T. 체스니　148
조희건　350, 351, 365, 376
존 우드 캠벨 2세　227~229, 252
존 윌킨스　116
존 카터　81, 95, 203, 205
존 크레이머　306
존 클루트　29, 64, 65, 70, 71
존 D. 클락　245
존 W. 캠벨 2세　32, 36, 166, 168, 169, 264, 312
쥘 베르느　23, 40, 57, 61, 65, 72, 135, 136, 139, 141, 145, 151, 152, 197, 198, 201, 236, 279, 322, 336, 345
쥬디스 메릴　42
차용구　341
찰스 윌리엄스　170
찰스 포트　29
찰스 하워드 힌튼　23
찰스 B. 스틸슨　206
체릴 모건　64, 93
최용준　285, 305

츠츠이 야스타카　310, 318
카렐 차펙　173, 189, 195, 336, 345
캐서린 L. 무어　243, 251
컷 보네것　50
케플러　69, 72, 83, 124, 125
코난 도일　86, 168, 193
코마츠 사쿄　284, 319
코페르니쿠스　115, 136
콘스탄틴 치올코프스키　123, 126, 128
크라이소스텀 트루먼　154
크리스토퍼 프리스트　27
크리스토프 칸토　55
크리스티앙 호이겐스　123, 126
클라이브 스테이플즈 루이스　25, 161, 170
클리브 캇밀　257
클링곤　80, 81
킬고어 트라우트　50
킹슬리 에이미스　70, 261
타케베 모토이치로우　81
탐 고드윈　257
테드 창　32
테시아스　80, 91
테오폼푸스　79, 86, 87
토마스 캄파넬라　112, 114
토마스 모어　106, 112, 114
토마스 제퍼슨　182
토마스 M. 디쉬　130, 312
파스칼 그루세　145
팬 포레스트 J. 애커맨　282
팬텀　253
퍼시 그렉　154
퍼시 비시 쉘리　67, 114
포레스트 J. 애커맨　46
폴 앤더슨　166, 167
프랜시스 고드윈　112, 115, 116
프랜시스 베이컨　70, 106, 123

프랜시스 채이넬 118
프랜시스 헨리 앳킨스 147
프랜시스 M. 꾸리에 241
프랭크 리드 197
프랭크 벨크냅 롱 216, 281
프랭크 R. 스톡튼 199
프랭크 R. 폴 240
프레데릭 폴 35, 43
프레드 호일 127
플래처 프랫 240
플레곤 96
피츠 제임스 오브라이언 186, 188
피터 니콜스 29, 256
피터 슈일러 밀러 36, 243, 244
하워드 필립스 러브크래프트 213
한국 SF작가 클럽 284
할란 엘리슨 36, 42
항아 99
해리 엔튼 195
핸 솔로 306
허균 105, 106
허먼 멜빌 168
허서암 98
헉슬리 161
험프리 데이비 140
헤로도루스 82, 83
헤로도투스 96
헤르만 누르둥 241
헤르만 랑 148
헨리 커트너 229, 243, 251
헨릭 센케비츠 248
헬레너 P. 블라바츠키 203
호시 신이치 310, 318
홍순원 341
홍인기 285, 295
화안위쓰 라잇 218, 249

황정상 337, 341, 342, 345, 347, 353
후쿠시마 타다시미노루 297
휴고 건즈백 19, 22, 24, 26, 28, 34, 37, 39, 69, 160, 180, 223, 226, 227, 233, 236, 239, 241, 242, 279
A. 메릿 235
A. E. 밴 보옷 32, 255, 277
B. A. 맥키넌 239
C. H. 힌튼 152
C. M. 콘블러스 35
E. 더글라스 포셋 149
E. E. 스미스 36, 224, 237, 249
F. 올린 트리메인 227, 243, 253
F. W. 마더 147
H. G. 웰즈 24, 26, 61, 64, 72, 81, 87, 91, 110, 119, 136, 151, 171, 193, 236, 336, 345
H. P. 러브크래프트 30, 201, 249, 251
J. C. 헤네버거 214
J. D. 베레스포드 25
J. R. R. 톨킨 170
L. 스프레이그 디 캠프 211, 265
M. P. 쉴 150
P. 브누아 86
R. H. 혼 160
S. 파울러 라잇 25
T. 오코너 슬로앤 40, 253
T. N. 메트카후 202
W. H. 허드슨 157

【잡지, 신문, 온라인사이트】

샐릭시 231, 256
과학과 발명 37, 234, 239
과학소설 연구 54

과학적인 미국인　31
내일의 탐구　255
라디오 뉴스　239
매거진 어브 판타지 앤 사이언스 픽션　231, 256
먼시의 잡지　193
모던 일렉트릭스　37, 233, 234, 279
문학과지성　107
블랙우드스 매거진　148
사이언스 원더 스토리즈　39, 40, 160, 226, 240, 241
사이언스 원더 쿼터리　39, 240, 241
사이언스 픽션　255
사이언티픽 디텍티브 먼쓸리　241
슈퍼 사이언스 스토리즈　34, 35
슈퍼 사이언스 픽션　34, 36
쓰릴링 원더 스토리즈　28, 29, 243, 250, 267
아고시　39, 236, 245
아날로그　257, 264, 276
아날로그 사이언스 픽션　231
아는 것은 힘이다　339, 340, 357, 359
아시모프의 과학소설　270
아시모프의 과학소설 잡지　231, 276
어메리컨 위클리　238
어메이징 스토리즈　28, 36~41, 160, 223, 236~239, 242~245, 252
어스타운딩 사이언스 픽션　231, 255, 259, 260, 261, 264, 267, 271, 272, 275, 276
어스타운딩 스토리즈　34, 61, 202, 227~229, 231, 243, 245, 246, 252~255, 259, 312
어스타운딩 스토리즈 어브 슈퍼 사이언스　35
어원의 미국 소설　194

언노운　248, 255
언노운 월즈　275
에어 원더 스토리즈　39, 240
영화세계의 유명한 괴물들　46
올 스토리즈　202, 205
올스토리 위클리　193
원더 스토리즈　243
원더 스토리즈 쿼터리　226
위어드 테일즈　39, 214, 218, 219, 236, 243, 249, 251, 277
위키피디아　60
유어 바디　238
인기 탐정　249
전기 실험가　234
청년문학　343
카발리에　193
크로스로즈　317
탐정 이야기　214
태극학보　336
테일즈 어브 원더　275
트루 스토리　238
판타스틱　317, 333
판타지　275
판타지와 과학소설　28, 276
피지컬 컬춰　238
환상 영역　276
Happy SF　316, 317
Happy SF 2호　316
SF 매거진　52, 53, 297, 319
SF Readers Wiki　58, 289

[SF 고유용어]

S.F.　41
가공의 생물　54

가상소설　114
가상의 선사시대 이야기　219
거대 인공건축물　347
검과 마법의 판타지　209
게이랙시언　13
경계문학　43
경계소설　45, 303
계고성 이야기　85
고딕풍 로망스　23, 63
공동창작　250
공중비행　66, 99
과학기술창작문예　285, 319, 324~328, 331
과학기술창작문예 공모전　315, 316, 318, 321, 323
과학소설　22, 44, 63, 126, 160
과학소설 센터　318
과학소설 애호가　283
과학소설 전문 번역자　285
과학소설 팬진　217
과학소설의 문학성　269
과학적 로망스　23~27, 63, 150
과학판타지　361
과학환상문학　344, 346, 348, 350, 352
과환소설　339
광속 우주선　378
괴물　95, 228
괴수 영화　92
구름뻐꾸기땅　84, 92
그랜드 마스터 상　266
기계인　99
기계인간　195
뉴웨이브　42, 45, 50, 61, 232
뉴웨이브 과학소설　26
다원우주론　222
다원적 세계관　125

다이어네틱스　260, 272
달나라 여행　144
달제국　91
대안 사회　105
대안세계　112
대재앙 이야기　141
대재앙 이후의 세계　66
대체세계　246
대체역사　167, 189
대체역사물　27
대체역사소설　45, 329
대체의학　273
대포알 우주선　142, 143
델 레이 북스　266
돌연변이　165
동아사이언스　332
동양식 유토피아　104
디스토피아　172, 175, 177, 361
디스토피아 문학　173, 343, 352
딘 드라이브　260
라퓨타　116, 154, 183
러브크래프트 학파　219
레트로 휴고상　247
로봇　78, 100, 189, 195, 222, 249, 265, 270, 329, 345
로봇공학의 3원칙　270
루나리움　183
리버테어리언　268
만능보약풀　375
무릉도원　101, 104, 176
무중력 공간　125
무중력 상태　115
미국 과학소설의 아버지　26
미국 로켓 협회　226
미국 행성 간 협회　226
미국의 펄프잡지　25

미래 전쟁 이야기   23
미래사 시리즈   267
미래소설   118
미래전쟁   167
미래전쟁담   63, 148, 150
미래풍 서부극   159
미래풍 의상   159
바숨   203
반과학소설   138, 139, 171, 188
반중력   154, 155, 222
반중력 금속   183
반중력 기술   153
반중력 장치   132
버로우즈 문학   208
버로우즈 문화   206
버로우즈랜드   209
벨라미 협회   191
보철기술   93
복제인간   110, 330
분해광선   150
불가능한 여행   65
불로장수약   374
불사신   188
불사약   99
비휴머노이드 종   92
빅 3   270, 313
빅네임팬   46
사고실험 문학   330
사변소설   26, 41, 43~45
사악한 과학자   171
사이버펑크   27, 61, 346, 362
사이버펑크 운동   50
사이보그   93
사이언스 판타지   339
사이언스 픽션   22, 40, 41, 43, 45, 46, 160

사이언톨로지   272
사이언티픽션   38, 40, 41, 160, 236
사이파이   45, 46
상상소설   274, 275
상상의 세계   54
상상의 여행   26, 142
서부극 SF   326
선구적 과학소설   22, 61, 63~66, 68, 94, 107, 111, 121, 125
선사시대 소설   208
성전환 이야기   96
세 번째 유형의 근접조우   130
세계 단일국가   163
세계의 구원자 윌리엄슨   250
세계의 파괴자 해밀튼   251
수정주의 과학소설   349
수중 자원   374
수중도시   372, 373
순풍이   99
슈퍼영웅   79, 80
슈퍼영웅물   80
스팀펑크   27, 195
스페이스 오페라   61, 209, 224, 225, 227, 249, 253, 254, 371
시간여행 소설   186
시간여행물   246
신기한 여행담   68
심리적 우주   42
쏠리언   91
아담 링크   243
아이디어 문학   331
아이디어 회관 SF문고   314
아캄 하우스   220
아틀란티스인   206
안드로메다 성운   329
알파 켄타우리   329

애퍼지   154
앤드로이드   249
에디소네이드   364
에스티에프   38
에테르   93, 115
염력   329
영구 에너지   78
외계 공간   131
외계 생물   127
외계 여행담   142
외계생명체   127
외계의 문명들   125
외계인   126, 128, 130, 159, 222, 247, 254, 332, 374
외계지성   30
외삽(법)   25, 113, 115, 116, 142, 148, 173, 226
우주 과학소설들   227
우주 서사극   248
우주공학   126
우주비행   70, 226
우주선   329
우주여행   66, 90, 99, 116, 121, 122, 125, 127, 131, 190
우주여행 소설   185
우주적 재앙   30
우주정거장   127
우주판 서부극   43
워프   222
원형적 과학소설   22, 49, 66, 68, 109
월드콘   284
윔홀   222
웰즈 협회   27
유에프오학   30
유토피아 문학   68, 115, 172
유토피아 사상   103

유토피아 소설   187
유토피아 이야기   23, 63
유토피아적 전체주의 사회   156
은하제국   270
의사과학   28, 29, 31, 115
이상국가   176
이상향   68
인공 달   190
인공거주구   346
인공위성   190
인공지능   345
인류 우월주의   171
인류 진화의 미래사   162
인류의 멸종   139
인류의 외계 기원설   273
인류의 진화와 종말   162
인조인간   78
일본 SF 작가클럽   318
잃어버린 세계   23, 63
잃어버린 종   206, 238
자동기계   78
자동인형   189
자하도   176
재앙담   139
전기로봇   197
전기말   197
조지 오웰식 디스토피아   156
존 W. 캠벨 기념상   264
종말론   131
증기말   197
증기엔진   136
지구 내부로의 여행   135
지구 중력권 탈출   126
지구공동설   135
지붕설   116
지하의 유토피아   150

직지 프로젝트　311
진보의 개념　184
창의적인 시대착오주의 협회　282
천동설　116
천리안　99
천재 발명왕　194
초감각　260
초감각 인지　252
초과학　36
초과학 우주 오페라　252
초과학소설　34, 41
초과학자　36
초광속 우주여행　222
초능력　30, 260, 329
초대형살상병기　133
초원자　200
초인　65
초인 종족　150
초인문학　165
최초의 접촉　247
카보라이트　153~155
칼렘 클럽　217, 281
크툴루 신화　215, 220
클래리온 워크숍　318
타이인 소설　306, 307, 330
태양제국　91, 92
텔레파시　260, 329
투명 망토　80
투명인간　110, 111
트레키　13, 282
특이점　200
팬덤　46, 58, 281, 314
펄프 잡지 시대　61
페미니즘 과학소설　27
페미니즘 운동　50
평행세계　170, 222

평행우주　245
프랑켄슈타인 공식　139
필라델피아 과학소설 협회　282
하야카와 SF 시리즈　310
한국 SF작가 클럽　328
항성 간 광속 여행　378
항성 간 비행　125
항성 간 통신　128
해양 개발　372
해저농장　373, 374
행성 간 로맨스　24, 225, 361
행성 간 여행　154
행성 간 전쟁　91
화성인　81, 251
황금시대　61, 117, 118, 167, 207, 264
휴고상　242
히에로니무스 기계　260
ESP　222
L. A. 과학판타지 협회　281
science-fiction　41
SF 작가클럽　318, 319
SF 카페 안드로메다　51, 53
SF 컨벤션　282, 283
SF　41, 45, 63
S-F　45
SF의 아버지　19
spec-fic　45
STF　38

[작품명: 소설, 시, 에세이, 논문]

〈금성〉 시리즈　212
〈달〉 시리즈　212
〈태고 세계〉 시리즈　212
1892년의 대전쟁　149

1910년의 침공   149
1984년   173
2001년 우주 오딧세이   16
20세기 빠리   145
29세기 연감   151
가린 기사의 쌍곡선체   349
가상도시 백서   285
갈채받는 해적   36
강철군화   192
개미 제국   157
갤럭시   231
갤럭시 퀘스트   14
거기 누구냐?   254
걸리버 여행기   71, 93, 112, 116, 133, 154, 182, 183
검은 구름   127
검은 파괴자   255
격분한 올란도   121, 122
경이에 관하여   96
경향   255
고대 과학소설의 보고   73
고대 세계의 위대한 도시들   271
고대의 엔지니어들   271
고지라, 모스라를 만나다   46
공룡 사냥용 총   271
공상 백과사전 II   28
공중전 - 미래에 대한 전망   148
공포   272
공화국   49, 90
과학소설   55
과학소설 백과사전   256
과학소설 쓰기에 관하여   43
과학소설: 역사, 과학, 비전   54
과학소설의 전반적 이해   57
과학소설이란 무엇인가   56~58
과학에 바치는 소네트   200

과학의 시학   140
과학적 로망스   23, 152
과학환상문학창작   341, 342, 347
광기의 산맥에서   201
그 가공할 힘   171
그들   285
그때의 영광   271
금강석   339, 358
금성   206
금성의 해적   206
기독교 도시   112
기이한 난초의 개화   91
기적을 일으킬 수 있었던 사나이   157
깊은 곳으로 가는 길   349
깔리스또인들   339
꿈   69, 70, 72, 83, 124, 125
나, 로봇   243
나니아 연대기   170
낙원의 샘   346
날개 단 메니푸스   70, 93
낯선 땅의 이방인   269
냉혹한 방정식   257
네메지다의 운행   340
네크로노미콘   216
노동과 나날   117
노동의 주인   150
눈 먼 자의 나라   157
눈시우스 이나니마투스 유토피아   112, 116
닐스 클림의 지저세계 여행   135
다가올 세상의 모습   156, 192
다니   285
다른 세상에 관하여   130
다섯 번째 감각   327
다이아몬드 렌즈   188
다이어네틱스   33

다이어네틱스, 정신건강의 현대과학　273
닥터 후　80, 282
달 여행의 역사　154
달 주위에서　143
달로의 여행　154, 182, 183, 185, 186
달세계 도착　127
달세계 여행　71, 129, 131
달세계 인간　112, 115, 116
달세계 최초의 인간들　153, 155, 159
달세계의 발견　116
달은 무자비한 여주인　268, 269
달의 금속　199
달의 얼굴　94
당신 생각보다 더 어두운　248
대단한 방문　157
대동서　175
대전기사　199
대평원의 증기인간　194, 195, 197
대화편　84
데드라인　257
데빌맨　319
데이비슨의 눈에 관한 놀라울 만한 사건　151
데자 쏘리스, 화성의 공주　202
도깨비감투　111
도킹 전투　148, 150
동해에 원유가 있다　340
뒤돌아보면　124, 173, 191, 192
들리지 않는 노래의 비밀　341
라디오맨　206
라마와의 랑데부　346
라이보위츠 송가　172
라파씨니의 딸　188
랜섬　171, 172
랠프 124C 41+　19, 37, 38, 233, 236, 279
런던 이후　139

레디메이드 보살　327
레일의 언덕　341
렌즈맨　224
로버트 A. 하인라인: 과학소설 측면에서 본 미국　186
로빈슨 크루소　132
로섬의 유니버설사 로봇　173, 189, 195, 336, 345
로케트를 부르는 전파　363
룡궁기지로 가는 길에서　376, 378
립 밴 윙클　98, 186
링월드　346
마라코트 해연　86
마이너스 중력 이야기　199
마이크로메가　125
마지막 생명선　341
마징가 Z　319
만능 보약풀밭은 설레인다　352, 364, 375, 376
만일이란 가정의 수레바퀴　271
만하몽유록　176
매거진 어브 판타지　231
매거진 어브 판타지 앤 사이언스 픽션　231
맥머쓰의 괴물신　249
멋진 신세계　52, 55, 56, 173, 242
모노스와 우나의 토의　201
모로 박사의 섬　157
모크와 민디　306
목슨의 주인　189
목적지 달　269
무(無) 속으로의 도약　349
무정부주의자 하르트만　149
무중력 비행선　378
무지개의 일곱 가지 색　349
무한을 향해 쏘다　241
무한의 세계에서 온 침입자들　252

무한의 이야기들 140
미래 151
미래 세기에 관한 이야기 118
미래경찰 피그로이드 285
미래의 려행 340
미래의 역사—21세기의 이미지들 55
미이라! 22세기의 이야기 139
밀양림 285
바다 속으로 가자 350, 352, 372~374
바다 속의 궁전 341
바빌론 5 306
바이너리 코드 285
박물지 97, 99
백만 년째 되는 해의 인간 151
번개잡이 비행선 350, 351, 360~362, 364, 365, 367, 376, 378
벼락 339, 358
벽돌로 만든 달 190
별 157
별나라로 가자 340
별나라에서 온 손님 339
별상 327
별은 돌아오리라 342
별의 제왕 249
별의 창조자 24, 162, 164
보더스 광고 14
보이지 않는 자의 포위 32
볼드마 사건의 진실 201
봉기 13
북방의 방파제 349
분화구 187
불쌍한 예술가 160
불타는 대지 349
붉은 것 193
붉은 여왕의 종족 246
비밀의 집 157

비상 재급유 35
빙하시대 157
빙하의 스핑크스 141, 142, 201
빼앗긴 자들 175
사디스의 대석 199
사람 屬 36
사랑에 빠진 올란도 121
사물의 본성에 관하여 94
사시절 입는 옷 366
사티리콘 95
사회주의적 공동체의 아이 157
산해경 97, 98
살아 있는 우주 246
삼국유사 108
새들 84, 92
새로운 아틀란티스 70, 123, 124
새형의 날개 339, 358
생명선 255, 267
생물이 살고 있는 여러 세상 23
샴블로 251
서기 2001년 오디세이 128
서기 2440년 또는 미래를 꿈꾸며 112, 118, 119
서양 과학소설의 국내 수용과정에 대하여 57
설원의 북극성 206
세계 SF영화 약사 53
세계들 간의 전쟁 157, 159
세계들의 다원성에 관한 대화 129
세계들의 다원성을 입증하는 새로운 담화 129
세계여행 131
세똥 경의 일곱 행성 여행기 132
소년우주탐험대 341
속도를 위한 투쟁 340
수성 또는 은밀하고 신속한 사자 116

수중 악마   199
수학적인 게임   31
술이기   99, 100
스키마   285
스타워즈   306, 330
스타크와 별의 제왕   250
스타트랙   13, 14, 46, 80, 81, 92, 306, 308, 330
스타트랙 백과사전   14
스타트랙, 최초의 접촉   247
스페이스 오페라   285
스핑크스의 저주   285
슬리피 할로우의 전설   186
시간군단   246
시간을 비켜서서   246
시끌벅적 산맥의 이야기   201
시리우스   164, 165
신 골리프쓰트림   349
신경   265
신들 자신   270
신들의 음식   159
신화의 끝   285
씨앗   285
아담 링크, 로봇   244
아라비안 나이트   132
아리스토텔레스와 총   271
아서 고든 핌 이야기   142, 201
아서 왕궁의 코넷티컷 양키   191
아우터 리미츠   244
아울리쿠스: 두 번째로 런던에 돌아오는 왕의 꿈   118
아틀란티스   86
아틀란티스 광시곡   285
안드로메다 성운   339, 340, 359
알라의 눈   167
알렉산더 로망스   94

알려진 남쪽 나라   133
야간 우편으로   161, 167, 168, 169
양서인간   349
양심의 문제   172
양자 도약   306
어두워지지 않도록   271
어둠과 빛   162
어둠의 왼손   44
어디에도 없는 곳으로부터 온 소식   173
어떤 위대한 옛 주제를 분량은 짧지만 성의 있게 다룬 책   160
얼음의 힘   340
엇갈린 운명의 城   123
에이로스와 차미온의 대화   201
여기부터 천국입니다   285
여러 세기   15
여행에서의 위안   140
열자   99, 100
영국의 과학적 로망스 1890~1950   24
영원의 끝   246
오디세이아   79, 92
오메가, 세상의 마지막 나날   141
오멜라스   333
오지   127
옹고집전   110
와일드 와일드 웨스트   198
완벽한 미래: 19세기 미국의 과학소설   186
완전사회   285, 336
우리나라의 SF도입과 발달 역사   52
우주 3부작   25
우주 군단   248
우주 방랑자   161
우주 신혼여행   154
우주비행의 제반문제   241
우주선 갈릴레오호   269
우주의 일원론   128

우주의 전사　268, 269
우주의 정복　226
우주의 종달새호　36, 224, 237
우주의 콜럼버스　199
우주이론　123, 126
운 좋은 짐　70
원자가 붕괴할 때　252
유니크　327
유레카　200, 201
유토피아　112, 113, 115
융조(隆鳥)의 섬　151
은하수를 건너가는 이삿집을 위한 그림 이야기　327
은하수를 여행하는 히치하이커를 위한 안내서　84
은하시민　168
이리웬　150, 173
이백 살이 된 사나이　265
이상한 존　164, 165
이해　32
인간은 미래를 어떻게 상상해 왔는가　55, 56
인공뿌리선광　351, 367, 370
인도 왕녀의 유산　336
인도　80
인디케이터　285
잃어버린 세계　161
장미 소나타　285
장수못의 비밀　341
저 바깥의 존재는 어떻게 생겼을까?　250
저축되는 태양열　340
전기　98
전례가 없는 침공　193
전분합성공장　340
전설의 밤　270
전쟁의 별들: 초강력무기들과 미국인들의

상상력　186
전쟁터 지구　32
정복자 로부, 세계의 주인　145, 197
정복자 타라노　235
정치경제학 비판　67
조라는 이름의 논리회로　246
존재하지 않는 기사　123
증기인간　195
증기집　197
지구 밖으로　352, 367, 370, 372
지구 중심으로의 여행　144
지구에서 달까지　142, 143
지구의 바깥　127
지구의 여제　150
지구의 푸른 언덕　269
지옥의 새로운 지도들　261
지저세계 펠루시다　205, 206, 212
차세대 종　150
참된 역사　70, 72, 90, 91, 93, 94, 125
천문　103
천상의 피조물　327
철갑의 땅　193
철세계　53, 57, 336
최초의 접촉　247
최후의 등화관제　272
최후의 인간　66, 138, 139
최후의 전쟁　149
최후이자 최초의 인간들　24, 162, 164
충돌하는 세계들　30
침묵의 행성 탈출　171
칼리마쿠스와 크리소르에　95
캠브리지 대학생을 위한 SF 입문서　69
캡틴 퓨처　224, 249, 250
크툴루신화　30
타고 난 모험가들　152
타임머신　24, 64, 87, 119, 152, 155, 156

탐사팀 247
태양의 나라들과 제국들의 역사 71, 129
태양의 도시 112, 114, 115
태양의 섬들 또는 남쪽 해에서 이암불루스의 여러 가지 모험 87
태어났을 때부터 있던 점 188
템페스트 71
통솔자 또는 달세계에서의 잡다한 거래에 관한 회고록 132
투 더 스타 329
투명인간 81, 157, 159
파리대왕 114
파운데이션 262, 270
팬씨아 140
포보수의 지하궁전에서 341
포소다인 157
푸른 이삭 337
프라이데이 269
프랑스의 미로 위를 비행하던 한 남자가 남쪽 땅을 발견한 이야기 112, 120
프랑켄슈타인 15, 21, 22, 49, 51, 60, 63, 65, 66, 68, 69, 78, 114, 137, 183
프랭크 리드 2세의 창공의 경이 197
프랭크 리드와 대평원의 증기인간 197
피어랜드러 171
하늘나라 먼곳에서 337
하늘을 나는 인간의 남반구 발견 133
하얀 돌 156
한 줌의 미래 313
한스 팔 200, 201
해저 2만 리그 144, 322, 336, 345
해저여행기담 57, 322, 335, 336
햄댄서의 경이 25

향후 백 년간 182
헥토 세바다 145
헬렌 올로이 265
혁명의 천사 149
혜성 궤도에서 길을 잃다, 또는 프랭크 리드 2세가 신규 비행선과 함께 벌이는 이상한 모험 197
혹성 간 비행선 달 1호 339, 357~359
홍길동전 105
화성의 공주 81, 212
화성의 두 달 아래에서 202
화성의 무법자들 206
화성의 신들 95
화성의 존 카터 93, 95, 202, 203, 205, 211, 212, 237
환상 속의 세 동무 361
황금의 밑바닥 349
황도를 가로질러: 난파 표류기 154
황혼 254
ABC처럼 쉬운 168
Key Person, Key Book 52
L함수의 연산법 285
P의 서신 190
SF 영화 세트 디자인의 표현 유형에 관한 연구: SF 영화의 이데올로기와 유토피아 / 디스토피아적 표현방식에 관하여 59
SF 테마기행 59
SF부족들의 새로운 문학혁명: SF의 탄생과 비상 59
SF의 이해 55, 56, 60
SmartD 327